财经应用文写作

王茜　冯志英　崔丽◎主　编
王馨　索姗姗　薛成◎副主编

清华大学出版社
北　京

内 容 简 介

本书精心选取与当前经济活动密切相关、在实际工作中经常使用的财经应用文种50多个，采用项目化结构编写，分为八大项目，具体包括认识财经应用文、公务文书、常见事务类文书、常见往来文书、财经报告类文书、财经契约类文书、财经信息传播类文书、财经毕业论文，系统介绍了财经应用文写作的文体知识、写作结构和知识拓展，以"实用"为目标，突出精练性、规范性、新颖性、实操性。

本书可作为普通高校经济管理类、财政经济类或其他相关专业用书，也可作为经济工作者的培训或自学用书。

图书在版编目（CIP）数据

财经应用文写作/王茜，冯志英，崔丽主编. —北京：清华大学出版社，2020.7（2023.1重印）
ISBN 978-7-302-55876-7

Ⅰ.①财…　Ⅱ.①王…　②冯…　③崔…　Ⅲ.①经济－应用文－写作－教材　Ⅳ.①F

中国版本图书馆 CIP 数据核字（2020）第 110019 号

责任编辑：孟毅新
封面设计：傅瑞学
责任校对：袁　芳
责任印制：刘海龙

出版发行：清华大学出版社
　　　　网　　　址：http://www.tup.com.cn，http://www.wqbook.com
　　　　地　　　址：北京清华大学学研大厦 A 座　　　　邮　　编：100084
　　　　社 总 机：010-83470000　　　　邮　　购：010-62786544
　　　　投稿与读者服务：010-62776969，c-service@tup.tsinghua.edu.cn
　　　　质量反馈：010-62772015，zhiliang@tup.tsinghua.edu.cn
　　　　课件下载：http://www.tup.com.cn，010-83470410
印 装 者：三河市科茂嘉荣印务有限公司
经　　销：全国新华书店
开　　本：185mm×260mm　　**印　　张**：20　　　　**字　　数**：460 千字
版　　次：2020 年 9 月第 1 版　　　　**印　　次**：2023 年 1 月第 5 次印刷
定　　价：56.00 元

产品编号：081719-01

前言

　　无论是从高职教育人才培养目标来看,还是从高职院校学生毕业后的职业发展需要出发,都需要培养学生的写作能力。财经应用文写作是经济管理类专业开设的一门专业基础课,是培养学生具备基本的应用写作理论知识、较强的专业写作能力及文章分析与处理能力的课程,具有较强的实践性和实用性。

　　根据教育部课程改革要求、教材建设要求及高职高专财经类人才培养方案,针对当前日益发展变化的财经工作特点和用人单位需求,本书遵循"工学结合、理论够用,重在技能训练,教、学、练、做一体化"的原则,以学生为主体,以能力为本位,以"实用"为目标,充分考虑高职院校学生学习特点和需要,体现4个特点:一是精练性,写作理论部分力求精练,适当阐述文种知识,重点讲解写作方法。二是规范性,坚持规范性和权威性的原则,本书中的例文均从政府网站和权威资料上选取。三是新颖性,体例新,采用项目化结构,按照任务驱动方式组织教材内容;内容新、案例新、公文规范新,选取例文及案例均为两年以内的。四是实操性,突出能力训练,引导学生将写作知识转化为写作能力。

　　本书采用项目化结构,按照任务驱动方式来组织教材内容,精选了50多个文种,分为八大项目,设置若干个工作任务,每个任务体例为"案例导入、知识要点、例文解析、实训活动、知识拓展",将写作知识和写作技能紧密结合,提高学生的写作能力。因篇幅所限,本书对例文的细节进行了大幅度删减,读者可从 http://www.tup.com.cn 下载例文全文。

　　本书的具体编写分工如下:王茜编写项目一、项目二;冯志英编写项目三;索姗姗编写项目四的任务五、任务六、任务七、任务八和项目六;薛成编写项目四的任务一、任务二、任务三、任务四;崔丽编写项目七;王馨编写项目五、项目八。本书由王茜、崔丽统稿审定。

　　在本书的编写过程中,我们参考了大量的相关教材、专著和网络资料,在此说明并对这些作者表示真诚的感谢!

　　由于编者水平有限,书中难免有不足之处,敬请同行专家、读者批评、指正。

编　者
2020 年 8 月

目录

项目一 认识财经应用文

任务一 财经应用文基本知识

案例导入

你曾经有过应用文写作的经历吗？回顾一下,你接触过的应用文有哪些文种？你所体会的应用文与其他文学作品有哪些不同？

知识要点

一、财经应用文的定义

应用文是党政机关、企事业单位、社会团体以及人民群众,在日常生活、工作和生产活动中用来处理事务、沟通信息、表述意愿时使用的具有惯用格式的实用性文书的统称。

财经应用文是应用文的一个重要分支,是在财经活动中形成、发展起来的反映财经情况、处理财经事务、研究财经问题的应用文。

二、财经应用文的特点

（一）实用性

实用性是财经应用文最基本的特征。财经应用文写作的根本目的就是解决实际问题、处理具体事务、传达各种信息、反映经济情况,简言之,就是为了实用,就是要产生经济价值和社会价值。因此,实用性是财经应用文写作的本质特征,其他特点都是由这个特点决定的。

实用性也是财经应用文与文学作品的主要区别之一。一般文学作品的创作是有感而发,如《虞书》中所说:"诗言志,歌咏言。"自古以来诗歌、散文、小说等文学作品主要是为表达人们的喜怒哀乐、抒发理想、反映现实所作。而财经应用文则是有事而发,无事不发。比如有一个会议通知,与这个通知有关的人员在看到通知后必须在规定的时间、到规定的地点去参加会议,否则就要承担相应的后果。

（二）专业性

经济是一门科学，有自己内在的规律。因而反映经济生活的实用文章，必须尊重客观规律，讲究科学性与专业性。一是从写作内容上看，财经应用文所反映的是经济领域里的各种现象及工作，所要解决的是经济领域里的实际和理论问题，专业范围十分明确和具体；二是从表现形式上看，财经应用文融合了经济学的原理和方法，经济术语较多，并大量运用统计数据；三是从作者角度来看，不谙经济之道者是难以全面承担财经应用文写作任务的。

（三）规范性

财经应用文写作形式多样，但又有一定的规范性。具体而言，一是文章体裁的规范性，如财经消息、财经评议是议论体裁，商品说明书是说明体；二是文章格式的规范性，如公文的基本格式在《党政机关公文处理办法》（GB/T 9704—2012）中都作了明确的规定。有些财经应用文的格式虽然没有国家标准，但在长期使用过程中也形成了约定俗成的格式；三是语言的规范性，用规范的语言写作是对一切文章的基本要求，财经应用文写作要运用规范的经济语言，特别要应用规范的专业术语、图式、符号、缩写、计量单位等。

（四）真实性

文学作品的题材可以是"上下五千年，纵横数万里"，由作者自由选取，也可以适当加工创新。而应用文在内容方面受到严格的限制，必须要绝对真实，不允许有任何虚构。一切经济活动都是以经济效益为出发点和归宿的，这就要求财经应用文要进行准确的定量分析，提供真实、可靠的数据，才能得出科学的结论。

（五）时效性

财经应用文是服务于生活和工作实际需要的，具有一定的时效性，应当及时处理，拖拖拉拉只会贻误时机。如财经消息、通知、批复等一般用来在特定时间处理特定问题，当该项工作完成后就失去效用，转化为档案材料，存档备查。

（六）政策性

财经业务活动必须遵循党和国家的方针政策、法律、法规，所以，反映财经业务活动的财经应用文必然具有鲜明的政策性。有些财经应用文本身就是国家经济方针、政策和法律、法规的载体，如通知、决定、意见等，都是党和国家方针、政策的具体体现。有些财经应用文是制定相关政策的依据，如市场调查报告、经济预测报告等，在一定程度上影响有关方针政策的制定和新决策的推出。因此，政策性贯穿于一切经济活动中，也贯穿于整个财经应用文写作过程中。

三、财经应用文的分类

随着经济社会的不断发展和各类经济活动的快速增多，财经应用文的种类也越来越多,一般可分为通用类财经应用文和专用类财经应用文。

（一）通用类财经应用文

通用类财经应用文既可用于财经活动也可用于其他活动,非财经活动独有,此类应用文有通知、请示、报告等公务文书,总结、计划、规章制度等事务类文书,欢迎词、贺信等礼仪类文书等。

（二）专用类财经应用文

专用类财经应用文是指专门用于开展财经业务或传递财经消息的文书。这类文书只用于财经活动,具有很强的专业性,如经济活动分析报告、经济合同、招投标文书、商品广告等。

四、财经应用文的作用

（一）规范管理

在财经应用文中,有相当一部分属于政策性和法规性文件,是机关、社会团体、企事业单位在某一方面的行为规范,这类文书一经制定和发布生效,就具有很强的约束力和规范作用,有时还采取强制性的规定保证它的实施。如经国务院制定发布的有关经济方面的法规,上级机关发布的决定等,都对它涉及的管理对象具有约束力和规范作用。

（二）调查研究

调查研究是做好经济工作的重要保证。通过调查研究,撰写各种经济报告和研究文章,如市场调查报告、经济预测报告、可行性研究报告、经济论文等,可为经济政策的制定和决策的做出提供可靠的参考和依据,从而保证其合理性、可行性和正确性。

（三）沟通协调

随着市场经济的不断发展,各组织、各团体、各部门之间的沟通、协调、联系更加频繁和广泛,相互协作不断加强。财经应用文就起到了沟通情况、交流信息、联系情感、协商事宜、协调行动的桥梁纽带作用,成为各方面沟通协调的有效工具。如双方合作,需签订合同、协议;商洽业务,需要互发信函等。

（四）凭证依据

财经应用文有的是上级指示、会议决定,有的是规章制度,是执行公务、办文办事、解决经济工作实际问题的依据。众多经济文书都是公务和商务活动的真实记录,其中,有的当现实效用消失以后,仍具有历史效用,成为档案资料,以备今后参考、借鉴、查阅。

实训活动

某大型上市公司拟于国庆期间举办 20 周年庆典暨大型促销活动,为此成立了庆典办公室,你是其中一员,在活动准备期间,需要完成哪些文稿,如果由你承担其中一项任务,你能胜任吗?

知识拓展

应用文的分类

应用文按使用领域划分有公文、事务文书、专业文书三大类。这是较为常用的"三分法"。

1. 公文类

2012年4月,中共中央办公厅、国务院办公厅印发的《党政机关公文处理条例》,规定有15种公文。

(1) 上行文:是指下级机关向上级机关报送的公文,有请示、报告两种。

(2) 平行文:是指不相隶属机关之间的行文,有函、议案两种。

(3) 下行文:是指上级机关向下级机关发送的公文,有命令(令)、决议、决定、通知、通报、批复、纪要、意见等。其中,意见可以是上行文、下行文和平行文。

(4) 广行文:是指机关向社会广为传送的公文,有公报、公告、通告三种。

2. 事务文书类

(1) 礼仪类:主要是用于礼仪方面的文书,有邀请函、贺信、慰问信、感谢信、求职信等。

(2) 办事类:主要是用于办公室事务方面的文书,有声明、启事、公示、条例、规定、办法、章程、规则、细则、守则、计划、总结、调查报告、工作简报等。

(3) 会议类:主要是用于会务方面的文书,有开幕词、闭幕词、工作报告、演讲稿、会议记录、会议纪要、会议简报等。

3. 专业文书类

(1) 财政经济类:主要是用于财经领域的文书,有公司设立登记申请书、招标书、投标书、合同、产品明书、项目可行性分析报告、经济活动分析报告、市场预测报告、审计报告等。

(2) 教学科研类:主要是用于教学科研领域的文书,有专利申请书、项目申请书、开题申请书、毕业(设计)、科技论文等。

(3) 法律类:主要是用于法律领域的文书,有上诉状、答辩状、起诉书、调解书、判决书、公证书等。

(4) 其他类:是指除以上三类外,用于军事、外交、旅游、新闻等其他领域的文书。

除以上"三分法"以外,还有"四分法",即加上私人文书类;"五分法",即加上新闻类。从广义的应用文来看,无论是"三分法""四分法"还是"五分法",都合情合理。

任务二　财经应用文写作技能

案例导入

材料一

当上级红头文件最后一个字的音波敲击人们的耳鼓之后,那宽大得有点令人感到空旷严肃的会场,顿时像开了锅似的。那些还在睁大眼睛或是屏住气息地听传达的人们,"轰"的一声沸腾了。宽大的会场,似乎马上狭窄了许多。上级的决定,真像一阵和煦的东风,吹开了人们紧闭的心扉,又宛如一轮春日的朝阳,驱散了人们心头笼罩的阴霾……

材料二

××厂传达市委《关于加速企业改革的决定》的情况报告

本月 20 日下年,我们传达了市委 19 日下达的《关于加速企业改革的决定》,全厂车间主任、技术员以上同志到会。大家听完文件,一致表示:文件精神完全合乎我厂实际,深受鼓舞,决定发扬改革精神,积极开拓我厂新局面。

××厂
××××年××月××日

以上两个材料反映的都是某工厂传达市委《关于加速企业改革的决定》,主旨都是表达工厂的广大干部群众对市委决定的热烈拥护,改革深入人心。两篇材料在表达方式和语言上有什么特点?

知识要点

一、财经应用文的写作过程

财经应用文的写作过程一般包括准备、构思、起草和修改等主要步骤。

(一)准备

准备是为了达到目标而在思想和行动方面采取相应措施的过程,包括思想理论准备和物质材料准备两个方面。

1. 思想理论准备

思想理论准备是指明确写作目的和有关理论政策等,包括了解写作的目的、意图任务、范围;弄清文章的性质、读者对象;认真阅读有关文件;明确政策界限等。

2. 物质材料准备

物质材料准备是指收集有关文字材料和实物。可以通过调查、研究、走访等形式获取直接材料,也可以通过报纸、广播、电视、网络等途径获取间接材料。

(二)构思

构思是对文章从内容到形式进行统筹安排、全面规划的过程。构思包括确立主题、选用材料、安排结构、编写提纲等。

1. 确立主题

根据材料确定主题,要在充分占有材料的基础上,提炼出高度集中、鲜明的主题。

2. 选用材料

确立主题之后,要围绕主题选用材料。选用的材料要真实、典型、新颖、丰富、多样。在充分占有材料的基础上,根据文体的特点、作用,对材料进行定位分析,并围绕主题对材料进行精心的选择、剪裁和安排。

3. 安排结构

结构是文章的骨架、格局。安排结构即布局,就是对文章的段落层次、开头结尾、过渡照应、起承转合等进行全面规划和统筹安排。安排结构前首先要厘清思路,还要根据不同文体进行编排设计。

4. 编写提纲

编写提纲是指把构思的成果以书面形式固定下来。提纲的编写从整体到局部,从粗到细,从章到节再到层,每个层次还可以列出关键词语和主要材料。编写提纲要随想随记,不断调整、修改和深化。

(三)起草

起草是指作者把自己的整体构思写成文章初稿,把无形的思想变成有形的、成品的过程。起草的成功与否,基本上决定了整个写作过程的成功与失败。

(四)修改

修改是对初稿从内容到形式各方面进行加工、完善直至定稿的过程。

1. 修改的重要性

修改是写作的组成部分和重要环节。对初稿进行反复修改,是定稿之前必须完成的一项重要任务。通过修改,不仅可以发现文字表达上的不足,还可以检验文中所述内容与实际情况是否相符。通过对应用文的修改,不仅可以提高作者的写作能力,而且可以提高作者处理日常事务的能力。

2. 修改的范围

修改的范围涉及文章的内容和形式,包括完善标题、突出主题、增删材料、调整结构、锤炼语言、修饰文面等各个方面。

3. 修改的原则和方法

(1)通观全局,从粗到细。首先要从整体着眼,考查文章内容与形式是否相符,是否体现了写作意图;其次深入次要方面,考查主题是否明确,材料是否典型,结构是否和谐,语言是否得体,文面是否标准等。

(2)区别对待不同文种。文种不同,写作要求就不同。要看清对象,对症下药,不能千篇一律,张冠李戴。

二、财经应用文的写作要素

财经应用文写作既有一般写作的要求和规律,又有其特定的要求和规律。主旨、材料、结构、语言、表达、文风,便是其基本要素,各自有不同的要求。

(一) 主旨

主旨是指通过文章的全部内部所表达出来的写作意图或中心思想。它是文章的灵魂。一篇应用文不能有多个主旨、多种意图,要求一文一事体现一个基本思想。即使是大型综合性的文件,也要紧扣主旨,恰当安排各分主旨,切忌头绪纷繁。需要注意以下几点。

1. 行文关系得体合理

行文关系是指发文者与受文者的关系。因为对公文不仅仅是阅读,而且要依照公文内容做事。重要的公文更关系到工作的兴废成败,因而行文关系就特别重要。公文行文基本规则是按照各自的隶属关系和职权范围来确定的。具体要求如下。

(1) 上行文:一般不得越级,并应确定一个主送机关,如需同时送其他相关的上级机关(如双重领导的单位),可用抄送形式。特殊情况必须越级行文时,应当同时抄送被越过的机关。请示不要印发下级机关,而且应一事一文。上行文宜着重陈述,少讲道理。

(2) 平行文:同级机关可以相互行文和联合行文,不相隶属机关也可以相互行文但都不能发指示性或请示性公文。平行文宜互相尊重,不卑不亢。

(3) 下行文:机关的职能部门,在自己职权范围内可向下级机关对口的业务部门行文;根据授权和职权规定,也可答复下级机关的请示事项和转发下级机关的报告;各级机关职能部门一般不能对下级机关发指示性文件。下行文的要求应当明确具体、切实可行。

2. 体现政策,切合实际

公文的生命在于正确体现党和国家的现行政策,切合当前工作的实际需要。制发公文的过程实际上是一个研究政策、了解情况、分析问题、寻求办法以求促进工作的过程。公文撰稿者应有较高的政策水平,能洞察形势的发展变化,深刻领会领导意图和问题实质,同时应是本机关、本专业的行家、熟悉本机关职权范围内的工作,深入实际,了解下情。

3. 主旨鲜明,重点突出

公文的主旨要求正确、鲜明。表述观点、提出要求等要开门见山,直截了当,不能像文学作品那样隐晦曲折,也不必像论说文那样旁征博引。

(二) 材料

材料是用于表现主旨的理论依据和事实依据。它是文章的血肉。选用的材料要求切题、真实、典型、新颖。

(三) 结构

1. 结构的内容

1) 法定格式与非法定格式

(1) 法定格式。这类格式是国家有关部门制定的,具有法定性,有关文种的写作必须遵守,例如 2012 年 4 月 16 日,中共中央办公厅、国务院办公厅联合印发并自 2012 年 7 月 1 日开始执行的《党政机关公文处理工作条例》;2012 年 6 月 29 日,国家质量监督检验检疫总局、国家标准化管理委员会发布,并于 2012 年 7 月 1 日起正式实施的《党政机关公文格式》(GB/T 9704—2012);2011 年 3 月 2 日审计署《关于印发主要审计文书种类和参考格式的通知》等。这些格式具有法定性,都是写作相应的应用文时必须共同遵守的。

（2）非法定格式。非法定格式在应用文中比较多,如书信、调查报告、计划、总结、经济活动分析报告等格式都是约定俗成的。

2）基本思路与结构模式

基本思路体现了"是什么、为什么、怎么办"的认识规律,反映到应用文中就形成了"问题、理由、对策"三层结构模式。公文的结构总的要求是布局严谨、层次清楚。有的公文篇幅较长,有的很短,写法不能一样,但是多数文种的基本格局是"三层式"。

（1）开头

公文的开头应开门见山,把发文的缘由、目的或本文的结论、要点等先写出来,便于读者了解它的性质和内容。这个部分既要全面、准确,又要简短扼要、加以概括。在长期的实践中,逐渐形成了一些惯用的、简明的格式。例如:

① 说明根据,常用"根据……""遵照……""按照……""鉴于……""经……现……"。

② 交代目的,常用"为了……"。

③ 叙述原因,常用"由于……""鉴于……""基于……"。

④ 提出问题,常用"现将……""兹将……"。

⑤ 颁转、批复,常用"……收悉""现将……""同意……"。

此外,还有从概述情况、评价点题等方面开头的。有的全文极短,可以直接进入正题。

（2）主体

主体是公文写作的核心和重点,要求围绕主题层次清晰、重点突出。发出号令、阐述主张、答复询问、请求指示、汇报情况等,都要在这里完成。少数公文借用自然段的形式和内容间的逻辑关系来形成层次,而大多数公文都用明晰的标注来表明层次关系。有的加上小标题,有的加上序数词,还有的是两者兼用。这都是为了方便读者,使受文者能够正确、迅速地理解公文的主旨和具体的做法与要求等,从而提高办事效率。

（3）结尾

公文的结尾,有的归纳点题,有的发出号召,有的首尾呼应,等等。公文的结尾常常还强调对受文者的要求。这种叮咛嘱咐性的语言,逐渐形成为简明的、大家都能意会的惯用结尾语。例如:

① 上行文。报告常用"特此报告"。如果希望上级转发文件,常用"以上报告如无不妥,请批转各地区、各有关部门执行"。请示用"妥否,请批示""妥否,请批复""请审批"等。

② 平行文。常用"特此函达""特此函告,希即查照"等。如果要求对方复函,则用"函请查照,并希见复""即请函复""请予研究函复"等。如果是复函,当用"特此函复""特此函告,希即查照"等。

③ 下行文。要求令行禁止的,用"希遵照办理""希依照执行""希认真贯彻执行""希立即贯彻执行"等。允许结合本地区、本单位实际情况办理的,用"请研究执行"等。提供

参考的,用"请参照执行"等。试行性有待完善修订的,用"请研究试行""希研究试行,有何意见随时告知"等。

2. 结构的基本类型

(1)总分式。开头先对全文的内容做简要的概述,然后依次对其展开论述。通常适用于篇幅较长,如总结、调查报告、经济活动分析报告、论文等。

(2)并列式。文章中几个层次之间的关系是平行的、并列的,这样的结构方式为并列式,也称横式结构。比如对财务状况进行分析,它可以从资产、负债、利润、成本费用等方面展开具体分析,这几个方面的内容就是并列的关系。

(3)递进式。递进式是指或以时间为顺序,或由现象至本质,或以因果等逻辑关系为顺序,逐层深入展开的结构形式,也称纵式结构。比如开头提出问题,而后研究问题再分析原因,最后提出解决问题的办法或建议,这是一种从因到果的递进式。论文中常用这种方式。

(4)条款式。条款式通常在法规文书中使用。它又可以分成章条式、条文式两种。还有的文书,内容较多且复杂,也采用分条列项式来写,从而显得清晰、明确,方便阅读,也便于理解、对照执行。

(5)一段式。一段式是指全篇文章只有一个自然段。由于内容少而简单,不便分开,往往采用一段式的写法。如日常应用文中的便条、单据、介绍信、聘书、启事、海报,公文中的命令、公告、简单的通知、批复、函等,常常采用一段式的写法。

(6)表格式。表格式通常有两种形式:一是由职能部门或企事业管理部门根据业务需要,事先印刷好规范表格,将有关内容分项列出,让使用单位或个人按规定填写;二是使用单位或个人临时制作的表格。

(四)语言

如果说主旨是解决"言之有理"的问题,材料是解决"言之有物"的问题,结构是解决"言之有序"的问题,而语言就是解决"言之有文"的问题。语言的要求具体如下。

1. 精确

财经应用文的语言不能仅仅停留在一般文章所要求的准确上,而是要求表达得精确。表达精确主要体现在两个方面:一是用词精确,用词精确才能反映出事物之间的细微差异。一些政策性强和具有法律效力的应用文,更要注意语言的精确。如"定单"和"订单"是两个完全不同的概念,稍有不慎就有可能带来重大的经济损失。二是语法准确,不犯语法逻辑错误,才能保证语言的精确表达。如"他们银行的钱已经全部被取光了","取光了"即包含"全部"之意,句中的"全部"就成了多余的词,应去掉。

2. 简练

简练就是力求以尽量少的语言文字来表达尽量丰富的内容。所谓"以少许胜多许""惜字如金",说的都是这个意思。要做到简练,就要对词语和句子进行锤炼,删繁就简。一要删去与基本观点表达关系不大的字、词、句甚至段,要删去假话、大话、空话、套话,删去不必要的头和尾;二要简化层次,合并语意相同的段落集中单一的表达;三要力戒语言的重复、堆砌、冗长,不可大量使用专用语、固定习惯用语、成语等。

3. 平实

财经应用文除了有些文章在引述事实时使用概括性的叙述和描写方式外，一般使用说明方式。它不追求语言的形象生动，只求语言的质朴、平常、普通，实实在在地反映客观事物。只有这样，形式与其内容的庄重、实用相一致。

4. 得体

得体包含两层意思：一是语言的运用应根据场合、对象、身份的不同而有所区别；二是文体不同，使用的语言也有所不同。如在公文中，作为下行文的命令和上行文的请示，二者语气、腔调就应有所不同。

5. 规范

财经应用文语言的规范是指其行文必须符合国家的有关规定。如标点符号的使用、专业名称的运用、主题词的选取、缩写词语和简称的使用等，都必须按照统一的规定进行使用，不能随意乱用，以免造成混乱，影响办事效率和表达效果。

（五）表达

写作中表达方式主要有五种：叙述、描写、抒情、议论和说明。财经应用文作为一种实用性的文体，主要是为了解决问题和处理问题，它的表达方式通常只有叙述、议论和说明，抒情和描写除了在一些通信报道、广告语、演讲稿中可能用到之外，其他应用文基本不用或很少使用。

1. 叙述

叙述是指对文章中人物的经历、事件的发生发展变化过程及环境进行介绍、说明和交代。它是写作中的一种基本表达方式。根据作者与所叙述对象的关系，叙述人称要有第一人称和第二人称两种。使用时，根据文章内容的需要进行选择。财经应用文的叙述一般要求简明扼要、真实客观，不求所叙述的人和事详尽、具体、完整，只要简要地叙述事实本身；也不求夸张和铺陈，只要真实准确地表述。

2. 说明

说明就是指用言简意赅的文字，介绍客观事物的形状、性质、特征、成因、功能等的表达手法。财经应用文中的公文、产品说明书等文体，都广泛使用说明这一表达方式。说明的表达方法很多，不同的写作目的，要求有不同的说明方法。财经应用文要使用定义、分类、举例、引用、比较、数字、图表等多种方法。在使用说明方法时，应该注意三点：一是知识准确，态度客观；二是条理清楚，层次分明；三是抓住特征，突出重点。

3. 议论

议论就是作者对某一客观事物或问题进行分析和评论，以揭示事理或直接表明自己观点和态度的一种表达方式。在财经应用文中，议论运用得相当普遍。如在调查报告、总结、分析报告中，经常在叙述、说明的基础上，要表明对人物、事件、问题的评价，以鲜明地表达观点。一段完整的议论，要由论点、论据、论证三个要素组成。但是在财经应用文中的议论，一般不做长篇大论，不做复杂、多层次的逻辑推理，也不一定要保证论点、论据、论证齐备，而只是在需要时，采用夹叙夹议的方法，或进行简单的议论，点到为止。同时还要注意以事实为依据，以法规为依据，不能夹杂个人主观情感。

（六）文风

文风是对文章风格和特点的综合称呼，是民族传统、时代风尚和作者立场、观点、思想作风等诸要素在写作中的综合反映。财经应用文的文风出现的问题主要表现为以下三个方面。

（1）假话连篇。违背应用文写作的真实性原则，炮制各种虚假文字。在经济领域，有假合同、假凭证、假广告、假信息等；在教育领域，有假学历、假文凭、假论文等；在新闻领域，有虚假失实的新闻等。

（2）大肆哄炒。不是从客观需要来选择写作的题材，而是弃正确的舆论导向于不顾，热衷于主观的炒作，跟风起哄。

（3）空洞冗长。应用文尚实用，忌浮泛。而目前的应用文，特别在某些公文中，好讲空话、套话，不联系本地区、本单位实际，无具体措施的现象时有出现，读后令人不知所云。

实训活动

1. 阅读下面的公文，按文后要求答题。

关于做好震后有关事项的通告

目前，全市抗灾斗争取得阶段性成效，余震已呈起伏减弱趋势。为保持全市正常的生产生活秩序，现就有关事项通告如下。

（1）全市银行、邮政、商场、饭店、超市等要保持正常营业，保证广大市民日常生活需要；各类学校、医院要保证正常的教学秩序和医疗秩序；机场、车站、公交、出租车等要保持正常营运，所有单位都要保持正常上班。

（2）公用企事业单位要保持水、电、气、油的正常供应，电信营业单位要保持通信畅通；各类企业要保持正常的生产经营，受地震影响较大的企业要尽快恢复生产；物价、工商、药监等部门要加强监管，维护良好的市场秩序。

（3）公安机关要严厉打击各类违法犯罪活动，维护社会治安；城管部门要加强管理，保持市容整洁卫生；机关、单位、街道、社区要加强本单位本辖区的综合治理；市民要自觉维护公共秩序，不损害公共绿地，不乱搭乱建，不乱丢垃圾。

×市人民政府
××××年××月××日

要求：

（1）上述材料的主旨是什么？采用了哪种表达方式？

（2）上述材料采用了哪种写作结构？

2. 下面是处理同一件事的三个文体的正文，比较三段文字，分析文章语体与读者对象及相关语境的关系。

（1）兹介绍我厅人事处×××、×××两位同志前往贵单位联系有关×××同志的工作调动问题，请予接洽，并大力协助为荷。

（2）现托我厅人事处×××和×××同志致信问候，并请他们向你汇报×××同志工作调动问题，还望老同学鼎力相助，促成问题尽早妥善解决。

（3）他们俩是××厅人事处派来的同志，××厅人事处处长×××派他来跟你们商量件事儿，就是×××调动的事儿。你们一起商量商量，看怎么办。

3. 填空题（从括号中选取恰当的词语填写在横线上）。

（1）经新闻出版署（新出期〔201×〕25号）_____，同意将《××大学学报》转为正式学报类期刊。（交办、批准）

（2）现将《关于实行党风廉政建设责任制的规定》_____给你们，请认真贯彻执行。（颁发、印发）

（3）_____全面贯彻落实《义务教育法》及其实施细则，积极解决流动少年儿童就学问题，我们在六个省市试点工作基础上，制定了《流动少年儿童就学暂行办法》。（为了、因为）

（4）_____实施中的有关问题通知如下。（现就、现在就把）

（5）现___①___教育部办公厅《关于印发〈高等学校学报管理办法〉的通知》转发给你们，请___②___执行。（①将、根据；②遵照、参照）

（6）_____防治机动车辆排气污染，保护生态环境和人体健康，国务院决定在全国范围内限期停止生产、销售和使用含铅汽油，实现车用汽油无铅化。（关于、为了）

（7）_____国务院批准，现将有关问题通知如下。（经、已经）

（8）对违反本通知规定的，要_____有关法律法规进行查处。（遵照、依照）

（9）___①___使离退休老同志老有所为、老有所养、老有所依，充分发挥余热，___②___上级有关部门的规定和离退休老同志的迫切要求，我们拟成立老干部工作室。（①因为、为了；②为了、根据）

（10）_____地处繁华地区，地下管线复杂，施工条件困难，要求各单位配合、支持，尽快完成该项工程。（由于、鉴于）

（11）_____《国务院关于环境保护若干问题的决定》，我省对土法炼油的企业予以坚决取缔、关闭。（根据、参照）

（12）一份请示函的结束语应为_____。（当否，请批示；可否，尚望函复；希遵照执行）

知识拓展

应用文常用专用词语

1. 称谓词

称谓词即表示称谓关系的词。在应用文中，涉及机关或个人时，一般应直呼机关的全称或规范化的简称，以及对方的职务或"×××同志""×××先生"。在表述指代关系的称谓时，一般用下列专门用语。

（1）第一人称："本""我"后面加上所代表的位简称，例如部、委、办、局、厂或所等。

（2）第二人称："贵""你"后面加上所代表的单位简称，例如部、委、办、厅、局、厂、所等。在应用文中，用"贵"字作第二人称，只是表示尊敬与礼貌，一般用于平行文或涉外公文。

（3）第三人称："该"在应用文中使用广泛，可用于指代人、单位或事物，如该厂、该部、该同志、该产品等。"该"字在文件中正确使用，可以使应用文文字简明、语气庄重。

2. 领叙词

领叙词是用以引出应用文撰写的根据、理由或应用文具体内容的词。领叙词在公文中出现的频率较高，多用于公文的开端，引出法律、法规以及政策，指示的根据或事实根据，也有的用于文章中间，起前后过渡、衔接作用。常用的有：根据、按照、为了、鉴于、接……、前接（或近接）、遵照、惊悉、收悉、……查、为……特……、现……如下。

3. 追叙词

追叙词是用以引出被追叙事实的词。应用文中有时需要简要追叙一下有关事件的办理过程，为使追叙的内容出现得自然，常常要使用一些追叙的词语。在使用时，要注意词语在表述次数和时态上的差异。常用的追叙词有业经、前经、均经、即经、复经等。

4. 承转词

承转词又称过渡用语，即承接上文转入下文时使用的关联、过渡词语，用于陈述理由、事实之后引出作者的意见、方案等。这种词语不仅有利于文辞简明，而且起到前后照应的作用，如为此、据此、故此、鉴此、综上所述、总而言之、总之等。

5. 祈请词

祈请词又称期请词、请示词，用于向受文者表示请求与希望，目的是营造机关之间互相敬重、和谐与协作的气氛，从而建立正常的工作关系。祈请词主要有希、即希、敬希、请、望、敬请、烦请、恳请、希望、要求等。

6. 商洽词

商洽词又称询问词，用于征询对方意见和反馈，具有探询语气。这类词语一般在公文的上行文、平行文中使用，在使用时要注意确有实际的针对性，即确需征求对方的意见时使用，例如是否可行、妥否、当否、是否妥当、是否可以、是否同意、意见如何等。

7. 受事词

受事词是指向对方表示感激、感谢时使用的词，一般用于函或涉外公文。例如蒙、承蒙等。

8. 命令词

命令词是指表示命令或告诫语气的词语，用以增强公文的严肃性与权威性，引起受文者的高度注意。

表示命令语气的词语有着、着令、特命、责成、令其、着即等。

表示告诫语气的词语有切切、勿违、切实执行、不得有误、严格办理等。

9. 目的词

目的词是指直接交代行文目的的词语，在撰写应用文尤其是公文时都有明确而具体的目的。对此，需要针对性地使用简洁的词语加以表述，以便受文者正确理解并加速办理。

用于上行文、平行文的目的词有请批复、请函复、请批示、请告知、请批转、请转发等。

用于下行文的目的词有查照办理、照办理、参照执行等。

用于知照性的目的词有周知、知照、备案、审阅等。

10. 表态词

表态词又称回复用语，即针对对方的请求、问函，表示明确意见时使用的词语，例如应、应当、同意、不同意、准予备案、特此批准、请即试行、按照执行、可行、不可行、迅即办理等。

11. 结尾词

结尾词即置于正文最后，表示正文结束的词语。可以使公文表述简练、严谨并富有节奏感。

用以结束上文的词语有特此报告、特此通知、特此批复、特此函复、特此函告、特予公布、此致、谨此、此令、此复等。

再次明确行文的具体目的与要求的句式有如……为要、……为盼、……是荷、为荷等。

表示敬意、谢意、希望的词语有敬礼、致以谢意、谨致谢忱等。

项目二 公务文书

任务一 认识公务文书

案例导入

宏达有限公司后勤处拟改建职工食堂并新购置一辆采购货车,写了一份报告,分别交送公司总经理办公室和财务室各一份,却被退了回来。虽然总经理同意办理,但需后勤处重新行文。

后勤处的报告为什么会被退回来? 你认为后勤处应如何行文? 谈谈此事对你的启示。

知识要点

一、公务文书的定义

公务文书简称公文,又称文件,是党政机关实施领导、履行职能、处理公务的具有特定效力和规范体式的文书,是传达贯彻党和国家的方针政策,公布法规和规章,指导、布置和商洽工作,请示和答复问题,报告、通报和交流情况等的重要工具。

为统一中国共产党机关和国家行政公文处理工作,2012 年 4 月 16 日,中共中央办公厅、国务院办公厅联合印发《党政机关公文处理工作条例》,并自 2012 年 7 月 1 日开始执行,废止了 1996 年中共中央办公厅印发的《中国共产党机关公文处理条例》和 2000 年国务院印发的《国家行政机关公文处理办法》。同时,制定了中华人民共和国国家标准《党政机关公文格式》(GB/T 9704—2012)。《党政机关公文处理工作条例》和《党政机关公文格式》被称为公文处理的两部"法典"。

二、公务文书的种类

按公文的适用范围,党政机关公文可分为 15 种,即决议、决定、命令(令)、公报、公告、通告、意见、通知、通报、报告、请示、批复、议案、函、纪要,如表 2-1 所示。

表 2-1　党政机关公文种类及适用范围

文　　种	适　用　范　围
决议	适用于会议讨论通过的重大决策事项
决定	适用于对重要事项做出决策和部署、奖惩有关单位和人员、变更或者撤销下级机关不适当的决定事项
命令（令）	适用于公布行政法规和规章、宣布施行重大强制性措施、批准授予和晋升衔级、嘉奖有关单位和人员
公报	适用于公布重要决定或者重大事项
公告	适用于向国内外宣布重要事项或者法定事项
通告	适用于在一定范围内公布应当遵守或者周知的事项
意见	适用于对重要问题提出见解和处理办法
通知	适用于发布、传达要求下级机关执行和有关单位周知或者执行的事项，批转、转发公文
通报	适用于表彰先进、批评错误、传达重要精神和告知重要情况
报告	适用于向上级机关汇报工作、反映情况，回复上级机关的询问
请示	适用于向上级机关请求指示、批准
批复	适用于答复下级机关请示事项
议案	适用于各级人民政府按照法律程序向同级人民代表大会或者人民代表大会常务委员会提请审议事项
函	适用于不相隶属机关之间商洽工作、询问和答复问题、请求批准和答复审批事项
纪要	适用于记载会议主要情况和议定事项

三、公务文书的语言要求

公务文书的语言应准确、简洁、平实、庄重。准确是最基本的要求，简洁是进一步的要求，平实是对一般应用文的要求，庄重是对公文语言的特殊要求。

（一）准确

写任何东西对语言的最基本要求都是准确。文学作品的语言不准确，影响的是欣赏；应用文的语言不准确，会误事；公文语言不准确，要误大事。如在 1930 年 5 月的中原大战中，因冯玉祥的作战参谋在拟定命令时，误把"沁阳"写成"泌阳"，使军队误入了离沁阳数百千米的泌阳，贻误了聚歼蒋军的有利战机，导致冯玉祥和阎锡山联军的失败。

准确，包括用词、造句、构段等，最基本的是词语的锤炼。锤炼词语的目的，是要选最恰当、最能说明特定事物的词语入文。锤炼词语，就是要精心辨析词义。汉语的词汇非常丰富，在公文的语言表达上精心辨析和准确选择近义词和同义词十分重要。例如，公文中在讲到收获时常常用到"成绩""成果""成效""成就"，它们的基本意义一样，但在分量上和侧重点上不同。"成绩"一般用工作或学习中取得的具体收获，如"他在期末考试中取得了优良成绩"。"成果"则用于在事业中取得了较大的收获，如"我们的劳动取得了丰硕的成果"。"成效"侧重于功效、效果，如"他们研制的新农药，杀灭稻田害虫很有成效"。"成就"是指取得了很大的成绩，如"我国的改革开放事业取得了世界瞩目的成就"。

（二）简洁

毛泽东在《关于建立报告制度》一文中指出："报告文字每次一千字左右为限，除特殊情况外，至多不要超过两千字。一次不能写完全部问题时，分两次写。或一次着重写几个问题而对上次着重写过的只略带几笔。综合报告内容要扼要，文字要简练，要指出问题或争论之所在。"公文简洁才能提高效率，动手之前，要先把事情想透。写完之后，至少读两遍，把可有可无的字、句、段删去，毫不可惜。例如，尽力把双音节词变为单音节词：为了——为；仍然——仍；经过——经；希望——望；曾经——曾；必须——须；打算——拟；按照——照；应该——应；这份文件——此件；如果——如；我们公司——我公司；但是——但；这位同志——该同志。

（三）平实

平实，就是平铺直叙，实实在在。平实是对一般应用文的语言要求。在公文里不宜用华丽的文学辞藻，不宜使用描写、比喻、夸张、象征。例如，××军分区政治部关于开展科学文化教育的工作报告，开头是这样写的："巍巍喜马拉雅山放声歌唱，滔滔雅鲁布江舒袖欢舞，在党的七届二中会议精神的鼓舞下，我们迎来了军分区科学文化教育的春天！"这样的开头作为公文是不可取的。

溢美、虚夸，也是公文语言之大忌。表扬一个医生医术高明，就说是"当代华佗"；医德高尚，就说是"当代白求恩"。赞扬某人工作刻苦，动不动就说他废寝忘食，甚至说他连续几天几夜不合眼坚守在工作岗位上。还有些公文热衷于一些空洞轻浮的言辞，例如："一把手亲自抓，县委委员人人抓，分管委员认真抓，主管部门直接抓，有关部门配合抓，村镇党委层层抓"，这些都是废话，不但无意义，效果往往适得其反。把"亲自"作为领导干部的专用词，某某领导亲自到工地检查指导工作，某某领导亲自去挖坑种树，某某领导亲自接待群众来访……分内的工作强调"亲自"，正常变成了非常，势必引起反感。

（四）庄重

庄重是对公文语言的特殊要求。公文代表行政机关，必须庄重。公文语言不庄重，其中一个很重要的原因就是语言过分口语化。例如，"我们的要求您看行不行，如果没有什么不合适的地方，就赶紧给我们回个话。"这样的内容必须改为："以上请示，如无不妥，请批复。"再如："改革开放后，农民的钱包一年比一年胀，日子越过越好，就像吃甘蔗由尾吃到头儿越吃越甜。"要把这样的意思写入公文，需要改为："改革开放后，农民的收入年年增加，生活越过越幸福。"

要使公文语言庄重，可以适当使用文言词语。例如，"来信收到，内容尽知"可改为"来函收悉"。这样一改，既简洁，又庄重。

四、公务文书的行文方式和规则

（一）公文的行文方式

根据工作需要和机关单位的组织关系，分别采取下列方式。

（1）逐级行文：即向自己所属的上一级或下一级机关行文，以及按层次一级一级行文。这是上行文的最基本的行文方式。

（2）多级行文：即同时向自己以上或以下的若干级机关进行的一次性行文。

（3）越级行文：即越过自己的直接上级或直接下级，向非直接上级或非直接下级行文。

（4）直达行文：即上级领导机关直接把文件发到基层机关的行文。

（二）公文的行文规则

根据《党政机关公文处理工作条例》，公文有以下的行文规则。

（1）行文应当确有必要，讲求实效，注重针对性和可操作性。

（2）行文关系根据隶属关系和职权范围确定。一般不得越级行文，特殊情况需要越级行文的，应当同时抄送被越过的机关。

（3）向上级机关行文，应当遵循以下规则。

① 原则上主送一个上级机关，根据需要同时抄送相关上级机关和同级机关，不抄送下级机关。

② 党委、政府的部门向上级主管部门请示、报告重大事项，应当经本级党委、政府同意或者授权；属于部门职权范围内的事项应当直接报送上级主管部门。

③ 下级机关的请示事项，如需以本机关名义向上级机关请示，应当提出倾向性意见后上报，不得原文转报上级机关。

④ 请示应当一文一事。不得在报告等非请示性公文中夹带请示事项。

⑤ 除上级机关负责人直接交办事项外，不得以本机关名义向上级机关负责人报送公文，不得以本机关负责人名义向上级机关报送公文。

⑥ 受双重领导的机关向一个上级机关行文，必要时抄送另一个上级机关。

（4）向下级机关行文，应当遵循以下规则。

① 主送受理机关，根据需要抄送相关机关。重要行文应当同时抄送发文机关的直接上级机关。

② 党委、政府的办公厅（室）根据本级党委、政府授权，可以向下级党委、政府行文，其他部门和单位不得向下级党委、政府发布指令性公文或者在公文中向下级党委、政府提出指令性要求。需经政府审批的具体事项，经政府同意后可以由政府职能部门行文，文中须注明已经政府同意。

③ 党委、政府的部门在各自职权范围内可以向下级党委、政府的相关部门行文。

④ 涉及多个部门职权范围内的事务，部门之间未协商一致的，不得向下行文；擅自行文的，上级机关应当责令其纠正或者撤销。

⑤ 上级机关向受双重领导的下级机关行文,必要时抄送该下级机关的另一个上级机关。

(5) 同级党政机关、党政机关与其他同级机关必要时可以联合行文。属于党委、政府各自职权范围内的工作,不得联合行文。

党委、政府的部门依据职权可以相互行文。

部门内设机构除办公厅(室)外不得对外正式行文。

实训活动

1. 选择题。

(1) 上行文是指(　　)。

A. 下级机关向它所属的上级领导机关所发送的文件

B. 向所属被领导机关或组织发出的文件

C. 向一切比本机关级别层次高的机关发出的文件

D. 向一切比本机关级别层次低的机关发出的文件

(2) 用于记载与传达会议精神及会议事项的文种是(　　)。

A. 议案　　　　　B. 决定　　　　　C. 会议记录　　　　　D. 纪要

(3) 撰写请示,要求(　　)。

A. 主送一个主管的上级机关

B. 主送上级机关的领导人

C. 受双重领导的机关主送两个上级机关

D. 主送主管的与有关的上级机关

(4) 向上级机关汇报工作,反映情况,使用(　　)。

A. 通报　　　　　B. 请示　　　　　C. 报告　　　　　D. 意见

2. 填空题。

(1) 公文的秘密等级有_____、_____、_____三种。

(2) 紧急程度是对公文发送与处理的时间的要求,有_____、_____两种。

(3) 通报适用于_____、_____、_____。

(4) 公务文书的语言要求是_____、_____、_____、_____。

3. 修改以下语句中的表述错误。

(1) 我们获悉经理生了病,旋即去医院看望他。

(2) 这个炼钢车间,由十天开一炉,变为五天开一炉,时间缩短一倍。

(3) 近年来,我们厂增产幅度大,上缴利润之多,是绝无仅有的。

(4) 前段时间,由于我们重视了抓生产,因而忽视了抓安全。

(5) 通过增产节约运动,我厂各车间都超额完成了生产计划。超额 20% 以上为一等奖,超额 20% 以下为二等奖。

知识拓展

党政机关公文处理工作条例
（2012 年 7 月 1 日起施行）

第一章 总 则

第一条 为了适应中国共产党机关和国家行政机关（以下简称党政机关）工作需要，推进党政机关公文处理工作科学化、制度化、规范化，制定本条例。

第二条 本条例适用于各级党政机关公文处理工作。

第三条 党政机关公文是党政机关实施领导、履行职能、处理公务的具有特定效力和规范体式的文书，是传达贯彻党和国家的方针政策，公布法规和规章，指导、布置和商洽工作，请示和答复问题，报告、通报和交流情况等的重要工具。

第四条 公文处理工作是指公文拟制、办理、管理等一系列相互关联、衔接有序的工作。

第五条 公文处理工作应当坚持实事求是、准确规范、精简高效、安全保密的原则。

第六条 各级党政机关应当高度重视公文处理工作，加强组织领导，强化队伍建设，设立文秘部门或者由专人负责公文处理工作。

第七条 各级党政机关办公厅（室）主管本机关的公文处理工作，并对下级机关的公文处理工作进行业务指导和督促检查。

第二章 公文种类

第八条 公文种类主要有：

（一）决议。适用于会议讨论通过的重大决策事项。

（二）决定。适用于对重要事项作出决策和部署、奖惩有关单位和人员、变更或者撤销下级机关不适当的决定事项。

（三）命令（令）。适用于公布行政法规和规章、宣布施行重大强制性措施、批准授予和晋升衔级、嘉奖有关单位和人员。

（四）公报。适用于公布重要决定或者重大事项。

（五）公告。适用于向国内外宣布重要事项或者法定事项。

（六）通告。适用于在一定范围内公布应当遵守或者周知的事项。

（七）意见。适用于对重要问题提出见解和处理办法。

（八）通知。适用于发布、传达要求下级机关执行和有关单位周知或者执行的事项，批转、转发公文。

（九）通报。适用于表彰先进、批评错误、传达重要精神和告知重要情况。

（十）报告。适用于向上级机关汇报工作、反映情况，回复上级机关的询问。

（十一）请示。适用于向上级机关请求指示、批准。

（十二）批复。适用于答复下级机关请示事项。

（十三）议案。适用于各级人民政府按照法律程序向同级人民代表大会或者人民代表大会常务委员会提请审议事项。

（十四）函。适用于不相隶属机关之间商洽工作、询问和答复问题、请求批准和答复审批事项。

（十五）纪要。适用于记载会议主要情况和议定事项。

第三章　公文格式

第九条　公文一般由份号、密级和保密期限、紧急程度、发文机关标志、发文字号、签发人、标题、主送机关、正文、附件说明、发文机关署名、成文日期、印章、附注、附件、抄送机关、印发机关和印发日期、页码等组成。

（一）份号。公文印制份数的顺序号。涉密公文应当标注份号。

（二）密级和保密期限。公文的秘密等级和保密的期限。涉密公文应当根据涉密程度分别标注"绝密""机密""秘密"和保密期限。

（三）紧急程度。公文送达和办理的时限要求。根据紧急程度,紧急公文应当分别标注"特急""加急",电报应当分别标注"特提""特急""加急""平急"。

（四）发文机关标志。由发文机关全称或者规范化简称加"文件"二字组成,也可以使用发文机关全称或者规范化简称。联合行文时,发文机关标志可以并用联合发文机关名称,也可以单独用主办机关名称。

（五）发文字号。由发文机关代字、年份、发文顺序号组成。联合行文时,使用主办机关的发文字号。

（六）签发人。上行文应当标注签发人姓名。

（七）标题。由发文机关名称、事由和文种组成。

（八）主送机关。公文的主要受理机关,应当使用机关全称、规范化简称或者同类型机关统称。

（九）正文。公文的主体,用来表述公文的内容。

（十）附件说明。公文附件的顺序号和名称。

（十一）发文机关署名。署发文机关全称或者规范化简称。

（十二）成文日期。署会议通过或者发文机关负责人签发的日期。联合行文时,署最后签发机关负责人签发的日期。

（十三）印章。公文中有发文机关署名的,应当加盖发文机关印章,并与署名机关相符。有特定发文机关标志的普发性公文和电报可以不加盖印章。

（十四）附注。公文印发传达范围等需要说明的事项。

（十五）附件。公文正文的说明、补充或者参考资料。

（十六）抄送机关。除主送机关外需要执行或者知晓公文内容的其他机关,应当使用机关全称、规范化简称或者同类型机关统称。

（十七）印发机关和印发日期。公文的送印机关和送印日期。

（十八）页码。公文页数顺序号。

第十条　公文的版式按照《党政机关公文格式》国家标准执行。

第十一条　公文使用的汉字、数字、外文字符、计量单位和标点符号等,按照有关国家标准和规定执行。民族自治地方的公文,可以并用汉字和当地通用的少数民族文字。

第十二条　公文用纸幅面采用国际标准 A4 型。特殊形式的公文用纸幅面,根据实际需要确定。

第四章　行　文　规　则

第十三条　行文应当确有必要，讲求实效，注重针对性和可操作性。

第十四条　行文关系根据隶属关系和职权范围确定。一般不得越级行文，特殊情况需要越级行文的，应当同时抄送被越过的机关。

第十五条　向上级机关行文，应当遵循以下规则：

（一）原则上主送一个上级机关，根据需要同时抄送相关上级机关和同级机关，不抄送下级机关。

（二）党委、政府的部门向上级主管部门请示、报告重大事项，应当经本级党委、政府同意或者授权；属于部门职权范围内的事项应当直接报送上级主管部门。

（三）下级机关的请示事项，如需以本机关名义向上级机关请示，应当提出倾向性意见后上报，不得原文转报上级机关。

（四）请示应当一文一事。不得在报告等非请示性公文中夹带请示事项。

（五）除上级机关负责人直接交办事项外，不得以本机关名义向上级机关负责人报送公文，不得以本机关负责人名义向上级机关报送公文。

（六）受双重领导的机关向一个上级机关行文，必要时抄送另一个上级机关。

第十六条　向下级机关行文，应当遵循以下规则：

（一）主送受理机关，根据需要抄送相关机关。重要行文应当同时抄送发文机关的直接上级机关。

（二）党委、政府的办公厅（室）根据本级党委、政府授权，可以向下级党委、政府行文，其他部门和单位不得向下级党委、政府发布指令性公文或者在公文中向下级党委、政府提出指令性要求。需经政府审批的具体事项，经政府同意后可以由政府职能部门行文，文中须注明已经政府同意。

（三）党委、政府的部门在各自职权范围内可以向下级党委、政府的相关部门行文。

（四）涉及多个部门职权范围内的事务，部门之间未协商一致的，不得向下行文；擅自行文的，上级机关应当责令其纠正或者撤销。

（五）上级机关向受双重领导的下级机关行文，必要时抄送该下级机关的另一个上级机关。

第十七条　同级党政机关、党政机关与其他同级机关必要时可以联合行文。属于党委、政府各自职权范围内的工作，不得联合行文。党委、政府的部门依据职权可以相互行文。部门内设机构除办公厅（室）外不得对外正式行文。

第五章　公　文　拟　制

第十八条　公文拟制包括公文的起草、审核、签发等程序。

第十九条　公文起草应当做到：

（一）符合党的理论路线方针政策和国家法律法规，完整准确体现发文机关意图，并同现行有关公文相衔接。

（二）一切从实际出发，分析问题实事求是，所提政策措施和办法切实可行。

（三）内容简洁，主题突出，观点鲜明，结构严谨，表述准确，文字精练。

（四）文种正确，格式规范。

（五）深入调查研究，充分进行论证，广泛听取意见。

（六）公文涉及其他地区或者部门职权范围内的事项，起草单位必须征求相关地区或者部门意见，力求达成一致。

（七）机关负责人应当主持、指导重要公文起草工作。

第二十条　公文文稿签发前，应当由发文机关办公厅（室）进行审核。审核的重点是：

（一）行文理由是否充分，行文依据是否准确。

（二）内容是否符合党的理论路线方针政策和国家法律法规；是否完整准确体现发文机关意图；是否同现行有关公文相衔接；所提政策措施和办法是否切实可行。

（三）涉及有关地区或者部门职权范围内的事项是否经过充分协商并达成一致意见。

（四）文种是否正确，格式是否规范；人名、地名、时间、数字、段落顺序、引文等是否准确；文字、数字、计量单位和标点符号等用法是否规范。

（五）其他内容是否符合公文起草的有关要求。需要发文机关审议的重要公文文稿，审议前由发文机关办公厅（室）进行初核。

第二十一条　经审核不宜发文的公文文稿，应当退回起草单位并说明理由；符合发文条件但内容需作进一步研究和修改的，由起草单位修改后重新报送。

第二十二条　公文应当经本机关负责人审批签发。重要公文和上行文由机关主要负责人签发。党委、政府的办公厅（室）根据党委、政府授权制发的公文，由受权机关主要负责人签发或者按照有关规定签发。签发人签发公文，应当签署意见、姓名和完整日期；圈阅或者签名的，视为同意。联合发文由所有联署机关的负责人会签。

第六章　公文办理

第二十三条　公文办理包括收文办理、发文办理和整理归档。

第二十四条　收文办理主要程序是：

（一）签收。对收到的公文应当逐件清点，核对无误后签字或者盖章，并注明签收时间。

（二）登记。对公文的主要信息和办理情况应当详细记载。

（三）初审。对收到的公文应当进行初审。初审的重点是：是否应当由本机关办理，是否符合行文规则，文种、格式是否符合要求，涉及其他地区或者部门职权范围内的事项是否已经协商、会签，是否符合公文起草的其他要求。经初审不符合规定的公文，应当及时退回来文单位并说明理由。

（四）承办。阅知性公文应当根据公文内容、要求和工作需要确定范围后分送。批办性公文应当提出拟办意见报本机关负责人批示或者转有关部门办理；需要两个以上部门办理的，应当明确主办部门。紧急公文应当明确办理时限。承办部门对交办的公文应当及时办理，有明确办理时限要求的应当在规定时限内办理完毕。

（五）传阅。根据领导批示和工作需要将公文及时送传阅对象阅知或者批示。办理公文传阅应当随时掌握公文去向，不得漏传、误传、延误。

（六）催办。及时了解掌握公文的办理进展情况，督促承办部门按期办结。紧急公文或者重要公文应当由专人负责催办。

（七）答复。公文的办理结果应当及时答复来文单位，并根据需要告知相关单位。

第二十五条　发文办理主要程序是：

（一）复核。已经发文机关负责人签批的公文，印发前应当对公文的审批手续、内容、文种、格式等进行复核；需作实质性修改的，应当报原签批人复审。

（二）登记。对复核后的公文，应当确定发文字号、分送范围和印制份数并详细记载。

（三）印制。公文印制必须确保质量和时效。涉密公文应当在符合保密要求的场所印制。

（四）核发。公文印制完毕，应当对公文的文字、格式和印刷质量进行检查后分发。

第二十六条　涉密公文应当通过机要交通、邮政机要通信、城市机要文件交换站或者收发件机关机要收发人员进行传递，通过密码电报或者符合国家保密规定的计算机信息系统进行传输。

第二十七条　需要归档的公文及有关材料，应当根据有关档案法律法规以及机关档案管理规定，及时收集齐全、整理归档。两个以上机关联合办理的公文，原件由主办机关归档，相关机关保存复制件。机关负责人兼任其他机关职务的，在履行所兼职务过程中形成的公文，由其兼职机关归档。

第七章　公 文 管 理

第二十八条　各级党政机关应当建立健全本机关公文管理制度，确保管理严格规范，充分发挥公文效用。

第二十九条　党政机关公文由文秘部门或者专人统一管理。设立党委（党组）的县级以上单位应当建立机要保密室和机要阅文室，并按照有关保密规定配备工作人员和必要的安全保密设施设备。

第三十条　公文确定密级前，应当按照拟定的密级先行采取保密措施。确定密级后，应当按照所定密级严格管理。绝密级公文应当由专人管理。公文的密级需要变更或者解除的，由原确定密级的机关或者其上级机关决定。

第三十一条　公文的印发传达范围应当按照发文机关的要求执行；需要变更的，应当经发文机关批准。涉密公文公开发布前应当履行解密程序。公开发布的时间、形式和渠道，由发文机关确定。经批准公开发布的公文，同发文机关正式印发的公文具有同等效力。

第三十二条　复制、汇编机密级、秘密级公文，应当符合有关规定并经本机关负责人批准。绝密级公文一般不得复制、汇编，确有工作需要的，应当经发文机关或者其上级机关批准。复制、汇编的公文视同原件管理。复制件应当加盖复制机关戳记。翻印件应当注明翻印的机关名称、日期。汇编本的密级按照编入公文的最高密级标注。

第三十三条　公文的撤销和废止，由发文机关、上级机关或者权力机关根据职权范围和有关法律法规决定。公文被撤销的，视为自始无效；公文被废止的，视为自废止之日起失效。

第三十四条　涉密公文应当按照发文机关的要求和有关规定进行清退或者销毁。

第三十五条　不具备归档和保存价值的公文，经批准后可以销毁。销毁涉密公文必须严格按照有关规定履行审批登记手续，确保不丢失、不漏销。个人不得私自销毁、留存涉密公文。

第三十六条 机关合并时,全部公文应当随之合并管理;机关撤销时,需要归档的公文经整理后按照有关规定移交档案管理部门。工作人员离岗离职时,所在机关应当督促其将暂存、借用的公文按照有关规定移交、清退。

第三十七条 新设立的机关应当向本级党委、政府的办公厅(室)提出发文立户申请。经审查符合条件的,列为发文单位,机关合并或者撤销时,相应进行调整。

第八章 附 则

第三十八条 党政机关公文含电子公文。电子公文处理工作的具体办法另行制定。

第三十九条 法规、规章方面的公文,依照有关规定处理。外事方面的公文,依照外事主管部门的有关规定处理。

第四十条 其他机关和单位的公文处理工作,可以参照本条例执行。

第四十一条 本条例由中共中央办公厅、国务院办公厅负责解释。

第四十二条 本条例自 2012 年 7 月 1 日起施行。1996 年 5 月 3 日中共中央办公厅发布的《中国共产党机关公文处理条例》和 2000 年 8 月 24 日国务院发布的《国家行政机关公文处理办法》停止执行。

任务二 党政机关公文格式

案例导入

公文是企业运营的信息载体,是现代企业管理的工具,是贯彻企业执行力的重要保障。新星公司为了提高管理人员公文处理规范化水平,将制定公司公文管理规定,并对全体管理人员进行培训。如果将次任务交给你,你将如何制定?

知识要点

公文格式是公文的表现形式,是指公文通用的纸张、印刷要求及公文书面结构各组成要素排列顺序和标识规则。

为提高党政机关公文的规范化、标准化水平,2012 年 6 月 29 日,国家质量监督检验检疫总局、国家标准化管理委员会发布了《党政机关公文格式》(GB/T 9704—2012)(以下简称《格式》),于 2012 年 7 月 1 日起正式实施。此标准是对国标《国家行政机关公文格式》(GB/T 9704—1999)的修订。

一、术语和定义

(1) 字。标示公文中横向距离的长度单位。在《格式》中,一字指一个汉字宽度的距离。

(2) 行。标示公文中纵向距离的长度单位。在《格式》中,一行指一个汉字的高度加 3 号汉字高度的 7/8 的距离。

二、公文用纸及版面要求

(1) 公文用纸。公文用纸一般使用纸张定量为 $60g/m^2 \sim 80g/m^2$ 的胶版印刷纸或复印纸。纸张白度 $80\% \sim 90\%$，横向耐折度 $\geqslant 15$ 次，不透明度 $\geqslant 85\%$，pH 值为 $7.5 \sim 9.5$。

(2) 幅面尺寸。公文用纸采用 GB/T 148 中规定的 A4 型纸，其成品幅面尺寸为 $210mm \times 297mm$。

(3) 页边与版心尺寸。公文用纸天头(上白边)为 $37mm \pm 1mm$，公文用纸订口(左白边)为 $28mm \pm 1mm$，版心尺寸为 $156mm \times 225mm$。

(4) 字体和字号。如无特殊说明，公文格式各要素一般用 3 号仿宋体字。特定情况可以作适当调整。

(5) 行数和字数。一般每面排 22 行，每行排 28 个字，并撑满版心。特定情况可以作适当调整。

(6) 文字的颜色。如无特殊说明，公文中文字的颜色均为黑色。

(7) 制版及印刷要求。版面干净无底灰，字迹清楚无断划，尺寸标准，版心不斜，误差不超过 1mm。双面印刷；页码套正，两面误差不超过 2mm。黑色油墨应当达到色谱所标 BL100%，红色油墨应当达到色谱所标 Y80%、M80%。印品着墨实、均匀；字面不花、不白、无断划。

(8) 装订要求。公文应当左侧装订，不掉页，两页页码之间误差不超过 4mm，裁切后的成品尺寸允许误差 $\pm 2mm$，四角成 $90°$，无毛茬或缺损。骑马订或平订的公文应当如下。

① 订位为两钉外订眼距版面上下边缘各 70mm 处，允许误差 $\pm 4mm$。

② 无坏钉、漏钉、重钉，钉脚平伏牢固。

③ 骑马订钉锯均订在折缝线上，平订钉锯与书脊间的距离为 $3mm \sim 5mm$。

包本装订公文的封皮(封面、书脊、封底)与书芯应吻合、包紧、包平、不脱落。

三、公文格式各要素

《格式》将版心内的公文格式各要素划分为版头、主体、版记三部分。公文首页红色分隔线以上的部分称为版头；公文首页红色分隔线(不含)以下、公文末页首条分隔线(不含)以上的部分称为主体；公文末页首条分隔线以下、末条分隔线以上的部分称为版记。页码位于版心外。

(一)版头

(1) 份号。如需标注份号，一般用 6 位 3 号阿拉伯数字，顶格编排在版心左上角第一行。

(2) 密级和保密期限。如需标注密级和保密期限，一般用 3 号黑体字，顶格编排在版心左上角第二行;保密期限中的数字用阿拉伯数字标注。

（3）紧急程度。如需标注紧急程度,一般用3号黑体字,顶格编排在版心左上角;如需同时标注份号、密级和保密期限、紧急程度,应按照份号、密级和保密期限、紧急程度的顺序自上而下分行排列。

（4）发文机关标志。由发文机关全称或者规范化简称加"文件"二字组成,也可以使用发文机关全称或者规范化简称。

发文机关标志居中排布,上边缘至版心上边缘为35mm,推荐使用小标宋体字,颜色为红色,以醒目、美观、庄重为原则。

联合行文时,如需同时标注联署发文机关名称,一般应当将主办机关名称排列在前;如有"文件"二字,应当置于发文机关名称右侧,以联署发文机关名称为准上下居中排布。

（5）发文字号。编排在发文机关标志下空二行位置,居中排布。年份、发文顺序号用阿拉伯数字标注;年份应标全称,用六角括号"〔〕"括入;发文顺序号不加"第"字,不编虚位(即1不编为01),在阿拉伯数字后加"号"字。

上行文的发文字号居左空一字编排,与最后一个签发人姓名处在同一行。

（6）签发人。由"签发人"三字加全角冒号和签发人姓名组成,居右空一字,编排在发文机关标志下空二行位置。"签发人"三字用3号仿宋体字,签发人姓名用3号楷体字。

如有多个签发人,签发人姓名按照发文机关的排列顺序从左到右、自上而下依次均匀编排,一般每行排两个姓名,回行时与上一行第一个签发人姓名对齐。

（7）版头中的分隔线。发文字号之下4mm处居中印一条与版心等宽的红色分隔线。

（二）主体

1. 标题

一般用2号小标宋体字,编排于红色分隔线下空二行位置,分一行或多行居中排布;回行时,要做到词意完整,排列对称,长短适宜,间距恰当,标题排列应当使用梯形或菱形。

2. 主送机关

编排于标题下空一行位置,居左顶格,回行时仍顶格,最后一个机关名称后标全角冒号。如主送机关名称过多导致公文首页不能显示正文时,应当将主送机关名称移至版记。

3. 正文

公文首页必须显示正文。一般用3号仿宋体字,编排于主送机关名称下一行,每个自然段左空二字,回行顶格。文中结构层次序数依次可以用"一、""（一）""1.""（1）"标注;一般第一层用黑体字、第二层用楷体字、第三层和第四层用仿宋体字标注。

4. 附件说明

如有附件,在正文下空一行左空二字编排"附件"二字,后标全角冒号和附件名称。如有多个附件,使用阿拉伯数字标注附件顺序号(如"附件:1.×××××");附件名称后不加标点符号。附件名称较长需回行时,应当与上一行附件名称的首字对齐。

5. 发文机关署名、成文日期和印章

(1)加盖印章的公文

成文日期一般右空四字编排,印章用红色,不得出现空白印章。

单一机关行文时,一般在成文日期之上、以成文日期为准居中编排发文机关署名,印章端正、居中下压发文机关署名和成文日期,使发文机关署名和成文日期居印章中心偏下位置,印章顶端应当上距正文(或附件说明)一行之内。

联合行文时,一般将各发文机关署名按照发文机关顺序整齐排列在相应位置,并将印章一一对应、端正、居中下压发文机关署名,最后一个印章端正、居中下压发文机关署名和成文日期,印章之间排列整齐、互不相交或相切,每排印章两端不得超出版心,首排印章顶端应当上距正文(或附件说明)一行之内。

(2)不加盖印章的公文

单一机关行文时,在正文(或附件说明)下空一行右空二字编排发文机关署名,在发文机关署名下一行编排成文日期,首字比发文机关署名首字右移二字,如成文日期长于发文机关署名,应当使成文日期右空二字编排,并相应增加发文机关署名右空字数。

联合行文时,应当先编排主办机关署名,其余发文机关署名依次向下编排。

(3)加盖签发人签名章的公文

单一机关制发的公文加盖签发人签名章时,在正文(或附件说明)下空二行右空四字加盖签发人签名章,签名章左空二字标注签发人职务,以签名章为准上下居中排布。在签发人签名章下空一行右空四字编排成文日期。

联合行文时,应当先编排主办机关签发人职务、签名章,其余机关签发人职务、签名章依次向下编排,与主办机关签发人职务、签名章上下对齐;每行只编排一个机关的签发人职务、签名章;签发人职务应当标注全称。

签名章一般用红色。

(4)成文日期中的数字

用阿拉伯数字将年、月、日标全,年份应标全称,月、日不编虚位(即 1 不编为 01)。

(5)特殊情况说明

当公文排版后所剩空白处不能容下印章或签发人签名章、成文日期时,可以采取调整行距、字距的措施解决。

6. 附注

如有附注,居左空二字加圆括号编排在成文日期下一行。

7. 附件

附件应当另面编排,并在版记之前,与公文正文一起装订。"附件"二字及附件顺序号

用 3 号黑体字顶格编排在版心左上角第一行。附件标题居中编排在版心第三行。附件顺序号和附件标题应当与附件说明的表述一致。附件格式要求同正文。

如附件与正文不能一起装订,应当在附件左上角第一行顶格编排公文的发文字号并在其后标注"附件"二字及附件顺序号。

(三)版记

1. 版记中的分隔线

版记中的分隔线与版心等宽,首条分隔线和末条分隔线用粗线(推荐高度为0.35mm),中间的分隔线用细线(推荐高度为 0.25mm)。首条分隔线位于版记中第一个要素之上,末条分隔线与公文最后一面的版心下边缘重合。

2. 抄送机关

如有抄送机关,一般用 4 号仿宋体字,在印发机关和印发日期之上一行、左右各空一字编排。"抄送"二字后加全角冒号和抄送机关名称,回行时与冒号后的首字对齐,最后一个抄送机关名称后标句号。

如需把主送机关移至版记,除将"抄送"二字改为"主送"外,编排方法同抄送机关。既有主送机关又有抄送机关时,应当将主送机关置于抄送机关之上一行,之间不加分隔线。

3. 印发机关和印发日期

印发机关和印发日期一般用 4 号仿宋体字,编排在末条分隔线之上,印发机关左空一字,印发日期右空一字,用阿拉伯数字将年、月、日标全,年份应标全称,月、日不编虚位(即1 不编为 01),后加"印发"二字。

版记中如有其他要素,应当将其与印发机关和印发日期用一条细分隔线隔开。

(四)页码

一般用 4 号半角宋体阿拉伯数字,编排在公文版心下边缘之下,数字左右各放一条一字线;一字线上距版心下边缘 7mm。单页码居右空一字,双页码居左空一字。公文的版记页前有空白页的,空白页和版记页均不编排页码。公文的附件与正文一起装订时,页码应当连续编排。

(五)公文格式样式

(1) A4 型公文用纸页边及版心尺寸如图 2-1 所示。

(2) 单一机关行文公文首页格式如图 2-2 所示。

(3) 公文末页格式 1 如图 2-3 所示。

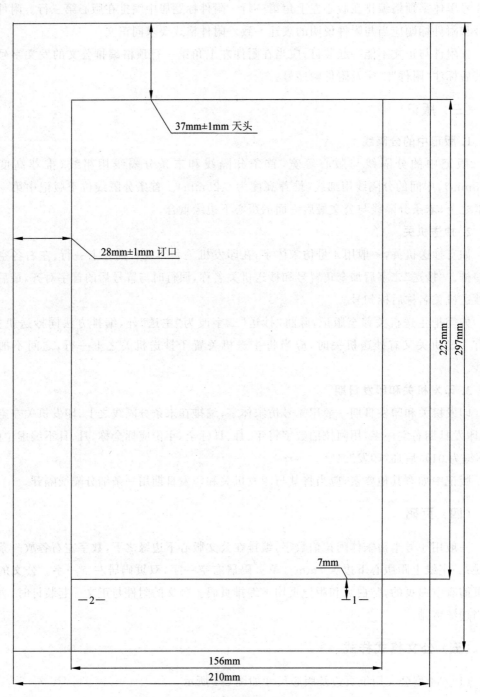

图 2-1　A4 型公文用纸页边及版心尺寸

注：① 公文用纸采用 A4 型纸，尺寸为 210mm×297mm。

　　② 公文用纸天头（上白边）为 37mm±1mm，订口（左白边）为 28mm±1mm，版心尺寸为 156mm×225mm。

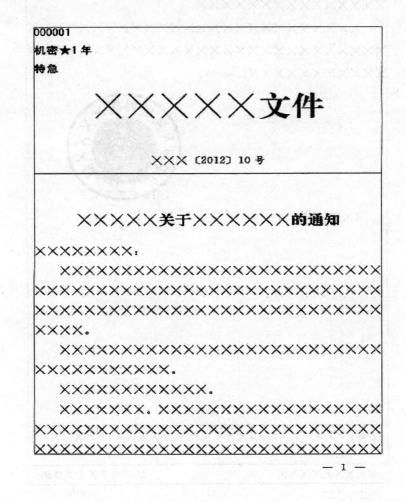

图 2-2　单一机关行文公文首页格式

注：① 版心实线框仅为示意，在印制公文时并不印出。

　　② 版头部分包括份号、密级和保密期限、紧急程度、发文机关标志、发文字号、签发人、分隔线等部分。

　　③ 主体部分包括标题、主送机关、正文、附件说明、发文机关署名、成文日期和印章、附注、附件等部分。

××××××××××××。

　××××××××××××××××××××
××××××××××××××××××××××××
×××××××××。

　（×××××）

抄送：×××××××，××××××，×××××，×××××，
　　　×××××。

×××××××× 　　　　　　　2012 年 7 月 1 日印发

— 2 —

图 2-3　公文末页格式

注：① 版心实线框仅为示意，在印制公文时并不印出。

② 正文：发文机关署名、成文日期、印章、附注。

③ 版记：分隔线、抄送机关、印发机关、印发日期、页码。

实训活动

1. 指出下面发文字号的错误并改正。

(1) 西校发[19]23 号

(2) 重府字[2018]18 号

(3) ×燃煤(18)第 07 号

(4) 〔2018〕国发第 40 号

(5) 沭政办发字(18)第 12 号

2. 修改以下公文的格式。

××市人民政府公文

(18)××市府发 24 号

××市人民政府严厉打击非法出版活动的通知

　　当前,我市一些地方非法出版活动十分猖獗,传播有害书刊和音像制品。这类出版物内容腐朽,大量宣传凶杀、色情和迷信,对群众特别是青少年的身心健康危害极大,严重地影响了社会主义精神文明的建设,破坏了社会安定,已成为社会一大公害。对此,各级政府应采取有力措施,严厉打击非法出版活动。现将有关事项通知如下。

　　(以下略)

××市人民政府(公章)

二零一八年十二月五号

2018 年×月×日　　　××市人民政府办公厅印发

---

3. 根据下列材料拟写一则公文(按红头文件格式,项目可用××自行补全)。

(1) 上海市××区教育局将市教育局《关于做好卫生保健工作的通知》转发给区教育学院、各中、小学和卫校。

(2) 文件中指出:当前,对学校卫生保健工作要引起高度重视,尤其是保护学生视力,预防近视的工作,各校必须切实加强领导,要下大决心采取各种有效措施,使学生的患近视率有所控制和下降。

(3) 该文件领导的签发日期是 2018 年 9 月 14 日,是 2018 年的第 161 个文件。

知识拓展

部分公文的特定格式

1. 信函格式

（1）发文机关标志使用发文机关全称或者规范化简称，居中排布，上边缘至上页边为 30mm，推荐使用红色小标宋体字。联合行文时，使用主办机关标志。

（2）发文机关标志下 4mm 处印一条红色双线（上粗下细），距下页边 20mm 处印一条红色双线（上细下粗），线长均为 170mm，居中排布。

（3）如需标注份号、密级和保密期限、紧急程度，应当顶格居版心左边缘编排在第一条红色双线下，按照份号、密级和保密期限、紧急程度的顺序自上而下分行排列，第一个要素与该线的距离为 3 号汉字高度的 7/8。

（4）发文字号顶格居版心右边缘编排在第一条红色双线下，与该线的距离为 3 号汉字高度的 7/8。

（5）标题居中编排，与其上最后一个要素相距二行。

（6）第二条红色双线上一行如有文字，与该线的距离为 3 号汉字高度的 7/8。

（7）首页不显示页码。

（8）版记不加印发机关和印发日期、分隔线，位于公文最后一面版心内最下方。

2. 命令（令）格式

（1）发文机关标志由发文机关全称加"命令"或"令"字组成，居中排布，上边缘至版心上边缘为 20mm，推荐使用红色小标宋体字。

（2）发文机关标志下空二行居中编排令号，令号下空二行编排正文。

（3）签发人职务、签名章和成文日期的编排。

① 单一机关制发的公文加盖签发人签名章时，在正文（或附件说明）下空二行右空四字加盖签发人签名章，签名章左空二字标注签发人职务，以签名章为准上下居中排布。在签发人签名章下空一行右空四字编排成文日期。

② 联合行文时，应当先编排主办机关签发人职务、签名章，其余机关签发人职务、签名章依次向下编排，与主办机关签发人职务、签名章上下对齐；每行只编排一个机关的签发人职务、签名章；签发人职务应当标注全称。

③ 签名章一般用红色。

3. 纪要格式

（1）纪要标志由"××××纪要"组成，居中排布，上边缘至版心上边缘为 35mm，推荐使用红色小标宋体字。

（2）标注出席人员名单，一般用 3 号黑体字，在正文或附件说明下空一行左空二字编排"出席"二字，后标全角冒号，冒号后用 3 号仿宋体字标注出席人单位、姓名，换行时与冒号后的首字对齐。

（3）标注请假和列席人员名单，除依次另起一行并将"出席"二字改为"请假"或"列席"外，编排方法同出席人员名单。

任务三　决定的写作

案例导入

××大学的小刘同学是电子工程系大二学生,自入学以来,不认真学习,经常旷课,多次打架斗殴。20××年9月27日,小刘在学校图书馆偷窃图书,被学校给予留校察看一年的行政处分。但他没有吸取教训,在受处分期间,于期末外语考试中夹带资料作弊,对监考老师的多次劝止不仅不听,反而恶言相向、辱骂老师,严重扰乱考场秩序。

作为××大学应当如何处置大学生小刘?

知识要点

一、决定的定义

决定适用于对重要事项做出决策和部署、奖惩有关单位和人员、变更或者撤销下级机关不适当的决定事项。

这里的重要事项,是指带有全局性或具有重大意义和影响的事项,企事业单位、社会团体使用决定时,其内容应为本机关中相对重要的事宜。

二、决定的特点

(一)权威性

决定是一种权威性很强的下行文,是上级机关针对重要事项和重大行动,经重要会议或领导班子研究通过后,对所辖范围内的工作所做的安排。决定一经发布,就对受文单位具有很强的约束力,必须遵照执行。

(二)全局性

决定一般不是向某一个具体单位发出的,它涉及的事项和解决的问题具有全局性,行文对象有一定的普遍性。即使有时涉及的事件比较具体,其意义也往往是全局性的。如关于废止《中华人民共和国农业税条例》、分税制财政管理体制和加强预算外资金管理等,都是事关全国的重要问题。即使是地方政府发布的决定,也必然会涉及本地的全局性工作。决定的实施一般都会产生重大影响。

(三)指挥性

决定在对重要事项进行决策时,同时也会提出工作任务、具体措施和实施方案,要求受文单位依照执行。决定通过原则、任务、措施、方案的确定和安排,指挥下属单位统一思想、统一行动,从而保证工作的顺利开展,并取得预期效果。

三、决定的种类

（一）法规性决定

法规性决定用于发布权力机关制定、修订或试行的法律文件以及由政府部门制定的行政法规，如《国务院关于修改〈全国经济普查条例〉的决定》《××市人民政府关于修改〈××市商品交易市场管理规定〉的决定》，其内容是法规性文件，有很强的权威性和强制性。

（二）指挥性决定

指挥性决定是指对重大事项或重要工作进行部署或安排，要求有关单位、有关人员遵照执行的决定，如《中共中央关于深化党和国家机构改革的决定》。

（三）奖惩性决定

奖惩性决定用于奖励或惩处有关单位和人员，如《中共中央国务院关于表彰改革开放杰出贡献人员的决定》。

（四）变更性决定

变更性决定用于变更机构人事安排或撤销下级机关不适当的决定事项，如《国务院关于撤销×××同志××省省长职务的决定》。

四、决定的写作结构

决定一般由标题、主送机关、正文、落款组成，如表 2-2 所示。

表 2-2 决定的写作结构

结 构		要 点
标题		××（发文机关全称或规范化简称）关于××的决定
主送机关		受文机关全称或规范化简称（普发性决定可省略）
正文	开头	制发决定的理由、目的和意义
	主体	对重要问题或重大行动所做出的决定的具体内容
	号召	多用于表彰性或处分性决定
发文机关		发文机关全称（印章）
成文日期		××××年××月××日

（一）标题

标题一般要求完整地写出发文机关、事由和文种，如《中共中央关于深化文化体制改革推动社会主义文化大发展大繁荣若干重大问题的决定》《国务院关于修改部分行政法规的决定》和《中共中央 国务院关于表彰改革开放杰出贡献人员的决定》。

（二）主送机关

如果决定在一定范围内发送，需写主送机关；如果是普发性的，一般不写主送机关。

（三）正文

（1）开头。写明制发决定的依据，即制定决定的理由、目的与意义。

（2）主体。写对重要问题或重大行动所做出的决定的具体内容，包括决定的具体事项，各事项的性质、任务以及完成该任务的方针、要求和办法等。

（3）号召。决定的末尾一般要写表示号召和希望的话，但不是每个决定都必须写，多见于表彰性或处分性的决定。

（四）落款

决定的日期可以加括号写在标题下方，也可写在正文之后。如果日期写在标题下面，则正文后可省略落款和成文日期。

五、决定的写作要求

（一）文种使用要正确

决定的内容要和"决定"文种相符，避免把"决定"与"命令"等公文文种相混淆，写作之前要用心体会，正确区分。具体异同见"知识拓展"部分。

（二）原因要简短明确

决定是制约性非常强的公文，要求下级机关无条件执行。因此，行文时，对于做出决定的原因应写得简短明确，不可长篇大论，以示决定的强制性。

（三）事项要具体可行

决定既然要求下级机关无条件执行，那么决定的事项就应该写得具体明确，具有一定的可行性，以利于下级机关遵照执行。表彰、处分等决定对人和事的评价要实事求是，恰如其分。

例文解析

例文1　法规性决定

**国务院关于在上海市浦东新区
暂时调整实施有关行政法规规定的决定**

（**注**：标题为完全式标题，由"发文机关＋内容＋文种"组成）

国发〔2018〕29号

各省、自治区、直辖市人民政府，国务院各部委、各直属机构：（**注**：主送机关）

　　根据《国务院关于上海市进一步推进"证照分离"改革试点工作方案的批复》(国函〔2018〕12号)**(注:决定的依据)**,国务院决定,即日起至2018年12月31日,在上海市浦东新区暂时调整实施下列行政法规规定:

(注:分条列出决定的内容)

　　一、暂时调整实施《医疗器械监督管理条例》第三十四条第二款关于大型医用设备配置许可证核发的规定,对试点区域内的社会办医疗机构配置乙类大型医用设备不实行许可管理,加强事中事后监管。

　　二、暂时停止实施《饲料和饲料添加剂管理条例》第十五条第一款关于设立饲料添加剂、添加剂预混合饲料生产企业审批程序和审批期限的规定,实行告知承诺制。

　　(注:提出要求)国务院有关部门、上海市人民政府要根据上述调整,及时对本部门、本市制定的规章和规范性文件作相应调整,建立与试点工作相适应的管理制度。

　　国务院将根据"证照分离"改革试点工作的实施情况,适时对本决定的内容进行调整。

　　附件:(略)

国务院

2018年8月4日

　　(此件公开发布)**(注:附注。文件发布范围)**

　　评析:此文是法规性决定,开头一般写明行文依据和目的,其后以条款式逐条写出决定内容。

例文2　指挥性决定

中共中央关于深化党和国家机构改革的决定

　　(注:标题由"发文机关＋内容＋文种"组成)

(2018年2月28日中国共产党第十九届中央委员会
第三次全体会议通过)

　　(注:会议通过的决定,应采用题注的形式,文后不再标发文机关署名和成文日期)

　　(注:省略主送机关)

　　为贯彻落实党的十九大关于深化机构改革的决策部署,十九届中央委员会第三次全体会议研究了深化党和国家机构改革问题**(注:开头写明决定的目的)**,做出如下决定。

　　一、深化党和国家机构改革是推进国家治理体系和治理能力现代化的一场深刻变革

　　(注:第一条写明决定的意义)

　　党和国家机构职能体系是中国特色社会主义制度的重要组成部分,是我们党治国理政的重要保障。提高党的执政能力和领导水平,广泛调动各方面积极性、主动性、创造性,有效治理国家和社会,推动党和国家事业发展,必须适应新时代中国特色社会主义发展要求,深化党和国家机构改革。

　　……

　　二、深化党和国家机构改革的指导思想、目标、原则

　　(注:第二条写明指导思想、目标和原则)

......

三、完善坚持党的全面领导的制度

......

四、优化政府机构设置和职能配置

（注：分条目列出决定的内容）

......

评析：此文是指挥性决定，要讲明道理，指出原则，布置任务，拟出规定，交代办法，提出要求。其决定事项采取分条列项式写法，条理分明，结构清楚，使下级机关易于把握，便于执行。

例文 3　变更性决定

河南省人民政府
关于取消和调整省政府部门行政职权事项的决定

豫政〔2018〕21 号

各省辖市、省直管县（市）人民政府，省人民政府各部门：

为贯彻落实《国务院关于取消一批行政许可事项的决定》（国发〔2017〕46 号），以及法律法规立改废释、机构和职能调整等要求（**注：写明制发决定的原因**），经研究论证，省政府决定取消和调整行政职权事项 345 项，新列入行政职权事项 57 项，将原省地税局的行政职权事项不再列入省政府部门行政职权目录（**注：决定的具体内容及事项**）。现将取消和调整后保留的省政府部门行政职权目录予以公布。

各地、各部门要认真做好取消和调整行政职权事项的落实工作，并对权责清单进行相应调整。其中对取消和下放的行政许可事项，要在有序推进"放"的同时，切实加强事中事后监管，明确责任主体和工作方法，做到放、管结合。要严格按照公布的行政职权目录及权责清单行使职权，不得在目录之外行使或变相行使直接面对公民、法人和其他组织的行政职权，切实维护权责清单的严肃性和权威性。对保留的行政职权事项，要进一步简化、优化程序，创新监管方式，加快政府职能转变，建设人民满意的服务型政府。（**注：写表示号召和希望的话**）

附件：（略）

评析：此文为变更性决定，写明更变或撤销有关事项的原因、依据和决定事项。

例文 4　表彰性决定

中共河南省委关于追授李芳同志"河南省优秀共产党员"称号
并开展向李芳同志学习活动的决定

（2018 年 6 月 30 日）

（**注：普发性的决定，一般不写主送机关**）

李芳，女，汉族，河南信阳人，1969 年 5 月出生，1989 年 7 月毕业于原信阳师范学校，

1998 年 3 月加入中国共产党,生前系信阳市浉河区董家河镇绿之风希望小学教师。2018 年 6 月 11 日 17 时 50 分许,李芳同志在护送学生放学回家时,一辆满载西瓜的摩托三轮车突然闯红灯急速冲向正在过马路的学生,危急时刻,她奋不顾身冲上前去,用自己的身体挡护学生,并奋力将学生推开。学生得救了,她却遭受严重撞击,经多方抢救无效,于 6 月 13 日 4 时 40 分不幸殉职,年仅 49 岁。(**注:主要事迹介绍**)

李芳同志作为一名共产党员和人民教师,始终不忘初心、牢记使命,长期坚守乡村教学一线,对党的教育事业满腔热忱,在平凡的岗位上践行党的宗旨,危难关头用自己的实际行动兑现了入党誓言,是新时代共产党员的优秀代表,是践行有理想信念、有道德情操、有扎实学识、有仁爱之心的"四有"好教师要求的先锋模范,是当之无愧的时代英雄,是全省广大党员干部学习的榜样(**注:对事迹的评价**)。为深入学习宣传李芳同志的先进事迹,引导广大党员干部在新时代有新担当新作为,在推进中原更加出彩的实践中砥砺奋进、建功立业(**注:表彰的目的**),省委决定,追授李芳同志"河南省优秀共产党员"称号,在全省党员干部中开展向李芳同志学习活动(**注:表彰的形式**)。

学习她不忘初心、对党忠诚的政治品格。……

学习她扎根基层、无私奉献的道德情操。……

(**注:对事迹的先进性及典型意义进行评价,评述结合,边叙边议**)

当前,我省正处在决胜全面建成小康社会、开启全面建设社会主义现代化新征程的关键时期,在全省党员干部中开展向李芳同志学习活动,对于激励和引导广大党员干部进一步把思想和行动统一到习近平新时代中国特色社会主义思想和党的十九大精神上来,不忘初心、牢记使命、见贤思齐、锐意进取,努力创造无愧于时代、无愧于人民、无愧于历史的业绩,具有十分重要的意义。全省各级党组织要把开展向李芳同志学习活动作为推进"两学一做"学习教育常态化制度化的重要内容,融入将要开展的"不忘初心、牢记使命"主题教育,融入大力宣传弘扬社会主义核心价值观,融入党员干部日常工作学习和生活中去,采取多种形式广泛组织宣传学习。要引导广大党员干部以李芳同志为榜样,进一步增强"四个意识",坚定"四个自信",坚决维护习近平总书记党中央的核心、全党的核心地位,坚决维护以习近平同志为核心的党中央权威和集中统一领导,始终坚持人民利益高于一切,在统筹推进"五位一体"总体布局和协调推进"四个全面"战略布局的历史进程中,在坚定不移落实"四个着力"、发挥优势打好"四张牌"的生动实践中,履职尽责、扎实工作,攻坚克难、担当作为,努力为新时代中原更加出彩做出新的更大贡献。

(**注:号召学习。写明开展学习活动的意义,提出要求、号召和希望**)

评析:此文为表彰决定。由事迹、表彰决定、评价和号召学习四部分组成。先介绍表彰对象的基本情况,再客观叙述其主要先进事迹,在此基础上,采用评述结合,边叙边议的方式对其事迹的先进性及典型意义进行评价。最后提出要求、号召和希望。

实训活动

根据下面的通讯,撰写一份表彰决定。

李坚 舍己救人 英勇献身
共青团全国铁道委员会和团委决定
授予"优秀少先队员"光荣称号并追认为共青团员

本报讯:5 月 28 日下午,共青团成都铁路局委员会在局工会俱乐部召开大会,宣读共青团全国铁路委员会和共青团四川省委的决定,授予为抢救落水同学而英勇献身的李坚同学"优秀少先队员"的光荣称号,并根据他生前要求,追认他为共青团员。

李坚同学生前是西昌铁路中学学生,刚满 14 周岁,1998 年 5 月 2 日,李坚和另外四名小朋友在河边玩耍,忽然,张昆同学不慎落入水中,李坚当即跳下水去营救,张昆被救了,而他却献出了年轻的生命。

团委副书记等领导在讲话中分别号召全国铁路系统和省内各地的小朋友向李坚同学学习,做一个有理想、有道德、无私无畏的好孩子。

知识拓展

决定与命令(令)的异同

1. 相同点

命令(令)、决定是领导机关使用的文种,都是下行文。

2. 区别

(1) 制发单位范围不同。命令的制发单位有明显要求,范围小,只有国家领导机关和领导人、国务院各部门以及县级以上人民政府在其本身权限内可以制发命令。决定的范围广,上至国家最高行政机关下至地方基层部门都可以使用决定。

(2) 内容重要性程度不同。命令内容要很重要,不是重大的政策法规、重大的问题与决策、重大的任务与嘉奖一般不用命令。决定一般都是较重要的事项,或有重大行动与活动要安排部署。

(3) 执行的强制力度不同。命令一经发布,有关下级机关和人员必须无条件地服从与贯彻执行,绝不允许延误、怠慢甚至违抗。决定的事项,有关组织、单位和人员要认真贯彻、落实、执行,即使上级做出了不正确的决定,在上级机关和制发单位未修改之前,有关方面可以提出意见但不能公开对抗,拒绝执行。

决定与通报的异同

这里的决定是指奖惩性决定,通报是指表彰批评性通报。

1. 相同点

两者都属于下行文,均具有表彰与批评功能。

2. 不同点

两者涉及的事项影响程度不同。奖惩性决定的事项影响程度大。其中,奖励决定所要奖励的对象事迹必须突出,奖惩决定所要惩戒的对象错误与过失必须严重,才能具有一定的普遍意义和教育意义。

通报的事项影响程度不及决定,其中,表彰通报是用以表彰本系统或部门内部的先进集体或个人,批评通报用以批评本系统内部违法违纪或出现较大事故的集体或个人。

3. 决定与通报的使用

由于决定是一种指令性下行文,所以大多数机构较少使用奖惩决定,很多情况下是采用批评通报。在公文使用中容易出现小题大做现象,把本应写为"表彰通报""批评通报"的事项,写成"奖励决定""惩戒决定"。倘若运用决定行文,即提升了表彰或批评的重要程度。因此,在使用中要慎重,不要把一般事项随意提升。

任务四　通告的写作

案例导入

　　××市人民政府经工业和信息化部批准,定于××××年 6 月 8 日北京时间零时起全市电话号码启用八位制,即由现在的 7 位数字升为 8 位数。升位办法,原"8"字头的电话号码首位加"1";原"2"至"7"字头的电话号码在首位前加"8"。

电话号码升位后,所有 7 位电话号码无效。

请问该事件是用公告还是通告?

知识要点

一、通告的定义

通告适用于在一定范围内公布应当遵守或者周知的事项,是在一定范围内如一个行业公布,又是相关部门或群众应当遵守或者周知事项的公文。

二、通告的特点

(1) 广泛性。这是就通告的使用而言,一方面,通告的使用频率大大超过公告和布告;另一方面,通告的使用单位相当广泛,各级党政机关、社会团体和企事业单位都可以使用。

通告的内容既可涉及国家的法令、政策,也可用于公布社会生活中的一些具体事务,如更换自行车牌照、施工封锁交通等。

(2) 法规性。通告一般是国家行政机关和企事业单位根据自己的职权范围发布,具有一定的法规性和行政约束力。它所通告的事项,有关单位或人员必须严格遵守或者周知。

（3）强制性。有些通告所公布的事项要求普遍遵守，比如法规政策的通告，就具有法规、法令的强制性和约束性。

三、通告的种类

（1）周知性（事务性）通告。即在一定范围内公布需要周知或需要办理的事项，政府机关、社会团体、企事业单位均可使用，如建设征地通告、更换证件通告、施工通告等。

（2）规定性（制约性）通告。用于公布应当遵守的事项，只限行政机关使用，如《关于禁止燃放烟花爆竹的通告》。

四、通告的写作结构

通告由标题、正文、发文机关和发文日期等部分组成，如表 2-3 所示。

表 2-3　通告的写作结构

结　构		要　点
标题		发文机关＋事由＋通告；发文机关＋通告；事由＋通告；通告
正文	通告缘由	通告的原因、依据和目的（"特通告如下""现将有关事项通告如下"或"现通告如下"）
	通告事项	通告的具体内容，可分项列出
	结语	"本通告自发布之日起实施""特此通告"或省略
发文机关和发布日期		根据发布形式不同，标注不同

1. 标题

标题有四种构成方式：一是由发文机关、事由、文种构成，如《××市民政局关于全国性社会团体年检的通告》；二是由发文机关加文种构成，如《北京市公安交通管理局通告》；三是由事由加文种构成，如某高校发出的《关于禁止学生酗酒的通告》；四是只写文种"通告"二字。有些通告内容重要、紧急时可在文种前面加"紧急"二字，如《山西省政府关于切实加强传染性非典型肺炎防治工作的紧急通告》。

2. 正文

通告正文一般包括通告缘由、通告事项或通告规定、通告结语三部分内容。

（1）通告缘由为发布通告的原因和根据，要写明发布本通告的原因、依据和目的，要求说理充分，文字简明。通告缘由部分通常以"为了""根据"等句式开头，其中应特别注意交代清楚法律依据，有时还可以针对存在的问题简要说明情况，指出问题的严重性和紧迫性。一般以"特通告如下""现将有关事项通告如下"或"现通告如下"等过渡性语句引起下文。

（2）通告事项或通告规定是正文的核心，要具体写明本通告的有关事项或有关规定。这部分内容复杂，文字较多，可用分条列项的办法写出，一条写一个内容，要注意各条之间的逻辑关系，结构上做到层次清晰、条理清楚。在文字表述上应注意有纲有目、具体明确、语气严厉、旗帜鲜明。

（3）通告结语一般应写明对违反规定事项的处置办法，强调执行要求，明确执行范围和执行时间。也可采用"本通告自发布之日起实施"或"特此通告"等模式化结语，也可以没有结语。

3. 发文机关和发布日期

通过媒体发布的通告，只在文末标注成文时间即可。以张贴形式发布的通告一般应署发文机关名称，以文件形式下发的通告在正文右下方标注成文时间，盖发文机关印章。

五、通告的写作要求

1. 符合政策规定

通告的事项应该符合国家法律、法规和有关政策的规定，不能违背触犯法律、法规和政策，在行文的过程中要注意以法律、法规和政策为依据。

2. 事项具体明确

通告的内容直接指向某项事务，事务性强，因此写作时对规范性要求、处罚措施、执行范围和时间等，要注意概念准确、明确具体，以便公众周知或遵照执行。

3. 语言通俗简要

通告的语言要通俗和简洁，尤其某些通告涉及业务比较具体，引用专业术语或行话时一定考虑到大众的理解程度，要尽量使用通俗易懂的文字。

例文解析

例文 1　周知性（事务性）通告

搬 迁 通 告

2018 年 11 月 6 日起，昆山市人力资源和社会保障局机关及部分下属事业单位逐步搬迁至政务服务中心（西区）D 座大楼（昆山市前进西路 1801 号，邮编：215300）。

昆山市工伤认定中心、劳动争议仲裁院暂留原办公地点（昆山市前进中路 305 号）以上单位原对外联系电话号码均不作变更。

特此通告。

昆山市人力资源和社会保障局

2018 年 11 月 16 日

评析：此文为周知性（事务性）通告，在一定范围内公布搬迁事宜。

例文 2 规定性（制约性）通告

关于 2019 年"春节"期间调整本市机动车和非本市进京
载客汽车交通管理措施的通告

根据国务院办公厅关于 2019 年部分节假日的安排，2019 年 2 月 2 日至 2 月 10 日，对本市机动车和非本市进京载客汽车交通管理措施进行以下调整：

一、本市机动车不受工作日高峰时段区域限行交通管理措施的限制。

二、非本市进京载客汽车不受 7 时至 9 时、17 时至 20 时禁止在五环路（含）以内道路行驶和 9 时至 17 时按车牌尾号区域限行交通管理措施的限制。

特此通告。

北京市公安局公安交通管理局
2019 年 1 月 29 日

评析：此文为规定性（制约性）通告，公布应当遵守的事项。

实训活动

1. 下列哪些事项需要用通告公布？

（1）某县公安局准备就近期查禁赌博一事发文。

（2）交通银行首次公开发行 A 股股票上市。

（3）相关部门清理市社区街巷长期的废旧自行车。

（4）国家税务总局加快出口退税进度有关事项。

（5）某省公布全省人民代表大会审议通过事项。

2. 结合本节"案例导入"材料，写一份公文。

知识拓展

公告与通告的异同

1. 相同点

（1）公告与通告都属于下行文，都具有晓谕性和公布性，发布范围广泛。

（2）在写法上都要求篇幅简短，语言通俗易懂、质朴庄重。

2. 不同点

（1）内容的重要程度不同。公告是用来发布重要事项和法定事项的，涉及内容多是国家大事或省市级的行政大事，或者履行法律规定必须遵循的程序。小的局部性事项和非法定的事项，不能采用公告的形式公布。通告是用来发布在一定范围内需要遵守或周知的事项的，它用于宣布一般性事项。

（2）对发文机关的限制性不同。公告是一种高级别的文体，只有涉及全局性的重大事项或法定事项时，才能由高级别的行政部门发布。而通告的发文机关比较宽泛，可以由各级机关、人民团体、企业或事业单位发布。

（3）发布范围有所不同。公告是向国内外发布重要事项和法定事项时用的文种，它的发布范围比较大，面向全国，有时面向全世界。而通告虽然也是面向社会发布的，但多是限定在一个特定社区范围内，而且内容多是指向一个特定的人群，要求这一社区的某一类特定人群遵守或周知。

（4）发布方式不同。公告多数是通过电台、电视台、报纸等新闻媒体发布，一般不用红头文件的方式下发，也不能印成布告的形式公开张贴。而通告可以在新闻媒体上刊登，也可以用红头文件的形式下发，还可以公开张贴。

任务五　意见的写作

案例导入

2019 年 5 月 21 日，全省加快养老服务业发展工作电视电话会议召开。会议明确了当前和今后一个时期的工作任务和政策措施，部署安排加快推进我省养老服务业发展工作。副省长李亚出席会议并讲话。

我省已于 1998 年进入老龄化社会，目前全省 60 周岁以上老年人口达 1300 多万，占人口总数的 13.8%。当前，我省以"居家为基础、社区为依托、机构为支撑"的社会养老服务体系初步形成并快速发展。截至 2013 年年底，全省每千名老人拥有床位数 25.13 张；城市日间照料中心（托老站）940 个，覆盖率 21%。

李亚强调，加快推进我省养老服务业，就要加快发展居家养老服务，支持建立以企业和机构为主体、社区为纽带、满足老年人各种服务需求的居家养老服务网络；加快发展社区养老服务，加强老年人日间照料中心、托老所等社区养老服务设施建设；积极推进医养相结合，引导、鼓励、促进医疗卫生资源进入养老服务机构、社区和居民家庭；加快发展养老服务机构，重点发展供养型、养护型、医护型养老服务机构，为半失能、失能老年人提供专业化照料服务。

请为当地政府部门拟写《××省关于加快发展养老服务业工作的指导意见》。

知识要点

一、意见的定义

意见适用于对重要问题提出见解和处理办法。意见属于可多个方向行文的公文，可用于上行文、下行文和平行文。

二、意见的特点

（一）广泛性

从制发机关上看，意见的使用范围广泛，不受系统、行业、级别的限制，各级党政机关、人民团体、企事业单位等均可使用这一文种。意见的内容范围也十分广泛,可以涉及思想、政治、经济、文化、教育、卫生等各个方面的工作。意见既可以对工作进行指导、规范,提出要求,也可以对工作提出建议,做出评估,甚至提出批评。

(二)灵活性

意见在行文上具有灵活性。从行文方向上看,意见可以下行,也可以上行和平行。具有多向性,这在法定文种中十分特殊。从行文方式上看,意见既可直接行文,也可通过批转或转发的方式间接行文;既可单独行文,也可联合行文。

(三)参考性

下行意见虽然有很强的规范性和指导性,通常提出执行要求,但很少带有指令性,不像命令、决定和通知那样硬性规定、不允许更改变通。这类意见往往对原则性问题作硬性规定,而在具体问题上则留有余地,可结合实际灵活处理。上行意见和平行意见中所提意见、建议一般只供对方参考,不直接提出执行要求,语言平和,其参考性的特点更为明显。

(四)政策性

意见要针对重要问题提出合理的见解和处理办法,发挥指导、建议、评估等作用,必须以党和国家的方针政策、法律法规为依据。所以,意见体现了党和国家关于某一问题的已有政策,有些意见还承载了新的政策。直发或批转、转发的意见政策性较强,有些还带有法规性,下级机关应当遵照或参照执行。

三、意见的种类

意见按行文方向可分为上行意见、平行意见、下行意见;按性质和用途的不同可分为指导性意见、建议性意见和评估性意见。

1.指导性意见

指导性意见主要用于下行文,也可用于平行文,下行指导性意见主要用于向下级机关布置工作,讲明工作的原则、具体办法和要求。其中有的是对某一段时期的某方面工作规定目标和任务,列明措施、方法和步骤,提出实施要求,这种计划性意见也属指导性意见。下行指导性意见同决定、指示、通知等文种一样,具有较强的规范性和约束力。平行指导性意见较少,主要用于有关主管部门就主管的业务事项答复不相隶属机关询问或主动传达政策。

2.建议性意见

建议性意见主要用于上行文,也可用于平行文,上行建议性意见又可分为呈报性意见和呈转性意见,呈报性意见是依据有关方针政策,就某个重要问题或某项工作提出意见、建议,向上级献计策,供上级决策参考,不要求批转,呈转性意见不仅在文中提出意见、建议,让上级了解,而且请求上级机关审定后批转有关单位执行。呈转性意见一经上级机关批转即成为指导性意见,有关机关必须认真执行。平行建议性意见一般用于答复不相隶属机关来函询问,就所询问题提出见解和处理办法供对方参考,多用于答复征求意见函。

3. 评估性意见

评估性意见机关用得较少，主要是业务职能部门或专业机构就某项专门工作、业务工作经过调查研究或者鉴定、评审后，将鉴定、评估结果写成意见送交有关部门。它虽然可上行、下行，但主要用于不相隶属组织间的平行文。评估性意见又可分为鉴定性意见和批评性意见。鉴定性意见是对某项决策的可行性或某项工作的成果进行调查、论证、评估、鉴定后写成的意见，如《关于××可行性论证意见》《关于××考核鉴定意见》。批评性意见是对政府及其职能部门、公务人员的工作提出批评和改进意见。

四、意见的写作结构

意见由标准、主送机关、正文、发文机关和发布日期等部分组成，如表 2-4 所示。

表 2-4　意见的写作结构

结　构		要　　点
标题		"发文机关＋事由＋文种"或"事由＋文种"
主送机关		受文机关全称或规范化简称(有时可省略)
正文	前言	提出意见的依据、目的、重要意义
	主体	意见的具体内容
	结尾	提出号召、希望和督察要求;也可自然结尾。
发文机关		发文机关全称(印章)
发布日期		××××年××月××日

1. 标题

意见的标题常由发文机关、事由、文种三要素组成，如《卫生部关于加强卫生行业作风建设的意见》，有时也可省略发文机关，如《关于本市宣传贯彻〈国家通用语言文字法〉的意见》。

2. 主送机关

经上级批转下发的意见，因主送机关已标注在批转通知中，故无须再标注主送机关，直接下发的意见需要标注主送机关。因下属的单位较多，主送机关也可能是多个的。

3. 正文

意见的正文由前言、主体、结尾三部分组成。

(1) 前言。可有选择地写明以下内容：说明提出意见的目的；交代提出意见的依据；阐述所布置工作的意义和重要性。

在前言和主体之间常用"为……特(现)提出以下(如下)意见""现就(对)……提出以下(如下)意见""特制定本实施和处理意见""具体……意见如下"等过渡。

(2) 主体。如果是指示性意见，主体部分要写出意见的具体内容，包括明确工作任务，阐明对此项工作应有的基本认识，提出原则性的要求、政策性的措施、处理的办法等。

为了使表达有条理性，一般采用分层、分段、分条前加序号与小标题的写法。如果是计划性意见，主体部分要写明目标、措施、步骤三项内容。

（3）结尾。局部性意见大多没有专设的结尾段落。最后一个条款写完了就不再写下去，自然结束。内容多、篇幅长的意见也可有结尾段落，提出号召、希望和督察要求，如"以上意见，望认真贯彻执行/望切实执行/请结合实际情况认真贯彻执行""以上意见，各单位要结合本部门实际情况，制定相应的措施……"等。也可以有一些必要的补充。

4. 发文机关和发布日期

直接下发的意见，一般都在文后盖上发文机关印章与写上发文日期。由上级机关用通知等公文批转（或印发）的意见，发文机关和发布日期均见于通知，意见本身不需要在正文之后盖上发文机关印章和写上成文日期。

五、意见的写作要求

1. 缘由充分，问题明确

意见一般应阐明行文的事实依据和理论依据，明确行文目的，使人们充分理解和认识制发意见的重要性。另外，意见是针对重要问题而制发的，所以在文中首先应写清问题，这是提出意见或建议的前提和基础。

2. 意见具体，切实可行

制发意见的目的是做好工作、解决问题，所以不管哪一类意见，所提的见解必须合理，处理办法必须切实可行。

具体来说，文中提出的意见一要有政策依据；二要切合实际，实事求是，恰如其分；三要明确具体，要做到目标任务明确，政策界限清楚，措施方法具体。例如，不同层次的领导机关使用指导性意见时，内容的侧重点应有所不同。高层领导机关制发的意见更原则，理论色彩更浓；下层领导机关的意见更具体，可操作性更强，就处理的问题而言，问题越宏观则意见越原则，反之则越具体。

3. 语言得体，层次清晰

下行意见在语言上既要严、决断，适当使用"要""必须"等语气坚定的词语，以体现其较强的规范性和约束力，但也要注意语言平和，少用指令性词语，多用"应"等比较平和的指导性词语。

平行意见和上行意见中的呈报性意见尤其要注意语言的谦恭、平和，多用建议性词语，以充分体现尊重对方的民主作风。上行意见中的呈转性意见与过去长期使用的建议报告相似，是"形式上的上行文，实质上的下行文"，主体部分内容不是针对上级而是针对下级提出的指导性意见和执行要求，所以写主体部分时应按下行文的语气来写，其他部分仍须符合上行文的写作要求。

意见的主体部分在分条表述时，应符合一定的逻辑顺序，做到脉络清晰，层次分明。

例文解析

例文 1　指导性意见

**国务院办公厅
关于推进政务新媒体健康有序发展的意见**

国办发〔2018〕123 号

各省、自治区、直辖市人民政府,国务院各部委、各直属机构:

政务新媒体是移动互联网时代党和政府联系群众、服务群众、凝聚群众的重要渠道,是加快转变政府职能、建设服务型政府的重要手段,是引导网上舆论、构建清朗网络空间的重要阵地,是探索社会治理新模式、提高社会治理能力的重要途径。近年来,各地区、各部门认真践行网上群众路线,积极运用政务新媒体推进政务公开、优化政务服务、凝聚社会共识、创新社会治理,取得了较好成效。但同时一些政务新媒体还存在功能定位不清晰、信息发布不严谨、建设运维不规范、监督管理不到位等突出问题,"僵尸""睡眠""雷人雷语""不互动无服务"等现象时有发生,对政府形象和公信力造成不良影响。(**注**:前言。**提出发文依据、意义和目的**)为推动政务新媒体健康有序发展,经国务院同意,现提出如下意见。(**注**:过渡语)

一、总体要求

(一)指导思想

……

(二)工作目标

……

(三)基本原则

……

(**注**:主体内容分层、分段、分条前加序号与小标题,条理性强)

二、明确工作职责(**注**:主体第二部分明确分工和工作职责)

本意见所称政务新媒体,是指各级行政机关、承担行政职能的事业单位及其内设机构在微博、微信等第三方平台上开设的政务账号或应用,以及自行开发建设的移动客户端等。

国务院办公厅是全国政务新媒体工作的主管单位,地方各级人民政府办公厅(室)是本地区政务新媒体工作的主管单位,国务院各部门办公厅(室)或指定的专门司局是本部门政务新媒体工作的主管单位,实行全系统垂直管理的国务院部门办公厅(室)或指定的专门司局是本系统政务新媒体工作的主管单位。主管单位负责推进、指导、协调、监督政务新媒体工作。行业主管部门要加强对本行业承担公共服务职能的企事业单位新媒体工作的指导和监督。政务新媒体主办单位按照"谁开设、谁主办"的原则确定,履行政务新媒体的规划建设、组织保障、健康发展、安全管理等职责。可通过购买服务等方式委托相关机构具体承担政务新媒体日常运维工作。

各级政务新媒体按照主管主办和属地管理原则,接受宣传、网信部门的有关业务统筹指导和宏观管理。

　　三、加强功能建设（**注：主体第三、四部分提出具体措施**）

　　……

　　四、规范运维管理

　　……

　　五、强化保障措施（**注：结尾第五部分：提出督察要求**）

　　（一）加强组织领导。……

　　（二）加强人员培训。……

　　（三）加强考核评价。……

国务院办公厅

2018 年 12 月 7 日

（此件公开发布）

　　评析：此文属于下行文指导性意见，向下级机关布置工作，讲明工作的原则、具体办法和要求，列明措施、方法和步骤，具有较强的规范性和约束力。

　　例文 2　呈转性意见

河南省人民政府办公厅
转发省台办省发展改革委关于促进
两岸经济文化交流合作实施意见的通知

　　（**注**：以批转性通知的形式转发上行文意见）

豫政办〔2018〕62 号

各省辖市、省直管县（市）人民政府，省人民政府有关部门：

　　省台办、发展改革委制定的《关于促进两岸经济文化交流合作的实施意见》已经省政府同意，现转发给你们，请结合实际，认真贯彻执行。

河南省人民政府办公厅

2018 年 10 月 29 日

关于促进两岸经济文化交流合作的实施意见

　　（**注**：上行文意见）

省台办　省发改委

（2018 年 10 月 22 日）

　　（**注**：发文机关和日期在标题下，文末省略）

　　根据国务院台办、国家发改委《关于印发〈关于促进两岸经济文化交流合作的若干措施〉的通知》（国台发〔2018〕1 号）精神，为促进豫台经济文化交流合作（**注**：提出发文依据、目的),结合我省实际,制定以下实施意见(**注:过渡语**)。

(**注:主体内容分三大部分 53 条,分条列出具体措施,条理性强**)

一、总体要求

全面贯彻党的十九大精神,以习近平新时代中国特色社会主义思想为指导,秉持"两岸一家亲"理念,同台湾同胞分享我省发展机遇,持续推动豫台经贸合作、文化交流向宽领域、深层次发展,逐步为台湾同胞在豫投资、创业、就业、学习和生活提供与我省企业、居民同等待遇,增进同胞亲情福祉,进一步促进豫台经济社会融合发展。

二、具体措施

(一)积极推动豫台经贸合作交流。

1.支持台湾同胞在大陆投资的企业(以下简称台资企业)从资金、技术、人才等方面参与郑州航空港经济综合实验区、中国(河南)自由贸易试验区、郑洛新国家自主创新示范区、中原城市群等国家战略平台建设,加快融入我省四条"丝绸之路"建设,享受与我省企业同等待遇。

……

(二)深化豫台文化交流。

……

(三)为台湾同胞在豫实习、就业、创业提供便利条件。

……

(四)方便台湾同胞在豫学习、生活。

……

三、工作要求(**注:结尾。提出工作要求**)

各地、各有关部门要充分认识加强豫台经济文化交流合作的重要意义,根据工作职责,结合工作任务,抓好本实施意见的贯彻落实。要注重协同推进,优化办事流程,深化"放管服"改革,持续改善营商环境,让在豫台湾同胞切实感受到优质、高效、便捷的服务。要开展宣传工作,利用报纸、电视、广播、新媒体等渠道,采取灵活多样、主题突出、贴近群众的方式加大惠台政策的宣传力度,营造"同等、信任、诚意、机遇"的舆论氛围。

评析:此文属于以通知形式转发的呈转性上行文意见,在文中提出意见、建议,让上级了解,而且请求上级机关审定后批转有关单位执行。呈转性意见一经上级机关批转,即成为指导性意见,有关机关必须认真执行。

实训活动

1.判断题。

(1)意见适用于要求下级机关和有关单位需要周知或共同执行的事项。　　　(　　)

(2)意见适用于对上级机关提出工作建议。　　　(　　)

(3)下层机关的意见一般具体性、可操作性较强。　　　(　　)

(4)上行意见与请示一样都是上行文,都是要求上级机关批准或同意本机关办理某些事项。　　　(　　)

2.下面是一篇病文,试指出其存在的毛病。

××县关于处理山体滑坡事故意见

××市人民政府：

由于我县近期连续遭受暴雨击，6月20日上午，位于巴巫山西侧的山体出现大面积滑坡；除毁林近百亩外，还使位于山下的水乐村5组的11户农房被毁，7头牲畜死亡；所幸山体滑坡发生在白天，无人员伤亡。为处理好这一事故，特提出如下意见：

一、巴巫山体仍有滑坡的可能，加之水乐村地处山区，远未脱贫，建议干脆将该村的全部250户村民迁往市外安置，请国家按三峡移民迁建政策，给这250户村民予以一次性补贴。

二、请上级速派有关专家来现场排查滑坡险情，若排险成功，我县可酌情给有关专家作点小小的表示。

三、请上级顺便给我县拨20万元排险救灾款。

××县人民政府办公室
××××年6月27日

知识拓展

意见与相关文体的异同

意见可以多向行文，这样意见与其他上行文、下行文、平行文文种在用途和功能方面产生了交叉重复，因此有必要对它们加以辨析，弄清楚这些文种之间的异同，才能正确选择使用文种。

1. 上行意见与请示的异同

上行意见与请示一样都是上行文，都向上级机关请求指示批准。但是请示要求上级机关批准或同意本机关办理某些事项；而上行意见则因为其内容涉及其他部门职权范围，由于意见的制发机关与其他部门没有隶属关系，不能直接发号施令，因此上行给上级机关，请求上级机关批准之后再转发给其他部门机关执行该意见。

2. 下行意见与指示类通知的异同

下行意见与指示类通知一样都具有指示指挥的作用，其内容都是指导下级机关开展工作的方针政策、原则要求。但是指示类通知的布置性、安排性比较强，其事项内容比较具体，需要下级机关不折不扣地执行；而下行意见内容规定的较为原则性，给下级机关执行时留有一定的余地，下级机关可根据本地区本部门的实际情况制定更为细致的措施办法加以贯彻执行。

3. 平行意见与商洽函的异同

平行意见与商洽函都是平行文，其内容都具有协商参考的作用。但是商洽函使用更灵活方便，既可跟对方商洽涉及双方的重大问题和事项，也可以就工作中具体琐碎的事项进行商洽；但是平行意见往往只针对涉及双方的重大问题和事项，因此商洽函比平行意见更常用。

任务六　通知的写作

案例导入

李凡是省会计学会的秘书,7月10日早上一上班,他接到了张会长布置的任务:学会拟于7月22日9:00—12:00在位于宋城路与金耀路交叉口向北200米路东的省文化艺术中心六楼会议室召开信息化培训会议,要求各分会信息主管1名、网络技术人员5名届时参会。张会长要求李凡拟写一份会议通知并尽快下发各有关单位。

知识要点

一、通知的定义

通知适用于发布、传达要求下级机关执行和有关单位周知或者执行的事项,批转、转发公文。通知是机关团体、企事业单位发布规章制度、传达领导指示、布置工作任务、批转下级报告、告知有关事项、任免和聘用干部时使用的一种公文。

二、通知的特点

（一）功能的多样性

在下行文中,通知的功能是最为丰富的。通知可以用来布置工作、传达指示、晓谕事项、发布规章、批转和转发文件、任免干部等。总之,下行文的主要功能,它几乎都具备。但通知在下行文中的规格,要低于命令、决议、决定等文体。用它发布的规章多是基层的,或是局部性的、非要害性的;用它布置工作、传达指示的时候,文种的级别和行文的郑重程度明显不如决定、命令。

（二）运用的广泛性

通知的发文机关几乎不受级别的限制。大到国家级的党政机关,小到基层的企事业单位,都可以发布通知。通知的受文对象也比较广泛,在基层工作岗位上的干部和职工,接触最多的上级公文就是通知。而且通知虽然从整体上看是下行文,但部分通知(如晓谕事项的通知)也可以发往不相隶属机关。

（三）一定的指导性

通知这一文体名称,从字面上看不显示指导的姿态,但事实上,多数通知都具有一定程度的指导性。用通知来发布规章、布置工作、传达指示、转发文件,都在实现着通知的指导功能。受文单位对通知的内容要认真学习,并在规定时间内完成通知布置的任务。

（四）较强的时效性

通知是一种制发比较快捷、运用比较灵便的公文文种，它所办理的事项，都有比较明确的时间限制，受文机关要在规定时间内办理完成，不得拖延。

三、通知的分类

（一）批示性通知

批示性通知是指领导机关批转下级机关的公文，转发上级机关、同级机关和不相隶属机关公文所使用的通知。这类公文一般有两个或两个以上文种。通知为第一文种，被批转、发的公文文种是第二文种。这类通知一般要有对所批转、转发的公文的意见或评价，并分别写明批转、转发的目的。批示性通知一般要写得精练、简明，字斟句酌，仔细推敲；在被批转转发的公文前面，与被批转、转发的公文一起构成一个新的公文。被批转、转发和印发的公文属于正文的一部分，不属于附件。

（二）指示性通知

指示性通知是指上级机关对下级机关就某项工作有所指示和安排，其内容不宜用命令、决定等文种。这种通知使用起来比较灵活、自由，但其法定效力是一样的，都是要贯彻执行的。

（三）法规性通知

法规性通知是指某些通知不是法规性公文，但又接近法规性公文。在内容的涵盖面上，法规性通知与法规性公文相当；在语言表述上，法规性通知非常准确、贴切、庄重、规范，但其精确程度不如法规性公文；在结构形式上，法规性通知即可分项（条）述，也可分为几个部分或几个层次陈述；在针对性和操作性方面，法规性通知比法规性公文更具体、细致，针对性和操作性更强。

（四）任免通知

任免通知是指干部（人员）职务任免的通知，在党政机关、企事业单位和社会团体，干部职务任免用通知发布；在军事机关，干部职务任免用命令发布。上级机关任免下级机关的领导人或上级机关有关人事任免事项需要下级机关知道时，用任免通知。这种通知写法比较简单，一般只要写清决定任免的时间、机关、会议或依据文件，以及任免人员的具体职务即可。任免通知一般任命在前，免职在后。

（五）会议通知

机关、单位召开会议，要提前通知参加会议的人员，这就是会议通知。某些重要的会议还要请上级机关深入指导。会议通知一般用正式公文（包括电报）发出。格式中要注意紧急程度和密级的标记，一定要实事求是；重点是标题和正文。

（六）知照性通知

知照性通知是指上级机关的有关事项需要下级知道或办理时所使用的,如开展集体活动,成立、调整、合并、撤销机构,启用印章和其他需要告知的事项等。这种通知使用灵活、方便、快捷、频率高。上级机关需要下级机关办理有关事项时,要交代清楚所通知的具体事项、如何办理、有什么要求等。知照性通知的撰写要视具体情况确定,不同的内容有不同的要求。

四、通知的写作结构

（一）通知的一般写法

通知一般由标题、主送机关、正文、发文机关和发布日期构成,如表 2-5 和表 2-6 所示。

表 2-5　通知的写作结构

结　构		要　点
标题		××（发文机关全称或规范化简称）关于××的通知
主送机关		受文机关全称或规范化简称
正文	缘由	通知制发的根据、目的
	事项	对某项工作的具体安排,可分项、分条目列出
	结束语	对具体执行的要求
发文机关		发文机关全称（印章）
发布日期		××××年××月××日

表 2-6　会议通知的写作结构

结　构		要　点
标题		××（发文机关全称或规范化简称）关于召开××会议的通知
主送机关		受文机关全称或规范化简称
正文	缘由	开会缘由和目的
	事项	12 个要素：会议名称、会议时间、会议地点、会议内容、与会人员、参加人数、入场凭证、报到时间及具体的地点、联系人与联系电话、与会人员需带的材料、什么时间上报与会人员名单及其他有关要求等
发文机关		发文机关全称（印章）
发布日期		××××年××月××日

1. 标题

标准的通知标题应由发文机关、事由、文种三部分组成。如果使用本单位专用公文纸发通知,因公文纸上已印出了单位名称,标题可省略发文机关名称,由事由、文种两部分组成。如遇特殊情况,还可在"通知"前加上"紧急""补充""联合"等字样。除非内容过于简单无须归纳或内容较多无法归纳的,一般不能仅以"通知"二字为标题。

2. 主送机关

主送机关的名称一般要写全称或使用规范的简称。可以是发文机关的下属所有单位;也可以是下属某一个、几个单位或有关的不相隶属机关。

3. 正文

通常由缘由、事项和结束语三部分组成。

(1)缘由。写明通知制发的根据、目的。一般分两种:一种是根据上级指示精神,如"国务院决定""经国务院批准"或"为了贯彻执行×××(指文件)精神";另一种是根据实际情况,如"据反映""近来一些地区、部门和单位普遍存在着……(指实际情况)"。

缘由写完之后,多用过渡语"特作如下通知""现就××××的有关问题通知如下"等引出下文,例如《国务院办公厅关于成立国家信息化工作领导小组的通知》的缘由部分是"为了加强对全国信息化工作的领导,国务院决定成立国家信息化工作领导小组。现将有关事项通知如下。"

(2)事项。这是通知的主要内容,为正文的主体。内容较多的应分项来写。事项内容的表述要具体、周密,语言要清楚、简练。

(3)结束语。应根据具体情况使用不同语气,有的用"特此通知"作结束语;有的含有强调、敦促、号召等语气;有的则提出要求,如"以上通知,望贯彻执行",有的从反面做出规定,如"有违反以上规定的,除按违反财经纪律论处外,还要根据情节轻重,给有关领导人和直接负责人以纪律处分";有的通知没有专门的结束语,事项表述完毕,全文即告结束。结束语要简洁有力,不能拖泥带水。

4. 落款

最后标明发文机关和发布日期。

(二)不同类型通知的写法

不同类型的通知,在写法上有所不同,具体如下。

1. 批示性通知

标题由发文机关名称、被批转的公文标题与"通知"组成。例如,《××(发机关名称)关于批转(或转发)××规定(或意见、报告等)的通知》。批示性通知的标题,除批转、转发的公文是法规性公文外,不用书名号。如《中共中央、国务院关于批转中央宣传部、司法部关于在公民中开展法制宣传教育的第二个五年规划的通知》。

正文有两种写法。从结构上看,段落不同,其写作方法也不同。

(1)只有一个自然段的,结构比较简单,内容包括被批转或转发的公文标题、批准机关贯彻执行的要求三个部分,例如,"《×××报告》已经×××同意,现转发你们,请认真贯彻执行"。

(2)有两个或两个以上自然段的。除第一个自然段与上述写法相同外,还要根据实际情况给出具体的指示性意见,包括对某工作的定性、做好某工作的意义和对贯彻执行的要求等,以提高下级机关对某项工作重要性的认识,达到统一思想的目的,并能在实际工作中抓落实。

2. 指示性通知

正文由开头和主体两部分组成。

(1) 开头部分以精练的文字写出某项工作的定义、工作进展情况和当前存在的问题,有的阐明发文的目的、依据和任务,然后以一个过渡句承上启下,比如,"特通知如下""现就做好××工作,作如下通知"等。

(2) 主体部分一般由做好某项工作的意义(为什么要这样做)、具体措施(如何去做)、保障措施(如何确保具体措施的实施)三大部分组成。

(3) 指示性通知一般不单独结尾,正文写完,自然结束。这类通知要写得具体、生动,符合实际,切实可行。文字要通畅、简练,语言要平实明快。准确地表达发文机关的意图,使人们一看就懂,易于贯彻执行。

3. 法规性通知

(1) 正文的开头部分主要阐明行文的目的、意义、依据、以"特作如下通知"提示正文。

(2) 正文的主体部分一般分项陈述。在结构层次上可分为几个部分,每个部分内部如果有两个以上层次,则应标明序数。第一个层次的序数,全篇统一编顺序号;第二个层次的序数,全篇可统一编顺序号,也可分开编顺序号。要求做到内容完整、结构严谨、层次分明、逻辑严密,具有很强的针对性、规范性和操作性。正文写完,全文即结束。

4. 任免通知

(1) 标题。如《××××关于×××同志(等同志)职务任免的通知》。

(2) 正文。例如,"经研究决定(或研究同意或经研究批准)×××同志任××职务,免去其××职务,×××同志任××职务(试用期一年)。"

5. 会议通知

(1) 会议通知的标题由发文单位名称、会议名称与"通知"组成。重点写好会议名称,不需加引号。确定会议的名称有两种方法:一是根据会议的内容确定会议名称,如"全市经济工作会议";二是根据参加会议人员确定会议名称比如"全市宣传部部长会议"。

(2) 正文的撰写要注意以下三点。

① 内容要全面。会议通知的正文内容一般应具备 12 个要素:会议名称、会议时间、会议地点、会议任务(会议内容)、与会人员、参加人数、入场凭证、报到时间及具体的地点、联系人与联系电话、与会人员需带的材料、什么时间上报与会人员名单及其他有关要求(比如座位号、限带车辆与人员)等。有的会议可省略部分要素。

② 事项要清楚。会议通知所涉及的每一事项都应交代清楚,切不可含糊其词。例如,只要求有关单位负责同志各 1 人参加的会议,不能笼统地写成"有关单位的负责同志",而应写明"分管某工作的负责同志"或"有关单位的负责人各 1 人"。

③ 文字要简练。要以最简练的文字表达会议通知的所有事项。

6. 知照性通知

知照性通知的撰写要视具体情况确定,不同的内容有不同的要求。比如,成立和调整领导机构的通知的开头部分要写明成立、调整的缘由和形成此决定的机关;领导机构的人员、职务要一一核准,以防人名与职务上出现差错。

五、通知的写作要求

通知的使用广泛,种类较多,功能不同,表面看文字简单,写作时若稍不注意,就容易出错。因此,撰写通知应掌握一些基本的要求。

(一)重点突出,措施具体

大部分通知都属执行性通知,需要有关单位和人员认真贯彻执行或遵照办理。为了便于收文机关迅速而准确地领会通知的精神,有效实施,写作时要突出重点,将通知事项规定得明确具体、讲求实效、注重实用。通知无论对有关情况的介绍和评价,还是对有关单位和人员的要求,都要明确清楚,以便办理执行,切忌含混笼统,令人不得要领。

(二)条理清楚,简明通俗

一般应写明要求解决什么问题,为什么要解决这些问题,采取什么措施解决这些问题。要求符合实际,逻辑严密。通知不能说空话、套话,应该做到有话则长,无话则短,内容精练。事项部分常采用分条列项的写法,要做到条理清楚,结构清晰。通知的语言应通俗易懂,文字要简明扼要,措辞要准确得体,避免误解和出现漏洞。

(三)明确目的,恰当使用

通知的种类很多,不同的通知在体例上有不同的要求,因此写作过程中要明确写作目的,注意恰当使用不同种类的通知。通知的写作要注意表述的准确性,让受文单位感到上级机关的完整、严密、无懈可击,不使下级出现误解或找出漏洞,否则,就会使文件的效用减弱甚至失去效用。

例文解析

例文1 发布性通知

中共中央办公厅 国务院办公厅
关于印发《党政机关公文处理工作条例》的通知

(注:标题由"发文机关+事由+文种"组成)

(中办发〔2012〕14号)

(注:两个部门联合发文用牵头部门的文号)

各省、自治区、直辖市党委和人民政府,中央和国家机关各部委,解放军各总部、各大单位、各人民团体:

《党政机关公文处理工作条例》已经党中央、国务院同意,现印发给你们,请遵照执行。

(注:印发的公文是主体,不属于附件)

中共中央办公厅
国务院办公厅
2012 年 4 月 16 日

党政机关公文处理工作条例

第一章 总 则

第一条 为了适应中国共产党机关和国家行政机关（以下简称党政机关）工作需要，推进党政机关公文处理工作科学化、制度化、规范化，制定本条例。

第二条 本条例适用于各级党政机关公文处理工作。

……

第四十二条 本条例自 2012 年 7 月 1 日起施行。1996 年 5 月 3 日中共中央办公厅发布的《中国共产党机关公文处理条例》和 2000 年 8 月 24 日国务院发布的《国家行政机关公文处理办法》停止执行。

评析：此文属于发布性通知，"条例"不属于法定文种，是事务性应用文，需要借助"通知"的名义进行发布，因而形成了"主件（通知）——附件位置（条例）"的结构模式，"通知"是形式上的主体，"条例"是实质上的主体，是行文的目的所在。

例文 2 批转性通知

国务院批转国家发展和改革委员会
关于 2017 年深化经济体制改革重点工作意见的通知

国发〔2017〕27 号

各省、自治区、直辖市人民政府，国务院各部委、各直属机构：

国务院同意国家发展和改革委员会《关于 2017 年深化经济体制改革重点工作的意见》，现转发给你们，请认真贯彻执行。

国务院
2017 年 4 月 13 日

（此件公开发布）

关于 2017 年深化经济体制改革重点工作的意见
国家发展和改革委员会

（注："意见"作为法定文种可以直接下发，在此文中属于批转的正文，不是"附件"）

2017 年是实施"十三五"规划的重要一年，是供给侧结构性改革的深化之年，做好全年经济体制改革工作意义重大。根据中央全面深化改革领导小组年度重点工作安排和《政府工作报告》部署，现就 2017 年深化经济体制改革重点工作提出以下意见。

一、总体要求

……

评析：此文属于批转性通知，正文部分表明对批文件的态度，并提出要求。

例文 3 转发性通知

河南省人民政府转发

关于积极发挥银行业债权人委员会重要作用实施意见的通知

豫政办〔2017〕4 号

各省辖市、省直管县(市)人民政府，省人民政府各部门：

省政府金融办、省发展改革委、工业和信息化委、省政府国资委、人行郑州中心支行、河南银监局制定的《关于积极发挥银行业债权人委员会重要作用的实施意见》已经省政府同意，现转发给你们，请认真贯彻落实。

（注：正文直接说明转发的什么文件，提出要求）

河南省人民政府办公厅

2017 年 1 月 5 日

关于积极发挥银行业债权人委员会重要作用的实施意见

（2016 年 12 月 28 日）

为在全省银行业范围内全面推行债权人委员会（以下简称债委会）制度，进一步加大对债委会工作的支持力度，推动其更好地发挥服务实体经济的重要作用，现结合我省实际，制定如下实施意见。**（注：被转发文件是这份通知的核心内容，是通知必不可少的部分，不是"附件"）**

（以下略）

评析：此文属于转发性通知，标题"转发"二字体现了通知的种类。正文部分说明转发的文件名称，然后提出要求，用语准确，言简意赅。

例文 4 知照性通知

国务院关于开展第四次全国经济普查的通知

国发〔2017〕53 号

各省、自治区、直辖市人民政府，国务院各部委、各直属机构：

根据《全国经济普查条例》的规定，国务院决定于 2018 年开展第四次全国经济普查**（注：发文依据）**。现将有关事项通知如下：**（注：领叙语）**

一、普查目的和意义

（注：写明普查的目的和意义）

全面调查我国第二产业和第三产业的发展规模、布局和效益，了解产业组织、产业结构、产业技术、产业形态的现状以及各生产要素的构成，摸清全部法人单位资产负债状况和新兴产业发展情况，进一步查实各类单位的基本情况和主要产品产量、服务活动，全面准确反映供给侧结构性改革、新动能培育壮大、经济结构优化升级等方面的新进展。通过普查，完善覆盖国民经济各行业的基本单位名录库以及部门共建共享、持续维护更新的机制，进一步夯实统计基础，推进国民经济核算改革，推动加快构建现代统计调查体系，为加强和改善宏观调控、深化供给侧结构性改革、科学制定中长期发展规划、推进国家治理体系和治理能力现代化提供科学准确的统计信息支持。

二、普查对象和范围

（注：交代普查的对象和范围）

……

三、普查内容和时间

……

四、普查组织和实施

……

五、普查经费保障

……

六、普查工作要求

……

国务院

2017 年 12 月 4 日

评析：这是一篇知照性通知，开头首先说明发文的依据，然后用"现将有关事项通知如下"过渡到通知事项部分。通知事项部分采用条款式的结构方式，对工作开展提出具体要求，条理清晰，结构完整，便于领会、理解和执行。

例文 5 会议通知

××省人民政府办公厅关于召开全省
农村公路建设工作会议的通知

各市、县、自治县人民政府，省政府直属各有关单位：

为落实国务院下发的《全国农村公路建设规划》精神，进一步明确各市、县政府农村公路建设的组织和管理责任，确保按时、保质、保量完成今年农村公路"通畅工程"建设任务，省政府决定召开全省农村公路建设工作会议**（注：发文缘由和目的）**。现将有关事宜通知如下。

一、会议时间

2018 年 11 月 7 日 15:00，会期半天。

二、会议地点

省政府办公楼一楼报告厅。

三、会议内容

（一）传达《××省人民政府办公厅关于推进我省农村公路建设管理与养护体制改革的实施意见》。

（二）省政府与各市、县政府签订 2018 年农村公路"畅通工程"建设责任书。

四、参加会议人员

（一）各市、县政府分管负责人。

（二）省发展和改革委员会、省财政厅、省审计厅分管负责人，省交通厅及所属公路相关事业单位主要负责人。

（三）各市、县交通局和地方道路管理站主要负责人。

（四）请省纪委派驻纪检监察组、国家开发银行××省分行分管负责人出席会议。

（五）请××日报社、××广播电视台派记者报道。

五、其他事项

（一）各市县交通局、地方公路管理站参加会议人员由各市县政府负责通知；省交通厅所属公路相关事业单位参加会议人员由省交通厅负责通知。

（二）请与会人员于2018年11月6日12：00前到××宾馆总服务台报到并领取会议文件。

（三）会务工作由省交通厅负责。联系人：熊安静；联系电话：6545678，62233（传真）。

××省人民政府办公厅

××××年××月××日

评析：这是一份会议通知，分条写明会议时间、会议地点、会议内容、参会人员、会议通知方式、会议报到时间和地点、联系人及联系方式等基本要素，清晰明确，一目了然，便于执行。

例文6　任免通知

河南省人民政府关于申××、王××职务任免的通知

豫政任〔2018〕118号

省司法厅：

省人民政府决定：

任命申××为河南省监狱管理局第一政委；

免去王××的河南省监狱管理局第一政委职务。

河南省人民政府

2018年5月2日

评析：这是一份任免通知，主送机关一般为任免人员所涉及的单位，任命在前，免去在后。

实训活动

1. 指出下文存在的错误，并进行修改。

××公司关于印发"关于公司安全管理规定"的通知

各部门：

公司领导已经讨论了保卫部起草的"关于公司安全管理规定"，认为这个规定切实可行，请各部门认真执行。

附件：关于公司安全管理规定

××公司办公室

二○一八年五月六日

2.根据下列材料拟写一则公文。(按红头文件格式,项目可用××自行补全。)

(1)上海市××区教育局将市教育局《关于做好卫生保健工作的通知》转发给区教育学院、各中、小学和卫校。

(2)文件中还指出：当前,对学校卫生保健工作要引起高度重视,尤其是保护学生视力,预防近视的工作,各校必须切实加强领导,要下大决心采取各种有效措施,使学生的患近视率有所控制和下降。

(3)该文件的签发日期是2018年9月14日,是2018年的第161个文件。

3.用以下材料写一则公文。

(1)××县水电局为了及时总结2018年上半年的生产情况,更好地完成和超额完成2018年下半年的生产任务,经局务会议研究决定,于2018年7月26日召开局系统上半年生产总结会议。

(2)参加会议的人员是各单位主要负责人。会议时间是2018年7月26日。地点在局本部会议室。

(3)准备下列材料：2018年1—6月生产进度数字及存在的主要问题;2018年下半年生产进度安排意见即完成任务的各项具体措施;安全生产情况及存在的主要问题和解决办法;职工思想状况及需要解决的主要问题。

(4)该文件的签发日期是2018年7月16日。

知识拓展

公文中标点符号的用法

1.标题中标点符号的用法

公文的标题,即一级标题的末尾,一般不加标点符号。公文内部的标题,即二、三级标题的末尾,如果是居中标题,一般也不加标点符号;如果是缩两格标题,并且标有序号(如1.2.3.,第一,第二,第三,),可以加句号。公文内部的段首题,即用公文自然段落的第一个句子所做的标题,其末尾可以加句号;如果不加句号,可以在段首题与其后的公文内容之间空一格。

公文标题的内部,除用书名号和引号外,尽量不用标点符号。例如,第七届全国人民代表大会常务委员会第四次会议通过的一件公文的标题是:《全国人民代表大会常务委员会关于加强民主法制维护安定团结保障改革和建设顺利进行的决定》,在"加强民主法制"和"维护安定团结"之后,没有用顿号。

公文标题中含有两个以上标题时,一般只用两个书名号。从外到内,第一个用双书名号,第二个用单书名号,第三个以后可不再用书名号。例如,关于贯彻《中共中央关于转发〈中共全国人大常委会党组关于八届全国人大常委会立法规划的请示〉的通知》的意见。

这个公文标题内含有 3 个标题，即中共中央关于转发《中共全国人大常委会党组关于〈八届全国人大常委会立法规划〉的请示》的通知、《中共全国人大常委会党组关于〈八届全国人大常委会立法规划〉的请示》和《八届全国人大常委会立法规划》，只用两个书名号。

在公文正文中出现的公文名称，如果使用全称，应加书名号，例如，《中华人民共和国宪法》。如果使用简称可不加书名号。例如，宪法。如果是草案，使用全称时，应将"草案"二字用括号括起，置于公文名称之后、书名号之内，例如，《中华人民共和国公司法（草案）》；使用简称时，不加书名号和括号，例如，公司法草案。有时由于公文正文中出现的公文名称较长，而将制定机关在公文名称中略去（公文制定机关可以从公文中得知），这时，公文名称也应加书名号。例如，《关于授权深圳市人民代表大会及其常务委员会和深圳市人民政府分别制定法规和规章在深圳经济特区实施的决定》，这个公文名称中的"全国人民代表大会常务委员会"被省略了。

人民代表大会以外的公文标题的内部，也有用逗号的，并在标题末尾用问号等。例如，毛泽东的一篇文章是《"友谊"，还是侵略?》，在人民代表大会公文中，这种情况是很少见的。

2. 呼语中标点符号的用法

讲话稿、报告稿等公文中，一般都使用呼语，如"各位代表""同志们"。在讲话稿、报告稿中第一次出现的呼语要顶格写，末尾一般加冒号，有时也可以加感叹号。第二次以后出现的呼语要缩两格写，末尾可以用冒号，也可以用感叹号。在段首的呼语可以用冒号，可以用逗号，也可以用感叹号。较长的呼语末尾一般用冒号，内部用顿号或逗号，如："委员长、各位副委员长、秘书长、各位委员："。

3. 主送机关中标点符号的用法

公文（单指印发而不在会议上口头报告、讲话的公文）一般都有主送机关。公文主送机关的末尾用冒号。涉及多个主送机关时，各机关名称间用顿号隔开。例如："全国人大法律委员会、内务司法委员会、财政经济委员会"。如果涉及不同的机关，而同一类机关又分为两个以上的机关，可分别用逗号、顿号将其隔开。例如："全国人大各专门委员会，全国人大常委会办公厅、法工委"。

4. 结构层次序数中标点符号的用法

第一层"一、二、三……"用顿号，例如："一、""二、""三、"；第二层"（一）、（二）、（三）……"，用括号，例如，"（一）""（二）""（三）"；第三层"1、2、3……"用小圆实心点，例如，"1.""2.""3."；第四层"（1）、（2）、（3）……"用括号，例如，"（1）""（2）""（3）"。在使用括号的层次序数，括号外不再加其他标点符号。

用"首先""其次""再次"表示顺序时，在"首先""其次""再次"之后分别用逗号，例如，"首先，""其次，""再次，"。用"第一""第二""第三"表示顺序时，在"第一""第二""第三"之后分别用逗号，例如，"第一，""第二，""第三，"。用"一是""二是""三是"表示顺序时，可在"一是""二是""三是"之后分别用逗号，例如，"一是，""二是，""三是，"。也可以不用标点符号，直接连接下文。用"甲""乙""丙""丁"表示顺序时，在"甲""乙""丙""丁"之后分别用顿号，例如，"甲、""乙、""丙、""丁、"。在"一方面""另一方面"之后，可以分别用逗号，也可以不用标点符号，直接连接下文。

5. 句号的特殊用法

（1）在一些公文的开头语和其他段落的最后用以提起下文的一句末尾,过去常用冒号,现在可以用句号。例如,"我国人民代表大会制度的优越性还没有得到充分发挥,这个制度本身也需要在实践中进一步完善。……为此,全国人大常委会在今后工作中要努力做到以下几点。"（七届全国人大常委会向七届全国人大三次会议的报告）

（2）在一个使用分号的句子内部,不可以用句号。如果必须用句号,后面的分号要改用句号。

6. 逗号的特殊用法

（1）如果在应该用顿号的并列短语的内部还有应用顿号的并列的词,这时在并列的短语之间用逗号。例如,"全国人大代表,设区的市、自治州、省、自治区、直辖市的人大的代表,由下一级人大选举"。

（2）主语部分较长时,在主语部分和谓语部分之间用逗号。例如,"全国人民代表大会、省级人民代表大会、设区的市级人民代表大会、县级人民代表大会、乡级人民代表大会,都是国家权力机关。"

（3）句子的特殊成分,常常用逗号把它与别的成分隔开。例如:"全国人民代表大会,我国的最高国家权力机关,行使修改宪法的职权。"

（4）在用"以及""和"连接的句子中,在"以及""和"之前可以用逗号。例如:①目前,县级人大常委会普遍设有办公室、代表联络室、法制室,以及财经、教科文卫、农业、城建等工作委员会。②人民也一定要能够自由地去支持政府,和有一切机会去影响政府的政策。（毛泽东语）

（5）在×××说（指示、规定）之后,如果原文独立引用别人的话或文件的内容,用冒号。例如,"宪法规定:'中华人民共和国的一切权力属于人民。'"如果将别人的话或文件的内容,用自己的话进行表述,用逗号。例如,"宪法规定,国家的一切权力属于人民。"

（6）在一个中心词置后的句子中,修饰这个中心词的、意思相对独立的短语之间,过去常用顿号,现在也可以用逗号。例如,"社会主义公有制消灭人剥削人的制度,实行各尽所能,按劳分配的原则。"

7. 破折号的特殊用法

破折号的作用同括号的作用相近,都是表示文中的注释部分。通常比较重要的注释部分用破折号;比较不重要的注释部分,没有它也不影响句子意思完整的,用括号。

任务七　通报的写作

案例导入

2018年1月上旬以来,××市××医药总店每天派出两名职工推着流动售货车,携带××市工商行政管理局最近发给该店的零售营业执照,在市郊人口稠密处销售人参蜂乳精、阿胶、参类、龟苓膏等二十多种不能用公费报销的高档滋补药物,给购买者均开具发票,上面写的却是普通中药或西药。他们公然违反省卫生厅、省财政厅2017年12月

30 日转发的卫生部《关于补、营养、饮料等保健类药品不准公费报销的通知》规定,弄虚作假。市工商行政管理局发现这一情况后已暂时吊销了他们的营业执照,市医药总公司也责成他们做出了检讨。

请你代××市医药总公司拟一份批评性通报,下发所属各分公司和各县医药公司。

知识要点

一、通报的定义

通报适用于表彰先进、批评错误、传达重要精神和告知重要情况,是党政机关、社会团体用于表彰先进、批评错误、传达重要精神或情况的一种常用行文。

二、通报的特点

(一)典型性

通报的题材,不论是表彰性的、批评性的还是通报情况的,都要求有典型意义。典型性是指既有普遍性、共性,又有个性和新鲜感。个性与共性统一的题材,既能给读者留下深刻的印象,又具有广泛的指导意义和宣传教育意义。表彰先进,能够给人树立榜样,弘扬正气,确立学习和赶超目标;批评错误,通过分析错误根源,让人引以为戒,出现某些情况时是否需要通报,也要根据它是否有代表性、是否有普遍意义来确定。选择具有典型意义的题材是通报写作的严格要求,只有通报典型的人物、事件和情况,才能更好地发挥通报的导向作用。

(二)真实性

通报以陈述事实为主要内容,事件的真实性、准确性是通报的生命。通报的任何情况、事例和数据都必须是完全真实的,且不能有任何差错。撰写通报,对正反方面的事例都要认真核实,做到准确无误,没有水分。通报的教育意义和宣传作用,往往体现在事实本身。失实的通报不仅会在社会上造成恶劣影响,还会影响发文机关的诚信。

(三)教育性

通报的内容,不论是肯定性的还是否定性的,其价值都不仅在于宣布对事件的表彰或处理结果,而是要树立学习榜样,或者提供借鉴,使受文单位及个人能够总结经验、吸取教训,思想上受到启迪,得到教益,从而推动工作。为了突出其教育作用,通报的行文通常具有鲜明的倾向性,明确表明发文机关的态度,并多作分析和评价。

(四)时效性

通报所涉及的事实是具有典型意义的事件,往往与特定的时代背景有着紧密的联系。人们对时下发生的事实兴趣较高,时过境迁的事实难以激起人们的兴趣,难以发挥通报应有的作用。而且,发生已久的事实有可能跟最新的现实有所偏离。及时的嘉奖或表彰可以宣扬正气,鼓舞斗志,推动工作的开展;及时的批评或惩罚能引起普遍重视,起到告诫和防范的作用;及时传达重要精神和情况,能起到沟通和指导作用。

三、通报的种类

(一)表彰性通报

用于表彰先进人物或先进集体,介绍先进事迹、推广典型经验。这是从高层机关到基层单位都广泛采用的常用公文类型。用于表彰的通报,从规格上说,要低于嘉奖令、表彰决定,但是,以发公文的方式对个人或集体的先进事迹进行表彰,也是一个很郑重、严肃的事情。如《××省人民政府关于表彰全省依法行政工作先进单位的通报》《××省人民政府关于表彰全省企业服务工作先进单位和先进个人的通报》。

(二)批评性通报

批评性通报是针对某一错误事实或某一有代表性的错误倾向而发布的通报,使收文单位引以为戒,防止类似事件、事故或错误发生,有针砭、纠正、惩戒的作用。它可以是针对某一个人所犯的错误事实而发,如《××省教育厅关于××市教育局局长王××挪用教育经费私建住宅的通报》;也可以针对某一部门、单位的不良现象而发,如《××省人民政府关于××市政府大气污染防治工作不力情况的通报》;还可以针对普遍存在的某种问题而发,如《中共××市纪委 关于七起发生在群众身边的"四风"和腐败问题典型案例的通报》。

(三)情况通报

用于知照重要精神或情况,传递信息,使收文单位知晓精神,了解情况,心中有数。为了让下级单位对重要或全局状况有所了解,上级机关应该适时发布这样的通报,如《××省教育厅关于体育教学评估情况的通报》《××市人民政府办公室关于近期公文处理情况的通报》。

四、通报的写作结构

通报由标题、主送机关、正文、发文机关、发布日期组成,如表2-7所示。通报的标题大多采用"发文机关+主要内容+文种"的常规写法。主送机关一般都比较多,以体现"通"的特点。正文的写法因类而异,下面分别进行介绍。

(一)表彰通报

表彰通报的正文分为四个部分。

(1)介绍先进事迹。这部分用来介绍先进人物或集体的行动及其效果,要写清时间、地点、人物、基本事件过程。表达时使用概括叙述的方式,只要将事实讲清楚即可。

表 2-7　通报的写作结构

结　构		要　点
标题		发文机关＋事由＋通报；发文机关＋通报；通报
主送机关		受文机关全称或规范化简称，普发性通报可以省略主送机关
正文	表彰通报	介绍先进事迹，叙述先进事迹的性质和意义，表彰决定，希望号召
	批评通报	介绍错误事实或现象，错误性质或危害性的分析，惩罚决定或治理措施，提出希望要求
	情况通报	通报缘由与目的，介绍情况与信息，提出希望与要求
发文机关和发布日期		可在文末标注发文机关和发布日期。也可在标题下标注发布日期，文末省略

（2）叙述先进事迹的性质和意义。这部分主要采用议论的写法，但并不要求有严的推理，而是在概念清晰的前提下以判断为主。写作时要注意文字的精练。

（3）表彰决定。这部分写什么会议或什么机构决定，给予表彰对象何种表彰和奖励。如果表彰的是若干个人，或者有具体的奖励项目，可分别列出。这部分在表达上难度不大，要注意表达清晰、用词精当。

（4）希望号召。这是表彰通报必须要有的结尾部分，用来提出希望、发出号召。希望号召部分表述的是发文的目的，也是全文的思想落脚点，要写得完整、得体、富有逻辑性。

（二）批评通报

批评通报的正文也分为四个部分。

（1）错误事实或现象。如果是对个人的错误进行处理的通报，这部分要写明犯错误人的基本情况，包括姓名、所在单位、职务等，然后是对错误事实的叙述，要写得简明扼要、完整清晰。

（2）错误性质或危害性的分析。处理单一错误事实的通报，这部分要对错误的性质、危害进行分析、一般都写得比较简短。对综合性的不良现象或问题进行通报，这部分的分析性文字要复杂一些。

（3）惩罚决定或治理措施。对个人单一错误事实进行处理，要写明根据什么规定，经什么会议讨论决定，给予什么处分等。对普遍存在的错误现象或问题，在这部分中要提出治理纠正的方法措施。

（4）提出希望要求。在结尾部分，发文机关要对受文单位提出希望和要求，以便受文单位高度重视、认清性质、吸取教训、采取措施。

（三）情况通报

情况通报的正文由三部分组成。

（1）通报缘由与目的。情况通报的开头要首先叙述基本事实，阐明发布通报的根据、目的、原因等。作为开头，文字不宜过长，要综合归纳、要言不烦。

（2）介绍情况与信息。主体部分主要用来叙述有关情况、传达某些信息，通常内容较多、篇幅较长，要注意梳理归类，合理安排结构。

（3）提出希望与要求。在明确情况的基础上，对受文单位提出希望和要求。这部分是全文思想的归结之处，写法因文而异，总的原则是抓住要点，切实可行，简练明白。

五、通报的写作要求

1. 事例要典型

通报必须选择新颖、典型、具有代表性的事例，选择与当前中心工作密切相关的重大情况，使人知情，使人重视，使人警惕，从而对各方面的工作有所启示与推动。

2. 事实要准确

通报的材料必须调查核实，确保真实可靠。特别是批评性通报，通常被认为是对批评者的一种处分形式，因此要特别慎重。力求事实准确，用词恰当，以理服人，只有这样才能起到示范或警戒作用。

3. 行文要及时

通报具有较强的时效性，所公布的内容都是当前发生的事件和情况，与推动当前工作密切相关，因此要及时、快速，否则，错过时机，就失去宣传教育的效果，降低了通报的价值。

例文解析

例文1　表彰性通报

河南省人民政府

关于表彰 2017 年度服务河南经济社会发展

优秀和先进中央驻豫单位的通报

豫政〔2018〕24 号

各省辖市、省直管县（市）人民政府，省人民政府各部门：

2017 年，中央驻豫单位始终把服务河南经济社会发展摆在突出位置，发挥自身优势，积极谋划、主动作为，取得了显著成绩，为河南经济社会发展创造了良好环境，提供了可靠保障和优质服务，做出了重要贡献。为鼓励先进，发挥示范带动作用，省政府决定对国网河南省电力公司等 10 个优秀单位和国家统计局河南调查总队等 11 个先进单位予以通报表彰。

（注：介绍先进事迹，叙述先进事迹的意义，提出表彰决定）

希望受到表彰的单位再接再厉，开拓创新，再创佳绩，为促进河南经济社会持续健康发展做出新的更大贡献。全省各级、各部门要以受表彰的单位为榜样，认真学习贯彻习近平新时代中国特色社会主义思想和党的十九大精神，锐意进取，扎实工作，为决胜全面建成小康社会、让中原更加出彩做出新的更大贡献。

（注：对受表彰的单位、其他单位提出希望和号召）

附件：1. 2017 年度服务河南经济社会发展优秀中央驻豫单位名单

2. 2017 年度服务河南经济社会发展先进中央驻豫单位名单

河南省人民政府

2018 年 7 月 7 日

　　评析：这是一份表彰性通报，先介绍了表彰单位的先进事迹及意义，再写出什么机构决定给予表彰对象何种表彰和奖励。最后分别对受表彰的单位和受文的其他单位提出希望和号召。

例文 2　批评性通报

河南省人民政府

关于××市政府大气污染防治工作不力情况的通报

豫政〔2016〕33 号

各省辖市、省直管县（市）人民政府，省人民政府有关部门：

　　2016 年第一季度，××市 PM10（细颗粒物）浓度为 184 微克/立方米，同比升高 50 微克/立方米，上升 37.3%；PM2.5（可吸入颗粒物）浓度为 114 微克/立方米，同比升高 25 微克/立方米，上升 28.1%。4 月 28 日，××市政府由于大气环境质量明显恶化受到环保部约谈，给我省造成不良影响，省政府决定对××市政府予以通报批评。

　　（注：叙述错误事实和基本情况）

　　××市政府要认真反思，深入查找大气污染防治存在的突出问题，于 5 月底前向省政府做出书面检查。……

　　（注：提出惩治措施和治理措施）

　　××市的问题在我省具有普遍性。2016 年以来，我省一些市、县（市、区）PM10 等大气污染物浓度居高不下，甚至大幅攀升，导致全省整体污染物指标不降反升。各地、各部门要以此为鉴，吸取教训，对照国家和我省大气污染防治工作的部署和要求，认真查找存在的问题和不足，做到认识到位、责任到位、措施到位，以更大的决心、更严的标准、更硬的手段，尽快扭转大气污染严重的不利局面，切实改善空气质量。

　　（注：提出希望和要求）

河南省人民政府

2016 年 5 月 26 日

　　评析：这是一份批评性通报，首先对错误事实和现象进行介绍，提出惩罚决定，明确治理措施，最后对受文单位提出希望和要求。

例文 3　情况通报

河南省人民政府办公厅

关于 2018 年下半年全省政府网站建设管理情况的通报

豫政办文〔2019〕2 号

各省辖市、省直管县（市）人民政府，省人民政府各部门：

　　为贯彻落实《国务院办公厅关于印发政府网站发展指引的通知》（国办发〔2017

47号),持续推进全省政府网站建设管理工作,2018年下半年,省政府办公厅组织对全省政府网站建设管理情况开展了2次抽查(**注:通报缘由与目的**)。现将有关情况通报如下:

一、全省政府网站建设管理情况(**注:介绍总体情况与信息**)

(一)抽查总体情况。……

(二)省政府门户网站运行情况。……

(三)"我为政府网站找错"网民留言办理情况。……

二、主要问题(**注:通报存在的问题**)

(一)一些网站管理不到位。……

(二)省政府门户网站内容保障工作需进一步加强。……

(三)"我为政府网站找错"平台网民留言办理不及时。……

三、下一步工作要求(**注:提出工作要求**)

2019年,各地、各部门要深入贯彻习近平总书记网络强国战略思想,全面贯彻国办发〔2017〕47号等文件精神,切实履行政府网站管理职责,不断提高政府网站服务水平。

(一)加强常态化监管。……

(二)结合机构改革做好政府网站信息更新工作。……

(三)推进政府网站集约化整合。……

(四)规范政府网站域名管理。……

(五)推动政府网站IPv6部署改造工作。……

附件:1. 2018年下半年政府网站抽查整体情况
　　　……

河南省人民政府办公厅
2019年1月15日

评析:这是一份情况通报。首先介绍通报的缘由和目的,然后介绍工作的整体情况,提出工作要求。

实训活动

1. 判断下列事项哪些可以用通报行文。

(1)××总公司拟宣传奋不顾身抢救落水儿童的青年工人的事迹。　　　(　　)

(2)×厂拟向市工业局汇报本厂遭受火灾的情况。　　　(　　)

(3)×市安全办公室拟向各有关单位知照全市安全大检查的情况。　　　(　　)

(4)×县政府拟公布加强机关廉政建设的几条规定。　　　(　　)

(5)市水电局将召开水利建设工作会议,需告知各县、区水电部门事先做好准备。

(　　)

(6)×县纪委拟批评×局×××等干部玩忽职守、造成国家经济损失的错误。

(　　)

2.结合本节知识,分析下文存在的问题并进行修改。

××市××区教育局
关于给不顾个人安危与盗窃犯顽强搏斗的计××同志记功表彰的通报决定

局属各单位:

七月四日深夜,我区××中学党支部委员、人事干部计××,冒着生命危险,与窃贼搏斗,保卫了学校的财产。事情的经过是这样的:

七月四日零时十五分,睡在教学大楼二楼单人宿舍的计××被楼上传来的响声惊醒,便警惕地意识到是盗窃歹徒在作案,立即起床奔向三楼。此时,歹徒已将电源切断,整个大楼一片漆黑。他隐约发现歹徒正准备从铁门钻进储藏室(储藏室铁门上的锁已被歹徒锯开)。计××想到储藏室内放有录音机、照相机、电表等贵重物品,为了保护学校财产,他不顾个人安危,立即奔上前去,把歹徒拦腰抱住。歹徒凶相毕露,把一把大旋凿猛击计××的头部,鲜血直流,并用双手卡住老计的喉咙。计××忍着剧痛,狠狠抱住歹徒不放,从储藏室门楼一直翻滚到走廊扶梯处。计××年已五十七岁,扭打将近十分钟,渐感体力不支,就用手使劲掰开歹徒卡喉咙得手,并大声呼喊"捉贼"。罪犯乘计××松手之际,仓皇逃跑。计××挣扎起来,追到楼下,因头部流血过多,昏迷倒地。计××的呼喊声传到了另一幢楼,住在这幢楼房的陈××闻声赶来,歹徒已逃离学校。陈××立即向公安部门报告。××区公安分局领导和干警驱车赶到,将计××送到浦东中心医院治疗。

在同歹徒的搏斗中,计××头部被歹徒用旋凿击破,伤口长约四厘米,鲜血从储藏室门口一直流到走廊,门牙也被打掉两颗,在右腿部也多处受伤出血。××区分局对该案十分重视,正在侦查中。

由于计××的高度警惕性,把个人安危置之度外,与歹徒顽强搏斗,保护了学校的财产。根据《××市国家机关工作人员奖惩试行办法》的规定,经七月五日局党委讨论决定,给予计××记功一次的奖励,并通报全区中小学,号召广大党员、干部和教工向计××学习。特别是各校已放暑假,要求各校加强值班保卫工作,以计××为榜样,保护好学校的财产。

中共××区教育局
××××年七月五日

知识拓展

通告、通知、通报的异同

1. 相同点

通告、通报、通知这三个文种都有沟通情况、传达信息的作用。

2. 不同点

1）所告知的对象不同

通告所告知的对象是全部组织和群众，它所宣布的规定条文，具有政策性、法规性和某种权威性，要求人们遵照执行，一般都要张贴或通过电台、电视台等新闻媒体大力宣传。

通报是上级机关把工作情况或带有指导性的经验教训通报下级单位或部门，通报的受文单位只能是制发机关的所属单位或部门。

通知一般只通过某种公文交流渠道，传达至有关部门、单位或人员，它所告知的对象是有限的，但应用极为广泛。下达指示、布置工作、传达有关事项、传达领导意见、任免干部、决定具体问题，都可以用通知。

2）目的不同

通告公布在一定范围内必须遵守的事项，有着较强的、直接的和具体的约束力，具有鲜明的告知性，一定的制约性等特点，其内容多涉及具体的业务活动或工作，通告在内容上还具有专业性。

通报的目的晓谕性是很明显的。表彰通报行文的目的是告知有关单位和人员，以表扬和激励先进，号召学习先进；批评通报的目的则是让人们知道错误，认识错误，吸取教训，改正错误，引以为戒；情况通报的目的是让人们了解通报的事项。

通知是向特定受文对象告知或转达有关事项或文件，让对象知道或执行，主要是通过具体事项的安排，要求下级机关在工作中照此执行或办理。

3）作用不同

通告可在一定范围内公布需要周知或需要办理的事项，政府机关、社会团体、企事业单位均可使用，如建设征地公告、更换证件通告、施工公告等。另外还可用于公布应当遵守的事项，只限行政机关使用。

通报让人们了解有关重要情况及正反方面的典型材料，使人们受到教育，提高认识以先进典型做榜样，以反面典型做警戒，从而知道应该做什么，不应该做什么。

通知可用于下达指示、布置工作、传达有关事项、传达领导意见、任免干部、决定具体问题，上级机关对下级机关可以用通知；平行机关之间有时也可以用通知。

决定与通报在适用于奖惩情况时的区别

决定和通报在公文写作中往往比较难区分，尤其是用于奖惩情况的时候，其主要区别在于以下 3 点。

1. 发文机关权威性不同

决定适用于党政机关对重要事项做出决策和部署、奖惩有关单位和人员、变更或者撤销下级机关不适当的决定事项。通报用于党政机关和社会团体把工作情况、经验教训、好坏典型事例发文，具有典范、指导、教育警诫意义。

奖惩性决定和奖惩性通报分别作为决定和通报的一种情况，两者在奖惩对象上存在细微差别，决定强调的是重大事项，而通报的对象相对来说没有前者重大，只要是典型的实例就可以。

2. 目的不同

奖惩性决定的目的是奖惩有关单位或个人,也就是说奖惩相关单位或个人是主要目的,教育警示他人是次要目的,重在处置,奖功罚过。

奖惩性通报的目的是使收文单位了解某一重要事情的情况,从而起到教育或者警示的作用,重在教育比照。

3. 态度不同

从某种程度来说,由于决定是对重大事件的处理,在态度上会显得更加强硬一些。而通报相对来说就显得委婉一些。

任务八　报告的写作

案例导入

2018 年 2 月 20 日 9:20,××市××百货公司的大楼发生重大火灾事故。事故未造成人员伤亡,但烧毁一幢三层楼房以及大部分商品,直接经济损失达到 792 万元。事故发生后,市消防队出动了 15 辆消防车,经 4 个小时的扑救,火灾才被扑灭。经查,事故的直接原因是电焊工小王违章作业,在一楼铁窗架电焊火花溅到易燃货品上引起火灾,但也与百货公司管理局以及员工安全思想模糊、公司安全制度不落实、许多的安全隐患长期得不到解决有关。之后,市商业局副局长带领有关人员赶到现场进行调查处理;市政府召开紧急防火电话会议;市委、市政府对有关人员视情节轻重,作了相应的处理。

知识要点

一、报告的定义

报告适用于向上级机关汇报工作、反映情况,回复上级机关的询问。报告属于陈述性的上行文,行文目的是为领导机关了解情况、制定政策和指导工作提供依据。

作为党政机关公文的报告与平常一些专业部门写的审计报告、调查报告、立案报告、评估报告不是相同的概念。前者属于公文,后者属于事务性文书。

二、报告的特点

(一)内容的汇报性

一切报告都是下级向上级机关或业务主管部门汇报工作,让上级机关掌握基本情况并及时对自己的工作进行指导,所以,汇报性是报告的一大特点。

(二)语言的陈述性

因为报告具有汇报性,是向上级讲述做了什么工作,或工作是怎样做的,有什么情况、经验、体会,存在什么问题,今后有什么打算,对领导有什么意见、建议。所以行文上一般都使用叙述方法,即陈述其事,而不是像请示那样采用祈使、请求等方法。

（三）行文的单向性

报告是下级机关向上级机关行文,是为上级机关进行宏观领导提供依据,一般不需要受文机关的批复,属于单向行文。

（四）成文的事后性

多数报告都是在事情做完或发生后,向上级机关做出汇报,是事后或事中行文。

（五）双向的沟通性

报告虽不需批复,却是下级机关以此取得上级机关的支持和指导的桥梁;同时上级机关也能通过报告获得信息,了解下情,报告也就成为上级机关决策指导和协调工作的依据。

三、报告的种类

1. 根据用途分

（1）工作报告。是向上级机关汇报工作,所涉及的是机关单位日常或常规工作。

（2）情况报告。是侧重向上级机关反映突发事件、恶性事故、反常现象或严重问题。

（3）答复报告。是答复上级机关的询问,与其他三种报告不同,是被动行文。

（4）报送报告。是向上级机关报送文件或物品。

2. 根据性质范围分

（1）综合报告。"综合"有两层含义,一是报告内容的范围较广,涉及机关单位各方面的工作、内容比较全面。二是汇报的角度有正反两方面,既涉及工作的成绩,也涉及工作中存在的问题和不足。撰写综合报告要有全局观,对机关单位的工作有宏观、整体的把握能力。

（2）专题报告。"专题"相对于"综合"也有两层含义:一是报告内容范围相对较窄,涉及机关单位某一方面的工作;二是报告的角度涉及某一方面,或者侧重工作成就,或者侧重工作中存在的问题或不足,要注意抓住重点,详略得当。

四、报告的写作结构

报告的写作结构如表 2-8 所示。

1. 标题

报告的标题有两种:"发文机关＋事由＋文种"或"事由＋文种"。可省略发文机关名称,如《关于加强工商行政管理工作的报告》。

2. 主送机关

标题之下,写明所报告的直属上级领导机关的全称或规范化的简称。

表 2-8　报告的写作结构

结　构		要　点
标题		"发文机关＋事由＋文种"或"事由＋文种"
主送机关		受文机关全称或规范化简称
正文	工作报告	开头概述开展工作的背景、目的、意义、依据,工作的总体内容,工作的总做法、总经验、总成就等。 主体由成绩、问题、改进三部分构成。 结尾或总结全文内容,或使用"特此报告""以上报告请审阅",或自然结尾
	情况报告	开头总叙突发事件、恶性事故、反常现象或严重问题。 主体由事件、原因、措施三部分构成。 结尾或总结全文内容,或使用习惯用语"特此报告",或自然结尾
	答复报告	开头引述上级机关的来文及询问的问题。 主体做具体的答复。 结尾使用习惯用语或自然结尾
	报送报告	开头简要介绍报送文件物品的缘由。 主体介绍文件物品的名称、数额。 结尾以"特此报告"等习惯用语结束
发文机关		发文机关全称(印章)
发布日期		××××年××月××日

3. 正文

(1) 工作报告的正文。工作报告的内容一般按逻辑顺序"为什么做""做了什么""怎样做的""做得怎样""今后怎样做"安排结构。从外在结构上看,由开头、主体、结尾三部分组成。

开头部分一般采用概述的方式总写工作情况,如开展工作的背景、目的、意义、依据,工作的总体内容,工作的总做法、总经验、总成就等。这一部分体现"为什么做"。

主体部分一般由三方面的内容构成,即成绩部分、问题部分、改进部分。

结尾部分可以总结全文,或使用习惯用语如"特此报告""以上报告请审阅",或自然结尾。

(2) 情况报告的正文。开头部分总叙突发事件、恶性事故、反常现象或严重问题。

主体部分由三方面内容构成,即事件部分、原因部分、措施部分。结尾部分的写法同工作报告的结尾大致相近,或总结全文内容,或使用习惯用语"特此报告",或自然结尾。

(3) 答复报告的正文。答复报告的写法比较简单,因为针对上级机关的询问,故开头引述上级机关的来文及询问的问题,主体部分做具体的答复,结尾使用习惯用语或自然结尾。

(4) 报送报告的正文。报送报告主要是以报告的形式将其他书面文件或物品清单呈报上级机关,正文的开头部分简明扼要介绍报送文件物品的缘由;主体部分介绍文件物品的名称、数额,结尾部分以"特此报告"等习惯用语结束。

4. 落款

最后标明发文机关和发布日期。

五、报告的写作要求

1. 突出重点，点面结合

报告应注意突出重点。即使是全面汇报工作情况的综合报告，也不能事无巨细，而要抓住影响全局工作的基本方面重点汇报；专题报告更要突出一个"专"字，自始至终围绕一个问题去叙述、说明，其他方面的事简略带过，做到点面结合，重点突出。

2. 综合分析，找出规律

报告要在介绍情况的基础上归纳综合，进行深入的分析，做出恰当的判断，从中找出规律性的认识，用以指导今后的工作。

3. 及时报告，不失时机

报告反映的情况要及时，才能对上级机关有使用价值；同时，也使自己要解决的问题及时得到上级领导的指示与帮助。

4. 报告工作，不带请示

对于报告，受文单位不用答复，如果夹带请示事项，将有关请示的内容掺杂在里面，就会贻误工作。对于需上级机关批准或帮助的事项，要另文"请示"，不可夹在"报告"中，以免受文机关不作答复，造成"误事"。

例文解析

例文 1　工作报告

河南省人民政府
关于 2018 年度法治政府建设情况的报告

豫政文〔2019〕52 号

国务院：

2018 年，在习近平新时代中国特色社会主义思想指引下，按照党中央、国务院的部署，全面落实《法治政府建设实施纲要（2015—2020 年）》和《河南省法治政府建设实施方案（2016—2020 年）》各项任务，以推进依法行政为主线，不断开创法治政府建设新局面，为全省经济高质量发展和社会和谐稳定提供了有力法治保障。**（注：概述工作开展情况）**现将有关情况报告如下：**（注：领叙语）**

一、完善工作机制，着力推进法治政府建设

（注：分项报告工作取得的成绩）

（一）健全法治政府建设组织领导机制。

……

二、明确目标任务，推动法治政府建设工作落实

（一）依法履行政府职能。……

（二）完善依法行政制度体系。……

（三）深入推进服务型行政执法建设工作。……

（四）全面落实行政执法责任制。……

（五）推进行政决策科学化、民主化、法治化。……

2018 年，我省法治政府建设取得了新进展，但与党的十九大提出的法治政府建设要求相比，与人民群众对美好生活的向往相比，与经济社会高质量发展的客观需要相比，还有一定的差距。（**注：工作存在的问题**）2019 年，我省将坚持以习近平新时代中国特色社会主义思想为指导，深入学习贯彻党的十九大和十九届二中、三中全会精神以及中央全面依法治国委员会第一次、第二次会议精神，认真贯彻落实党中央、国务院关于建设法治政府的决策部署，紧紧围绕《法治政府建设实施纲要（2015—2020 年）》和《河南省法治政府建设实施方案（2016—2020 年）》确定的目标任务，坚持问题导向，强化基层基础，补齐工作短板，深入推进依法行政，加快建设法治政府，确保实现到 2020 年基本建成法治政府目标，为决胜全面建成小康社会、中原更加出彩提供坚强有力的法治保障。（**注：下一步的工作方向和奋斗目标**）

河南省人民政府
2019 年 4 月 23 日

评析：这是一份工作报告。开头先概述工作总体情况，然后分项报告工作具体开展情况，最后报告工作中存在的不足和下一步工作方向。结束时自然结尾。

例文 2　答复报告

×县人民政府关于治理水质污染问题的报告

××市人民政府：（**注：答复部门**）

前接×政发〔20××〕106 号函，询问我县水质污染原因及治理问题，（**注：询问事项**）现将有关情况报告如下：

我县水质现污染较严重，其主要原因：一是公众环境保护意识差，一些居民随意向河道坑塘倾倒垃圾；二是我县市政基础设施薄弱，无污水处理厂，居民生活污水直接排入大环境；三是近几年，我县"三业"发展较快，其废水杂物直接排入护城河及坑塘，造成水质严重污染；四是县纸厂停产治理后，虽有污水处理系统，但运行费用高，工程设计落后，不能做到不间断达标排放。（**注：分析原因**）

解决水质污染问题的根本途径：首先，建设污水处理厂，目前，县政府正在积极筹备中。其次，加大宣传力度，提高全民环保意识，减少污水无序排放。再次，加大环保监督检查力度，确保排污企业治污设施正常运行，达标排放，促进水质好转。最后，环保部门依法行政，严格执法，从源头把关，减少各种污染。（**注：提出解决办法**）

专此报告。（**注：结束语**）

×县人民政府（印章）
20××年 4 月 29 日

评析：这是一则答复报告，是根据上级机关的询问而做出的回答。第一段，简叙来文询问的事项，并过渡到正文；第二段、第三段是按照上级的所问所做的回答，先说水质污染较重，并从四个方面进行了解释，回答简明，符合事实。解决问题的根本途径也是从四个方面进行解答。结尾使用了专门的结尾语。答复报告要注意有问有答，要有较强的针对性。

实训活动

1. 根据下面表述拟制相应的标题。

（1）铁道部向国务院汇报 4·28 胶济铁路旅客列车重大脱轨颠覆事故。

（2）玉林县房管局向玉林县人民政府汇报危旧房屋安全大检查工作。

（3）青白石乡政府向其上级西固区人民政府报送本单位工作计划。

（4）××市审计局向××市政府汇报市属各机关违规建立小金库的情况。

（5）大滩乡人民政府向城关区人民政府汇报 2018 年大滩乡民营企业发展情况。

2. 分析下文存在的问题。

关于申请拨给灾区贷款专项指标的报告

××省××银行：

××××年××月××日，我地区遭受了一场历史上罕见的洪水袭击，×江两岸乡、村同时发生洪水，灾情严重。经初步不完全统计，农田受灾总面积达 38000 多亩，各种农作物损失达 100 多万元，农民个人损失也很大。灾后，我们立即深入灾区了解灾情，并发动干部群众积极开展生产自救。同时，为了帮助受灾农民及时恢复生产，我们采取了下列措施：

一、对恢复生产所需的资金，以自筹为主。确有困难的，先从现有农贷指标中货款支持。

二、对受灾严重的困难户，优先适当贷款，先帮助他们解决生活问题。到××月××日止，此项贷款已达×万元。由于这次灾情过于严重，集体和个人的损失都很大，短期内恢复生产有一定的困难，仅靠正常农贷指标难以解决问题。

为此，请省行下达专项救灾贷款指标×万元，以便支持灾区迅速恢复生产。

以上报告当否，请批示。

××支行（盖章）
20××年××月××日

3. 根据案例导入材料完成问题。

（1）以××市商业局的名义向××省商业厅起草一份报告。

（2）这份报告在拟写时应该重点叙述什么？是否可以顺便写一些请示事项？

知识拓展

公文报告、调查报告、述职报告对比

1. 公文报告

1) 含义

公文报告适用于向上级机关汇报工作,反映情况,答复上级机关的询问。

2) 特点

（1）陈述性。公文报告用于下级机关向上级机关汇报工作,反映情况,提出意见或建议,主要是为了让上级了解情况。所以公文报告大都采用叙述、说明的表达方式,一般不要求上级批示答复,因而具有明显的陈述性。

（2）沟通性。对下级来说,公文报告是"下情上传"的主要手段,以此取得上级机关的理解、支持、指导,减少和避免工作上的失误。对上级来说,通过公文报告获得信息,了解情况,得到合理建议,可以作为决策、指导和协调工作的重要依据。

（3）单向性。公文报告向上级行文,不需要任何相对应的文件,即具有单向性。所以应避免使用"以上报告妥否,请批示"之类的结尾语言。

2. 调查报告

1) 含义

调查报告是指基于对现实生活中较为重大的事件、情况或问题的实地调查,经过归纳整理和分析研究,以揭露事件真相、总结工作经验、探索问题解决方法、探讨事物发展规律而形成的书面报告。

2) 特点

（1）内容真实。真实性是调查报告的生命所在。必须以充分、确凿的事实为依据,通过具体情况、数字、做法、经验、不足等说明问题,揭示规律,从实际出发,用事实说话,才能对制定政策与方针具有指导意义。

（2）针对性强。调查报告一般有比较明确的指向,调查取证都针对和围绕某一问题展开。针对性越强,作用越大。

（3）材料典型。为使调查报告更具说服力,应选取典型的、有代表性的材料,从中探索事物的发展规律,寻求解决矛盾的办法,以点带面,给全局工作提供借鉴。

（4）揭示规律。调查报告离不开确凿的事实,但又不是材料的机械堆砌,应对事实材料进行分析、研究,揭示事物的本质,阐明规律,指导实践。能否揭示事物发展规律,是衡量调查报告好坏的基本标准。

3. 述职报告

1) 含义

领导干部或管理者结合职责要求,向上级、职工或群众代表陈述岗位职责履行情况,接受工作评议监督的一种事务性文书。

2) 特点

（1）个人性。述职报告对自身所负责的组织或者部门在某一阶段的工作进行全面的

回顾,按照法规在一定时间(立法会议或者上级开会期间和工作任期之后)进行,要从工作实践中去总结成绩和经验,找出不足与教训,从而对过去的工作做出正确的结论,与一般报告不一样的是,述职报告特别强调个人性。

(2)规律性。述职报告要写事实,但不是把已经发生过的事实简单地罗列在一起。它必须对收集来的事实、数据、材料等进行认真的归类、整理、分析、研究,从中找出带有普遍性的规律。

(3)通俗性。面对会议听众,要尽可能让个性不同、情况各异的与会代表全部听懂,这就决定了讲话稿必须有通俗性。

(4)艺术性。"述职"是主体的实质性道理。"报告"是呈现表象而又整体的艺术生命体。

(5)真实性。述职报告是干部工作业绩考核、评价、晋升的重要依据,述职者一定要实事求是、真实客观地陈述,力求全面、真实、准确地反映述职者在所在岗位职责的情况。对成绩和不足,既不要夸大,也不要缩小。

任务九 请示的写作

案例导入

张松是大鸿集团公司人力资源部经理,接到豫东人才市场举办招聘会的邀请函,他觉得这是个招纳贤才的好机会,拟带本部门的 4 位同事参加此次招聘会。于是他起草了一份《关于参加××省第九届"地产风云"大型专场招聘会的请示》,报集团公司领导审批。

假如你是张松,你能迅速拟写出这份请示吗?你认为张松拟写这份请示时,需要讲清哪些理由才能得到领导的审批?

知识要点

一、请示的定义

请示适用于向上级机关请求指示、批准。请示属于上行文,凡是本机关无权、无力决定和解决的事项可以向上级请示,而上级则应及时回复。

二、请示的特点

1. 事前行文
请示应在问题发生或处理前行文,不可先斩后奏。

2. 内容单一性
为了便于领导批复,请示行文必须一文一事。每则请示只能要求上级批复一个事项,解决一个问题。

3. 请批对应
一请示,一批复。没有请示就没有批复。请示所涉及的问题一般较紧迫,没有批复,下级机关就无法工作。因此,下级机关应及时就有关问题向上级机关请示,上级机关应及时批复。

三、请示的分类

1. 请求指示的请示

请求指示的请示包括上级规定必须请示、待批准后才能实施的事项;政策法规本身不明确或对上级现行政策、法规不熟悉,有待上级明确答复后才能办理的事项;工作中出现新情况而又无章可循、有待上级明确指示后才能办理的事项。

2. 请求帮助的请示

下级机关针对某些具体事宜向上级机关请求批准的请示,主要目的是解决某些实际困难和具体问题。例如,在资金、物资等问题上请求上级审核批拨或调配的事项。

3. 请求批转的请示

下级机关就某一涉及面广的事项提出处理意见和办法,需各有关方面协同办理,但按规定又不能指令平级机关或不相隶属部门办理,需上级机关审定后批转执行。

四、请示的写作结构

请示一般由标题、主送机关、正文、落款、附注五部分组成,如表 2-9 所示。

表 2-9 请示的写作结构

结构		要点
标题		"发文机关＋事由＋文种"或"事由＋文种"
主送机关		受文机关全称或规范化简称(只能由一个)
正文	缘由	写明请示的缘由,用过渡语开启下文:"现将……问题请示如下""特请示如下"等
	请示事项	核心部分,写明请求的具体事项
	结束语	"以上请示当否,请指示""以上请示,如无不妥,请予批准""请审核批准""以上意见,如无不妥,请批转各地区、各部门遵照执行"
落款		发文机关、发布日期
附注		联系人、联系电话

1. 标题

写明发文机关名称、事由与文种,有的只写请示事由与文种。

2. 主送机关

请示的主送机关只有一个,不能多头请示,写明所请示的上级领导机关的全称或规范化简称。

3. 正文

请示的正文由以下三部分组成。

（1）缘由。正文的开头先简明扼要地写明请示的缘由，也就是原因、根据，要写得充分、透彻，合情入理。缘由部分结尾用过渡语开启下文，常用的过渡语有："现将……问题请示如下""特请示如下"等。

（2）请示事项。这是请示的核心部分，写明请求上级机关批准或指示的具体事项，这部分多用条款式，言简意赅地提出切实可行的解决问题的意见和办法，要写得清楚、明确。

（3）结束语。在请示事项写完之后，用请求语句结束全文。常用的结束语有："以上请示当否，请指示""以上请示，如无不妥，请予批准""请审核批准"等；也可用"以上意见，如无不妥，请批转各地区、各部门遵照执行"等用语。请求语的语气要中肯、果断。

4. 落款

标明发文机关和发布日期。

5. 附注

注明联系人、联系电话。

五、请示的写作要求

1. 一文一事

一份请示，一般只请示一个问题或一件事情，不能在一份请示中同时请示两个或多个不相关的问题或事情，否则，上级机关很难及时做出批复。请示的每个部分也要集中围绕所要请示问题来写。

2. 一个主送机关

请示一般主送一个主管的上级机关，不要多头主送，不得同时抄送下级机关。受双重领导的机关在报送请示时，根据内容写明主送机关与抄送机关，由主送机关负责答复。

3. 不得越级请示

请示应按机关的隶属关系逐级报送，在一般情况下，不得越级请示，若因特殊情况必须越级请示的，要抄送被越过的上级机关。

4. 不得向上级机关负责人报送

除上级机关负责人领导直接交办的事项外，不得以机关名义向上级机关负责人报送请示。

5. 不得与报告合用

请示是要求上级给予批复。报告是向上级汇报工作，反映情况，不需要上级回复。不能将请示写成报告或请示报告。

例文解析

例文 1

××市农业局关于参照公务员法管理的请示

××市人事局：**（注：主送一个单位）**

根据《××省参照〈中华人民共和国公务员法〉管理的单位审批办法》（×发〔××××

×〕××号)和《××省事业单位参照公务员法管理和人员登记工作细则》精神,(**注:请示事项的依据**)结合我局实际,经研究,申请我局下属事业单位植保植检站、园艺工作站、种子管理站、农村合作经济经营管理站、农村能源环境保护管理站、农业技术推广中心、××省农业广播电视学校××市分校,参照公务员法管理。(**注:申请事项**)

妥否,请批示。(**注:结束语**)

××市农业局人事处

××××年××月××日

(联系人:×××　　联系电话:×××××××××)(**注:附注**)

评析:这是一份请求指示的请示,有关政策方面,有待上级明确指示后才能办理的事项。

例文 2

×省地质勘测大队关于购置冷藏箱的请示

省地质矿产局:(**注:一个主送机关**)

地质勘测大队共有 15 个常年在偏远山区进行野外作业的作业队,其饮食原料贮藏问题急需解决。这些作业队采购食品,由于没有冷藏箱,只能完全靠汽车运输。每年一到作业季节,平均每天将出动车辆×辆次,人员×人次,消耗汽油×吨,费用巨大;即使如此频繁采购,仍满足不了供应。肉食和蔬菜腐烂变质的情况仍不可避免。这不仅严重危害野外作业人员的身体健康,而且给城乡交通增加了负担,造成交通事故隐患。据不完全统计,工作人员因食物变质致病达×人次,频繁采购导致交通事故也有×次,群众意见颇大。(**注:陈述请示的缘由**)因此,我大队拟从明年起,为野外作业队购置一批冷藏箱(型号为:××),每台需人民币×元。

考虑到一次解决款项太大,我大队拟根据各队需要的急缓程度,逐年给予解决。明年拟购置×台,需资金×万元。现我大队节余款×万元,但尚缺×万元。请局予以拨款×万元。(**注:写明请示的事项**)

以上请示若无不妥,请审核批准。(**注:请示的结束语**)

附件:购置冷藏箱预算表

××省地质勘测大队

××××年××月××日

(联系人:×××　　联系电话:×××××××××)

评析:这是一份请求帮助的请示。标题三要素俱全,事由写得比较具体明了。正文第一段陈述请示的缘由。首先提出问题,表明解决问题的紧迫性;接着列举事实依据,充分说明没有冷藏箱的危害性,为下文请示事项提供了充足的依据。第二段提出请示事项。首先陈述解决这一问题的办法与打算,然后请求下拨尚缺款额。请示事项明确,办法和要求切实可行;语言规范,语气中肯,不写"决定"怎么办,而写"拟"怎么办,颇有分寸。例文最后以请示惯用语做结尾。

实训活动

1. 根据以下材料撰写公文。

××食品店是××市的一家百年老字号商店,此店经营有传统特色的食品,由于经营有方,又地处市中心繁华地段,故生意很好,常年的资金利润率都高出同行业 70% ~ 80%。现在该店即将实行租赁经营,该店向该市国有资产管理部门提出建议,要求在资产评估时考虑这一因素,提出租赁方每年应多交 4 万元,以避免无形资产损失。

请你以该店名义向××市国有资产管理局写一个请示。

2. 分析下面公文存在的问题并修改。

××市××局关于成立老干部办公室的请示

×字[20××]15 号

市政府:

随着时间的推移以及我国干部制度的改革,我局离退休干部日益增多,截至目前已达 65 人。由于没有专门的管理服务机构和工作人员,致使这些老同志的政治学习和生活福利得不到应有的组织和照顾,一些实际困难得不到妥善解决。为了使离退休老同志老有所为、老有所养、老有所依,充分发挥余热,根据上级有关部门的规定和离退休老同志的迫切要求,我们拟成立老干部办公室。现将成立老干部办公室的几个问题,请示如下:

1. 老干部办公室的主要职责是做好离退休干部的管理服务工作,具体任务如下。

(1) 组织离退休干部学习党的方针政策,使他们了解党和政府的大事,了解新形势,跟上新形势。

(2) 定期召开离退休干部座谈会,交流思想开展身体力行、丰富多彩的文体活动,增进离退休干部的身心健康。

2. 老干部办公室的编制及干部调配等问题,具体意见如下。

(1) 老干部办公室直属我局领导,拟设处级建制。

(2) 该办公室拟设行政编制 3 名,其中主任(正处级)1 名,办事员 2 名。编制由局内调配解决。办公经费由局行政费中调剂解决。

以上请示妥否,望批复。

××市××局(印章)

20××年 5 月 20 日

知识拓展

报告与请示的异同

1. 报告和请示的相同点

二者最大的相同之处是均属报请性的上行文。

2. 报告和请示的区别

1）行文时间不同

请示须在事前行文，不能"先斩后奏"；而报告的行文时间较为灵活，在事前、事后及事中皆可行文。

2）行文的目的、作用（性质）不同

请示是祈请性公文，旨在请求上级批准指示、支持和帮助，需要上级批复，它的结尾带有明显的期复色彩，重在呈请。报告是陈述性公文，旨在向上级汇报工作、反映情况、提出建议、答复上级询问，不需要上级答复，重在呈报。

3）主送机关数量不同

请示只写一个主送机关。在遇到灾情、疫情等紧急情况需要多级领导机关尽快知道时，可采取抄送。而报告可写多个主送机关。

4）写法（内容含量）不同

报告的内容较杂，容量可大可小，可一文一事，也可一文数事，侧重于概括陈述情况，总结经验教训，形式多样，表述灵活，体现报告性。请示则内容单一，只能"一文一事一请"，侧重于讲明原因，陈述理由，体现请求性，篇幅较小。

5）结尾用语不同

报告的结束语一般写"特此报告""以上报告，请审阅"或者省略结束惯用语。请示则不能省略结束惯用语，一定要写"以上请示，请批复"等一类惯用语。

6）附注不同

报告没有附注，请示必须有附注，写明联系人、联系方式。

7）受文机关处理方式不同

请示属办件，受文机关必须及时批复。报告多阅件，除需批转建议报告外，上级机关对其余各类报告不必行文。

任务十　批复的写作

案例导入

　　红旗机械厂青年工人陈硕，自入厂以来，虚心向老师傅学习，刻苦钻研技术，积极提合理化建议，技术革新成绩卓著。为此，××机械厂向上级轻工业局写了一份关于给技术革新能手陈硕同志晋升两级工资的请示，广州市轻工业局同意了该机械厂的请求并写了一份同意的批复。

这份批复该怎么写？其开头引语需引叙来文的要素吗？

知识要点

一、批复的定义

批复适用于答复下级机关请示事项。是具有指示性和针对性的下行文。

二、批复的特点

1. 被动性

批复是下级单位提出工作中的问题，上级机关针对下级的请示进行批示、回复。没有请示，批复就没有对象，也就不存在。

2. 针对性

批复内容有很强的针对性，批复是针对下级机关的请示而专门形成的。批复与请示是对应的，先有请示，后有批复，请示什么事项，就批复什么事项。在内容上，批复必须针对请示事项做出答复，无论是同意、不同意或部分同意都应围绕这一事项而发，不得改换主旨。

3. 权威性

批复代表着上级机关的权利和意志，是对下级机关的工作做出的具体指示，对请示单位具有极强的约束力。上级机关通过批复表态准许怎样做，不准许怎样做。下级机关必须执行上级机关的批复意见。

4. 鲜明性

针对请示事项的批复，上级机关表态要明确，不允许含糊其词。

三、批复的种类

根据批复的内容，可分为审批性批复和指示性批复。

1. 审批性批复

审批性批复是指针对下级机关请求批准的事项进行认可和审批，带有表态性和手续性。如关于机构设置、人事安排、项目设立、资金划拨等事项的审批。

2. 指示性批复

指示性批复是指针对下级机关提出的难以解决的政策界限或没有明文规定的实际疑难问题做出具体的解释或答复。

四、批复的写作结构

批复的结构由标题、主送机关、正文、落款四部分构成，如表2-10所示。

表 2-10　批复的写作结构

结　构		要　点
标题		"发文机关＋批复事项＋行文对象＋文种（完全式）""发文机关＋事由＋文种""事由＋文种""发文机关＋原件标题＋文种"
主送机关		报送请示的机关
正文	批复引语	"××××年××月××日来文收悉""××××年××月××日××号文收悉""××××年××月××日《关于……的请示》收悉""××××年××月××日关于××××问题的请示收悉"
	批复意见	针对请示事项给予明确答复或具体指示
	结束语	"此复""特此批复"
落款		发文机关、发布日期

1. 标题

标题有以下四种形式。

（1）发文机关＋批复事项＋行文对象＋文种（完全式），如《国务院办公厅关于深圳特区私人建房问题给广东省人民政府办公厅并福建省人民政府办公厅的批复》。

（2）发文机关＋事由＋文种，如《广东省商业厅关于同意成立广东商业汽车维修配件公司的批复》。

（3）事由＋文种，如《关于同意××学院人文社科系举办秘书事务所的批复》。

（4）发文机关＋原件标题＋文种，如《××市人民政府〈关于请求市领导裁决河滨路2号住宅楼产权争议的请示〉的批复》。

批复的标题应符合语法规则，不应使用《关于对……的请示的批复》《关于答复……的批复》等。

2. 主送机关

批复的主送机关即来文的请示机关；如果是多个单位联合请示，可一并列出；如果需要有关部门了解和执行批复的事项，则以抄送形式处理。

3. 正文

正文由批复引语、批复意见和结束语三部分构成。

1）批复引语

应先用简明的语言引述来文作为批复的依据，引述的方法有以下四种。

（1）引述请示的日期，如"××××年××月××日来文收悉"。

（2）引述来文的日期和发文字号，如"××××年××月××日××号文收悉"。

（3）引述来文日期和来文名称，如"××××年××月××日《关于……的请示》收悉"。

（4）引述来文日期和请示事项，如"××××年××月××日关于××××问题的请示收悉"。

引述之后一般写上"经研究""经×××同意"，如"你局××月××日《关于修建职工住宅的请示》(××〔2019〕15 号)收悉,经研究,现批复如下"。内容单纯的批复,可在缘由后直接写批复事项;若问题比较复杂,往往用过渡语"现批复如下:"引出批复意见。

2)批复意见

批复意见是批复的主要部分,主要针对请示事项给予明确答复或具体指示。批复内容应一文一事,对下级请示事项的答复,应态度鲜明、观点明确、语言简洁明了,不能模棱两可、含糊其词。如果同意下级机关的意见,应明确表态;如果不同意,应说明理由或原因;如果原则上同意,应提出补充或修改意见。

3)结束语

批复的结束语有以下三种写法。

(1)另起一行写"此复"或"特此批复"。

(2)写出希望和要求,简要提出执行要求。

(3)无结束语,请示事项答复完毕直接结束。

4. 落款

发文机关、发布日期。

五、批复的写作要求

1. 全面掌握请示的内容

批复是针对请示来写的,要求写作人员认真研究请示的事项,是否符合近期的工作需要,以及党的方针政策、国家的法律法令等;还要研究请示事项的可行性,是否符合客观实际。

2. 态度鲜明,批复清楚

批复要紧扣请示事项,开门见山表明态度,对请示的事项哪些同意,哪些不同意,有什么具体要求,都要在批复中讲清楚,不能含混不清;如果是不同意的,要简单地讲清道理,有理有据地说服下级。

3. 一文一事,语言精练准确

批复内容单纯,批复意见富有针对性。语言要精练准确,简明扼要,语气坚决、肯定,使请示单位一看就明白。批复一般表明态度,提出具体要求,不需长篇叙述和说理,篇幅不宜过长。

例文解析

例文 1 审批性批复

教育部关于同意延安大学西安创新学院举办者变更的批复

教发函〔2018〕1 号

陕西省教育厅:(**注:主送部门为报送请示部门**)

《陕西省教育厅关于延安大学西安创新学院变更举办者的请示》(陕教字〔2017〕13 号)及《关于报送延安大学西安创新学院举办者补充材料的函》(陕教函〔2017〕500 号)

收悉。（**注：批复引语**）根据《民办教育促进法》及《民办高等学校办学管理若干规定》（教育部 25 号令）等有关规定，经研究，现就有关事项批复如下：

（**注：批复事项。分条列出，并提出具体明确的要求**）

一、同意延安大学西安创新学院由延安大学和陕西德可赛实业投资有限公司合作举办变更为延安大学和陕西荣创教育科技有限公司合作举办。

二、延安大学西安创新学院要按照新修订的《民办教育促进法》及《国务院关于鼓励社会力量兴办教育促进民办教育健康发展的若干意见》（国发〔2016〕81 号）相关要求，切实加强党组织建设，坚持育人为本，德育为先，公益导向，内涵发展，进一步完善法人治理结构，规范办学行为。

三、陕西省教育厅要依法履行管理服务职责，切实加强领导，指导学院明确办学定位，提高办学质量，加强师资队伍建设，创新人才培养模式，服务地方经济社会发展。

教育部

2018 年 1 月 10 日

评析：这是一份审批性批复，针对下级机关请求批准的事项，进行认可和审批，带有表态性和手续性。

例文 2　指示性批复

国务院关于天津市放开粮食价格有关问题的批复

天津市人民政府：（**注：批复引语**）

你市《关于放开我市粮食价格的请示》（津政发〔××××〕34 号）收悉，现批复如下：

（**注：批复事项。分条列出，并提出具体明确的要求**）

一、同意你市××××年放开粮食价格。这项工作涉及面广、影响较大，一定要周密计划，精心组织，妥善处理好各方面关系，确保改革方案顺利出台。放开粮食价格的具体时间，由你市根据实际情况确定。

……

六、鉴于你市粮食部门实行了政策性亏损和经营性亏损分开的财务体制，粮食价格放开后，要研究采取优惠措施，扶持国有粮食企业转换经营机制，发展多种经营。要切实做好粮食储存、调运和供应工作。

此复。（**注：结束语**）

国务院

××××年××月××日

评析：这是一份指示性批复，针对下级机关提出的难以解决的政策界限或没有明文规定的实际疑难问题做出具体的解释或答复。

实训活动

1. 指出下面批复存在的问题并修改。

关于×××××的批复

人文学院党委：

二〇一八年××月××日你院的请示中所提出的增补人文学院党委委员的事项我们已经收到。经校党委七名常委在××月××日的常委会上反复讨论决定，并举手表决，最终一致通过。现将决定告知你们，我们原则上同意你们上报的两名同志为你院党委委员。

此决定。

中共××大学委员会
二〇一八年××月××日

2. 根据下面的材料，拟写一份批复。

××省财政局、××省盐务局分别以×号、×号文向财政部、××局请示有关卤井更新资金问题，财政部、××局于×××年××月××日对这一请示作了批复，原则上同意××省财政局、××省盐务局所拟定的暂行办法，并请他们根据上述要求修订，报财政部、××局核查备案。所需材料、设备报请××省计委统筹安排。按照产量提取的卤井更新资金，必须用于更新卤井，做到专款专用。不得用上述资金搞基本建设项目。凡属新增生产能力的，应由基本建设投资安排。为了持×盐简单再生产，充分发挥老企业潜力，同意按照盐的产量提取卤井更新资金，提取标准按每吨盐×元×角，自×××年1月1日开始执行。按固定资产（盐井除外）计算和提取的基本折旧资金仍按统一规定办理。

知识拓展

批复、答复函与回复性报告辨析

2012年7月1日起正式实施的《党政机关公文处理工作条例》明确规定，批复"适用于答复下级机关请示事项"；函"适用于不相隶属机关之间商洽工作、询问和答复问题、请求批准和答复审批事项"；报告"适用于向上级机关汇报工作，反映情况，回复上级机关的询问"。从中可以看出，批复、函中的答复函与报告中的回复性报告均具有答复（或回复）的功能，下面对其相同点和不同点进行分析。

1. 相同点

1）文种功能相同

批复、答复函和回复性报告均具有答复的功能。

批复适用于答复下级机关的请示事项，仅对请示作回复。

答复函适用于不相隶属机关之间答复询问或审批事项，主要是对来函的回复，但有时文秘部门经上级授权答复请示也用函。

回复性报告是针对上级领导部门或业务主管部门所提出的问题或某些要求专门撰写，是对上级机关询问或要求的答复。

2）写作特点相同

三种答复性公文的写作特点相似，都具有写作行为的被动性和答复问题的针对性。

写作行为的被动性是指,答复性公文一般都是就有关询问或请求事项进行答复,属于被动行文。

（1）批复专门用来答复下级的请示事项,其制发以下级的"请示"为前提。

（2）答复函用于不相隶属机关之间答复问题或答复审批事项,行文也是被动的。

（3）回复性报告主要是回答上级机关提出的询问或要求,其答复行为自然也是被动的。

答复问题的针对性与写作行为的被动性有直接的关系。

（1）批复的针对性极强,下级机关请示什么事项或问题,上级机关的批复就指向这一事项或问题,不涉及请示事项以外的内容。由于请示要求一文一事,内容集中单一,因此批复也应一文一批,批复的态度和观点必须十分明确,答复的内容也要十分简洁、集中,便于下级机关贯彻执行。

（2）答复函的针对性也十分明显,或针对询问事项明确答复,或针对请批事项审批答复,不能答非所问。

答复性报告是针对上级领导部门或业务主管部门所提出的问题或某些要求而撰写,要求问什么答什么,准确简洁地表达清楚即可,不要涉及询问以外的问题或情况。

3）写作模式相同

三种答复性公文的写作模式基本一致。其正文一般由开头、主体、结语等组成。

（1）开头一般是答复依据,要引述来文,如"××机关（单位）的××来文收悉",以点明答复的对象,让受文机关明白本公文是针对哪一份来文而写的。

（2）主体部分针对来文所询问或请求的事项,或表明答复意见,或报告有关情况。

（3）结语一般用"特此批复""此复""特此函复""专此报告""特此报告"等惯用语。

4）结构形式相同

三种公文都可以根据内容的繁简程度采用"篇段合一式""两段式"或"撮要分条式"等结构形式,并酌情使用过渡句。

2. 不同点

1）行文方向不同

三种公文的行文方向均具有单一性的特点,但具体行文方向不同。

（1）批复是典型的下行文,用于答复下级机关的请示事项,解决下级机关的实际困难或问题,对下级机关的工作作具体指导。

（2）答复函主要用于同级机关或不相隶属机关之间,是典型的平行文。

（3）回复性报告则是典型的上行文,即下级机关写给上级机关的公文,用于回答上级机关的询问,汇报工作情况。

2）效用要求不同

从具体的执行要求看,批复是答复下级机关请示事项的答复性公文,所提出的处理意见和办法代表着上级机关对有关问题的决策意见,因而对下级机关具有行政约束力。特别是对一些重大事项的答复,体现的是党和国家的有关方针、政策,具有权威性。所以,批复一经下发,下级机关必须认真贯彻执行,不得违背。

答复函是不相隶属机关之间答复询问或审批事项,不像批复那样要求受文对象执行。

回复性报告则主要用于答复上级机关的询问,向上级机关反馈信息,使下情上传,以便上级机关在全面掌握情况的基础上,准确有效地指导工作。

3)使用范围不同

批复用于答复下级机关的请示,答复函用于答复不相隶属机关来函提出的问题或请求事项,回复性报告则用于答复上级机关的询问。

从使用范围来看,答复函比批复、回复性报告更广泛,使用更灵活,不仅可用于回复来函,还可用于答复请示,这主要是指收到请示的上级机关授权文秘部门,以答复函的形式答复报送请示的机关,如国务院授权国务院办公厅函复一些省市或部委的请示,国务院各部委授权其办公厅或有关部门函复各省、自治区、直辖市政府职能部门的请示,各省、自治区、直辖市政府授权其办公厅函复一些地市或厅局的请示等,如《国务院办公厅关于同意建立完善促进消费体制机制部际联席会议制度的函》(国办函〔2019〕)、《国务院办公厅关于同意建立大运河文化保护传承利用工作省部际联席会议制度的函》(国办函〔2019〕51号)、湖南省人民政府办公厅致省交通运输厅的《湖南省人民政府办公厅关于加强车辆超限超载治理工作有关问题的答复函》。

4)语言表达不同

由于三种公文各自的行文关系不同,它们的语言表达也有所不同。

批复作为下行文,其语言表达应当简明扼要、严谨准确、语气果断、态度明确,多使用指令性语言,体现出上级的权威。

答复函作为平行文,其语言表达应当和缓诚恳,注意礼貌,充分尊重对方。回复性报告作为上行文,其语言表达应当谦虚恭敬,表现出下级对上级的尊重与服从。批复、答复函和回复性报告的行文语气和常用语也有所不同。引述来文时,批复常用"你单位《关于……请示》收悉",答复函习惯用"贵单位《关于……的函》收悉",回复性报告常用"××月××日《关于×××××的函》收悉"或"××月××日××机关(单位)转来的×××文悉"。答复时,批复常用"经研究,同意你单位……"或"现将意见批复如下……"引出执行依据和要求,答复函常用"函复如下……"或"经审核,确认符合……,准予……"等,回复性报告常用"经调查(了解),现将有关情况报告如下……"这些不同的语气及表达效果,需要我们仔细体会,正确运用。

任务十一 函 的 写 作

案例导入

某大学财政经济学院2018级120名学生拟于2019年3月19日去北京燕京啤酒集团参观。财政经济学院院长把给北京燕京啤酒集团拟写一份函的任务交给了学院秘书张蓝,张蓝很快就草拟好了函并用电子邮件发给了对方且电话联系了北京燕京啤酒集团。

假如你是秘书张蓝,在拟写函时应当表现出什么样的语言、语气和态度? 你认为对方单位收到函后需要复函吗?

知识要点

一、函的定义

函适用于不相隶属机关之间商洽工作、询问和答复问题、请求批准和答复审批事项。函是一种平行文,不能用于上下级机关。

在行文方向上,不仅可以在平行机关之间行文,而且可以在不相隶属的机关之间行文,其中包括上级机关或者下级机关行文。在适用的内容方面,一是主要用于不相隶属机关相互商洽工作、询问和答复问题;二是可以向有关主管部门请求批准事项,向上级机关询问具体事项;三是可以用于上级机关答复下级机关的询问或请求批准事项,以及上级机关催办下级机关有关事宜,如要求下级机关函报报表、材料、统计数字等。

二、函的特点

1. 平等性和沟通性

函主要用于不相隶属机关之间互相商洽工作,询问和答复问题,体现着双方平等沟通的关系。这是所有上行文和下行文所不具备的特点。

2. 灵活性和广泛性

(1)函的行文关系灵活。函是平行公文,但是它除了平行行文外,还可以向上行文或向下行文,没有其他文种那样严格的特殊行文关系的限制。

(2)函的格式灵活。除了国家高级机关的主要函必须按照公文的格式、行文要求行文外,其他一般函比较灵活自便,也可以按照公文的格式及行文要求办。函可以有文头版,也可以没有文头版,不编发文字号。

3. 单一性和实用性

函的内容单纯,一般一份函只写一件事项,不需要在原则、意义上进行过多的阐述,语言大多是陈述性、说明性的,不重务虚重务实。

三、函的种类

1. 按函的性质和格式分

(1)公函。公函的内容比较重要,具有完整的公文格式,属正式公文,要用文头写编号,严格按公文格式行文,还要立卷、存档。

(2)便函。便函不属于正式公文,只是普通件,不用文头,也不编号,不列标题发文字号,用公用信笺书写盖上公章即可发出。便函不需存档,使用较为方便。

2. 按函的作用(适用范围)分

(1)商洽函。即不相隶属或平级机关之间商洽工作、联系有关事宜的函,如人员商调、联系参观学习等。

(2)询答函。即不相隶属机关之间相互询问和答复有关具体问题的函。询答函可分为"询问函"和"答复函"。有些不明确的问题向有关机关和部门询问,用询问函。对机关和部门所询问的问题做出解释答复,用答复函。询答函涉及的多数是问题而不是具体的工作。

（3）批请函。即用于不相隶属机关之间请求批准和答复审批事项的函。批请函又可以分为"请批函"和"审批函"。请批函用于向不相隶属的主管部门请求审批事项,而审批函则用于主管部门答复不相隶属机关单位的请批事项。

（4）告知函。即告知不相隶属机关有关事项的函。

3. 按函的行文方向分

（1）发函（来函）。是主动给其他机关去的函,用以交流信息、协商工作。

（2）复函。是被动地答复相应商请的函。

四、函的写作结构

函的结构由标题、主送机关、正文、落款四部分构成,如表 2-11 所示。

表 2-11　函的写作结构

结　构		要　　点
标题		"发文机关＋事由＋文种"或"事由＋文种"
主送机关		受文机关全称或规范化简称
正文	开头	说明发函缘由,用"现将有关问题说明如下"或"现将有关事项函复如下"等过渡语转入下文。复函先引叙来文的标题、发文字号,再说明发文的缘由
	主体	说明致函事项。复函要注意答复事项的针对性和明确性
	结尾	"特此函告""特此函复""此复"
落款		发文机关全称、发布日期

1. 标题

函的标题,通常由发文机关名称、事由、文种组成,如"××××关于羊毛产销和质量等问题的函"。如果属于回复问题的函,则在"函"字前加"复"字,如"××市政府办公厅关于××人文景观有关问题给省政协办公厅的复函"。

2. 发文字号

发文字号通常为在一般公文的发文字号中的机关代号后加上"函"字。但也有处理较为一般事项的函没有发文字号。

3. 主送机关

标题下顶格写明受文机关全称或规范性简称,一般写一个机关。如果内容涉及部门较多,可以排列多个主送机关。

4. 正文

函的正文写法比较自由,但总体来看也是包括开头、主体和结尾三部分。

（1）开头。开头主要说明发函的缘由。一般要求概括交代发函的目的、根据、原因等内容,然后用"现将有关问题说明如下"或"现将有关事项函复如下"等过渡语转入下文。

复函的缘由部分,一般首先引叙来文的标题、发文字号,然后再交代根据,以说明发文的缘由。

（2）主体。主体是函的核心内容部分,主要说明致函事项。函的事项部分内容单一,一函一事,行文要直陈其事。无论是商洽工作,询问和答复问题,还是向有关主管部门请求批准事项等,都要用简洁得体的语言把需要告诉对方的问题、意见叙写清楚。如果属于复函,还要注意答复事项的针对性和明确性。

（3）结尾。根据不同类型的函件事项,可选择"特此函告""特此函复""此复"等习惯用语结束正文。

5. 落款

落款由发文机关全称、发布日期组成。

五、函的写作要求

1. 一函一事

一文一函,简洁明了,便于对方尽快办理和答复。

2. 用语得体,平等待人

语言要规范得体、平和、诚恳。公函是平行文,宜用舒缓、谦和、互相尊重、平等协商的语气。发函要使用平和、礼貌、诚恳的语言,对主管机关要尊重、谦敬,对级别低的单位要平和,对平行单位和不相隶属的单位要友善,切忌使用生硬、命令性的语言。复函则态度要明朗,语言要准确,避免含糊笼统、犹豫不定。函写作中一般不用寒暄语,以别于私人信件。

3. 内容简洁,直叙其事

函一般开门见山,直奔主题。无论发函还是复函,都不要转弯抹角,不能含糊其词,切忌空话、套话和发空泛的议论。

4. 注意批请函与请示的区别

向有隶属关系的上级机关请求指示、批准事项用请示;而向没有隶属关系的业务主管机关请求批准有关事项,用请批函。主管机关答复请求审批事项,用审批函。

例文解析

例文 1　商洽函
中国科学院××研究所关于建立全面协作关系的函

××大学：（**注**：主送部门为不相隶属机关）

近年来,我所与你校在一些科学研究项目上互相支持,取得了一定的成绩,建立了良好的协作基础。为了巩固成果,建议我们今后能进一步在学术思想、科学研究、人员培训、仪器设备等方面建立全面的交流协作关系,（**注**：陈述商洽问题的缘由和目的）特提出如下意见：

（**注**：分条列出商洽事项）

一、定期举行所、校之间学术讨论与学术交流。(略)

……

五、加强图书资料和情报交流。(略)

以上各项,如蒙同意,建议互派科研主管人员就有关问题进一步磋商,达成协议,以利工作。

特此函达,务希研究见复。(**注**:结束语)

中国科学院××研究所

××××年××月××日

评析:这是一份商洽函,××大学和中国科学院××研究所之间没有隶属关系,属于不相隶属的两个单位就双方合作事宜进行商洽。

例文 2 请批函

××县人民政府关于请求解决我县枯水期用电指标的函

××市供电局:(**注**:主送部门为不相隶属机关)

去年以来,我县利用本地水力资源发展小水电,每年丰水期输入国家大电网的电达3000 万度至 6000 万度,每度电价 0.25 元。而枯水期我县则严重缺电,以每度电价 0.50 元购进 1500 万度电,仍然不能保证城镇居民生活用电。目前有几间水泥厂、糖厂因缺电已停产。(**注**:陈述请示的缘由)

为此,我县请求从今年起在每年 11 月 1 日至次年 3 月 30 日的枯水期内,每天能支持配送我县基数电 10 万度。(**注**:请求事项)

可否,请予函复。(**注**:结束语)

××县人民政府

××××年 7 月 1 日

评析:这是一份请批函。县人民政府与市供电局并没有隶属关系,但供电局是业务管理部门,因此,请求批准解决用电指标应该用函行文。正文开门见山,直陈××县为国家电网输入的电力数额及价格,然后陈明即便这种低卖高买的形式也难以解决枯水期居民用电短缺和企业停产的局面。这样,便把请求配给基数电的理由说得入情入理,充分可信。为便于审批,文章将请求配给基数电的时间、数额也写得明确具体。文章不长,但要求合情合理,理据充分。陈述要求的关键是正确地用了"请求"两字,因此是一篇语言得体的请批函。

例文 3 审批函

河北省人民政府办公厅
关于同意河北省胶泥湾至西洋河(冀晋界)公路
设置收费站的复函

省交通运输厅、省发展和改革委员会、省财政厅:(**注**:主送部门即报送请示的部门)

《关于河北省胶泥湾至西洋河（冀晋界）公路设站收费的请示》（冀交公〔2018〕496 号）收悉。省政府同意河北省胶泥湾至西洋河（冀晋界）公路建成后，设置冀晋界西洋河临时主线收费站 1 处，左卫、第六屯、柴沟堡匝道收费站 3 处，收取机动车辆通行费，以偿还建设债务。自收费之日起，收费期限为 15 年。

河北省人民政府办公厅
2018 年 11 月 12 日

评析：这是一份审批函。河北省人民政府办公厅答复省交通运输厅、省发展和改革委员会、省财政厅请示事宜的函，开头先交代复函的依据，即来函的标题、文号，然后再针对来函所询问的事项进行回答。

例文 4　告知函

河北省住房和城乡建设厅
关于组织申报 2018—2019 年度省人居环境奖的函

各市（含定州、辛集市）人民政府，雄安新区管委会：**（注：主送机关为不相隶属机关）**

根据《河北省人居环境奖评选办法》（冀建城〔2016〕75 号）（以下简称《办法》）《河北省人居环境奖（进步奖）指标体系与评分标准》（冀人居办〔2016〕5 号）和《河北省 2019 年度人居环境范例奖评选主题及申报材料编制导则》（见附件）要求，**（注：发函的依据）**为做好 2019 年省人居环境奖申报工作，现将有关事项通知如下：

（注：分条列出告知事项）

一、申报材料

……

二、报送程序

……

三、报送时间

……

联系人：×××

联系电话：0311-8780××××

附件：河北省 2019 年度人居环境范例奖评选主题及申报材料编制导则

河北省住房和城乡建设厅
2019 年 7 月 16 日

评析：这是一份告知函。河北省住房和城乡建设厅告知各市（含定州、辛集市）人民政府，雄安新区管委会相关事宜的函，开头先写明函告事宜的依据，再分条列出函告的具体事项。

实训活动

1. 分析判断下列事项哪些适用函,哪些适用请示,哪些适用批复。

(1)春风计算机科技有限公司向义达电子商贸公司人事部询问黎栗同志的有关情况。

(2)金昌市教育局向金昌市人事局行文,请求审批该局拟录用高校硕士毕业生的事项。

(3)城关区街道办事处向城关区政府行文,请求解决农转居群体就业与社会保障问题。

(4)长城建工集团第一建筑工程有限责任公司向长城建工集团行文,申请对外承包劳务经营权资格。

(5)泉州市地税局行文主送泉州师范大学,就该校请求减免校办企业税收的事项给予审批答复。

(6)最高人民法院行文主送湖北省高级人民法院,就案外人的财产能否保全问题给予审批答复。

2. 指出下面公函的问题并修改。

公　函

××大学校长:

首先,我们以××省财经学校的名义,向贵校致以亲切的问候。我们以崇敬和迫切的心情,冒昧地请求贵校帮助解决我校当前面临的一个难题。

事情是这样的:最近,我们经与××学院磋商,决定派×位老师到该学院进修学习。只因该学院正在大兴土木改造扩建,以致本院职工的住房和学生的宿舍及教室破旧拥挤。我校几位进修教师的住宿问题,虽几经协商仍得不到解决。然而举国上下,与时俱进,培养人才,时不我待,我校几位教师出省进修学习机会难得,时间紧迫,任务繁重,要使他们有效地学习,则住宿问题是亟待解决的。

为此,我们在进退维谷的情况下,情急生智,深晓贵校府高庭阔,物实人齐,且具有宽大为怀,救人之危的美德。于是,我们抱着一线希望,与贵校商洽,能否为我校进修教师的住宿问题提供方便条件。但不知贵校是否有其他困难,如有另外的要求和条件,我校则尽力相助。若贵校对于住宿一事能够解决,我校进修教师在住宿期间可为贵校教学事务做些义务工作,如辅导和批改作业等,这样可以从中相得益彰。我们以校方的名义向贵校表示深深的恩谢。

以上区区小事,惊搅贵校,实为无奈,望谅解。并希望尽快得到贵校的答复。

××省财经学校

二○○九年××月××日

知识拓展

请批函与请示的区别

1. 适用范围

（1）请示"适用于向上级机关请求指示、批准"，属上行文。

（2）函"适用于不相隶属机关之间商洽工作、询问和答复问题、请求批准和答复审批事项"，属平行文。当函被用作"请求批准"时称作"请批函"，被用作"答复问题"时称作"答复函"。

2. 请批函与请示的区别

1）行文方向不同

请示是向上级机关行文，属上行文；函是向不相隶属机关行文，属平行文，请批函自然也属平行文。

2）行文对象不同

请示"适用于向上级机关请求指示、批准"，函"适用于不相隶属机关之间""请求批准和答复审批事项"。这一规定明确地指出了两者的区别。所谓"不相隶属机关"，是指组织或行政上没有领导与被领导关系的机关，即不论对方的级别高低，只要不存在领导与被领导关系，本机关与对方机关之间就是不相隶属的关系。所谓"上级机关"，是指在行政或组织上有领导关系的机关。

综上所述，请求批准事项，用请示还是用请批函，主要看两个单位之间是否存在隶属关系，有隶属关系的用请示行文，没有隶属关系的用请批函行文。

3）行文格式不同

按照《党政机关公文格式》的规定，公文的格式除文件式格式外，还有信函式格式、命令格式、会议纪要格式三种特定格式。请示用文件格式，请批函用文件式格式或信函式格式。

任务十二　纪要的写作

案例导入

2019年1月10日，大宏房地产有限公司董事长主持召开了年度第一次办公会议，与会人员有公司副董事长、总经理、常务副总经理、各部门经理，总经理助理，总公司办公室主任等。总经理做了2018年工作总结，会议讨论了2019年工作计划。会后，由秘书起草本公司2019年度第一次办公会议纪要。

如果你是秘书，能否胜任此项工作？

知识要点

一、纪要的定义

纪要适用于记载会议主要情况和议定事项,是一种记载、传达党政机关、企事业单位、人民群众团体召开的工作会议、座谈会、研讨会等重要会议情况和议定事项的纪实性公文。

二、纪要的特点

1. 纪实性

会议纪要虽然是在对会议记录等资料进行加工、整理、提炼之后形成的,但无论怎样加工、提炼,都不能脱离会议本身,都必须忠实记载反映会议的宗旨、精神、决议。

2. 提要性

进入会议纪要内容的显然不是会议的全部情况,而是要点,即主要精神、议定事项等,不能有闻必录,有事必记。

3. 指示性

会议纪要在行政公文中属于下行文,其主要作用是指导与会单位和下级机关按照会议精神和议定事项开展工作,因此具有下行文的行政约束力和指挥指示作用。

三、纪要的种类

1. 决策性纪要

决策性纪要是指以会议形成的决定、决议或者议定事项为主要内容的会议纪要。这种会议纪要的特点是指导性强,会议上确定的工作重点,对工作的步骤、方法和措施的安排,都要求与会单位共同遵守或执行。这是实际工作中应用最多的一种会议纪要。

2. 交流型纪要

交流型纪要是指以思想沟通或情况交流为主要内容的会议纪要。它的特点是以统一思想、达成原则共识或树立学习榜样为目的,而不布置具体工作,有明显的思想引导性,而没有明显的工作指导性。一些理论务虚会和经验交流会的会议纪要一般属于这种类型。

3. 研讨型纪要

研讨型纪要是指不以共识或议定事项为主要内容,而是以介绍各种不同观点和争鸣情况为主要内容的纪要。研讨会和学术讨论会的纪要一般属于这种类型。

四、纪要的写作结构

纪要的结构可分为标题、正文两部分,如表 2-12 所示。

表 2-12　纪要的写作结构

结　构		要　点
标题		"发文机关＋会议名称＋文种";"会议名称＋文种";正标题＋副标题;直接"会议纪要"
正文	导言	会议名称、时间、地点、参加会议人员、主持人、会期、主要议题、会议形式等,点明会议议题,用"现将会议讨论的主要问题综述如下"或"现将会议基本精神纪要如下"等转入主体
	主体	分类式、综合式
	结尾	提出希望和要求,也可省略

1. 标题

纪要的标题有以下四种形式。

(1)"发文机关＋会议名称＋文种",如《××学会第二届理事会第一次会议决议事项纪要》。

(2)"会议名称＋文种",如《市长办公会会议纪要》。

(3)"正标题＋副标题",如《抓住机遇,扩大开放——沿长江五市对外开放研讨会纪要》。

(4)直接用"会议纪要"作标题。

2. 正文

纪要的正文由导言、主体和结尾三部分构成。

(1)导言。即纪要的开头部分,一般概括介绍会议名称、时间、地点、参加会议人员、主持人、会期、主要议题、会议形式等情况,点明会议议题,然后用"现将会议讨论的主要问题综述如下"或"现将会议基本精神纪要如下"等习惯用语转入主体。

(2)主体。即纪要的核心部分,主要应写出会议讨论情况和结果。一些简单的、小型的纪要,可不写讨论情况,直接写出决议事项。大型的纪要,一般均不应省去会议讨论情况。具体写法有以下两种。

① 分类式。即按其内容加以归纳分类。每一类有一个小中心以数字或小标题标明。例如,《××大学党委会纪要》采用小标题的形式,全文列出了"关于教学管理方面的问题""关于财务费用方面的问题""关于劳资人事方面的问题""关于关心教职员工、搞好福利待遇方面的问题""关于基础设施改造和维护方面的问题"五个小标题,分别进行阐述。每一问题之下分别列出若干条具体内容,紧紧围绕会议议题,集中加以表述,使行文显得自然顺畅,勾连缜密,内在结构逻辑十分清晰。

② 综合式。常用"会议听取了""会议通过了""会议认为""会议强调"等词语对会议情况进行概括。

(3)结尾。对与会单位和有关方面提出希望和要求,如"会议号召""会议希望""会议要求"等,有的纪要则没有这一部分。

五、纪要的写作要求

1. 掌握会议的全部情况

写作会议纪要首先要弄清楚会议的目的、任务、内容和形式,掌握会议的所有文件材料,参加会议的全过程,并认真做好记录,特别要注意阅读会议的主体文件和材料、领导同志的发言,掌握会议的主要精神。

2. 如实反映会议内容

会议纪要的本质是纪实性,要客观、真实地记下会议的有关情况,如实反映会议的主要内容,不能在会议纪要中妄加评论。

3. 抓住要点,突出会议主题

会议纪要虽然是会议情况和结果的反映,但不能面面俱到,应该围绕会议主题,抓住要点,突出重点,把会议的主要情况简明扼要地反映出来。

4. 使用会议纪要的习惯用语

在说明会议情况时常用"会议介绍了""会议听取了""会议讨论了"等用语;在阐述会议精神时常用"会议认为""会议指出""会议提出"等用语;在介绍会议决定事项时常用"会议通过了""会议决定"等用语。

例文解析

例文1 决策性会议纪要

××公路桥梁总公司设备管理公司
××××年第一次经理办公会议纪要
(××××年××月××日)

××××年××月××日,为全面总结公司前期工作,进一步完成各项工作任务,设备管理公司在经理办公室召开了××××年第一次经理办公会议,公司龚经理主持会议并进行工作安排,设备公司、物资公司联合党支部副书记兼设备公司副经理王强及各部门负责同志参加了会议。(注:导言。包括会议名称、时间、地点、参加会议人员、主持人、主要议题等,用"现将会议纪要如下"转入主体)

会上,龚经理认真听取了各部门负责同志对前阶段工作开展情况的汇报后,针对目前工作中存在的相关问题,结合各部门工作实际,明确了工作思路,对相关工作做出了具体安排和部署。王强同志传达了总公司2月10日召开的"安全生产纪检监察工作会议"精神,并结合本公司工作实际,提出了工作要求。现将会议纪要如下:

(注:用"会议明确""会议决定""会议要求"等分条列出会议内容)

一、会议明确

(一)会议讨论通过了《××路桥设备管理公司公务车管理办法(试行)》,要求正式行文印发。

(二)对停放在公司基地的26辆公务车,会议同意公司综合科提出的处理意见,待行文报请总公司批复后,再作报废处理。

(三)对设备进出场收费问题,总公司内部租赁设备出场一律收取上车费,收费标准由郭××、张××两位同志根据同行标准尽快制定,回场设备不再收取卸车费。

二、会议决定

(一)为保证行车安全,规范公务车管理,同意设备科、特种设备科两部门使用的公务车各聘用一名专职驾驶员,驾驶员由两个部门自行推荐,报公司经理同意后聘用,综合科负责建档签订合同,其聘用工资标准按每人2000元/月执行,其公务车由公司综合科统一管理。

(二)为提升公司形象,会议讨论通过,为公司机械操作人员、维修工订做工作服,具体工作由综合科负责完成:

1. 每位人员配冬装2套、短袖衬衫2件,费用控制在500元/人以内。

2. 要求每位操作手、维修工工作时间内一律穿工作服上班,并随时保持整洁完好。为强化管理,公司收取押金200元/人,若2年内无故丢失、破损,公司将扣取该押金。

(三)总公司承建××高速项目所租用公司的设备,其租赁费用按正常标准核算并完善相关手续,具体收取形式由公司经理向总公司领导请示。

三、会议要求

(一)一个月内,综合科全面完成劳务合同签订工作,并按政策规定交纳社保费用:单位交纳部分由单位承担,个人交纳部分由公司代交后从其工资中扣除。

(二)为进一步加强××工地周转材料管理,会议要求……

(三)为进一步完善机械设备进出基地交接手续,规范交接程序,会议要求……

(四)为保证总公司试验室能尽早进入××基地装修,确保正常工作,会议要求……

最后,会议讨论确定,建立公司经理办公会议制度。即从本月开始,每月第一个星期五的下午14点由经理主持召开一次经理办公会议。每次会议前,各部门负责人要安排好工作(出差)时间,认真总结上个月各项工作完成情况,对当月工作进行计划性汇报,并结合公司夯实基础、加强管理、促进经营发展等各个方面工作提出实实在在的意见和建议。办公会上,公司经理将针对公司生产经营情况作工作安排和部署,并负责督促、检查和指导。

评析:这是一篇办公会议纪要,又是决策事项的会议纪要。标题采用"会议名称+文种"的常见写法。开头介绍会议概况,之后用"现将会议纪要如下"转入会议议定事项。事项部分采用条款式,把会议明确的问题、决定的事项及会议要求逐项概述,将会议内容归纳出来,条理清晰,层次分明。

例文2 研讨型会议纪要

"机关作风效能建设讨论会"专题讨论会会议纪要

5月16日下午,我局召开机关作风暨效能建设专题学习讨论会。会议组织学习《××市人民政府部门绩效管理办法(试行)》《20××年市政府部门机关行政效能建设工作要点》《20××年××市行政效能监察工作要点》等文件精神。(**注**:会议概况。会议时间、会议主要议题)局领导班子成员、中层以上干部、三区分局局长等参加了学习讨论。

（**注**：参加会议人员）

会上，参会人员展开转变干部作风加强机关行政效能建设大讨论，认真检查在工作作风和机关行政效能建设方面存在的突出问题，大家学习主动，踊跃发言，对开展转变干部作风加强效能建设的重要意义认识充分，并结合实际深刻剖析问题存在的原因，并提出具体整改方向。大家更加清楚地认识到，加强干部作风与效能建设，关系党的形象，是新时期党对干部的要求，是广大人民群众对干部的期望。并深刻体会到应该切实加强自身学习，养成良好的学习、工作、生活作风，努力树立我局机关干部的良好形象。（**注**：概述会议主要内容）

局党委书记、局长刘克常结合我局工作实际，对全局干部提出以下五点要求：一是作为国家公职人员，要时刻注意自己的形象，要规范个人言行，提升工作效能；二是要严守工作纪律，杜绝松懈懒散，要建立责任追究制，制定相关考核制度；三是要将心比心，服务为民，各科室尤其是窗口单位办事要方便快捷，克服工作态度简单的问题；四是踏实做事，诚恳做人，要加强作风修养，把心思用在干事业上，把精力用在抓发展上；五是要讲团结，顾大局，营造和谐共进的良好氛围。（**注**：提出希望和要求）

这次讨论会统一了干部职工的思想，提高了加强机关行政效能建设活动的重要性和紧迫性的认识。各科室职工表示将把本职工作做好、做细、做实，把转变干部作风加强机关行政效能建设活动与当前国土资源管理重点工作结合起来，开创国土资源管理新局面，树立国土部门新形象。（**注**：研讨情况评价）

评析：这是研讨型会议纪要。标题采用"会议名称＋文种"的写法。开头介绍会议的基本情况，然后概述会议的主要内容，提出希望，最后对研讨情况进行评价。

实训活动

1. 根据下面的材料，写一份会议纪要。

20××年12月24日，静安区江宁路社区百余家企业提前与员工签订下一年度年劳动合同。社区内104家企业联合倡议："自觉履行社会责任，尽最大可能不裁减员工，尽最大可能不降低员工的薪酬，尽最大可能不降低福利。"

市委副书记、市长韩正20××年12月24日下午主持召开市政府常务会议，听取关于本市就业形势分析及其应对措施的情况汇报，研究制定本市进一步促进创业带动就业有关政策措施。韩正强调，就业是当前和明年上海经济社会发展全局工作的重点，市区两级政府必须把就业作为明年民生工作的重中之重来抓，细化措施、落实责任，以创业带动就业、帮助企业克服困难稳定就业岗位、进一步完善就业援助体系、加强政策储备，真正做到帮企业、保就业、促稳定。

会议指出，当前国际经济金融危机对企业的影响正在加深，部分企业生产经营遇到了暂时的困难，就业压力越来越大。当前，上海要按照中央的统一部署，紧密结合自身实际，全面推进以创业带动就业工作，加快细化实施"鼓励扶持创业三年行动计划"，进一步明确目标，落实责任，动员全社会各方促进创业、带动就业。

会议要求，必须千方百计帮助企业克服暂时的困难，使企业能够稳定现有就业岗位，争取吸纳新增就业。要完善欠薪保障机制，让外来务工人员拿到足额工资回家过年。要进一步完善就业援助体系,细化推进稳定岗位、职业培训、就业援助"三项特别计划",通过政策扶持,加大对特殊困难群体的就业援助。要发挥包括群众组织在内的社会各方作用,加强劳资纠纷仲裁调解,妥善化解劳动争议。各职能部门要进一步加强对就业形势的跟踪、分析、评估,抓紧政策储备。

会议还研究了其他事项。

市委常委、常务副市长×××,市委常委、副市长×××,副市长×××、×××出席。

2. 根据一次主题班会或团支部会议的材料写一份会议纪要。

知识拓展

会议纪要与会议记录的异同

1. 相同点

会议纪要与会议记录都是会议文书,都是对会议内容的记载,有很强的纪实性。

2. 不同点

1) 对象不同

会议记录一般是有会必录,凡属正式会议都要作记录,作为内部资料,用于存档备查以及进一步研究问题和检查总结工作的依据。会议纪要主要记述重要会议情况,只有当需要向上级汇报或向下级传达会议精神时,才有必要将会议记录整理成会议纪要。会议记录是讨论发言的实录,属事务文书。会议纪要只记要点,是法定行政公文。

2) 写法不同

会议记录作为客观纪实材料,无选择性、提要性,要求原原本本地记录原文原意,且必须随着会议进程进行,越详细越好。会议纪要则有选择性、提要性,不一定要包容会议的所有内容,而且必须在会议结束后,在会议记录的基础上加工整理而成,它集中反映了会议的精神实质,具有高度的概括性和鲜明的政策性。

3) 作用不同

会议记录不具备指导工作的作用,一般不向上级报送,也不向下级分发,只作为资料和凭证保存。会议纪要经过上级机关审批,就可以作为正式文件印发,有的还直接在报纸上发表,让有关单位贯彻执行,因此它对工作有指导作用。

4) 性质不同

会议记录是会议情况的记录,只是原始材料,不是正式公文,一般不公开,无须传达或传阅,只作资料存档;会议纪要则是正式的公文文种,通常要在一定范围内传达或传阅,要求贯彻执行。

项目三 常见事务类文书

任务一 计划的写作

案例导入

国庆节即将到来,某商场计划开展一项大型的促销活动,以吸引更多的顾客前来购物,提高商品的购买量,特别是男性洗发护发及面部保养品的销售量。

商场经理室要求你拟写一份此次促销活动的计划。

知识要点

一、计划的定义

计划是党政机关、企事业单位、社会团体及个人,为实现某项目标或任务,基于对组织外部环境与内部条件的分析而事先做出的安排和打算,包括目标、措施和步骤等。目标、措施和步骤也被称为计划的三要素。

二、计划的特点

1. 科学性

计划的制订是建立在对组织内部条件和外部环境科学分析基础上的,是在充分调研后做出的最符合组织发展需要的科学预测和设想,因此,计划不是盲目的,而是科学的。

2. 可行性

计划制订的目的是对未来的实践活动进行客观科学的指导,因此,计划必须以实事求是、可行和必要为前提。经过相关人员的努力,计划应该能够实现,而不是遥不可及的。

3. 针对性

任何一份计划都是在对前一阶段工作进行科学总结的基础上,针对今后一段时间内特定的地区、单位或个人的实际状况等各种主客观因素制订的。因此,计划具有很强的针对性。

4. 约束性

计划具有科学性、针对性及可行性,因此,计划一经制订,在其针对的区域或部门就有了权威性,对相关的单位或个人具有普遍的约束力,能够指导未来某一阶段的工作,相关单位或个人必须切实贯彻执行。

三、计划的种类

计划是一个通称,规划、安排、打算、设想、要点、意见、方案等都属于计划范畴。

1. 按时间、内容和成熟度等方面分

(1) 规划。规划是指比较长远的发展计划,一般都是跨年度的。

(2) 安排。安排是指短时间内、小范围内要做的事情。

(3) 打算。打算是指一些考虑不周全的指标或措施。

(4) 设想。设想是指一些初步的、提供参考的未成型计划。

(5) 方案。方案是指一些领导机关或所属单位布置的工作。

2. 按不同的角度或标准分

(1) 按性质划分,有学习计划、工作计划、生产计划、活动计划等。

(2) 按范围划分,有国家计划、地区计划、部门计划、单位计划、个人计划等。

(3) 按时间划分,有长期计划、中期计划和短期计划。

(4) 按结构来分:有条文式计划、表格式计划、文表结合式计划。

四、计划的作用

(1) 计划对未来工作及努力方向具有指导作用。计划所制订的目标非常明确,要达到这个目标,相关部门或人员在一定的时间内必须抓住工作重点,朝着某一方向共同努力。

(2) 计划对于工作思维的创新具有启发作用。计划一经制订,会启发相关部门及人员工作思维的创新,促使部门及人员之间分工合作、协调一致,使单位的资源达到最佳的合理配置,提高资源的利用率和工作效率,保证工作顺利进行。

(3) 计划为工作的顺利进行和圆满完成提供必要的依据。组织实施一项工作,必然要保证工作按时、保质、保量地完成。提前做好相关的计划,能及时处理实施过程中出现的各种情况,并能对工作进行阶段性的总结、评价及考核,及时提出相应的措施解决出现的问题。一个设计周密的计划能为这些工作的顺利进行提供保障。

五、计划的写作结构

计划的基本结构一般由标题、正文和落款三部分构成,如表3-1所示。

1. 标题

标题即计划的名称,一般应居于首行正中,字体略大。计划标题一般包括单位名称、计划的时限、计划的内容和计划的文种(或计划的种类)四个要素。在计划写作过程中,可根据实际情况,采取不同的标题写作方法,具体写法有以下几种。

表 3-1　计划的写作结构

结　构		要　　点
标题	四要素	单位名称＋计划时限＋计划内容＋文种
	三要素	单位名称＋计划内容＋文种或者计划时限＋计划内容＋文种
	二要素	计划内容＋文种
正文	前言	制订计划的背景、依据、目的、意义、指导思想等
	主体	计划的目标和任务，采取的相应措施、方法与步骤
	结尾	对全文的总结，往往要表明决心，或者提出要求、希望、号召等，或者指出在执行计划时应注意的事项
落款		单位名称（章） ××××年××月××日

1）四要素法

四要素法是指标题包含单位名称、计划时限、计划内容和文种四个要素。例如，标题"××大学 2018—2019 学年第二学期暑假学生工作安排"中，"××大学"是单位名称，"2018—2019 学年第二学期"是计划的时限，"暑假学生工作"是计划的内容，"安排"是计划的文种。

2）三要素法

三要素法是指标题四要素中省去单位名称或计划时限。例如，"2019 年财务知识学习计划""××局优秀党员培训计划"这两个计划标题中，分别省去了单位名称及计划时限这两个要素，由三个要素构成。

3）二要素法

二要素法是指标题仅包含计划内容及文种两个要素。例如，"财务制度改革计划"标题仅包括计划内容及文种两个要素。

2. 正文

正文是计划的核心部分，也是计划的主体，一般由三部分构成：前言、主体和结尾。这部分应围绕"为什么做""做什么""怎样做"来进行表述。正文部分要求表述具体明确、主次分明、条理清晰、简明扼要。

（1）前言。前言是计划的开头，一般说明制订计划的背景、依据、目的、意义、指导思想等，即为什么要制订这个计划，依托的背景及根据是什么，也可对下一步工作做概要说明，末尾通常以"现制订计划如下"等作为过渡语。一般采用以下精简格式写作："根据……为了……借鉴……结合……对……提出如下计划"。

例如，"为了深入贯彻落实党的××、××四中全会精神和××市委《关于推进基层党建工作创新的意见》，巩固和扩大科学发展观教育成果，在实施企业搬迁调整和'三步走'发展战略中，充分发挥基层党支部的战斗堡垒作用，现就加强和改进企业基层党支部建设工作提出如下意见。"这段前言就简明扼要地说明了制订计划的背景、依据和奋斗目标。

（2）主体。主体是计划的重要部分。这一部分主要说明计划的目标和任务，采取的相应措施、方法与步骤。主体部分应着重写清楚以下两个问题。

① 做什么。这是计划的主要内容，任何一份计划都要提出一定时期内所要完成的任务和目标。计划的任务、目标要写得具体、明确，切忌含糊其词、模棱两可，能够量化的应尽可能量化。

② 怎样做。在任务和目标确定后，计划应详细阐述计划实施的步骤与措施。这个部分要求科学合理、切实可行、条理清晰、层次分明。

（3）结尾。结尾部分是对全文的总结，往往要表明决心，或者提出要求、希望、号召等，或者指出在执行计划时应注意的事项。有的计划这部分也可省略不写。

以上内容一般为条文式计划正文写作方法。但由于正文部分涉及的内容较多、范围较广，所以计划正文部分还可以采用表格式或者文表结合式的写作方式。

（1）表格式计划，顾名思义就是把计划的内容通过科学分类，以表格的形式展现计划的具体内容。这种写作方式往往适用于范围较小、内容比较单一、数据较多的计划，如销售计划、开支计划等。

（2）文表结合式计划，即表格式和条文式相结合的计划，计划内容表格化后，进行文字解释说明。这种写作方式，使计划条理清晰，内容精练，一目了然。

3. 落款

落款包括制订计划的时间及制订计划的单位名称，一般放在正文末尾右下方，上报或下达的计划还应在落款上加盖单位印章。有的计划可以省略制订计划的单位名称。

六、计划的写作要求

1. 条理清楚，简明扼要

为了把内容较多的计划表达清楚，在编制计划时常常采用分条列项的表达方式，此时，一定要做到条理清楚、逻辑严谨、思维连贯。语言力求简练明确，讲究实用，切忌琐碎冗陈。

2. 内容明确具体

计划是一段时间内的指导性操作指南，实际工作要以其为指导，所以计划的相关内容一定要写得明确具体，从目标、任务、步骤到实施措施，一定要无可争议，杜绝内容表达含混不清，模棱两可。

3. 实事求是，切实可行

计划的制订要在坚持党的相关政策精神的前提下，结合本部门、本单位、本地区、本人的实际状况，实事求是地确定目标、任务，提出切实可行的步骤、措施，保证计划按期保质完成。目标定得太高，盲目乐观，头脑发热，浪费资源；目标定得太低，安于现状，不思进取，不能调动大家的积极性。当然，由于计划是事先制订的，而客观状况是时时刻刻发生变化的，所以，当实际状况发生大的变化时，应及时对计划进行修正。

例文解析

例文 1

××市人民政府
关于印发2019年××市对外开放和招商引资行动计划的通知

各县、区人民政府,市人民政府有关部门:

《2019年开封市对外开放和招商引资行动计划》已经市政府第8次常务会议研究通过,现印发给你们,请认真遵照执行。

(注：一般政府部门发布有关计划,都要有一个发文通知,写明发文对象、基本目的,并注明发文单位和日期。计划正文作为文件一同印发)

××市人民政府
2019年2月5日

2019年开封市对外开放和招商引资行动计划
(注：标题采用四要素写法,计划时限＋单位名称＋计划内容＋文种)

为进一步扩大开放,提升我市开放型经济水平,充分发挥招商引资、项目建设在全市经济发展中的带动作用,特制订如下行动计划。

(注：前言部分交代制订计划的背景、依据和目标)

一、总体要求

以习近平新时代中国特色社会主义思想为指导,全面贯彻党的十九大和十九届二中、三中全会精神,认真贯彻中央、省委、市委经济工作会议精神,坚持"1234"总体工作思路,坚持"稳中求进"总基调,抢抓"一带一路"、郑州航空港经济综合实验区、郑汴一体化深度发展和中国(河南)自由贸易试验区开封片区建设等叠加机遇,围绕稳外贸、稳外资、稳投资,以投资消费出口带动,坚定不移地实施开放带动主战略。聚焦"8＋1"产业链招商,抓龙头、促集聚,以开放引进的高质量助推经济发展的高质量,实现全市开放型经济的转型升级,推动经济社会跨越发展。

二、主要目标**(注：目标量化,清晰明确)**

确保2019年新达成重大投资意向项目200个以上,新签约100个招商项目、新开工100个重大项目,引进5000万元以上项目103个,其中围绕工业、商业、文化、旅游及新兴业态等产业,引进总投资5亿元以上项目55个,引进总投资10亿元以上项目15个。推动2018年签约的137个重点招商引资项目落地开工,开工项目建成投产。

三、工作重点

(注：正文主体部分条理清晰、层次分明地介绍了招商引资计划的要求、目标及具体安排)

(一)聚焦"8＋1"产业,突出建链、延链、补链、强链招商。……

（二）突出招大引强。……

（三）突出自贸区开封片区引领现代服务业招商。……

（四）突出创新招商方式精准招商。……

开封市人民政府办公室

2019 年 2 月 3 日

评析：这个计划属于下达性计划，因此要以文件形式下发，计划本身作为文件内容的一部分。

例文 2

机器人产业发展规划（2016—2020 年）

（科慧科技 2018 年 6 月 29 日）

（**注**：标题采用两要素写法，计划内容＋文种；该计划落款直接放在标题之下，用括号括入）

机器人既是先进制造业的关键支撑装备，也是改善人类生活方式的重要切入点。无论是在制造环境下应用的工业机器人，还是在非制造环境下应用的服务机器人，其研发及产业化应用是衡量一个国家科技创新、高端制造发展水平的重要标志。大力发展机器人产业，对于打造中国制造新优势，推动工业转型升级，加快制造强国建设，改善人民生活水平具有重要意义。

为贯彻落实好《中国制造 2025》将机器人作为重点发展领域的总体部署，推进我国机器人产业快速健康可持续发展，特制定本规划，规划期为 2016—2020 年。

（**注**：前言叙述了机器人产业发展意义和制定发展规划的目的，并明确规划时限为五年）

一、现状与形势

（**注**：正文部分首先介绍规划制定的背景，包括国内外机器人产业发展的现状、趋势及存在的问题）

自 1954 年世界上第一台机器人诞生以来，世界工业发达国家已经建立起完善的工业机器人产业体系，核心技术与产品应用领先，并形成了少数几个占据全球主导地位的机器人龙头企业。特别是国际金融危机后，这些国家纷纷将机器人的发展上升为国家战略，力求继续保持领先优势。近五年来，全球工业机器人销量年均增速超过 17％，2019 年销量达到 22.9 万台，同比增长 29％，全球制造业机器人密度（每万名工人使用工业机器人数量）平均值由 5 年前的 50 提高到 66，其中工业发达国家机器人密度普遍超过 200。与此同时，服务机器人发展迅速，应用范围日趋广泛，以手术机器人为代表的医疗康复机器人形成了较大产业规模，空间机器人、仿生机器人和反恐防暴机器人等特种作业机器人实现了应用。

……

二、总体要求

（**注**：第二、三部分介绍总体要求以及目标任务。该部分目标明确、细致，条理清晰，

层次分明）

（一）指导思想

……

（二）发展目标

……

三、主要任务

（一）推进重大标志性产品率先突破

……

（二）大力发展机器人关键零部件

……

四、保障措施

（**注**：第四、五部分具体说明保障措施和规划实施基本思路）

（一）加强统筹规划和资源整合

……

（二）加大财税支持力度

……

（三）拓宽投融资渠道

……

五、规划实施

由工业和信息化部、国家发展和改革委员会牵头负责组织规划实施，建立各部门分工协作、共同推进的工作机制，建立规划实施动态评估机制。地方工业和信息化、发展和改革主管部门及相关企业结合本地区和本企业实际情况，制订与本规划相衔接的实施方案。相关行业协会及中介组织要发挥桥梁和纽带作用，及时反映规划实施过程中出现的新情况、新问题，提出政策建议。

评析：这是一份比较长远的工作发展计划，时间跨度为五年。计划结构比较典型："标题＋前言＋目标要求＋任务＋措施"，每个部分都能紧密围绕规划目标展开，条理清晰，层次分明，且语言专业，目标量化。

例文 3

客户拜访日工作计划表

×××× 年 ×× 月 ×× 日

日销售额	元	本日前销售额	元	本月目标额	元	完成率	％
新客户开发	家	新客户发货	元	老客户维护	家	老客户增量	元
拜访客户	面谈者	商谈计划	商谈概要				结果
		a b c d					A B C D
		a b c d					A B C D
		a b c d					A B C D

续表

拜访客户	面谈者	商谈计划	商 谈 概 要	结果
		a b c d		A B C D
		a b c d		A B C D
备注：a 初次拜访　　　b 产品推荐　　　c 可能会订货　　　d 收款 A 商谈成功　　B 有希望　　　　C 再次拜访　　　D 无希望				
开发成功/失败 原因总结	签名			
主任意见	签名			
经理意见	签名			

评析：该计划为表格式计划，计划目标、实施步骤及结果都能通过表格一目了然，内容简练，纲目清晰。

实训活动

1. 计划的三要素是什么？制订计划要注意什么？

2. 某大学攀岩协会要举办一次攀岩比赛，请以组织者的身份，写一份计划详细部署该项活动。

(1) 标题：单位名称＋时限＋内容＋文种。

(2) 前言：举办攀岩活动的目的、意义(要多角度地去挖掘)，注意使用过渡语。

(3) 提出计划的目标和任务、活动目标、围绕这一目标所要完成的任务。

(4) 提出保证达成目标的措施和步骤。

(5) 落款。

3. 制订一份个人新学期开支计划。要求：制订文表结合式计划；字数不少于 500 字；计划目标明确，措施、步骤具体。

知识拓展

计划与总结的关系

计划是对以后的工作进行安排，就是工作的打算，要确定目标、制订实施方案，要明确时限、方法、步骤。

总结是对已经完成的工作进行归纳、分析，找出成绩、不足以及经验教训，要对计划完成情况进行检查、回顾和反思，归纳经验、不足，以便于下一步工作的实施。

两者的区别：计划是事前的安排，总结是事后的回顾。

两者的联系：计划是总结的前提，总结是计划的结论。

在完成一项工作或任务时，往往是计划→实践→总结→再计划→再实践→再总结过程的反复。

任务二　总结的写作

案例导入

年底了，××外贸公司要求员工写一篇 2019 年个人工作总结，全面回顾一年来的个人工作情况，如取得了哪些工作成绩、还存在哪些问题、从中获得了哪些经验教训等。假如你是该公司财务部门的一名员工，这篇总结你该怎么写？

知识要点

一、总结的定义

所谓总结，就是对过去一段时间的工作、学习、生活等实践活动或某一方面的工作进行回顾、分析、评价，肯定成绩、经验，并发现问题、缺点，以指导今后工作所写的一种书面文体。

这个概念实际上有两方面含义：一是"总"，即对过去的实践活动进行事实汇总；二是"结"，即对汇总的事实进行分析评价，从而得出经验和教训。事实是结论的依据，结论是事实的总括，二者互相依存，相得益彰，是谓总结。

二、总结的特点

1. 准确性

总结是从事实出发，是建立在对客观事实回顾、汇总的基础上的。因此事实确凿，总结出来的经验教训才具有指导意义；否则，将给工作造成损失。当然，准确性不仅要求汇总的事实准确，还要求通过事实发现的成绩、经验、问题、教训也是准确的。只有这样，总结才能发挥它的真正作用。

2. 理论性

总结不是记流水账，不是事实的简单罗列，而是要在此基础上进行分析、评价，得出规律性的结论，以指导今后的工作。因此，从感性认识上升到理性认识，是总结写作的基本要求。

3. 条理性

总结往往反映一个阶段的工作，时间跨度大，涉及的工作内容繁多。所以，总结在表达内容时应层次分明、清楚明了，特别强调分门别类的条理性。

三、总结的作用

(1) 总结是肯定成绩、发现问题、摸清规律、提高认识的必由之路。

(2) 总结是各单位、各部门信息共享、共同提高的纽带。

(3) 总结是汇报工作的手段，检查工作的依据，检验政策、方针、决策的途径。

四、总结的种类

总结是一个统称,它的种类繁多,"小结""情况""体会""回顾"等都属于总结的范畴。一篇总结的内容,往往涉及性质、范围、时间等多个方面。这里按照其涉及的内容范围,把总结分为综合性总结和专题性总结两种。

1. 综合性总结

综合性总结即全方位总结,是企事业单位、部门、团体或个人对一定时期内各项工作的全方位回顾,其涉及面广、问题多、时间长。如《××省 2018 年国民经济和社会发展计划执行情况》,它需要对全省各个地区、各个行业、各个经济层面、各个社会主体 2019 年全年的情况进行回顾汇总,并要客观地肯定成绩,找出经验和教训。

写综合性总结,顾及全面的同时,还要注意突出重点,做到主次分明、中心突出,要求总结的撰写方具备较强的分析问题和判断问题的能力。

2. 专题性总结

专题性总结即分类总结,是对一定时期内总结对象某一方面的工作或某一问题所进行的分门别类的汇总及评价的总结。这种总结的内容比较集中、具体、细致,往往写得更加深刻,针对性较强。如《2018 年度财务管理工作总结》,它针对财务管理工作进行总结。写专题性总结,着重"专",要集中笔墨,写深写透,概括规律,突出特色,切忌泛泛而谈。

五、总结的写作结构

总结一般由标题、正文和落款三部分组成,如表 3-2 所示。

表 3-2　总结的写作结构

结　构		要　点
标题	公文式	可采用四要素、三要素或二要素公文标题写作方法
	主旨式	一般将经验总结的最集中概括作为全文的标题
	主副式	主旨式标题(主标题)和公文式标题(副标题)的结合
正文	前言	一般包括总结的时间、背景、成绩、问题等方面
	主体	主要包括成绩、经验、体会、问题、教训等内容
	结尾	今后的打算或努力方向
落款		发文机关和发布日期

1. 标题

总结的标题大致有以下三种写法。

(1) 公文式标题。公文式标题主要包括单位名称、时间期限、内容范围、总结种类四个要素。

在写作过程中,公文式标题的写作可以采用四要素法、三要素法及两要素法。如《×××市建设银行 2018 年工作总结》标题由四个要素组成;《2018 年营销工作总结》《财政部关于会计干部技术职称评定工作的检查总结》标题由时间期限（或单位名称）、内容范围、总结种类三要素构成；《财务工作总结》标题由内容范围、总结种类两要素组成。

（2）主旨式标题。主旨式标题又称文章式标题，一般将经验总结的最集中概括作为全文的标题，标题中不出现"总结"二字。例如，《股份制使企业走上快速发展之路》《食品卫生工作要做到经常化》等都属于主旨式标题。

（3）主副式标题。这类标题写法上分主、副两行标题，是公文式标题和主旨式标题的结合，主标题采用主旨式标题写法，副标题采用公文式标题写法，如《发挥整体功能，转换经营机制——××汽车服务有限公司 2018 年工作总结》。

2. 正文

总结的正文一般包括前言、主体、结尾三个部分。

1）前言

前言即基本情况的综述，一般包括时间、背景、成绩、问题等方面，目的是使读者有一个总体印象。因此，应根据总结内容的需要有所侧重，并紧扣总结的中心，画龙点睛，以简约之笔给人明确而深刻的印象。

在写作时，一般采用"根据（按照）……在……领导下，在……关心支持下，取得了……成绩，在……方面做了如下工作（现将工作情况总结如下）"的写作模式。

2）主体

主体部分是总结的核心，主要包括成绩、经验、体会、问题、教训等内容。主体部分要求做到主旨鲜明、重点突出、突出个性、反映特色。主体部分一般包括以下两方面内容。

（1）成绩、经验。具体来讲，就是要认真回顾本单位的实际情况，做了什么工作、取得了哪些成绩、得出了什么经验，也就是达到了什么目标、完成了什么任务、实现了哪些突破、产生了哪些具体效益、认识上得到了什么提升等。

行文时一定要从客观实际出发，做到条理清晰、内容清楚，常常根据内容的不同，分门别类，分成几个方面书写。

（2）问题、教训。工作中没有把事情办好，存在一定的差距，只能说明主观认识还不尽符合客观事物发展的规律。这些在总结中是不能回避的，一定要把它指出来，引以为鉴，以便下个时期更好地开展工作。

3）结尾

结尾部分主要写今后的打算或努力方向，即在总结经验的基础上，将如何发扬成绩、克服缺点、改正错误，在下阶段工作中采取哪些措施、重点解决哪些问题等一一明确地写出来。打算要切合实际，方向要具体明确，切忌空洞无物、讲大话、讲原则话、讲大道理。

结尾可以写成条款式，即不作展开，一条一句话，一条即今后的一项工作或一个努力方向；也可以和存在的问题结合起来写。

3. 落款

总结的落款包括署名和日期。落款一般放在文末右下方，日期位于单位名称之下，上报的总结应加盖单位公章。单位名称也可以放在标题之下，日期则置于文末右下方。

六、写总结应注意的事项

1. 联系实际，实事求是

联系实际、实事求是是写好总结的基本原则。总结内容一定要符合实际情况，既要充分肯定成绩，又要看到存在的不足；既看到现象，又看到本质；既不夸大，也不缩小，要符合客观实际。总结写作中切忌违背客观事实、报喜不报忧、任意缩小拔高、弄虚作假的形式主义的写作行为。

2. 抓住实质，突出重点

抓住实质、突出重点是体现总结水平的标志。写作总结既要充分占有事实材料，又要精于剪裁，突出重点；既要全面调查，又要深入分析，抓住本质。因此，写作总结不能事无巨细、面面俱到，而应根据本身工作的特点，在做法、效果认识上选择好突破口，抓住要害，突出重点。

3. 条理清晰，一目了然

无论是成绩、经验，还是问题、教训，还是今后的打算及努力方向，在写作总结时一定要做到条理清晰，让人一目了然。

例文解析

例文 1

××县财政局纪检监察工作总结

（注：标题属于公文式标题，采用三要素写法，即由单位名称、内容范围和文种分类构成）

今年以来，在县委、县政府及县纪检监察部门的正确领导下，在局党委的高度重视下，深入贯彻落实省、市、县纪委相关工作会议精神，紧紧围绕财政工作中心，以落实党风廉政建设责任制为龙头，大力推进干部作风建设，积极构筑反腐倡廉防范体系，狠抓各项工作落实。（注：前言部分简单介绍总结写作背景，以及纪检监察工作取得的主要成绩和经验）现将我局 20××年度纪检监察工作总结如下：

（注：正文部分从五个方面总结回顾了本单位纪检监察工作情况以及取得的成效。对每一方面工作情况又进行了细化，条理清晰，重点突出）

一、强化宣传教育，有效构筑反腐倡廉思想防线

……

二、加强了制度建设，着力构建反腐防腐制度体系

……

三、加大了监察力度，确保了执行力的提高

……

四、积极推进党务政务公开，着力打造阳光财政

……

五、加强干部作风建设,确实增强了民主理财理念

……

六、加强自身建设,确保了反腐防腐坚强力量的形成

……

在过去的一年中,虽然取得了一定的成绩,但离上级的要求还有一定的差距,主要体现在下基层调研较少,与上级纪检监察部门联系还不够,调研信息的报道还有一定的欠缺,监督检查的力度还有待进一步加强等。(**注**:结尾部分简单归纳存在的问题和教训)

20××年,我们将继续以党的十九大精神为指导,全面贯彻落实科学发展观,以廉洁奉公、执政为民为主题,培养财政干部勤政廉洁为目标,密切联系财政工作实际,把党风廉政建设贯彻于财政工作始终,确保财政资金和人员的安全,为财政工作顺利推进保驾护航。根据这一指导思想,结合我局实际,20××年重点抓好以下几个方面的工作。

(**注**:从六个方面就今后的努力方向及工作重点进行了阐述)

1. 进一步抓好宣传教育工作,有效构筑反腐倡廉思想防线。……

2. 进一步抓好制度建设,构筑反腐防腐制度体系。……

3. 进一步加大监察检查力度,努力提高执行力。……

4. 继续抓好作风建设及行风建设。……

5. 加强自身建设。全面提高队伍素质。……

6. 切实加强信息调研工作。……

财政局

20××年××月××日

评析:这是一篇针对财政局纪检监察工作的专题性总结,全文分三块展开。一是成绩、经验;二是问题、教训;三是今后努力方向。其中,成绩、经验的介绍是总结的核心部分。全文条理非常清晰,重点突出。

例文 2

住院医师年度规范化培训工作总结

随着现代医学科学的迅速发展,医学教育观念已发生了很大变化,加强住院医师的培养与管理,是加快公立医院改革和提高基层医疗卫生机构服务能力的重要手段,在新一轮医药卫生体制改革中具有重要的战略地位。2018 年,我院严格按省市要求,全面完成了住院医师规范化培训任务。(**注**:前言部分介绍了总结写作意义以及主要成绩)现将今年的工作开展情况总结如下:

(**注**:正文从四个角度总结医院在住院医师年度规范化培训方面所做的工作及取得的成绩)

一、强化组织领导,工作目标得到了有效明确

……

二、细化培训方案,工作任务得到了有效落实

……

三、注重能力培养,学用结合得到了有效发挥

……

四、加强考核管理,培训实效得到了有效彰显

……

×××医院

2019 年 1 月 6 日

评析:这篇总结采用的是条文式结构,前言结束后进入正文,正文部分直接从四个方面总结该院在住院医师规范化培训方面所做的工作及取得的成绩。

实训活动

结合自己的实际情况,写一篇大学一年级的生活、学习总结。

知识拓展

总结正文常见的结构形式

1. 条文式

条文式也称条款式,是用序数词给每一自然段编号的文章格式。通过给每个自然段编号,总结被分为几个问题,按问题谈情况和体会。这种格式有灵活、方便的特点。

2. 两段式

总结分为两部分:前一部分为总,主要写做了哪些工作,取得了什么成绩;后一部分是结,主要讲经验、教训。这种总结格式具有结构简单、中心明确的特点。

3. 贯通式

贯通式是指围绕主题对工作发展的全过程逐步进行总结,要以各个主要阶段的情况,完成任务的方法以及结果进行较为具体的叙述,常按时间顺序叙述情况,谈经验。这种格式具有结构紧凑、内容连贯的特点。

4. 标题式

把总结的内容分成若干部分,每部分提炼出一个小标题,分别阐述。这种格式具有层次分明、重点突出的特点。

任务三　规章制度的写作

案例导入

百货商场发现饰品部在业务交往中存在一些问题,已影响到商场饰品部业务的正常进行。为加强商场管理,杜绝类似现象发生,决定对现行规章制度进行修订。如果商场经理室将这个任务交给你,如何制定规章制度?

知识要点

一、规章制度的定义

规章制度是指国家机关、企事业单位、社会团体等在各自的权限范围内制定的一种具有法规性与约束力,要求相关人员必须共同遵守、照章办事的文件。

规章制度的应用范围很广,上至最高领导机关,下至办公室,乃至社会生活的各个方面,都可以用规章制定需要遵守的事项、职责范围或达到的标准等,以保证工作、学习、生活等有序、协调地正常进行。

二、规章制度的特点

1. 目的性

规章制度的制定,目的是要规范人们在某一特定环境或者工作中的行为,对人们的工作、生活有实际指导和执行的效用,因此要有明确的针对性。编写规章制度时不能偏离原有的目的,也不能泛泛而论。

2. 约束性

规章制度作为规范性文书,是国家机关、企事业单位、社会团体根据自己的职能和权限制定的文书,它明确规定了人们的行为准则,具有一定的强制力和约束力,一经生效,有令必行,有禁必止。这一特点,是其他的文体所不具备的。

3. 规范性

一般来说,规章制度在格式的规范性上要求较高,并且其规范格式和专业术语、习惯用语的稳定性在相当长的时间内不会改变。

三、规章制度的分类

规章制度是各种制度、公约、章程、条例、规定、规则、细则、守则、办法、标准、须知等的总称。各类不同的规章制度在适用范围上有一定的区别。

(1) 章程。章程是各党派、社会团体、学术组织用于规定自身的性质、宗旨、任务、组织机构、组成人员及其活动规则等事项的文书,如《中国共产党章程》。国家行政机关及其职能部门一般不使用章程这类文件。

(2) 条例。条例的制发主体主要是党的中央组织、国务院、有权立法的地方人大及其常委会、民族自治地方人大,如《治安管理处罚条例》。

(3) 规定。规定是针对某一事项或活动提出要求,并制定相应措施,要求有关人员贯彻执行的一种文书,如《天津市海上交通安全管理规定》。

(4) 守则。守则是某一单位、部门或属于某一社会群体的成员所共同依循的行为准则,是用以规范人们的行为方式的文书,是内部成员的道德和行为规范,如《教师守则》。

(5) 办法。办法是政府机关、企事业单位、社会团体对某一项工作或某一方面活动制定的比较具体的要求和规范,如《××局印章管理办法》。

（6）规则。规则是政府机关、企事业单位、社会团体对局部范围内的某项活动的具体规定，如《微信支付服务商合作规则》。

（7）公约。公约是一定范围内人们为了共同的目的，自觉遵守的行为准则和道德规范，如《爱国卫生公约》。

（8）须知。须知是某项工作活动必须遵守和注意的事项，如《安全文明乘梯须知》。

四、规章制度的作用

1. 明示作用

明示作用即以法律、制度条文的形式明确告知人们可以做什么，不可以做什么，哪些行为是合法的，哪些行为是非法的。

2. 预防作用

预防作用即通过法律、法规及各项规章制度的明示作用和效力，以及对各种违规行为进行惩治，使人们在日常的工作、生活中，自觉调节和控制自己的思想和行为，从而达到有效避免违法、违规现象发生的目的。

3. 校正作用

校正作用即通过各种规章制度的约束力来校正人们在工作、学习中所出现的一些偏离了规章制度的行为，使之回归正常的轨道。

4. 媒介作用

媒介作用即让单位、团体以外的公众人士了解该单位、团体的基本情况。

五、规章制度的写作结构

规章制度的基本结构一般由标题、正文和落款三部分构成，如表 3-3 所示。

表 3-3　规章制度的写作结构

结　构		要　点
标题	三要素	单位名称＋事由＋文种
	二要素	"单位名称＋事由＋文种"或者"事由＋文种"
	一要素	文种
正文		分条列出规章制度的主要内容
落款		发文机关和发布日期

1. 标题

标题的构成要素主要有三个：单位名称、事由、文种名称。写作标题时可以采用以下四种方式。

（1）单位名称＋事由＋文种，如《××省关于鼓励外商投资的规定》。

（2）单位名称＋文种，如《中国科学技术协会章程》。

（3）事由＋文种，如《关于面部识别考勤的有关规定》。

（4）文种，如《规章制度》。

2. 正文

正文是规章制度中的主体部分，分条列出规章制度的主要内容。其写法主要有两种。

（1）分章列条款式，多用于内容比较繁多复杂或者较正规的规章制度，一般由总则、分则、附则等部分组成。

① 总则。简要说明制定本规章制度的目的、意义、对象和总要求等。

② 分则。写明规章制度的具体内容，可以设小标题标明该章的内容。

③ 附则。说明本规章制度的附带事项，如本规章制度以及具体实施办法的制定权、修订权、解释权属于谁，适用对象和什么时候开始实行等。

总则一般是规章制度的第一章，附则为最后一章。每章下面都可以包括若干条款，条款的排序一般可写第几条款，或只用序码标明，序数按整个规章制度顺序编排，序码不允许重复。

例如，《会计人员职权条例》共七章：第一章是总则部分；第二章至第六章是分则部分；第七章是附则部分。分则部分包括"工作职责""工作权限""总会计师""技术职称""任免奖惩"五方面的内容。这个条例总共二十条，若干条为一章，加上小标题，目的是给这几条归个类，使读者看了条款清楚，便于掌握。

（2）列项式，一般用于内容比较简单的规章制度，无须分章，将规章制度内容一项项写出来即可，如守则、须知、注意事项等。

3. 落款

签署即发文单位名称和发布日期，一般放在文末右下角，日期放在单位名称之下。

如果在标题中已经写明单位名称，文末可略去单位名称，而直接把日期写在标题之下、正文之上，用括号括起来。

一般政府部门发布规章制度都要有一个发文通知，写明发文对象、基本目的、发文单位和日期。这种情况下，发文单位和日期不出现在规章制度正文中。

六、规章制度的写作要求

1. 合法制定，切实可行

规章制度必须符合党和国家的方针政策、法律、法令，内容必须符合实际，具有可操作性，以便贯彻执行。制定规章制度必须从实际出发，使之切实可行。如果上级已经有这方面的规章制度，不要另起炉灶，只要结合本地区、本部门的实际情况再做必要的补充即可。

2. 严谨规范，条理清晰

规章制度的条文要周全合理，语言要严谨细致，结构要纲目清楚，便于理解、记忆和执行。采用章断条连式、条项式结构，不能采用其他文学性的结构形式。

3. 准确精要，内容具体

制定规章制度要字斟句酌，字字千金；绝对排斥文学化的语言和表现手法；内容细致、具体。

4. 定期总结修订

在规章制度的具体执行过程中，要注意收集、记录需要修订的内容，及时总结修订。

例文解析

例文 1

厦门市会计档案管理办法

（**注**：标题采用"单位名称＋事由＋文种"写法）

（**注**：正文采用分章列条款式写法，包括总则、分则、附则三部分。其中第二、三、四、五章为分则部分）

第一章 总 则

（**注**：总则部分包括五条，分别说明本条例制定的目的、依据、适用范围、意义、对象等）

第一条 为贯彻执行《会计法》《档案法》、财政部、国家档案局联合制发的《会计档案管理办法》（财会字〔1998〕32 号），加强我市会计档案的科学管理，统一会计档案管理制度，特制定本办法。

第二条 本办法适用于我市各级国家机关、社会团体，企业、事业单位，按规定应当建账的个体工商户和其他组织（以下简称各单位）。

第三条 会计档案是国家档案的重要组成部分，是记录和反映单位经济业务的重要史料和证据。各级人民政府财政部门和档案行政管理部门共同负责会计档案工作的指导、监督和检查。

第四条 各单位必须加强对会计档案工作的领导，建立会计档案的立卷、归档、保管、查阅和销毁等管理制度，保证会计档案安全保管、方便利用。

第五条 会计档案是指会计凭证、会计账簿和财务报告等会计核算专业材料，具体包括：

……

（**注**：分则部分包括四章，具体说明本条例的主要内容）

第二章 整 理

……

第三章 归档与移交

……

第四章 保管和利用

……

第五章 鉴定与销毁

……

（**注**：附则部分补充说明本条例适用、追责及解释权及执行日期等。并以附件形式补充说明本条例相关注意事项）

第六章 附 则

……

第三十条 本办法由厦门市档案局和厦门市财政局负责解释，自××××年12月1日起执行。在这之前市财政局和市档案局制发的有关会计档案管理办法、规定自本办法执行之日起废止。

（注：因标题里包含单位名称，附则中包含条例执行日期，因此落款省略）

附表：（略）

评析：本条例分三个部分，共五章、三十条，内容具体、细致，语言严谨，条理清晰。条款序码从第一条至第三十条，没有重复。

例文 2

员工管理规章制度

为更好地适应公司的良性发展，增强公司的社会竞争力和提高员工工作效率，特制定本公司员工规章制度。（注：前言部分说明本制度制定目的）具体实施细则如下：

（注：正文采用列项式写法，将规章制定内容分条列出）

1. 实行每日八小时工作制：8：00—12：00；13：30—17：30（"五一"节后修改，另行通知）。

……

11. 本规章制度的考核与员工薪金挂钩。

12. 本规章制度自制定日_____年_____月_____日起开始实施，解释权和补充权归属×××制衣公司。

（注：最后两条说明本规章制度解释权、补充权、生效日期及相关奖惩办法等）

对以上违规者，公司将会有所记录。

以上规定在通知之日起实行，望各位员工共同遵守。

×××制衣工厂

××××年××月××日

评析：本规章制度内容比较简单，不需要分章，开头前言内容与"总则"相似，结尾两条内容与"附则"相似。该规章制度语言上不够严谨，应加以修订。

实训活动

根据下面提供的材料写出一份规定，正文要求列项式写出，标题、日期自定。

百货商场发现饰品部在业务交往中存在一些问题，已影响到商场饰品部业务的正常进行。具体情况如下。

一是在进货时，对一些新产品的引进没有严格审核必需的证件，在未经商场经理室审批或审批手续还未批复前就擅自上柜。对所进商品的质量没有严格把关，以致伪劣假冒商品混杂其中。

二是在付款问题上商场有规定，商品原则上以代销为主，货物售出付款。但饰品部在商品尚未售完时就将货款付清。一些特殊商品的进货和特殊情况也未报请商场经理室批准。在付款时没有按先缴单入库，并由业务主任在结算商品收货单上签字方可生效的要求办理。

三是对于广告促销活动及费用问题,商场要求各部门应在每季末25日前将本部门每季的广告及促销活动作安排,上报商场,凡有重大业务活动(订货会、展销)应提前一月报商场经理室。饰品部在广告促销活动中既没有计划安排,也从未报商场经理室批准同意,而且厂方单独做广告搞促销活动的费用本该由厂方承担的,也予以支付。在举行展销活动时,事先没有打申请报告,报商场经理室同意、备案就上柜折价销售,造成价格混乱。

此外,饰品部人员在业务交往中经常参加厂方的宴请,影响不好。为此,商场经理室拟定相关规定,并从2018年12月1日起执行。

知识拓展

因果性分析理论的运用

在制定规章制度时可以运用因果性分析理论。

(1)运用原因分析明确写作意图,通过原因分析深入了解拟定规章制度要解决什么样的问题,需要把握哪些重点。

(2)运用背景分析确立写作范围,做好背景分析,首先要做到政策分析,做到有法可依、有章可遵。拟定的规章制度不可与国家的方针、政策及相关法律、法规相违背,也不能与上级主管部门有关精神相抵触。

(3)运用功能分析明确文本作用,在规章制度的拟定中,对规章制度的内容将产生的结果、作用和意义进行预见、前瞻、推断。

(4)运用措施分析行文中多维度把握,明确对象的指向性,确保内容的翔实性,重视成稿的完整性。

任务四　简报的写作

案例导入

宽敞明亮的办公室里,一个研究当前工业生产的工作会议在热烈地进行着。发言的同志一个接一个,分别汇报了本单位的生产情况,分析了当前的生产形势,提出了需要解决的问题。陈秘书聚精会神地做着会议记录。会议从18:30一直开到22:10。会议结束时,陈秘书已经记下了几千字的记录。散会后,他必须立即将会议情况写成简报。

如果你是陈秘书,这份简报怎么写?

知识要点

一、简报的定义

简报是机关单位、社会团体、企事业单位编发的反映情况、沟通信息、报道动态、交流经验或指导工作的一种内部文件。

简报是内部传阅的文字材料,是简报类文书的统称。常见的简报类文书还有"简讯""快讯""快报""动态""信息""工作通讯""情况通报""内部参考""情况交流"等。

简报可以用于向上级机关反映情况、反映问题,也可以用于向下级机关传达领导意图和有关指示精神,还可以用于平级机关之间交流经验、沟通情况、推动工作开展。

简报一般在党政机关、社会团体、企事业单位内部运转。虽然不能代替正式公文,但它使用广泛,比较常见。

二、简报的特点

1. 简而明

(1)文字上,它篇幅简短,主旨集中,一事一报,重点突出,用最精练的文字表达最丰富的内容,字数一般不超过千字。

(2)选题上,小而不求面面俱到。

(3)结构上,注重逻辑性,条理清晰,布局严谨。

(4)表达上,平实质朴,直截了当,没有空话、套话,不主张描写和修饰。

2. 快而新

简报具有强烈的时效性,编发迅速及时,要求快写、快编、快审、快印、快发、快送。

简报要求主题新、内容新,要把工作中出现的新情况、新问题、老问题的新变化或者新启示反映出来。

特别是有些会议简报,往往只在一定时间内有效,因此常常是一日一报甚至一日数报。如果慢了,失却了时效,就变成了"马后炮",降低了材料的价值,失去了报道的意义。所以,快而新是简报的一个显著特征。

三、简报的类型

简报种类繁多,可以从不同角度分类。

从编发的时限分,有定期简报和不定期简报。

从内容上分有综合性简报和专题性简报。

从发送方向分,有上送简报、下发简报和平行交流简报。

从性质上分,有工作简报、会议简报、信息简报。其中,常见的有两种:会议简报和工作简报。

1. 会议简报

会议简报是简报中编发数量较多的一种。它是专门报道重要会议的内容和情况的简报。会议简报的主要内容包括会议概况和进程、主要议题、领导讲话、与会者的重要发言、提出的问题和建议,以及会议的议决事项等。当然也有的简报是从某个侧面来报道会议的片段情况。

会期较长时,常常要编发多期简报,有时是一日一报,连续编发;会期较短时,一般只在会议结束后编发一期。

2. 工作简报

工作简报是迅速反映本地区、本系统、本部门日常工作或问题的经常性简报。

这类简报可以在某项工作全面展开时立即编发，以反映工作的开局情况；也可以在工作告一段落时编发，用来总结阶段性成果，反映本部门、本系统工作上重大问题的处理情况；还可以在工作开展过程中编发，推介工作的经验，介绍做法，说明成绩，揭露问题、分析矛盾，并提出解决问题的办法。

四、简报的作用

（1）反映情况。通过简报，可以将工作进展情况以及工作中出现的新情况、新问题、新经验，及时反映给各级决策机关，使决策机关了解下情，为决策机关制定政策、指导工作提供参考。

（2）交流经验。简报体现了领导机关的一定指导能力，通过组织交流，可以提供情况、借鉴经验、吸取教训，这样对工作有指导和推动作用。

（3）传播信息。简报本身是一种信息载体，可以使各级机关及从事行政工作的人互相了解情况、吸收经验、学习先进、改进工作。

五、简报的写作结构

简报类文书，一般由报头、报体、报尾三个部分组成，如表 3-4 所示。简报版面格式如图 3-1 所示。

表 3-4　简报的写作结构

结　　构		要　　点
报头	简报名称	"简报"或者"工作简报"
	简报期数	"第×期（总第××期）"或"第×期"
	单位名称	"××办公室编"
	印发日期	××××年××月××日
	保密要求	"内部参考"或"注意保存""机密""绝密"等
	编号	保密性简报需要标注编号
	分隔线	报头与正文之间
报体	目录	包括多篇文章，需要编写目录或要目
	按语	说明编发简报的原因或目的，稿件来源、发送范围，要求等
	标题	要尽可能做到准确、简练、新颖、有吸引力
	正文	简报的主要内容
	署名	正文右下角
报尾		写明简报的发送范围、编印份数以及打印、校对、印数等内容

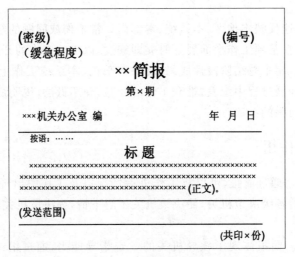

图 3-1　简报版面格式

1. 报头

报头相当于公文的版头部分,它的格式安排是约定俗成的。简报报头一般包括以下七个要素。

(1) 简报名称。在页面上端中央,用红色大号字体印"简报""工作简报"等字样。

(2) 简报期数。在简报名称的正下方注明期数,可加上括号。期数可以注明年度期数与总期数,也可以只标明年度期数,总期数用括号括入,如"第四期(总第 16 期)"或"第八期"。

(3) 单位名称。期数左下方前空一个字写主编简报的单位名称。

(4) 印发日期。期数右下方后空一个字,用阿拉伯数字写印发的具体日期,包括年、月、日。再在下面加上条红线,与主体部分隔开。

(5) 保密要求。需要保密的,在简报名称左上角顶格标注密级:"内部参考"或"注意保存""机密""绝密"等。

(6) 编号。保密性简报需要标注编号,位置在简报名称右上角。属于"增刊"的期号,要单独编排,不能与"正刊"期号混编。

(7) 分隔线。单位名称和印发日期下的横线为简报报头与正文的分隔线。

2. 报体

报体一般由目录、按语、标题、正文、署名等部分组成。

1) 目录(或要目)

有的简报包括多篇文章,需要编写目录或要目,使读者对简报内容一目了然。目录位于报头分隔线以下,按语之前。

2) 按语

按语用来说明编发简报的原因或目的,稿件来源、发送范围,要求等,以引起读者的重视。按语写在报头部分间隔红线之下,标题之上或之下,如有目录,应写在目录之下。以"按""编者按""按语"开头,左、右页边最好不要与正文并齐,一般各行各缩进两三个字。

3）标题

简报的标题比较灵活，主要是醒目、简明，能吸引读者的视线，且一看就能抓住文种要表达的关键内容，形式可以是单标题，也可以是双标题。为了让文章层次清楚，还可以在文中加小标题，用来概括主要内容的几个方面或者表达几个主要观点。

拟定标题要尽可能做到准确、简练、新颖、有吸引力，使人一看就知道简报的大致内容。

4）正文

（1）导语。概括交代主要内容或揭示主题或交代所报事实的依据，还可以提出问题，以引起关注。将最重要、最有新闻价值、最精彩的内容以"开门见山"的方式凸显，充分揭示新闻价值，同时唤起读者注意。其写法主要有以下几种。

① 叙述式：以叙述的形式传递相关事件的时间、地点、人物和过程。

② 描写式：抓住事件突出特点，略加渲染，如耳闻目睹，显得很新颖别致。

③ 提要式：直接将事件的要点展示出来。

（2）主体。这是简报的核心部分。写法因内容而异。总的来说，要用事实说话，用具有指导作用和启发意义的典型材料，进行合理的分析议论，并提炼出观点，做到观点与材料相统一。注意突出重点，详略有致，结构布局井井有条，表达上与写新闻报道类似。一般紧扣导语，对开头叙述的事实和提出的问题进行阐述或展开。结构一般有以下三种。

① 按事情发生发展的顺序来叙述，有头有尾，脉络清晰，适合报道一个完整的事件过程。

② 按事理分类来写，即将材料归纳成几种情况、几个问题来写。

③ 根据编发意图，选用有关素材片段直接编排起来，每条信息单独成段，也可加小标题，构成一个信息组合。

（3）结尾。简报的结尾是简报的结束语。简报的结尾一般是指出事实的意义，或者揭示事件发展的趋势，起到画龙点睛的作用。但并不是每篇简报都要写结语，有的文章主体写完了，就可以自然结束，不必写结语。有的简报用结语来深化主题；有的要发出号召。

5）署名

署名放在正文右下角。

3. 报尾

在报体下方的两条平行横线内，写明简报的发送范围，有的分别标明：报、送、发。在横隔线下右侧标明编印份数。底线下方右侧，标明打印、校对、印数等内容。

六、简报的写作要求

1. 抓准问题，有的放矢

简报应该围绕本单位的实际，反映那些最重要、最典型、最新鲜、最为群众关心、最需要引起注意的问题。

2. 材料准确，内容真实

简报作为加强领导和推动工作的重要工具，内容必须保证绝对真实、准确；否则，就会造成不良后果。简报所选用的任何材料,包括人名、地点、时间、情节、数字、引语、因果关系等,都完全准确无误,没有丝毫的虚构、夸张、缩小和差错。

3. 简明扼要,一目了然

简报的写作必须注意做到简短、明快,用尽可能少的文字说清楚必须说明的问题。一是注意主题集中,一稿一事,不贪大求全;二是注意精选材料,围绕主题精心挑选典型事例;三是注意既要求简,又要写清。简报求简,是在说明问题的前提下求简,应该是服从内容的需要,不能由一个极端走向另一个极端。

4. 讲究时效,反应迅速

简报要对问题反应得快,对材料分析得快,写作构思快,动笔成稿快,同时,还要求简报的编辑、签发、打印、发稿速度快,共同把握发稿时机。

5. 内容实在,不空洞

简报和新闻报道一样,是用活生生的生活事实来宣传党的路线、方针、政策。用事实说话,是简报的主要特征之一,也是编写简报应该注意的一个重要问题。

例文解析

例文 1

内部资料　注意保存(注:"内部资料,注意保存"标明该简报的发放范围)

××科技学院就业工作简报

(第 1 期)

(**注**:期数用括号括入,也可以不加括号)

就业指导办公室编　　　　　　　　　　　　　　　2019 年 4 月 15 日

(**注**:编发单位名称后加"编"字,印发日期为阿拉伯数字形式)

××科技学院就业指导进宿舍

为切实做好毕业生就业指导工作,增加就业工作的覆盖面,××科技学院根据就业工作中遇到的新情况,通过在学生宿舍开设就业指导室和就业资料阅览室,把就业指导工作延伸到学生宿舍。(**注**:导语部分采用提要式写法,指出简报内容重点,并介绍简报编写目的)

本学期学校在学生公寓设立三年级学生活动室,安排各系毕业班辅导员每天下午 2 时到 6 时、晚上 7 时到 11 时轮流值班,有时还持续到凌晨,随时解决学生有关就业方面的疑问。活动室内还设立了就业资料阅览室,并在学校图书馆开辟就业书刊专栏,提供就业指导书籍和各省市用人单位的介绍。近日,学校学生就业指导中心专门邀请河南人才测评网职业规划专家在宿舍门口现场为几百名学生进行职业测评、职业规划、职业定位的"就业把脉",并从就业政策、职业生涯、择业技巧、简历制作、行业及公司情况五个方面解答学生们的咨询。

此外,学校日前还开展了就业服务周,就业指导中心定期免费向学生发放就业指导杂志,内容包括就业形势特刊、行业分析、名企访谈、就业政策、择业技巧、职场动态、就业信息等,深受广大学生的欢迎。

送：各处室

发：工商系,经贸系,电子系,机械系,计算机系,艺术系

打印：院办 　　　　 校对：张欢喜 　　　　 印数：(20 份)

评析：该简报正文内容比较单一,因此不需要目录,篇幅比较短,按语可以省去。

例文 2

××大学理学院团委简报

第六期(总第十二期)

(**注**：标明年度期数,总期数用括号括入)

贵州大学理学院团委编 　　　　　　　　　　　　　　　2018 年 12 月 16 日

本期导读

(**注**：本期简报包含多篇文章,因此正文前添加了导读目录)

理学院迎新杯篮球赛圆满结束

理学院第三届心理情景剧决赛落下帷幕

理学院"知行杯"辩论赛圆满结束

"人人爱科学,尊重知识产权"联谊晚会圆满结束

理学院迎新杯篮球赛圆满结束

11 月 12 日 12 时 30 分,理学院"迎新杯"篮球赛总决赛开始的哨音在一教前的篮球场吹响了。……在大家热烈的掌声中,理学院"迎新杯"篮球赛就此获得圆满成功。

(王会春供稿)

(**注**：文末注明供稿人及单位,用括号括入。因每篇文章供稿人不同,因此必须分别注明)

理学院第三届心理情景剧决赛落下帷幕

12 月 13 日 19 时,理学院在博学楼 314 举办了"岁月如歌"第三届心理情景剧决赛。……

至此,理学院第三届心理情景剧比赛圆满结束。

(田垚供稿)

总编：刘剑　副总编：李秋蓉　责任编辑：邱瞳勋　闫岩

报送：学生处,校团委,院领导院办公室,校学生会

（**注**：报尾部分注明简报编辑及报送信息）

发：学院各团支部

（共印 45 份）（**注**：标明印刷信息）

评析：这是一份综合式工作简报,把不同时间、地点发生的动态事件综合起来。从不同方面汇报展示了贵州大学理学院团委的工作成绩。报头格式规范、完整;导读目录一目了然;各文章题目中心突出;报尾内容齐全、规范。

实训活动

××市××公安局××派出所实行警务公开,赢得了社会的赞誉。××××年××月××日,市公安局办公室在派出所了解考核了这方面的情况。要求：根据材料,编写一份工作简报。

问　听说你们所 10 月就开始实行警务公开,并受到群众的赞许,这在全局还是件新鲜事,你作为指导员能否谈谈你们的想法。

答　这项工作,也可以说是一种尝试,开始实行是 10 月,其实我们在思想上的准备时间还要早一点。因为我们在所里开始提出警务公开这个问题时,意见分歧很大。有人说过去搞"文明窗口",现在又来警务公开,还不是老一套！有人担心警务公开把"家底"暴露,会给今后工作带来麻烦。为了统一思想,提高认识,派出所党支部组织大家认真学习了公安部《关于公安机关必须保持廉洁的通知》。通过学习,大家认识到：实行警务公开是公安机关在新形势下保持廉洁的一项重要措施,这有利于增强公安工作的透明度,更好地接受群众的监督。从而促使干警依法执行公务,减少失误,提升执法水平和工作效率。大家的思想统一了,这为警务公开奠定了思想基础。这也可以说是我们实行警务公开的起步。

问　周所长,刚才我和指导员谈到你们所实行警务公开的事,现在请你谈谈警务公开的内容和方法,好吗?

答　我们主要是针对群众关心的问题,确定公开的内容。我们专门开过研究确定警务公开具体内容的支委扩大会,定了三方面的内容。一是公开干警的职责范围。我们在所里的大院子中设置了一个宣传窗柜,给每个干警照一张彩照镶在玻璃窗内,每张照片下标出姓名、职责范围,让群众一看,就知道办什么事,该找谁。如果要找的干警不在,只要在留言本上预约时间,民警就会按时接待。

问　对,这个办法好,第二个公开的内容呢?

答　二是公开各项办事程序。把那些群众经常遇到又不大了解的程序与制度的事项公布出来,把其办理程序、手续、办理条件等分别在派出所和居民区张榜公布,群众一看就知道哪些事该办,哪些事不该办,该办的事如何办。

问　你们从 10 月到现在已经实行了两个月了,收到了多少群众信件,有一个统计吗?

答　共收到合理建议一条,批评信一封,表扬信 9 封。

问　你能举一个例子讲一个如何赢得社会赞誉吗?

答　如市银行干部学校 12 名教师迁新居之后因忙于教学,没有时间办理户口迁移手续。他们知道我们设有"工作联系箱",就留言反映了这一问题。派出所当天就替他们办了户口送上门去。教师们高兴地说:"这个办法好,群众办事方便多了。"

……

知识拓展

简报、报告和新闻的异同

1. 简报与报告的异同

二者都有反映工作情况的功能,但差异较大。

(1)编发形式不同。简报一般定期或不定期编发,一段时间编发一次。报告用口头或书面的形式向上级或群众所做的正式陈述,需要报告时就编发,没有时间限制。

(2)内容侧重不同。简报是某一频道未读信息的归纳、汇总。所包含的信息可以有:所属频道组名、标题、发布时间和提要等。报告主要针对重大事件或决定、意见等,需要上报上级或告知群众。

(3)报送对象不同。简报一般面向机关、团体、企事业单位内部,是内部宣传文件。报告报送的对象一般为上级领导、部门,或面向广大群众,报告相关信息、情况。

2. 简报与新闻的异同

二者都具有报道性,表述方式都以叙述为主,兼有议论。不同之处有以下几点。

(1)公开程度不同。新闻和简报,总体上都属于宣传范畴。新闻是外宣,简报是内宣。总体来讲,都是为了树立形象。新闻是树立社会形象,简报是树立行业形象。根据受众对象不同,写作方法不同。

(2)内容范围不同。新闻侧重用事实证明做得好,社会上新近发生的焦点事件、重大事件及与广大群众息息相关的事件都可以成为新闻;简报侧重介绍措施办法(被简报采纳,本身就说明了该单位做得好,做法值得大家学习和借鉴),主要针对机关、团体、企事业单位内部发生的事件、信息等。

(3)表达方式不同。新闻描述或叙述(通讯或消息),简报概括提炼(信息,专报)。

任务五　条据的写作

案例导入

人们在日常工作、学习、生活中,在告知事情、托人办事、留言,或者借到、收到、领到钱物时,常常需要使用各种对应的条据。这些条据你都会写吗?在写作的时候需要注意哪些问题你都知道吗?

知识要点

一、条据的定义

条据是个人或单位彼此之间为处理财务、物资问题或事务来往,写给对方作为情况说明、做账或查询时的依据,俗称"条子"。它是日常生活中最常见而又最简便的应用文。

二、条据的分类

根据条据的性质和特点,可将其分为说明条据和凭证条据,用于说明情况的条据是说明条据,用于作为凭证的条据是凭证条据。

1. 常用的说明条据

(1)请假条是指因故需要请假而写给有关负责人的常用应用文体,主要说明请假的原因和时间。

(2)留言条是指有事要告知对方,而又无法与对方相见,需留言给对方时书写的条据。

(3)便条是指因有事需要委托别人帮助办理而写的条子。

2. 常见的凭证条据

(1)借条是借到个人或单位钱物时,写给对方备查的一种条据。钱物归还后,要把借条收回作废。

(2)欠条是像单位或个人借钱物已归还一部分,还有部分拖欠,证明所欠部分的字据。钱物完全归还后,要把欠条收回作废。

(3)领条是从上级或相关部门领取钱或物时,写给钱物发放人员的、证明已领到的一种凭据。

(4)收条是收到单位或个人交来的钱物时,写给对方作为证明的一种凭据。

三、条据的写作结构

各类条据虽然功能不同,但总体结构类似,如表 3-5 所示。

表 3-5　条据的写作结构

结构	要　　点
标题	直接写明条据名称即可,如"请假条""借条""欠条""收条"等
称谓	"请假条"有称谓,其他条据一般不写称谓
正文	写明条据性质和关系、涉及条据双方的单位或个人姓名、钱物的具体情况、双方约定事宜等
落款	右下方署上单位名称或立据人姓名,必要时可加盖公(私)章或摁手印

1. 请假条

请假条按照不同的标准可以划分为多种类型。如按内容分,有工作请假条、活动请假条、会议请假条、上课请假条;按性质分,有病假请假条、事假请假条;按时间分,有请假条、续假条等。无论哪种请假条,一般都是由标题、称谓、正文、落款和附件五部分组成。

(1)标题。第一行正中写明标题"请假条",字体稍大。

(2)称谓。第二行顶格写称谓,加上冒号,如部门名称或领导姓名等。

(3)正文。另起一行开头空两格书写,简洁明了地写清请假的内容。包括明确说明请假的理由及起止时间,并加上请假祈请用语,如"请批准""请予批准""恳请批准"等。另外,有时正文之后要加上敬祝语,一般是正文后另起一行空两格写"此致",再另起一行顶格写"敬礼!"。

(4)落款。在正文的右下方写上请假人的名字,再另起一行写上年月日,有时还要写清上午或下午几时几分。

(5)附件。根据审批部门或领导要求,需要提供相关的证明材料附在后面。比如,病假请假条需要附医院开具的诊断证明等。

2. 留言条和便条

留言条和便条一般不写标题,通常由称谓、正文、落款三部分组成。

(1)称谓。正文上一行顶格写称谓,加上冒号。如果对象是上级或长辈,要使用尊称。

(2)正文。称谓下另起一行开头空两格书写,具体内容包含所要说明的事情的各要素,即何时、何地、何人和何事讲清楚,要把所交代或所托之事的有关情况写清楚。同时,要在结尾处注明联系方式,以便对方见到留言条或便条后及时联络或沟通。

另外,有时正文之后另起一行空两格,写对年长者或位尊者加上的敬祝语或其他问候语,如"祝好""多保重""常联系"等。

(3)落款。在正文的右下方写明留言人的姓名,再另起一行写上年月日,如有必要可写清具体几时几分。

3. 借条、欠条和领条

借条、欠条和领条一般都包括标题、正文和落款三个部分。

(1)标题。在正文上方中间写上文种,字体稍大,如"借条""欠条""领条"等。

(2)正文。标题下空一行左空两格写正文内容。正文内容包括以下三个方面。

① 条据性质和关系,如"今借到""今领到""今欠"等。

② 涉及条据双方的单位或个人姓名、钱物的名称、规格、数量、质量、用途等,还包括条据涉及行为发生时间等。数量要大写,钱数末尾一般要加上个"整"字。

③ 双方约定事宜,如利息计算、还款(物)时间、付款方式、纠纷处理方式等。正文之后另起一行空两格写上"此据",作为正文结尾。

具体到不同的条据,正文侧重点有所不同。

① 借条。数额较大的、事项较齐全的借款条,要写明借出方姓名(附上身份证号)、借款金额、币种、利息计算、本息还款时间、付款方式、违约条款等;借物条要写明借到物品名称、来源、数量、质量、种类、规格、归还时间等。

② 欠条。数额较大的、事项较齐全的欠条,写法参考借条。欠条上还应写明原借情况和尚欠情况;事后补写欠条的还应注明"今补欠条,作为凭证"。

③ 领条。领款条要写明领到的款项名称、来源、金额（包括大小写）、所领款项用途等；领物条要写明领到的物品名称、来源、数量、质量、种类、规格、用途等。如须归还，还应注明归还钱物的时间。

（3）落款。正文之后右下方署上单位名称或立据人姓名，必要时可加盖公（私）章或摁手印，在署名的下方写年、月、日。

4. 收条

收条一般包括标题、正文、落款三部分。

（1）标题。在正文上方中间写上"收条"，字体稍大。

（2）正文。标题下空一行左空两格写正文内容。首先要写明条据的性质、关系，"今收到"之类。接着要写明收到单位或个人送来的款项名称、用途、数量、质量、种类、规格等。正文之后另起一行空两格，以"此据"结尾。

（3）落款。正文之后右下方署上单位名称或立据人姓名，必要时可加盖公（私）章或摁手印。

四、条据的写作要求

1. 一文一事，主题突出

条据和公文一样，要求一文一事，即一个条据只能涉及一个问题，不能一文多事。

2. 语言简洁，表达准确规范

开门见山，直截了当地将条据双方关系、行为、性质、约定事项等说清楚，用语准确严谨，涉及钱、物数量时，计量单位及数字书写要规范。

3. 字迹清晰，格式规范

凭证条据是要作为凭证使用的，因此书写字迹不能潦草，不能随意涂改，格式要规范，结构完整。凭证条据是简化的契约，书写时要用钢笔、圆珠笔认真细心地写。写成后，不可随意涂改。如需涂改，需在改动处加盖公（私）章或摁手印。

例文解析

例文 1

请　假　条

张老师：

（**注**：第一行顶格写收条人称谓，姓氏＋职业，表示礼貌）

本人因急性腹泻不止，需留院观察，特此请假三天（2018 年 8 月 26—28 日），请批准。（**注**：请假原因及具体请假时间）

附件：医院诊断证明（**注**：提供医院诊断证明）

学生：李乐

2018 年 8 月 25 日

评析：这是一则病假请假条，请假事由、事项、证明材料齐全。

例文 2

便　条

张翔：

　　明日去厦门出差，本月个人总结已写好，烦请你替我上交部门主管李主任。**（注：正文写清托付事情及细节）**

　　谢谢！

李霞

2018 年 7 月 29 日

评析：这是一则便条。例文采用一段式结构，内容表述清楚，语言简洁，用语礼貌。

例文 3

留　言　条

王老师：**（注：称谓指代不明，容易混淆）**

　　我来沪办事，您父亲托我给您带来特产一提，不巧您在开会。我明天上午再来，请您在办公室稍等。**（注：留言中细节不明确，时间不具体）**

您的学生**（注：落款未署姓名）**

2018 年 6 月 3 日

评析：这是一则存在问题的留言条，留言人、留言对象不明确，内容不具体、不细致。

例文 4

借　条

　　今借到**（注：凭证条据性质清楚"今借到"）**胡斌（身份证号：×××××××××××××××××）**（注：出借人姓名清晰，身份证号明确）**现金人民币肆万元整（￥40000.00），**（注：金额数量、币种书写规范）**年利息 8%。**（注：借款双方利息约定明确）**2020 年 5 月 23 日前本息一并归还。**（注：还款日期明确）**

　　此据。

　　借款人：孙涛（签字、手印）

　　身份证号：××××××××××××××××××

　　2018 年 5 月 23 日

　　（注：借款人姓名、手印、身份确认清楚，字据立定时间清楚）

评析：这是一则借款凭证条，借款内容完整清晰，格式规范。

例文 5

欠　条

原借杜小强同志人民币叁佰元整,已还壹佰元整,尚欠贰佰元整,两月内还清。

此据。

万青

2018 年 8 月 14 日

评析:这则欠条内容完整,书写规范。"原借""已还"标明条据性质;欠条内容清楚,数额书写规范,还款时间约定明确;正文之下另起一行空两格,"此据"结尾。

例文 6

收　条

今收到(**注**:"今收到"标明条据性质)红星商店送来的 2008 年 4 月财务报表贰份。(**注**:"红星商店"写明单位名称,报表年份及份数标注清楚)

××百货公司财务科(章)

经手人:陈刚

2018 年 5 月 1 日

评析:这是一则收条,内容清楚,格式规范,接收单位名称、印章、经手人姓名及接收时间标注清晰。

实训活动

1. 2018 年 3 月 17 日早上,17 级国贸一班董浩同学的母亲不慎摔伤了腿,父亲出差无法及时返回,需要他请假三天在医院照顾母亲。请你代董浩同学写一张请假条。

2. 不识字的爷爷向邻居王大爷借了 8960 元,答应一月后还他。请你代爷爷写张借条。

3. 你是宏大商场采购部经理,2007 年 6 月 5 日,你收到长虹电器股份有限公司送来的货物——2158 型彩电 50 台。请你给对方送货员开具一张临时性收条。

知识拓展

借条七大陷阱

1. 打借条时故意写错名字

王某父子向朋友张宗祥借款 20 万元,并打下借条,约定一年后归还欠款及利息。想不到王某父子在借条署名时玩了个花招,故意将"张宗祥"写成"张宗样"。张宗祥当时也没有注意。到还款期后,张宗祥找到二人催要借款,谁知二人却以借条名字不是张宗祥为由不愿归还。无奈之下,张宗祥将王氏父子告到法院。尽管法院支持了张宗祥的主张,但张宗祥也因在接借条时的不注意付出了很大代价。

2. 是己借款,非己写条

王某向张某借款 10000 元。在张某要求王某书写借条时,王某称到外面找纸和笔写借条,离开现场,不久返回,将借条交给张某,张某看借条数额无误,便将 10000 元交给王某。后张某向王某索款时,王某不认账。张某无奈起诉法院,经法院委托有关部门鉴定笔迹,确认借条不是王某所写。后经法院查证,王某承认借款属实,借条是其找别人仿照自己笔迹所写。

3. 利用歧义

李某借周某 100000 元,向周某出具借条一份。一年后李某归还 5000 元,遂要求周某把原借条撕毁,其重新为周某出具借条一份:"李某借周某现金 100000 元,现还欠款 5000 元"。这里的"还"字既可以理解为"归还",又可以解释为"尚欠"。根据民事诉讼法相关规定"谁主张,谁举证",周某不能举出其他证据证实李某仍欠其 95000 元,因而其权利不会得到保护。

4. 以"收"代"借"

李某向孙某借款 7000 元,为孙某出具条据一张:"今收到孙某 7000 元"。孙某在向法院起诉后,李某在答辩时称,为孙某所打收条是孙某欠其 7000 元,由于孙某给其写的借据丢失,因此为孙某代写收条。类似的还有,"凭条,今收到×元"。

5. 财物不分

郑某给钱某代销芝麻油,在出具借据时,郑某写道:"今欠钱某芝麻油毛重 800 元。"这种偷"斤"换元的做法,使价值相差 10 倍有余。

6. 两用借条

刘某向陈某借款 18000 元。出具借据一张:"借到现金 18000 元,刘某。"后刘某归还该款,陈某以借据丢失为由,为刘某出具收条一份。后第三人许某持刘某借条起诉要求偿还 18000 元。

7. 借条不写息

李某与孙某商量借款 10000 元,约定利息为年息 2%。在出具借据时李某写道:"今借到孙某现金 10000 元。"孙某考虑双方都是熟人,也没有坚持要求把利息写到借据上。后孙某以李某出具的借条起诉要求还本付息,人民法院审理后以《合同法》第 211 条"自然人之间的借款合同对支付利息没有约定或约定不明的,视为不支付利息"的规定,驳回了孙某关于利息的诉讼请求。

项目四 常见往来文书

任务一 邀请函的写作

案例导入

现代社会,大到国家,小到单位、个人都离不开社会交往活动。人们在社会交往活动中,会频繁使用到邀请函这种往来文书。一份格式规范、感情真挚的邀请函,是竞争对手或合作伙伴之间交往顺畅的润滑剂和重要工具,可以起到协调关系、沟通信息、加强了解、增进友谊等作用。假设你所在公司要举办一场技术研讨会,需要邀请一位知名教授出席会议。请你以公司名义拟出一份邀请函。

知识要点

一、邀请函的定义

邀请函也叫邀请书、邀请信,可广泛应用于各种社会活动、经济活动、学术活动,是邀请某单位或个人出席会议、参加业务洽谈、进行访问和交流时所用的请约性书信。邀请函的使用充分显示了邀请者的郑重其事和对被邀请人的尊重。

二、邀请函的特点

1. 使用范围广泛

邀请函广泛应用于各种社会活动、经济活动、学术活动。它是社会活动中各种座谈会、联谊会、纪念活动,经济活动中各种博览会、展销会、物资交流会、洽谈会,学术活动中各种学术年会、讨论会、答辩活动等都要使用的专用书信。邀请函的使用不受级别高低和单位大小的限制,单位、企业、个人都可以使用,其行文具有多向性,上行、平行都可以。

2. 用语简洁、明了

邀请函是现实生活中常用的一种应用文写作文种,行文要求语言简洁明了、传达清楚,文字不要太多、太深奥。

3. 情感真挚，谦敬性强

邀请函作为一种请约性的社交文书，邀请对象一般是亲朋好友、知名人士或专家，行文注重谦恭有礼，力求得到对方更多的理解和支持，包含表达尊重、联络情感的意味，邀请者要表现出充分的诚意，用语热情、谦恭、有礼貌。

三、邀请函的分类

1. 普通邀请函

普通邀请函的邀请对象一般是亲朋好友，如邀请某人参加聚会、出席典礼等，一般为个人信函，所以内容格式上的要求都比较宽松，可以写得随意一些，只需要表明邀请的意图，说明活动的内容、时间、地点等即可。但既然是邀请函，那么就一定要在信中表达非常希望对方能够参加或者出席的愿望。普通邀请函的篇幅可以非常短。

2. 正式邀请函

正式邀请函通常是邀请有一定社会威望的知名人士或专家参加会议或学术活动，一般为事务信函。正式邀请函通常要包括以下内容：①表明邀请对方参加的意图以及会议或学术活动的名称、时间、地点；②要对被邀请者的威望和学术水平等表示推崇和赞赏，表明如果被邀请者能够接受邀请，会给会议或者活动带来很好的影响；③要说明会议或活动的相关事宜，最好是能引起对方兴趣的事宜；④表达希望对方能够参加的诚意；⑤要请收信人对发出的邀请做出反馈，如确认接受邀请。因此，这类邀请函的措辞要相对正式一些，语气要热情有礼。

四、邀请函的写作结构

邀请函一般由标题、称谓、正文、结尾和落款构成，如表4-1所示。

表4-1　邀请函的写作结构

结　构		要　　点
标题		"邀请函"或"××（事由）邀请函"
称谓		受邀单位名称（全称）或尊敬的×××女士/先生
正文	缘由	邀请函制发的缘由、目的
	事项	礼仪活动的日程安排、时间、地点、事项及要求
结尾		符合礼仪文书的行文要求的敬语
落款		邀请单位的名称（全称）或发函者的姓名、日期

1. 标题

标题有两种写法，第一种写法由文种名称单独构成，居中写上"邀请函"三个字即可。第二种写法由"事由＋文种名称"构成，如"××企业客户答谢会邀请函"。需要注意的是，"邀请函"三个字是完整的文种名称，与公文中的"函"是两种不同的文种，不能拆开写成"邀请×××的函"。

2. 称谓

如果邀请信有相对明确的邀请对象,就要另起一行顶格把邀请对象的单位名称或个人姓名写出来以示重视,并在称谓后面加写冒号,比如会议邀请函,通常是需要写明称呼的。需要注意的是,个人姓名前一般要加敬语,个人姓名后要缀职称、职务或"女士""先生"。如果面向全社会发出邀请,没有明确的邀请对象,可以不写称呼这一项,比如一些经济活动邀请函有时就没有称呼。

3. 正文

正文是指礼仪活动主办方正式告知邀请对象举办礼仪活动的缘由、目的、事项及要求,写明礼仪活动的日程安排、时间、地点,并对被邀请方发出得体、诚挚的邀请。正文在称谓下另起一行空两格开始写。礼仪活动的各种事宜务必在正文中写清楚、写周详,若附有票、券等物也应同邀请函一并送给邀请对象;若相距较远,则应写明交通路线,以及来回接送的方式等;材料文件、节目发言等也应在正文中交代清楚。

4. 结尾

结尾一般要写常用的邀请惯用语,如"敬请光临""欢迎光临"等符合礼仪文书的行文要求的敬语,讲求事务与礼仪的完美结合。

5. 落款

在邀请函右下方署名主办单位并加盖公章,以示庄重;再另起一行写明发信日期。

五、邀请函的写作要求

1. 务必周详

邀请函是邀请对象进行必要准备的一个依据,所以各种事宜一定要在邀请书上显示出来,使邀请对象可以有备而来,也会使活动主办的个人或单位减少一些意想不到的麻烦。如果有需要注意的事项,要在适当的位置注明。希望邀请对象收到请柬后给予答复的,则须在请柬上注明"请答复"字样。有时为了方便联系,也可留下自己的电话号码或地址。若对参加活动的人有具体要求可简单地在请柬上注明。

2. 措辞讲究

邀请函用语要简短、热情、文雅,宜用期盼性语言表达。突出"请"意,避免使用"务必""必须"之类带强制性的词语,不能有丝毫强求之意。同时,邀请函的语言还要含有尊敬之意,不能是行政命令式的态度,所以在用词上一定要礼貌。有些邀请函在开头还应解释一下自己不能亲自面邀的原因。

3. 提前发送

邀请函要使邀请对象早些拿到邀请函,这样可以使邀请对象对各种事务有一个统筹的安排,使其有足够的时间对各种事项进行准备安排,而不会由于来不及准备或拿到邀请信时已过期而参加不了举办的活动。

例文解析

例文1　客户答谢会邀请函

××公司年终客户答谢会邀请函

尊敬的×××先生/女士：

过往的一年，我们用心搭建平台，您是我们关注和支持的财富主角。（**注：开头先陈述双方关系**）

新年即将来临，我们倾情实现网商大家庭的快乐相聚。为了感谢您一年来对公司的大力支持，我们特定于2018年××月××日14:00在××××大酒店一楼××厅举办2018年度××××客户答谢会，届时将有精彩的节目和丰厚的奖品等待着您，期待您的光临！

（**注：正文交代举办活动的背景目的，接着写明此次活动的时间、地点和其他事项**）

让我们同叙友谊，共话未来，迎接来年更多的财富，更多的快乐！（**注：结尾向对方发出了诚恳的邀请**）

××××××××公司

2018年××月××日

评析：这是一份客户答谢会邀请函。这封邀请函结构合理完整，称谓得体，正文开门见山，交代了此次活动的目的，接着说明本次活动的时间、地点以及其他事项，最后向受邀方发出了得体、诚挚的邀请。

例文2　开幕式邀请函

邀　请　函

尊敬的×××先生/女士：

我们很荣幸地邀请您作为贵宾参加2019年××月××至××日在北京国家会议中心举办的××展会的开幕式，并诚挚邀请您出席由××公司与××家具装饰业商会共同举办的一系列高规格的同期活动。（**注：正文简明扼要，首先表达邀请的诚意，然后交代开幕式的时间、地点、参与人员，以及会议具体安排**）

此次展会将迎来300余家海内外展商参展，其中包括科勒、乐家、吉博力、嘉科米尼、威能和菲斯曼等一系列国际品牌。

开幕式

日期：2019年××月××日

时间：9:00—10:00

地点：××会议中心大厅

开幕式结束后，我们还邀请您参加以下精心筹备的各项活动。顶尖技术在中国的精彩诠释——家用锅炉制造商联合新品发布会。

日期：2019年××月××日

时间：10:00—12:00

地点：××会议中心××会议室

×××××××公司

2019年××月××日

评析：这是一份开幕式邀请函。正文首先表达邀请对方的诚意，然后简单、明了地交代开幕式的具体安排和一系列同期活动安排，情感真挚，行文言简意赅，热情、谦恭、有礼貌。

实训活动

1. 判断以下表述的正误。

(1) 专门邀请某人的请柬不能省略称谓，而宽泛使用的请柬可以省略称谓。　　（　　）

(2) 寄出的请柬，可在附言处写"收到后请回电话"之类的字样。　　（　　）

(3) 邀请函又叫请柬、通知书，是一种礼仪文书。　　（　　）

(4) 新春茶话会要邀请李先生参加，组织者送去一份邀请通知。　　（　　）

(5) 邀请函在社会生活中广泛使用，但没有保存价值。　　（　　）

2. 指出下文中存在的错误，并修改。

邀　请　函

尊敬的家长：

　　时光如梭，转眼间犬子即将进入生死攸关的高三年级攻坚阶段。在这个关键时期，他更希望得到您悉心的帮助。为了指导您有效地对孩子做心理疏导，鄙校决定于本月28日上午10时在学校报告厅举行家长会，聘请省内知名的心理辅导专家做专题讲座。希望您在百忙之中抽出时间，准时参加，不得缺席或迟到。

××中学高三年级部

2019年××月××日

3. ××总公司因项目需求邀请××技术支持公司派遣专业技术人员前来进行实地考察，并商讨合作相关事项，考察时间两天。请按要求拟写一份邀请函。

知识拓展

原来古人的邀请函可以这么美

　　生活在节奏如此之快的现代社会，我们都很向往古代人优哉游哉的闲适生活，行到水穷，坐看云起，细数落花，缓寻芳草，花间饮酒，月下赋诗，林中弹琴，山上访客，浅斟低唱，深意密约，真是说不尽的自由自在，就连邀请朋友的邀请函，都是那样别致，那样深情，那样美。

　　唐朝诗人白居易邀请刘十九来喝酒。要问这刘十九是谁呢？他就是大诗人刘禹锡的堂兄刘禹铜。乐天是怎么说的呢？他说：

> 绿蚁新醅酒,
>
> 红泥小火炉。
>
> 晚来天欲雪,
>
> 能饮一杯无?

绿色的美酒,红色的火炉,暮色将雪的天空,还有一位惺惺相惜的朋友留门而待,相信刘十九看到这封信时,心中感动无限,当欣然赴约。

"诗圣"杜甫邀请县令崔明府来家做客时,是相当的真挚、诚恳:

> 舍南舍北皆春水,但见群鸥日日来。
>
> 花径不曾缘客扫,蓬门今始为君开。
>
> 盘飧市远无兼味,樽酒家贫只旧醅。
>
> 肯与邻翁相对饮,隔篱呼取尽余杯。

草堂的南北涨满了春水,只见鸥群日日结队飞来。老夫不曾为客扫过花径,今天才为您扫,这柴门不曾为客开过,今天才为您打开。离市太远,盘中没好菜肴,家底太薄只有陈酒招待。若肯邀请隔壁的老翁一同对饮,隔着篱笆唤来喝酒尽兴!

泾县地方绅士汪伦是李白的忠实"粉丝",他曾写信邀请李白来做客,信中写道:"先生好游乎? 此地十里桃花;先生好饮乎? 此地有万家酒店。"先生喜欢游玩吗? 我这里有几十里桃树林的桃花都盛开了;先生喜欢饮酒吗? 我们这里有近万家酒店,为您提供美酒佳肴! 面对汪伦的高调邀请,高傲的李白动心了。当然,汪伦见李白应邀而来,自然喜出望外。原来"十里桃花"是十里桃花潭,只是一个水潭名;"万家酒店"只是一个姓万的人开的酒店。但李白并没有因此而失望,却因汪伦的深情邀请和盛情款待而特别感动。走时,李白留下了一首《赠汪伦》:

> 李白乘舟将欲行,忽闻岸上踏歌声。
>
> 桃花潭水深千尺,不及汪伦送我情。

孟浩然有一首《过故人庄》,诗中描写了他到故人家做客的情景。但从诗中我们却看到,邀请孟浩然做客的这位故人,也是相当的诚恳、朴实:

> 故人具鸡黍,邀我至田家。
>
> 绿树村边合,青山郭外斜。
>
> 开轩面场圃,把酒话桑麻。
>
> 待到重阳日,还来就菊花。

"故人具鸡黍",老朋友为了邀请孟浩然,早早就把鸡宰了,还煲好黄米饭相待! 有这样实在的朋友,是一件多么幸福的事情!

任务二 欢迎词的写作

案例导入

富于艺术性且充满个性地致好"欢迎词"太重要了,它是给他人留下"第一印象"的极佳机会,好比一场戏的"序幕",一篇乐章的"序曲",一部作品的"序言"。在生活与工作中,我们应当努力展示自己的艺术风采和个性特征,使"良好的开端"成为"成功的一半"。假设被我校录取的新生前来报到,面对即将在校园生活三年的新同学,作为学长,你将如何表达对他们的欢迎呢?

知识要点

一、欢迎词的定义

欢迎词是由东道主出面对宾客的到来表示欢迎的讲话文稿,是在迎接宾客的仪式、集会、宴会上主人对宾客的光临表示热烈欢迎的一种礼仪文书。

二、欢迎词的特点

1. 看对象说话

欢迎词多用于对外交往。在各社会组织的对外交往中,迎接的宾客可能是多方面的,如上级领导、检查团、考察团等。来访目的不同,欢迎的情由也应不同。欢迎词要有针对性,看对象说话,表达不同的情谊。

2. 看场合说话

欢迎的场合、仪式也是多种多样的,有隆重的酒会、宴会、欢迎大会、记者招待会,也有一般的展销会、座谈会、订货会等。欢迎词要看场合说话。该严肃则严肃,该轻松则轻松。

3. 感情真挚,具有欢愉性

中国有句古话是"有朋自远方来,不亦乐乎",所以欢迎词中包含着一种愉快的心情,可给客人一种"宾至如归"的感觉,为下一步各种活动的圆满举行打下好的基础。欢迎词的言辞用语富有激情,能够表现出致辞人的真诚。

4. 语言简洁,具有口语性

欢迎词本意是现场当面向宾客口头表达的,所以口语化是欢迎词的必然要求,要运用生活化的语言,既简洁又富有生活情趣。口语化会拉近主人同来宾的关系。

三、欢迎词的分类

1. 按表达方式分

(1)现场讲演欢迎词。一般由欢迎人在被欢迎人到达时在欢迎现场口头发表的欢迎稿。

(2)报刊发表欢迎词。发表在报刊或公开发行刊物上的欢迎稿,一般在客人到达前后发表。

2. 按社交的公关性质分

(1)私人交往欢迎词。私人交往欢迎词一般是在个人举行较大型的宴会、聚会、茶会、舞会、讨论会等非官方的场合下使用的欢迎稿。通常要在正式活动开始前进行。私人交往欢迎词往往具有很大的即时性、现场性。

（2）公务往来欢迎词。公务往来的欢迎词一般在较庄重的公共事务中使用。要有事先准备好的得体的书面稿，文字措辞上的要求较私人交往欢迎词要正式和严格。

四、欢迎词的写作结构

欢迎词一般由标题、称谓、正文和落款构成，如表 4-2 所示。

表 4-2　欢迎词的写作结构

结　　构		要　　点
标题		欢迎词或××（场合）欢迎词
称谓		尊敬的×××女士/先生或尊敬的女士们、先生们
正文	背景	现场举行的是何种仪式，发言人代表什么人或组织
	事项	阐述宾客来访的目的、意义和作用
	结尾	祝颂语
落款		致欢迎词的机关或人物的名称、日期

1. 标题

标题有两种写法：第一种是在文稿首行居中写上"欢迎词"三个字；第二种是由场合和文种组成，如"在公司庆典上的欢迎词"。

2. 称谓

称谓要在开头顶格处书写，有专称和泛称两种。专称要写明宾客的姓名，称呼前可加修饰语"尊敬的""敬爱的"之类；称呼后可加头衔或职称，也可加"先生""女士"等。若要重点强调某个贵宾，可以写为"尊敬的×××先生/女士"，"尊敬的×××教授"。泛称是指面对同一个共同体，可以写为"尊敬的女士们、先生们""尊敬的各位专家、各位老师、朋友们"。需要注意的是，欢迎词的称谓要精心选择，不可滥用，要做到"敬而不谀""亲切而不油滑"。

3. 正文

正文是欢迎词的主体。正文要针对致辞的对象，将自己最想表达的情感写出来，一般包括以下三方面的内容。

（1）要说明现场举行的是何种仪式，发言人代表什么人向哪些来宾表示欢迎。开头切忌漫无边际，无的放矢，要实实在在，迅速切题。语言要生动活泼，热情洋溢，庄雅美好。忌用难登大雅之堂的语言。

（2）要阐述宾客来访的目的、意义和作用；回顾双方交往的历史与友情，赞扬宾客在某些方面的贡献及双方友好合作的成果，表示继续加强合作的意愿、希望。对初次来访者，还要简单介绍本单位的情况。

（3）结尾要写祝颂语，对宾客的光临再次表示热情的欢迎和良好的祝愿，如"再一次对你们的光临表示热烈欢迎""祝你们的来访取得圆满成功"等。

4. 落款

在正文下面右下方写明致欢迎词的机关或人物的名称和日期，如果在标题或正文中已经写明，则此处不必再落款。

五、欢迎词的写作要求

（1）称呼要用尊称，感情要真挚，要能较得体地表达自己的原则和立场。

（2）热情而不失分寸，欢迎词应出于真心实意，热情、谦逊、有礼，语言亲切，饱含真情，注意分寸，不亢不卑。

（3）措辞要慎重，勿信口开河，同时要注意尊重对方的风俗习惯，应避开对方的忌讳，以免发生误会。

（4）篇幅短小，言简意赅，一般的欢迎词都是一种礼节性的外交或公关辞令，宜短小精悍，不必长篇大论。

例文解析

例文1　迎接来访单位欢迎词

欢　迎　词

女士们、先生们：（**注：称谓为泛称，指参加此次活动的所有来宾**）

值此×××厂×周年厂庆之际，请允许我代表×××厂，并以我个人的名义，向远道而来的贵宾们表示热烈的欢迎。

朋友们不顾路途遥远专程前来贺喜并洽谈贸易合作事宜，为我厂×周年厂庆更添了一份热烈和祥和，我由衷地感到高兴，并对朋友们为增进双方友好关系做出的努力，表示诚挚的谢意！

今天在座的各位来宾中，有许多是我们的老朋友，我们之间有着良好的合作关系。我厂建厂×年能取得今天的成绩，离不开老朋友们的真诚合作和大力支持。对此，我们表示由衷的钦佩和感谢。同时，我们也为能有幸结识来自全国各地的新朋友感到十分高兴。在此，我谨再次向新朋友们表示热烈欢迎，并希望能与新朋友们密切协作，发展相互间的友好合作关系。

"有朋自远方来，不亦乐乎。"在此新朋老友相会之际，我提议：为今后我们之间的进一步合作，为我们之间日益增进的友谊，为朋友们的健康幸福，干杯！（**注：结尾再次表示致辞者对来宾的热情欢迎，并表达了美好祝愿**）

评析：这是一份现场讲演欢迎词。这篇欢迎词结构合理完整，称谓得体，正文迅速切题，既表达了致辞者对来宾的热烈欢迎，又言简意赅地交代了活动背景，回顾了建厂历史，表示了继续合作的意愿。最后再次表达美好祝愿，将气氛带入高潮。

例文2　迎新生欢迎词

欢　迎　词

亲爱的20××级新同学：

你们好！

在硕果累累的金秋时节，你们怀揣着无限的憧憬，来到了××学院。你们的到来，犹如徐徐清风,让××学院更加清新宜人,璀璨多姿。××学院全体师生期盼着你们的到来,我们用最诚挚的心意衷心地祝福你们,欢迎你们!

同学们,欢迎你们加入××学院这个大家庭!我们知道,同学们,特别是第一次进入××学院的同学们,心情一定非常激动。是的,因为你们即将踏入的是一个繁花似锦的校园,一个令人眷念的故地,一片生生不息、蓬勃向上的热土。在这里,我们向你们表示由衷的祝贺和热烈的欢迎!

……

"长风破浪会有时,直挂云帆济沧海。"同学们,让我们揽万卷文采,汲百代精华,踏实地走好每一步,共同携手,描绘出属于自己的一片蓝图。

祝大家在大学的三年里快乐、幸福!

评析:这是一份大学迎新生欢迎词。正文首先表达了对新生的热烈欢迎,接着将大学生活中将要面临的机遇与挑战娓娓道来,最后再一次表达对新生的美好祝愿。全文感情真挚,结构合理,用词得体。

例文3 领导莅临指导欢迎词

欢 迎 词

尊敬的各位领导、各位专家:

你们好!

今天,各位领导亲临我中心指导工作,这既是对我中心业务监督工作的检查和督导,也是对我们进一步做好各项业务监督工作的鞭策和鼓舞。在此,我谨代表计划财务经营科全体工作人员对各位领导的光临表示最诚挚的欢迎!

……

最后,预祝各位领导在我中心的检查、指导工作过程中心情愉快,一切顺利!

评析:这是一份领导莅临指导欢迎词。正文开头直入正题,首先表示了对领导前来指导工作的欢迎,接着介绍了财务监督工作的开展情况,最后加之祝颂语,全文层次鲜明,内容准确。

实训活动

1.判断以下关于正文的表述是否正确。

(1)欢迎词正文要自然地表达自己的真情实意。　　　　　　　　　　　( )

(2)客气礼貌的欢迎、欢送、祝贺、答谢都是正文可写的内容。　　　　　( )

(3)表示良好的祝愿或继续合作的意愿是正文的第一部分内容。　　　　( )

(4)回顾往昔友好的合作以及取得的成绩也能写进正文。　　　　　　　( )

2.阅读下面的材料,完成文后问题。

欢 迎 词

尊敬的同事们、朋友们:

我谨代表中国卫生部欢迎你们参加将于20××年在北京举办的由国际劳工组织和中国卫生部共同主办的"第十届职业性呼吸系统疾病国际会议"。该会议由国际劳工组织于1930年发起,至今已在不同国家举办了9届。回顾其半个多世纪所走过的路程,可以看到,会议主题逐渐增多、会议名称逐渐演变,这表明该会具有鲜明的时代性,为呼吸病学和全世界职业卫生进步做出了巨大贡献。

20××年4月在北京召开的"第十届职业性呼吸系统疾病国际会议"是在新世纪召开的第一次会议。全世界在职业卫生和呼吸疾病的控制方面已取得了长足的进步,科技的迅猛发展和经济全球化又给职业卫生和呼吸疾病的预防和控制提出了不少新课题。我们利用本次会议在北京召开的时机,为从事职业卫生呼吸疾病研究的科学家、立法者、管理者和相关企业家提供一个交流经验、分享信息和科研成果的平台,你们的热情参与和积极支持是保证这次会议成功的关键。中国政府十分重视此次会议,会议组委会不但为大会安排了内容丰富、水平一流的学术交流日程,还将为各位与会者安排一系列令人着迷的文化和社交活动。我相信,你们一定会在我们这个有着悠久历史、丰富文化和美丽风光的国家度过一段难忘的时光。让我们20××年相聚北京!

中国卫生部　×××

(1) 这份材料的文种是什么?

(2) 为这份材料拟写一个题目。

(3) 正文依次都写了哪些内容?

(4) 这份材料的作用是什么?

3. 根据下面的材料写一份欢迎词。

张华是××公司的董事长,近日,与该公司有合资建厂、生产、经营管理关系的×××董事长和相关人员前来张华的公司考察、交流。请替张华写一份欢迎词。

知识拓展

周恩来总理在欢迎美国总统尼克松的宴会上的欢迎词

(1972年2月22日)

总统先生、尼克松夫人;女士们、先生们、朋友们:

首先,我高兴地代表毛泽东主席和中国政府向尼克松总统和夫人,以及其他的美国客人们表示欢迎。同时,我也想利用这个机会代表中国人民向远在太平洋彼岸的美国人民致以亲切的问候。

尼克松总统应中国政府的邀请,前来我国访问,使两国领导人有机会直接会晤,谋求两国关系正常化,并对共同关心的问题交换意见。这是符合中美两国人民愿望的积极行动,这在中美两国关系史上是一个创举。

美国人民是伟大的人民。中国人民是伟大的人民。我们两国人民一向是友好的。由于大家都知道的原因,两国人民之间的来往中断了二十多年。现在,经过中美双方的共同努力,友好来往的大门终于打开了。目前,促使两国关系正常化,争取和缓紧张局势,已成为中美两国人民强烈的愿望。人民,只有人民,才是创造世界历史的动力。我们相信,我们两国人民这种共同愿望,总有一天是要实现的。

中美两国的社会制度根本不同,在中美两国政府之间存在着巨大的分歧。但是,这种分歧不应当妨碍中美两国在互相尊重主权和领土完整、互不侵犯、互不干涉内政、平等互利和和平共处五项原则的基础上建立正常的国家关系,更不应该导致战争。中国政府早在 1955 年就公开声明,中国人民不想同美国打仗,中国政府愿意坐下来同美国政府谈判。这是我们一贯奉行的方针。我们注意到尼克松总统在来华前的讲话中也说道,"我们必须做到的事情是寻求某种办法使我们可以有分歧而又不成为战争中的敌人。"我们希望,通过双方坦率地交换意见,弄清楚彼此之间的分歧,努力寻找共同点,使我们两国的关系能够有一个新的开始。

最后我提议:

为尼克松总统和夫人的健康,

为其他美国客人们的健康,

为在座的所有朋友和同志们的健康,

为中美两国之间的友谊,

干杯!

解读:这是一篇著名的欢迎词,称谓之后,内容分为三部分:①写对客人的来访表示欢迎以及对美国人民致以问候,其后写对客人来访意义的评价;②写对两国人民的评价、两国人民的交往情况以及两国人民争取改善关系的愿望,同时,客观地点出两国政府之间存在着分歧,但希望分歧不应当妨碍开拓两国关系的新局面等;③祝颂语。全文既有针对性,又合乎历史、现实以及欢迎场景,感情真挚诚恳,不卑不亢,表现了大国总理的风度。

任务三　欢送词的写作

案例导入

大三的师兄师姐即将毕业了,学院计划为师兄师姐举办一场欢送晚会。晚会由学生会组织筹办,由你代表学生会在晚会上致欢送词。你该在欢送词中表达哪些内容呢?

知识重点

一、欢送词的定义

欢送词是在欢送宾客的仪式、集会、宴会上主人对宾客即将离去表示热烈欢送的一种礼仪文书。

二、欢送词的特点

1. 惜别性

"相见时难别亦难",中国具有重情谊的民族传统精神。欢送词要表达亲朋远行时的感受,所以依依惜别之情要溢于言表,而且格调不可低沉。公共事务的交往更应把握好分别时所用言辞的分寸。

2. 口语性

同欢迎词一样,欢送词的遣词造句也应注意使用生活化的语言,使送别既富有情趣又自然得体。

三、欢送词的分类

1. 按表达方式分

(1)现场讲演欢送词,一般由欢送人在被欢送人到达时在欢送现场口头发表的欢送稿。

(2)报刊发表欢送词,即发表在报刊或公开发行刊物上的欢送稿。

2. 按社交的公关性质分

(1)私人交往欢送词。私人交往欢送词一般是在个人举行较大型的宴会、聚会、茶会、舞会、讨论会等非官方的场合下使用的欢送词。通常要在正式活动结束后进行。私人交往欢送词往往具有很大的即时性、现场性。

(2)公务往来欢送词。这样的欢送词一般在较庄重的公共事务中使用。要有事先准备好的得体的书面稿,文字措辞上的要求要比私人交往欢送词正式和严格。

四、欢送词的写作结构

欢送词一般由标题、称谓、正文和落款构成,如表 4-3 所示。

表 4-3　欢送词的写作结构

结　构		要　　点
标题		"欢送词"或"××(场合)欢送词"
称谓		尊敬的×××女士/先生或尊敬的女士们、先生们
正文	背景	宾客还剩的逗留时间或离别的日期
	事项	阐述宾客来访的行程、意义和作用
	结尾	祝颂语
落款		致欢送词的机关或人物的名称、日期

1. 标题

标题有两种写法,第一种是在文稿首行居中写上"欢送词"三个字;第二种是由场合＋文种组成。

2. 称谓

称谓要在开头顶格处书写,有专称和泛称两种。专称要写明宾客的姓名,称呼前可加修饰语"尊敬的""敬爱的"之类;称呼后可加头衔或职称,也可加"先生""女士"等。若要重点强调某个贵宾,可以写为"尊敬的×××先生/女士""尊敬的×××教授"。泛称是指面对一个共同体,可以写为"尊敬的女士们、先生们""尊敬的各位专家、各位老师、朋友们"。

3. 正文

正文是欢送词的主体。正文要针对致辞的对象,将自己最想表达的情感写出来,一般包括以下三方面的内容。

(1) 与欢送有关的背景内容,宾客还剩的逗留时间或离别的日期。

(2) 宾客来访期间的活动行程、活动内容和取得的成果,应强调与彼此友谊的加深,对主方工作的促进等,继而表示与宾客进一步加强交往、合作的意愿。

(3) 结尾对宾客表示祝福或再次表示依依不舍之情。

4. 落款

在正文下面右下方写明致欢送词的机关或人物的名称和日期。如果在标题或正文中已经写明,则此处不必再落款。

五、欢送词的写作要求

(1) 要巧妙地表达自己的原则、立场。

(2) 要热情而有礼貌,体现出真情实感。

(3) 要尊重对方的风俗习惯、宗教信仰等,不讲对方忌讳的内容。

(4) 语言要精练、明快,语气要热情、友好,篇幅要简短适当。

例文解析

例文1　来访人员欢送词

欢　送　词

尊敬的×××博士、同事们、朋友们:(注:称谓是专称、泛称结合)

刚好在两个星期以前,我们愉快地在这里欢聚一堂,热烈欢迎×××博士。今天,在×××博士访问了本集团公司各分公司和游览了我市的风景名胜之后,我们再次欢聚一起,感到特别亲切、高兴。×××博士将于明天回国,他的访问时间虽然短暂,然而成果丰富,极其成功。在本集团公司期间,他会晤了技术人员和管理人员,参观了车间科室,与一线工人进行了亲切交谈,向我们展示了他细致、严谨和高效的工作作风。在向×××博士告别之际,我们真诚地希望×××博士给我们多多提出指导意见,以便我们更好地提升工作水平。同时,我们想借此机会请他转达我们对贵国××公司总裁和全体员工的亲切问候!(注:正文交代了背景,简要回顾了此次来访的日常安排,和意义与作用)

祝×××博士回国一路顺风!身体健康!(注:结尾表达了对来访人的美好祝福)

集团公司总裁:×××

2019年××月××日

评析:这是一份欢送来访人员的欢送词。这篇欢送词突出了三方面的内容。其一写与客人两次欢聚。"两个星期以前"点明客人的访问时间长度。客人"将于明天回国"点明欢送的缘由。其二写客人访问的行程情况,以及收获。其三写主人的希望、要求和祝愿。

全文感情真挚,措辞得当,语言精练,是一篇典范的欢送词。

例文2　商务伙伴欢送词

欢　送　词

尊敬的女士们、先生们:

首先,我代表×××对你们访问的圆满成功表示热烈的祝贺。两天来,我们本着平等互利的原则,经过认真协商,签订了《××协议》,为双方今后的合作和发展打下了良好的基础。明天,你们就要离开××了,在即将分别的时刻,我们依依不舍。大家相处的时间是短暂的,但我们之间的友好情谊是长久的。我们之间的合作刚刚开始,中国有句古语:"来日方长,后会有期。"希望我们加强合作,不断往来,欢迎各位女士、先生在方便的时候再次来××做客,相信我们的友好合作会结出丰硕的果实!

祝大家一路顺风,万事如意!

评析:这是一份商务伙伴欢送词。正文部分先表示祝贺之意,再介绍来访取得的主要成果,说明分别时的心情,最后表达了良好愿望。值得注意的是,落款信息在标题或正文中已经写明,因此右下角处不必再落款。全文格式规范,语言简练,情感真挚。

实训活动

1. 单项选择题。

(1) 下列说法有错误的一项是(　　　)。

　　A. 主人对宾客或会议代表的到来,表示热烈欢迎的讲话叫欢送词

　　B. 在送别宾客的仪式上,主人对宾客的离去表示挽留的讲话稿叫欢送词

　　C. 欢迎词和欢送词在涉外活动和一般社交活动中使用

　　D. 欢迎词的特点是感情真挚,语言文雅大方

(2) 下列说法正确的一项是(　　　)。

　　A 欢迎词和欢送词有活跃社交气氛,避免冷场的作用

　　B. 欢迎词和欢送词的内容比较自由,没有具体要求

　　C. 欢迎词和欢送词可以给客人留下深刻、良好的印象

　　D. 国际的迎送往来应该使用外语。

(3) 关于标题说法错误的是(　　　)。

　　A. 欢送词的标题里可以写上致辞人的名字

　　B. 标题可以写成"×××的欢迎词"

　　C. 致辞人讲话时要把欢送词的标题念出来

　　D. "再见了,亲爱的同学们"是欢送词的标题

(4) 关于称谓,下列叙述正确的是(　　　)。

　　A. 欢迎词、欢送词的称谓可有可无

　　B. 不论专称还是泛称,都表示对客人和来宾的尊重

　　C. 专称就是在宾客的名字后面写上职务、头衔

2. 根据下面所给材料,写一份欢送词。

北京市××总公司员工黄先生前往郑州市××分公司进行了为期一个月的技术指导工作,如今他将要启程返回北京市。

知识拓展

欢迎词与欢送词的联系与区别

欢迎词、欢送词统称迎送词,是用以表示欢迎、欢送的文辞。它们都用于具有宾主关系的交往场合,且大多是在一定的仪式上(如宾至、宾归的迎送会,招待宴)当众演说的文稿。宾至时,主人对宾客的到来表示热烈欢迎的讲话稿叫欢迎词。宾归时,主人对宾客的离去表示热烈欢送的讲话稿叫欢送词。二者的主要作用都是活跃社交气氛、交流宾主感情、密切相互关系,增强双方友谊,重在表示热情友好的交往态度。

欢迎词、欢送词一般由标题、称谓、正文、落款四部分构成。标题较灵活,可在文种之前加致辞人姓名或事由。称谓有泛称和专称(往往需要加上表示尊敬或亲切的词语)两种。正文是迎送词的主体内容,主要表示热烈迎送的情意,表述宾客来访的意义、作用或相互合作的成果,表述对友好交往的珍惜重视之意,然后一般用祝颂语或有关照全体与会者的礼节性用语结尾。具体写法见表4-4。

表4-4　欢迎词和欢送词各部分的具体写法

部分	欢　迎　词	欢　送　词
标题	只写文种,如"欢迎词",或"事由＋文种",也可以写成"致辞人姓名(有时还加其职务)＋会议(或仪式)名称＋文种"	只写文种,如"欢送词",或"事由＋文种",也可以写成"致辞人姓名(有时还加其职务)＋会议(或仪式)名称＋文种"
称谓	若迎送对象是个人,则要用尊称,对方姓名要用全名,不得用简称、代称;在姓名前要冠以"尊敬的""亲爱的"等表示亲切的词语,在姓名后要加"先生""女士""朋友"或"同志"等称谓。若迎送对象不是个人,而是一个共同体,则可以写为"尊敬的女士们、先生们""尊敬的各位专家、各位老师、朋友们"等	
正文	(1) 说明现场举行的是何种仪式,发言人代表什么人向哪些来宾表示欢迎 (2) 阐述宾客来访的目的、意义和作用;回顾双方交往的历史与友情,赞扬宾客在某些方面的贡献及双方友好合作的成果,表示继续加强合作的意愿与希望 (3) 用祝颂语对宾客的光临再次表示热情的欢迎和良好的祝愿,如"再一次对你们的光临表示热烈欢迎""祝你们的来访取得圆满成功"等	(1) 说明与欢送有关的背景内容,宾客还剩的逗留时间或离别的日期 (2) 阐述宾客来访期间的活动行程、活动内容和取得的成果,应着重与彼此友谊的加深,对主方工作的促进等,继而表示与宾客进一步加强交往、合作的意愿 (3) 用祝颂语对宾客即将离别表示祝福或再次表示依依欢送之情。如"希望各位能够再次前来指导工作,相信我们的友好合作会结出丰硕的果实""祝大家一帆风顺,身体健康"等
落款	写明致迎送词的机关或人物的名称和日期。如果在标题或正文中已经写明,则此处不必再落款	

值得注意的是,迎送词不论用何种标题,致辞人在讲话时都是不念的。在致辞结束后,致辞人一般不念落款署名,只在公开发表时,正题之下或落款处署上致辞者名称与日期。

任务四　贺信的写作

案例导入

企业生存在外部大环境中,为了让企业更好地融入环境,被环境中其他组织所接受,贺信这种往来文书必不可少。贺信可以起到企业同其他组织或个人建立关系的桥梁作用,也可以帮助企业和其他合作公司加深友谊,保证企业的营运平稳。假设你所任职公司的合作公司在一项技术研发方面取得了重大成就,请你以你所任职公司总经理的名义给对方发一封贺信。

知识要点

一、贺信的定义

贺信是表示庆祝的书信的总称。它是从古代祝词中演变而来的。贺信是指机关、团体、企事业单位或个人向其他单位或个人表示祝贺的一种专用书信。

今天贺信已成为表彰、赞扬、庆贺对方在某个方面所做贡献的一种常用形式,可以起到联络感情、促进交流、加强合作等作用,具有表示慰问和赞扬的功能。

二、贺信的特点

1. 情意性

针对具体的祝贺情境,以真挚的感情恭贺对方,可以表达共同愿望、增进相互感情、增加喜庆气氛。

2. 时限性

贺信可以直接送达、可以投递,也可以通过新闻媒介广泛传播,必要时还要当众宣读。但不管采用怎样的传达方式,都要讲究祝贺的时机。

三、贺信的分类

(1)上级给下级的贺信。这类贺信可以是节日祝贺,也可以是对工作成绩表示祝贺等。这类贺词,最后都要提出希望和要求。

(2)下级给上级的贺信。这类贺信一般是对全局性的工作成绩表示的祝贺,需要表明下级对完成有关任务的决心和行动。

(3)同级之间的贺信。这类贺信除了向对方表示祝贺之外,还需要表明向对方学习的谦虚态度,从而表示保持和发展双方关系的愿望。

（4）国家之间的贺信。当有外交关系的国家新首脑就职或者友好国家有重大喜事时，一般要致贺词，这既是礼节上的需要，也是谋求双方共同发展、维护双方共同利益的方式。

（5）个人之间的贺信。用于亲朋好友在重要节日、重大喜事中互相祝贺，或者祝贺某人在工作、学习中取得了好成绩。

四、贺信的写作结构

贺信一般由标题、称谓、正文、结尾、落款构成，如表 4-5 所示。

表 4-5　贺信的写作结构

结　构		要　　点
标题		"贺信"或"×××致×××的贺信"
称谓		单位名称（全称）或×××女士/先生
正文	事由	说明取得成绩的背景或历史条件
	具体分析	概括说明取得成绩，并分析原因
	祝颂语	表达诚挚的祝福
结尾		再次写上祝愿的话
落款		写贺信的单位名称（全称）或个人姓名、日期

1. 标题

贺信的标题有三种写法：①在首行居中书写"贺信"两字，这种写法是最常用的；②在"贺信"前面加上事由或者"谁写给谁的贺信"，如"×××致×××的贺信"；③在书写个人之间的贺信时，也可以不写标题。

2. 称谓

在标题下一行顶格写明祝贺单位或个人的姓名，一般要用全称，称谓要得体，可以在名字后面加"先生/女士"；有时还要注意具体场合，尽可能在称呼中包括全部在场的人。

3. 正文

正文首先应道明祝贺的事由，结合当前的形势，说明对方取得成绩的大背景，或者某个重要会议召开的历史条件。接着概括说明对方都在哪些方面取得了成绩，分析其成功的主观原因和客观原因，注意要概括说明对方的贡献及其宝贵品质。这一部分是贺信的中心部分。最后，要在正文中对被祝贺者由衷地表达自己诚挚的祝福。

4. 结尾

结尾要写上祝愿的话，贺信的结尾一般都有固定的语言，如"祝会议取得圆满成功""祝开业大吉，生意兴隆""祝取得更大成就"或"更上一层楼"等，要根据双方的关系，根据不同的场合、不同的事件，拟出得体的祝颂词。

5. 落款

一般情况下，正式的、较为隆重的祝词，都要完整地在正文的右下方署上单位名称（全称）

或个人姓名、日期,有的贺信还需要注明具体地点。也有一些情况,会把日期写在标题下方。

五、贺信的写作要求

(1) 祝福要真诚。贺信作为加强彼此联系、增进双方交流的一种重要手段,所表达的感情要热烈真挚,发自内心,给人以鼓励和温馨。

(2) 定位要准确。写贺信要注意彼此关系,符合双方身份,才能做到中心突出,措辞得体,礼貌周到。

(3) 评价要恰当。贺信的内容要实事求是,评价成绩要恰如其分,表达决心要切实可行。

(4) 语言要生动。贺信的语言要简练生动、流畅得体,长而空是不受欢迎的;可恰当地使用对偶、比喻等修辞手法,使贺信显得优美文雅,但不能堆砌华丽的辞藻。

例文解析

例文 1　公司开业的贺信

贺　信

××计算机公司:

　　贵公司落成开业,是商界也是企业界的一件大喜事,在此谨向你们致以热烈祝贺!

　　贵公司拥有一支由软件专家组成的庞大队伍,技术力量相当雄厚,必定能够开发出具有竞争力的软件系统,对于满足用户需求,活跃计算机市场定会取到决定性的作用。

　　祝贵公司开业大吉,宏图大展!

××公司全体员工同贺
2019 年××月××日

评析:这是一份祝贺公司开业的贺信。正文首先对公司落成表达了祝贺,接着对该公司的实力进行分析,概括出该公司的优势所在,最后再次对公司开业表达了诚挚祝福。全文格式规范,语言简练,是一篇行文简洁的贺信。

例文 2　周年庆的贺信

致××计算机厂建厂 20 周年的贺信

××计算机厂全体同志:

　　喜闻××月××日为贵厂建厂 20 周年纪念日,谨此向你们表示热烈祝贺!

　　20 年来,贵厂在党的领导下,发扬了自力更生、艰苦奋斗的精神,为开创我国的计算机事业做出了重大贡献。特别是在经济体制改革以来,贵厂锐意改革,积极引进国外先进技术,结合我国实际情况研制了一批具有中国特色的居国内先进水平的新型计算机,为现代化经济建设事业做出了新的贡献。贵厂在对内搞活、对外开放、提高经济效益、实行厂长责任制和各种生产责任制等方面都走在同行业的前面,并提供了可供借鉴的宝贵经验。我们为你们取得的重大成绩再一次表示衷心的祝贺!

我们两厂之间有着传统友谊。我们自建厂初期就得到了贵厂在人力、物力尤其是在技术人才方面的大力支援。令人难忘的是,去年上半年由于我厂领导班子更换频繁、管理不善、信息不灵、产品质量不过硬,一度处于十分困难的境地。在此危难关头贵厂派出了强有力的管理干部和高水平的技术人员,无私地给予我们真诚的、兄弟般的援助,使我厂终于摆脱了困境,一举跨进先进行列。我们深知我厂的兴旺和发展是与贵厂的支持、帮助分不开的。在此向你们表示由衷的感谢! 最后,祝贵厂在研制名优产品方面更上一层楼,在祖国的现代化建设中再立新功!

××计算机厂

2019 年××月××日

评析:这是一份祝贺周年庆的贺信。正文包含三层意思:①写致贺的事由并致贺;②热情赞扬对方在多方面取得的成就;③叙述两厂友谊,感谢对方的支持,同时预祝对方再创辉煌。

例文 3 节日贺信

贺　信

全体女职工同志们:

大家节日好!

在"三八"国际妇女节来临之际,公司党支部、工会向集团公司全体爱岗敬业、默默奉献的女职工致以崇高的敬意和节日的问候! 向支持女职工的家属们致以诚挚的慰问!

一年来,公司 49 名女职工立足岗位,巾帼建功,为公司的事业做出了积极的贡献。你们在公司扎实工作、奋发进取,是企业的"半边天";你们在家里,治家理政、默默奉献,是家庭的"主心骨"。在你们美好的心灵中,蕴含着强烈的工作责任感,表现出了坚韧不拔和温润细致的优秀品质。作为担负事业和家庭两副重担的女职工,更需要全社会多一份关爱和呵护。公司党委、工会组织将继续发扬优良传统,在政治上、工作上支持女职工,努力为女职工营造良好的工作环境,提升幸福指数。

在新的一年里,公司党支部、工会组织号召全体女职工争做自尊、自信、自强、自立的当代新女性,弘扬集团公司企业精神,传承美德,提升素质,为推动企业发展、构建和谐家庭做出更大的贡献,以更加优异的成绩向环保献礼!

祝全体女职工节日快乐,身体健康,工作顺利,家庭美满,生活幸福!

××集团有限公司党支部工会

2019 年 3 月 8 日

评析:这是一份节日贺信。贺信开头首先对公司全体女职工表达了祝福与慰问;接着言简意赅地总结了公司女职工对公司所做的贡献,然后提出了期望;在贺信结尾处再次表达了诚挚祝福。全文结构合理完整,情感真挚,符合贺信的一般写法,值得借鉴。

实训活动

1. 判断以下表述的正误。

(1) 发送贺信的主要目的是恭贺。　　　　　　　　　　　　　　　　（　　）

(2) 贺信的语言要给人以鼓舞、希望和褒扬之感。　　　　　　　　　（　　）

(3) 贺信对对方成绩的评价可以夸大。　　　　　　　　　　　　　　（　　）

2. 阅读材料，按要求做题。

2019 年 10 月 1 日是××计算机公司成立 10 周年纪念日。该公司是一家注重自力更生、艰苦创业的公司，不但在计算机软件开发方面取得了重大成就，而且培养了大批人才。多年来该公司曾为 YG 计算机公司培训了 20 名技术人员。

试根据以上材料，以 YG 计算机公司总经理的名义给××公司全体员工写一份祝贺对方十周年庆典的贺信。要求格式规范、语言简练，符合贺信写作的要求。字数不超过300 字。

知识拓展

作家王春才致《大国起航》作者舒德骑的贺信

中国作家协会会员、中国报告文学学会会员王春才因身体原因未能到达《大国起航——中国船舶工业战略大转折纪实》(以下简称《大国起航》)的首发式，特向舒德骑发来贺信，庆祝首发式的顺利举行。贺信情感真挚，流畅得体，对《大国起航》一书高度评价，并"希望德骑同志继续关注三线国防军工题材的创作，为繁荣我国文学艺术创作，为中华民族的伟大复兴，写出更多更好、无愧于这个时代的作品"，具有很高的借鉴价值。

贺信原文如下。

贺　信

江津区委宣传部、江津文联：

欣闻你们召开舒德骑作家《大国起航》作品首发式暨研讨会。感谢你们的盛情邀请，因我最近身体行动不方便，不能前来参加你们的会议，十分遗憾，并致歉意。首先祝贺会议的召开，并祝取得圆满的成果！

江津是个山川秀美、人杰地灵的好地方，也是国家三线建设的重点区域，汇聚了十几家国防军工单位。在我工作期间，为这些军工单位的规划、建设、调整和迁址开发利用，我曾多次来过江津。同时，江津也是个文化大区，地方党委和政府历来极其重视宣传文化工作，形成了丰厚的人文积淀，造就出人才辈出的环境。江津，给我留下美好的印象和难忘的记忆。德骑同志是我多年的老朋友，是四川、重庆乃至全国国防军工系统著名的作家。他在军工系统工作了几十年，热爱军工、关注军工，创作、出版了大量军工题材的作品。我记得，他曾创作出版过《深海丰碑中国核潜艇诞生纪实》《惊涛拍岸——中国船舶工业进军世界纪实》《击长空——歼 10 总设计师宋文骢的传奇人生》《沧海横流》《非常使命》《宋文传》等多部军工题材的作品。当年我在主编《中国大三线报告文学丛书》时，曾收入他10 多万字的多篇作品，从那时我就开始关注、鼓励和支持他。人才难得，20 世纪 90 年代，在北京中船总想调他到总公司机关时，为加强四川库工系统的宣传文化工作，我推荐他去了成都兵器工业北方激光研究院。

光阴荏苒，迄今 20 多年过去了。在当今市场经济情况下，德骑同志能长期坚守自己的创作阵地,守得住清苦,耐得住寂寞,勤奋刻苦,笔耕不辍,不断推出关注现实、关注改革开放、关注军事工业、关注民族复兴的作品,这是十分难能可贵的。《大国起航》一书的出版,受到中宣部、新闻出版总局、北京国际图书展、中国好书榜的关注和重视,这绝不是偶然的,也是为三线放歌、为历史生辉的佳作。对《大国起航》一书的出版,并受到各级宣传文化部门、广大读者的欢迎,向他表示热烈的祝贺!

前两天,我与本书的作序者、中国船舶工业总公司原党组书记、总经理王荣生同志通了电话。他对本书的出版感到十分高兴和欣慰,他说:"作为中国船舶工业改革开放和船舶工业战略大转折的参与者、见证者和组织指挥者,《大国起航》一书熔思想性、知识性、文学性、可读性为一炉,是船舶工业进步发展的一笔宝贵财富,是一本宝贵的新中国船舶工业发展的船史资料。感谢作家舒德骑同志多年来对我国船舶工业的发展进步的写作和贡献!"我请他向党组建议,由中国船舶工业集团和中船重工集团在北京联合举行一个新书发布和作品研讨会。

尽管我年事已高,但我一口气读了《大国起航》这部 40 万字的书后,我与王荣生同志有着同样的感想和感触。通读本书,使我不忍释手。全书气势恢宏、大开大合、波澜壮阔、跌宕起伏、文笔娴熟,感情真挚,感人至深。我认为,这也是德骑同志近年来创作的最好的一本书。我将推荐给军工系统的领导、三线建设研究会的同事、文学艺术界的朋友,让大家都来读读这本近年来并不多见的好书。同时我相信,这本书将会获得更大的荣誉和拥有更多的读者。

最后,希望德骑同志继续关注三线国防军工题材的创作,为我国文学艺术创作,为中华民族的伟大复兴,写出更多更好、无愧于这个时代的作品。预祝会议取得圆满成功!

王春才

2018 年 11 月 18 日

任务五　慰问信的写作

案例导入

2019 年 6 月 17 日 22 时 55 分,我国四川省宜宾市长宁县发生 6 级地震,且余震不断,使当地人民群众的生命财产遭受了重大损失。你所在的学校开展了赈灾捐助活动,向灾区人民捐助了人民币 10 万元,为灾区人民恢复生产、重建家园尽了一点绵薄之力。请你以所在学校的名义给四川省宜宾市长宁县人民政府发一份慰问信。

知识要点

一、慰问信的定义

以组织、团体或个人的名义向辛勤工作的集体或个人表示慰劳、问候和致意,或对遇到重大损失和困难的群众、团体表示同情、问候、鼓励和关怀的书信,就是慰问信。

二、慰问信的特点

1.情感的沟通性

无论是对有突出贡献者的慰问还是对遭遇困难者的慰问,情感的沟通是支撑慰问信的一个深层基础。慰问正是通过这种或表达崇敬之情或表达关切之意的方式来达成双方的情感交流和相互理解的。节日的慰问,尤其是为某一群体而设的节日的慰问,更是起着相互沟通情感的作用,如"三八妇女节""教师节"等的节日慰问。

2.发文的单向性

慰问信通常是单向进行的,由一方慰问另一方。

3.内容的针对性

慰问信是根据慰问对象确定内容和作用的,行文目的和内容都很有针对性。

三、慰问信的分类

1.对做出贡献的集体或个人的慰问

这类慰问主要针对那些承担艰巨任务、做出了巨大贡献甚至牺牲,取得了突出成绩的先进个人或集体。例如,"慰问那些抗洪抢险的解放军战士""慰问保家卫国的边防军人""慰问春节期间仍坚守岗位的铁路工人"等。

2.对遭受困难或蒙受损失的单位或个人的慰问

这类慰问常常是针对那些由于某种原因(如车祸、火灾、地震、暴雨等)而遇到困难或蒙受了巨大损失的集体或个人。对他们表示同情和安慰,鼓励他们克服暂时的困难而加倍工作,以期尽早地改变现状,如对灾区人民的慰问,对老少边区群众的慰问。

3.节日慰问

这是一种上级对下级、机关单位对群众进行的一种节日问候。一般表示对他们以前工作的肯定和赞扬,并祝福他们在今后的工作、学习、生活中心情舒畅,做出更大的成绩,如"春节慰问""教师节慰问"等。

四、慰问信的写作结构

慰问信一般由标题、称谓、正文、落款构成,如表 4-6 所示。

1.标题

标题有两种写法:第一种是在首行居中书写"慰问信"三个字;第二种是在"慰问信"前面加上是写给谁的慰问信,如"致×××的慰问信"。

2.称谓

在标题下一行顶格写明收信单位或个人的姓名,一般要用全称。

3.正文

不同类型的慰问信在正文部分略有一些区别。

(1)慰问先进。首先写取得了何种成就,有怎样的意义,开头可用"欣闻……非常高兴,特表示祝贺并致以亲切的慰问"等语句。接下来对所取得的成就表示赞扬。最后鼓励他们再接再厉,乘胜前进,争取更大的成绩。

表 4-6 慰问信的写作结构

结 构		要 点
标题		"慰问信"或"致×××的慰问信"
称谓		写明单位名称(全称)或个人
正文	慰问先进	表明取得了何种成就,有怎样的意义;对所取得的成就表示赞扬;鼓励他们再接再厉争取更大的成绩
	慰问受难者	交代背景;分析克服困难的有利因素,鼓励他们努力奋斗;表明发信单位或个人将为他们做贡献的决心及行动,并表示良好祝愿
	节日慰问	概述节日意义,提出问候语;赞扬有关人员所取得的成绩或所做的贡献,联系当前的形势阐述责任和今后的任务;发信单位或个人针对实际情况提出希望
落款		发信的单位名称(全称)或个人姓名、日期

(2) 慰问受难者。这类慰问信主要是对受难者表示同情和安慰,鼓励他们克服困难,勇往直前。因此在正文开头可先用"惊悉……深表同情,并致以深切的慰问"等语句。接下来着重写克服困难、战胜灾难的有利因素,鼓励他们努力奋斗,战胜眼前的困难。最后写发信单位或个人将为他们做贡献的决心及行动,并表示良好祝愿。

(3) 节日慰问。这类慰问信大多是上级单位写给有关人员的,内容主要是强调节日意义,赞扬有关人员所取得的成绩或做出的贡献,并提出今后的希望。正文开头概述节日意义,提出问候语。接下来赞扬有关人员所取得的成绩或所做的贡献,同时,联系当前的形势阐述责任和今后的任务。最后发信单位或个人针对实际情况提出希望。

4. 落款

在正文的右下方署上写慰问信的单位名称(全称)或个人姓名、日期。

五、慰问信的写作要求

(1) 感情要真诚朴素、恰如其分,不可漫无边际地空发议论。

(2) 语言要亲切,让对方真正感到温暖,受到鼓舞。

(3) 要根据慰问的对象和情况来确定写法。例如,慰问先进要用"向你们致以亲切的慰问和崇高的敬意"等语句;慰问受难者要用"致以亲切的问候"等语句;节日慰问要用"致以诚挚的祝福和亲切的慰问"等语句。

例文解析

例文 1 写给先进的慰问信

致实习支教生的慰问信

亲爱的同学们:

欣闻在 4300 米海拔的××草原,109 名来自××大学的同学们正面对高原缺氧、严寒、生活差异、语言不通等困难,开展顶岗支教工作,为××地区的教育事业默默贡献着自己的聪明才智。你们的行动深深地感染着我们,你们是当代大学生的骄傲,同时也是青藏高原上一道最美的风景。在得知这个信息后,××电信公司向在××支教的同学们致敬,并真诚地说声"辛苦了"。让我们共架爱心桥梁,将爱传递。

大爱无疆,支教活动对你们个人而言,是磨炼人生、增长才干的大好机会,对于××电信公司来说也是提供了向你们学习的机会,让我们一起为支教活动加油!

最后,预祝同学们在××的每一天健康、充实、快乐! 期待能与你们一同分享成功的喜悦!

××电信公司

2019 年××月××日

评析:这是一份写给先进的慰问信。正文部分首先阐明了支教的艰苦环境,并对这种行为表示赞扬,最后表达美好祝愿。全文感情真挚,语气诚恳,情感沟通性很强。

例文 2 节日慰问信

慰 问 信

全校教职工同志们:

值此"五一"国际劳动节到来之际,校工会向全校教职工致以节日的问候和崇高的敬意! 全校教职工同志们,你们辛苦了!

劳动伟大,劳模光荣。在中国革命、建设和改革的各个历史时期,涌现出千千万万劳动模范、先进工作者、优秀知识分子,他们是工人阶级的杰出代表,他们的思想、行为集中反映了时代精神和传统美德,他们胸怀全局、目标远大、爱岗敬业、艰苦奋斗,刻苦学习、勇于创新,严于律己、教书育人、弘扬师德,无论形势和任务发生怎样的变化,这种精神和美德都是我们民族极其宝贵的财富。

民族理想的实现,需要亿万人民的共同奋斗,××大学美好的明天,需要全校教职员齐心协力。未来的××大学,是培养国际儒商,造就具有全球视野、经国济世精英人才的摇篮,是创造能促进经济、造福社会科学新知的圣地,是传播提升国民素质、推动人类进步优秀文化的殿堂。××大学的教职工对学校有着深厚的感情,这是我们宝贵的精神财富,是构成我们迈向辉煌的坚实基础。让我们进一步开拓创新、努力工作、锐意进取、爱岗敬业、无私奉献,为创造一所面向世界、特色鲜明的一流大学,一个以人为本、生机勃勃的现代校园而不懈努力,不断奋斗。

全校教职工同志们,"学高为师,身正为范;团结拼搏,追求卓越"的理念将激励着我们勇往直前!

向全校教职工致敬!

××大学工会

2019 年 5 月 1 日

评析:这是一份节日慰问信。正文部分首先概述了节日意义,祝愿全校教职工节日快乐,然后赞扬教职工为学校发展做出的贡献,并为今后的工作提出希望,最后再一次对教职工诚挚地表达了节日问候。

实训活动

1. 判断题。

（1）感谢信和慰问信的格式和写法完全一样。　　　　　　　　　　（　　　）

（2）慰问信不仅可以使用于个人之间，团体和团体之间也可以使用。　　（　　　）

（3）慰问信对患病者进行慰问时，往往使用"祝您事业有成"之类的致敬语。（　　　）

（4）慰问信要求在正文之后写上写信人地址、联系方式。　　　　　　（　　　）

2. 阅读材料，按要求做题。

新年的钟声又将敲响，××区工会向全体教育系统困难职工致以热烈的新年祝贺和亲切的节日问候，对他们一年来的辛勤工作表示诚挚的慰问和崇高的敬意。

请你代××区总工会向××区教育系统困难职工写一封慰问信。

知识拓展

贺信、慰问信、感谢信的异同

1. 含义与作用

贺信是表示庆贺的书信，带有交际和礼仪的作用，是逢喜庆之时交流感情、密切关系的重要文字形式。

慰问信是以组织或个人名义向辛勤工作的集体或个人表示慰劳、问候和致意，或对遇到重大损失和困难的群众、团体表示同情、问候、鼓励和关怀以及节日期间对有关人员表示节日问候的专用书信。

感谢信是向关怀、支持、帮助过自己的单位或个人表示感谢的专用书信，除了向对方致以感谢之情，一般也具有表扬的意义。

感谢信与慰问信都能起到安慰鼓励、振奋精神、团结共进的作用。这三种礼仪文书，都必须言辞恳切、感情充沛，使人感到温暖亲切，激励振奋。

2. 写作格式

贺信、慰问信、感谢信的基本格式与一般书信大致相同，一般由标题、称谓、正文、结尾、落款五部分组成。标题可直书文种或在文种前加上相应的内容。称谓写收信的单位或个人的名称，在名称前也可加上相应的限制和称呼。正文应写明致信缘由与有关背景，并表示庆贺、慰问、感谢之意。这部分内容尤其要注意针对不同的对象，有的放矢，有感而发，要写得殷切而实在，切忌说些概念化的套话。结尾写上祝颂语，一般都带有祝愿、激励之意。落款同一般书信的写法。

3. 适用范围

贺信既可适用于重大场合，又可适用于具体个人。

慰问信则大致分节日慰问、灾难慰问和业绩慰问三类，它们都具有问候性和鼓励性的特点。

感谢信可用于单位与单位、单位与个人、个人与个人之间,只要一方得到对方的支持和帮助,都可用感谢信向对方致谢。感谢信既可直接寄给被谢者,也可公开张贴在被谢者的单位,还可交新闻媒体发表。

虽然都是礼仪文书,贺信、慰问信和感谢信也都有表扬的成分,但三者的区别非常明显:①内容侧重点不同,贺信重在庆贺;慰问信则重在表示慰问,多讲对对方的勉励和激励;而感谢信重在表示谢意,多讲对方对自己的帮助和支持。②写作对象略有不同,贺信可以是单位或个人向其他单位或个人表示祝贺;慰问信则多是对某些单位、集体或群众表示慰问;而感谢信可以是对单位表示感谢的,也可以是对个人表示感谢的。

任务六　感谢信的写作

案例导入

在你的人生旅途中,许多人给过你物质上或精神上的帮助,给帮助过你的人写封感谢信,以表达你的感恩之心,这封感谢信应该如何写?

知识要点

一、感谢信的定义

感谢信是受到对方某种恩惠,如受到邀请、接待、慰问或得到帮助,组织或个人为了感谢对方曾给予的某种关怀、支援、祝贺、勉励等而表达感谢之情的信函。感谢信可以直接寄给对方或对方的单位,可以张贴,也可以送交报社、电台、电视台刊登或播出。总之,应满怀感激之情把对方的好思想、好作风以及光荣事迹表达出来。

二、感谢信的特点和种类

(一)感谢信的特点

1. 叙述事件的真实性

感谢信是因事而起,所叙说之事应真实具体,说明在何时何地发生了何事,甚至有关数字都要准确无误;要突出主要部分,恰如其分地评价对方。

2. 表达感情的真诚性

感谢信主要表达对对方的真诚谢意。文字叙述上要以事表情,以事感人;叙述要感情充沛、讲究文辞,避免平铺直叙,但也不要过于辞藻华丽,显得虚假;语言也要精练,篇幅不宜太长。

3. 格式的规范性

感谢信的格式是书信的格式,所以要符合一般书信的要求。开头的称谓、文中的用词、结尾的敬语都要符合双方的身份和社会交往中的习惯。

4. 思想的传递性

感谢信往往与好人好事有直接关系,为了表示感谢之情,把对方的好思想、光荣事迹书写后公之于众,因此感谢信既有感谢之意,又有公开或广泛的传播表扬作用。

(二)感谢信的种类

感谢信的使用范围很广,感谢帮助、感谢祝贺、感谢鼓励、感谢捐赠、感谢探访等,都可以使用。

1. 感谢养育类

感谢长辈的养育之恩时写给长辈的信,属于养育感谢信。

2. 感谢帮助类

感谢友人、同事、老师的帮助、指导之恩时写给友人、同事、老师的信,属于帮助感谢信。

3. 感谢救援类

感谢社会其他人的救援之恩时写给救援者的信,属于救援感谢信。如 2008 年四川汶川大地震后,汶川人民写给全国前来救援者的信。

三、感谢信的写作结构

感谢信一般由标题、称谓、正文和落款构成,如表 4-7 所示。

表 4-7 感谢信的写作结构

项 目		要 点
标题		×××(感谢人)致×××(被感谢对象)的感谢信
称谓		顶格写被感谢的机关、单位、团体或个人的名称或姓名
正文	叙述部分	叙述感谢的理由,回顾对方对己方的关怀与帮助
	议论部分	在叙述事实的基础上表达赞美和感谢之情
	结尾	致敬语,表示敬意和感谢的话
落款		署上感谢者的姓名和日期

1. 标题

感谢信的标题比较灵活,大致有 3 种。

(1)以单独文种作为标题,即在首行正中书写"感谢信"三字。

(2)公文式标题,如"发文机关＋事由＋文种"。

(3)双标题,正标题和副标题,即先用一个生动形象的正标题,然后再用"给××的感谢信"作为副标题。

2. 称谓

称谓顶格书写在标题下一行,后面加冒号。

3. 正文

(1)叙述部分。回顾对方对己方的关怀与帮助,写明事情发生的时间、地点、经过和结果。

（2）议论部分。突出对方的帮助所产生的良好效果并评价其行为的意义，表示赞美和感谢之情。

（3）结尾。致敬语，表示祝愿、敬意。

4. 落款

落款即署上感谢者的姓名与日期。

注意：感谢信的篇幅一般比贺信、慰问信要长，叙事要具体，情节要感人。

四、感谢信的写作要求

（1）要把被感谢的人物和事件，准确地叙述清楚，使对方能够回忆起来，组织上也能具体地了解是什么人、在什么时间、什么地点做了什么好事，有什么好的影响。

（2）在叙述过程中，要怀着感激之情加以议论和评价，以便突出其深刻的含义。语言热情洋溢，感情真诚朴素。

（3）表示感谢的话要符合双方的身份，如年龄、性别、职业、境遇等，特别是要根据对方的具体情况表示谢意。表达谢意要符合实际，恰如其分，切实可行。

（4）文字要精练，评价要恰当，篇幅不能太长。

例文解析

例文 1　学院助学金感谢信

感 谢 信

尊敬的各位领导、老师：

你们好！

2018 年 10 月，我以一名大二学生的身份申请了学校为贫困学生提供的助学贷款。申请书交上后不久，我便接到通知：学校已经通过了对我的资格审查，正式接受了我的申请。我成了一名接受学校贷款补助的学生之一。起初，心中总有一份忐忑不安，不是因为自己出身寒门，为家里没有能力供自己读书而自卑，而是学校和东湖分行对我的信任让我感到自己肩上有了一份重担。我想，学校为困难学生提供这样的平台不仅仅是响应国家号召，更重要的是，通过督促我们努力学习，按时还款，让我们明白自己不再是一个不需要为自己行为负责的少年，而是一个有担当有责任感的成年人。

还记得刚拿到录取通知书时，爸爸妈妈脸上的欣喜和随之而来的忧愁。作为家里的大学生，他们为我而自豪，但是，高昂的学费也成为家里沉重的负担。虽然有学校老师和亲朋好友的资助，可家里无论如何也拿不出第二年的学费。正当我和家人为此发愁时，老师突然提出让我申请助学贷款，虽然以前曾经听人提起过，收到入学通知书时，也看到学校有这项政策，但始终有点担心，不知道是不是真的。当我怀着忐忑的心情向老师询问时，老师给了我肯定的答复，并且告诉我家里的条件和个人成绩都符合申请的要求，我终于放心了。从写申请书到得到贷款，解决学费问题，短短不到一个月的时间让我感觉到国家和学校对我们这些寒门学子的关怀和支持,让我们有机会凭着自己的真才实学改变自己的命运。

滴水之恩,当涌泉相报。我很感激学校和社会能这么支持我的学业,我也明白,当我接受了国家助学贷款时,也不可否认地承担了还款和督促自己成才的责任。作为新时代的大学生,我知道个人信誉对自己以后人生道路的重要性。申请贷款期间,老师对我的叮咛和嘱咐更让我深深体会到了诚信做人的道理,诚信不仅是现在对自己的要求,更是我未来工作和生活最基本的精神支柱,失去了诚信,就失去了做人的道德基础。同时,我也学会了负责和担当。曾经有一位朋友和我说过,大学是我们成人的地方,我们要在那里学会一个成年人应有的责任感和使命感。现在,我知道身上肩负着学校和社会的期望,我不仅要对自己负责,对生我养我的家庭负责,更要为帮助我的学校和社会负责,努力学习,报效国家,就是我的使命。

我承诺,大学期间,一定努力学习,争取成为对国家、对社会有用的人,毕业之后,一定早日还清贷款,不辜负学校和社会对我的期望。

感谢人:×××

2018 年 11 月 29 日

评析:这是一篇接受了国家助学贷款的在校大学生写给学校的感谢信,首先交代了自己的家庭背景,其次简单叙述了享受国家助学贷款的过程,最后表达了对国家和学校的诚挚感谢。全文格式规范,语言流利,感情真挚。

例文 2 致企业的感谢信

感 谢 信

尊敬的领导:

我们来自五湖四海,我们因缘相聚,我们毅然决定为公司贡献所有的才华和青春!

××××年,是值得纪念的一年。初出象牙塔的我们,对未来、对社会都还有着太多的迷茫、懵懂、无知,我们裹足不前。怀着这样一份既彷徨又期待的心情,我们有幸进入了这个朝气蓬勃的公司。如果不曾参与,或许我们会认为这是在浪费时间和精力,因为同期毕业的同窗已经接触实际工作。我们还是埋首在理论里,不停地重复着温故知新的学习过程,虽收获斐然但却更期盼着参与实践。而现在我懂得,这就犹如鸣笛赛跑,初看之下,他们貌似抬脚跑到了前方,但是蹲身修整的我们,却在沉着地有条不紊地把鞋带系紧,等待下面那一场又一场的畅快奔跑,不用担心会半路因鞋带松开而摔倒,不用害怕中途因迷惘不知所措而退却。这场事业的长跑中,我们做好了充分的准备,从心理到肢体,从学识到风度,我们无所畏惧,我们奋勇向前。

或许有些"初生牛犊不怕虎",但是我们真的对未来充满了信心。对自己的未来充满了信心,对公司的未来充满了信心。感谢公司在那么多的应聘者中选择了我们,感谢公司在那么缺人的情况下选择隐忍,特别在中秋团圆节之际,公司不但给我们每人发了 300 元的购物卡,而且高董、三位主任等来看我们,给我们精心安排了一系列活动,让我们感到如同家一般的温暖,切实体现了对我们的重视和以人为本的文化礼念,感谢公司愿意花费大量的物力、财力培养我们,感谢公司愿意相信我们,相信我们会让公司的隐忍变为后发制人，相信我们会给公司创造利益、创造辉煌，相信我们，我们会用实际行动证明，证明我们会为公司顶起一片广袤蔚然的蓝天！

　　此致

敬礼！

感谢人：×××

××××年××月××日

　　评析：这是一封在职员工写给公司的感谢信，全文格式规范，情感充沛。

实训活动

　　1.阅读以下这封感谢信并回答问题。

感 谢 信

尊敬的工商局领导：

　　您好！首先对贵局热情的工作态度和踏实高效的工作作风致以崇高的敬意，同时对贵局柳处长等同志表示衷心的感谢，感谢你们培养出来的高素质的工作人员，更感谢吴处长等同志以百姓利益为重，把党的温暖送到下岗人员心中。

　　我是前不久下岗的人员，为了维持生活准备开一个小店，可是对现在的办事程序一无所知，只好东打听、西问问。在办理营业执照手续时，得到了贵局柳处长等同志兄长般的耐心接待，并在职权范围内尽量简化程序、减少时间，甚至亲自到现场查看结果。他们不吸我一支烟，不喝我一口水，他们的敬业精神和浓浓的爱民之心使我深受感动，也正是他们的热情和务实，扭转了我以往对政府机关"门难进、脸难看、事难办"的印象。如今很多单位员工纷纷下岗，办事看情面、一心向"钱"看的时候，我受到了深刻的教育。

　　特以此信，表示感谢！

下岗工人：×××

××××年××月××日

　　(1) 作者写这封感谢信的原因是什么？

　　(2) 感谢信主要的感谢内容是什么？

　　(3) 对工商局而言，这封感谢信能起到什么作用？

　　(4) 这封感谢信可以通过哪些形式转达给工商局的员工？

　　2.下面的这封感谢信在格式和内容上存在不少问题，请修改。

尊敬的领导、各位警官：

　　2012年3月25日上午十时半左右，本人因公事驱车到××市出差，在途经××市收费站时，不幸遭遇后方一辆银白色、车牌为苏×××的轿车追尾，本人及时报警，而肇事司机却逃离现场。

　　报案后，贵交警支队的万警官及时赶到事发地点，了解情况，详查现场，并根据情况追踪肇事者，很快将其追获。肇事者依法对事故负责，赔偿了本人的经济损失，事故得到了妥善处理。在此特致函贵单位，深表谢意。

×××

　　3.根据以下材料拟写感谢信。

40 岁的阿里木 10 年前来到贵州省毕节市,以烤羊肉串为生。毕节有不少穷困学生上不了学,阿里木便决定用烤羊肉串赚来的钱资助贫困学生。8 年来,他把赚来的几万元全部捐献出来,资助了上百名贫困学生。很多网友被他的故事所感动,亲切地称他为"烤羊肉串的慈善家"和"草根慈善家"。

请你以被资助学生的身份,向阿里木写一封感谢信。

知识拓展

感谢信与表扬信的区别

两者都是对别人某种行为的肯定与表扬,但侧重点不同,具体表现为以下几个方面。

(1)写作主体不同。表扬信可以由受益者写,也可由旁观者写;而感谢信由受益者写。

(2)写作对象不同。表扬信只写给被表扬者领导、单位,或者报纸、电台等新闻媒介,一般不写表扬者个人;而感谢信可以写给被感谢者的单位、领导、报纸、电台等新闻媒介,也可写给个人。

(3)结尾内容不同。一般表扬信的结尾要向收信者提出要求和建议,建议对被表扬者的行为或精神给予宣传、表扬;而感谢信无此要求。

任务七　求职信的写作

案例导入

作为××大学的应届毕业生,你今年 6 月即将毕业,根据自己所学专业和自身的实际情况,为自己写一份求职信。

知识要点

一、求职信的定义

随着市场竞争的日益激烈,一个人想要很快地找到一份工作是较为困难的,找一份理想、称心如意的工作则更难。要在浩瀚的招聘广告中或在人才市场的众多摊位前寻找目标、推销自己、让人了解、得到赏识,求职信则是必备的材料之一。求职信如同一块"敲门砖",要想有效地推销自己、成功地叩开理想职业之门,写好求职信至关重要。一份出色的求职信,再加上自身的有利条件,幸运之神很快就会降临;反之,即使有出色的条件,但求职信写得十分糟糕,不能将自己的长处充分体现出来,那么即使机会摆在面前,也会稍纵即逝。

求职信是求职者写给用人单位的信,目的是让对方了解自己、相信自己、录用自己,它是一种私对公并有求于公的信函。求职信作为新的日常应用类文体,使用频率极高,其重要作用更加明显。

二、求职信的功能

1. 沟通交往，意在公关

求职信是沟通求职者和用人单位的桥梁。通过一定的沟通，在相互认识、交流的基础上实现相互交往，是求职信的基本功能。实现交往，求职者才可能展示才干、能力、资格，突出其实绩、专长、技能等优势，从而得以录用。因此，求职信的自我表现力非常明显，是公关要素之一，具有公关特色。

2. 表现自我，求得录用

实现自己的求职目的，就要求自己必须充分扬长避短，突出自我优势，在众多的求职者中崭露头角，以自己的某些特长、优势、技能等吸引用人单位。表现自我，意在录用，也是求职信的又一基本功能。

三、求职信的特点和种类

（一）求职信的特点

1. 针对性

求职信最大的特点是"求"，写求职信的宗旨和目的就是找到一份理想的工作。因此写作时要紧紧围绕招聘单位的要求、自身的条件和与招聘要求相契合处等几个方面来组织材料，重点展示自己适合此职位的长处和才能，切忌随意发挥。

2. 恰当得体

写求职信一定要注意，在充分展示自我时要做到自信而不自傲、谦逊而不逢迎、语言得体；要正确评价自己，不抬高吹嘘，也不自贬自贱。

（二）求职信的种类

（1）按成文方式分，有自写的求职信、他人推荐而写的求职信等。

（2）按内容或行业分，有技术性求职信、销售性求职信、生产性求职信、演艺性求职信、医疗性求职信等。

（3）按求职时间分，有短期性求职信、中期性求职信、长期性求职信等。

（4）按求职要求分，有基本要求的求职信、具体要求的求职信等。

四、求职信的写作结构

求职信是一种书信文体，所以和书信的书写格式一致。一般由标题、称谓、正文、结束语、落款、附件等组成，如表 4-8 所示。

1. 标题

求职信的标题通常只有文种名称，即在首行正中写上"求职信""自荐信"或"自荐书"。

2. 称谓

求职信的称谓与一般书信不同，书写要正规。在标题下一行顶格书写求职单位的名称,要用全称或规范化的简称。如果写给单位领导,则应用尊称或敬称。称谓后用冒号。

表 4-8 求职信的写作结构

项　目		要　　点
标题		首行正中写上"求职信""自荐信"或"自荐书"
称谓		顶格书写求职单位的名称,要用全称或规范化的简称
正文	求职原因	简明扼要介绍相关情况,对所求的职位要态度明朗
	个人所具备的条件	一般包括业务素质(所掌握的专业知识和专业技能)和综合素质(思想品德、兴趣爱好、课外实习、社会实践等)
	希望和要求	正文结束语,恳请对方给予回复、同意面试等
结束语		"此致敬礼""祝工作顺利"等
落款		署上求职者的姓名和日期
附件		对附在求职信后的相关材料(各类有效证件)一一注明

3. 正文

正文是求职信的核心部分。正文要另起一行,空两格开始写求职信的内容。正文内容较多,要分段写。

1) 求职的原因

首先简要介绍求职者的情况,如姓名、年龄、性别等。接着要直截了当地说明从何渠道得到有关信息以及写此信的目的。例如:"我叫李民,现年 22 岁,男,是一名财会专业的大学本科毕业生。从报纸上我看到贵公司招聘一名专职会计人员的消息,不胜喜悦,以本人的水平和能力,我不揣冒昧地毛遂自荐,相信贵公司定会慧眼识人,会使我有幸成为贵公司的一名会计人员。"这段是正文的开端,也是求职的开始,介绍有关情况要简明扼要,对所求职务的态度要明朗,而且要吸引对方有兴趣将你的信读下去,因此开头要有吸引力。

2) 对所谋求的职位的看法以及对自己的能力要做出客观公允的评价

这是求职的关键。要着重介绍自己应聘的有利条件,要特别突出自己的优势和"闪光点",以使对方信服。例如:"我于××××年 7 月毕业于××学院会计专业。毕业成绩优秀,在省级会计大奖赛中,获得'能手'嘉奖(见附件),在××杂志上发表过多篇学术论文(见附件)。我在有关材料上看到过关于贵公司的情况介绍,我喜欢贵公司的工作环境,钦佩贵公司的敬业精神,又很赞赏贵公司在经营、管理上一整套切实可行的规章制度。这些均体现了在当前的经济大潮中,贵公司的超前意识。我十分愿意到这样的环境中去艰苦拼搏;更愿为贵公司贡献我的学识和力量。我相信,经过努力,我会做好我的工作的。"写这段内容,语言要中肯,恰到好处;态度要谦虚诚恳,不卑不亢,从而达到见字如见其人的效果。要给对方留下深刻印象,进而相信求职者有能力胜任此项工作。这段文字要有说服力。

3）提出希望和要求

即向受信者提出希望和要求,如"希望您能为我安排一个与您见面的机会"或"盼望您的答复"或"敬候佳音"。这段属于信的内容的收尾阶段,要适可而止,不要啰唆,不要苛求对方。

4. 结束语

另起一行空两格写"此致""祝"等,然后换行顶格写"敬礼""工作顺利"等字样。

5. 落款

在结语下面偏右处写上求职者的姓名和成文日期。

6. 附件

附件是求职信不可忽视的一个重要部分。一般包括个人简历、学历证书复印件、获奖证书复印件等。此外,还要注明求职者的通信地址、邮编、电话号码等信息,以便用人单位及时联系。

五、求职信的写作要求

（1）实事求是。求职信的写作必须从实际出发,实事求是,对求职人的情况叙述要客观真实,不能言过其实。

（2）突出重点。求职信的写作目的是让用人单位相信自己的才干和能力,能胜任所求的职位。在写作过程中要重点展示自己的专长和技能,以便用人单位决定是否录用。

（3）简洁美观。求职信的文字要简洁,篇幅不宜太长,打印要清楚、美观。

（4）注意行文的语气。行文的语气要不卑不亢,切忌语言生硬或用命令的语气表达。

例文解析

例文1

求 职 信

尊敬的领导:

您好!

请恕打扰。本人是一名刚刚从××学院会计系毕业的大学生,很荣幸有机会向您呈上个人材料,在投身社会之际,为了找到适合自己的工作,更好地发挥自己的才能,谨向您作一简要的自我介绍。

今天我与贵公司人事部的罗林强先生谈话,得知贵公司目前需要一名会计。经过了解贵公司的情况,我相信我的工作资格和能力完全符合这项会计工作的要求。

在大学里,我学习商业会计专业,并参加过计算机操作技能的培训和训练,这使我相信,我能在贵公司这样高度专业化和现代化的公司里,熟练地应用计算机处理各种会计业务。在商务写作、人际关系和心理学方面的训练,将会帮助我与公司客户建立密切而融洽的业务联系。

由于贵公司专门研究税收保护项目,我想我在这一专业领域内的工作经验也会对贵公司有所贡献。我曾在一家证券经纪公司做过两年的业余簿记工作,随后被提升到社会投资部任财务投资助理。2011 年 8 月,我为公司分析和选择了一种特殊而有效的税收保护计划,得到公司经理的赏识,公司特意增加了我的工资。

此外,我具有较强的领导和组织能力,曾担任学生会××协会副主席和慈善活动团体的筹资部部长,能与人密切合作的能力对我做好会计工作也将十分有益。

随函呈上个人简历、论文及获奖证书复印件等,敬请参考。希望各位领导能够对我予以考虑,我热切期盼着您的回音。如果有机会与您面谈,我将十分感谢。

最后,即使贵公司认为我还不符合你们的条件,我也将一如既往地关注贵公司的发展,并在此致以最诚挚的祝福,愿贵公司事业蒸蒸日上,祝您的事业百尺竿头,更进一步!

此致

敬礼!

×××

××××年××月××日

评析:这是一篇应届毕业生写的求职信,求职信格式规范,首先做简单的自我介绍并交代了求职的缘由,主体部分分别介绍了自己的学业情况,突出强调了自己参加社会实践、实习活动,最后用恳切的言辞表达了自己求职的愿望和决心。这是一篇较为优秀的求职信,可供借鉴。

例文 2

求　职　信

尊敬的××经理:

您好!

我写此信应聘贵公司招聘的经理助理职位。我很高兴地在招聘网站看到贵公司的招聘广告,并一直期望能有机会加盟贵公司。

两年前我毕业于××大学国际贸易专业,在校期间学到了许多专业知识,如国际贸易实务、国际商务谈判、国际贸易法、外经贸英语等。毕业后,就职于一家外贸公司,从事市场助理工作,主要是协助经理制订工作计划、做一些外联工作以及文件档案的管理工作。本人具备一定的管理和策划能力,熟悉各种办公软件的操作,英语熟练,略懂日语。我深信可以胜任贵公司经理助理之职。

个人简历及相关材料一并附上,希望能尽快收到面试通知,我的联系电话:13×××××××××。

感谢您阅读此信并考虑我的应聘请求!

此致

敬礼

×××

××××年××月××日

实训活动

1. 找出以下求职信中的不当之处,并予以改正。

（1）目前惠顾你社网站，得知招聘编辑的消息，我决定应聘。我是××学院新闻专业应届本科毕业生，学习成绩优秀，身体健康，表达能力强，现寄上我的相关资料，如有意向，可尽快与我洽谈！

（2）欣闻您曾是令尊的高足，故冒昧打扰，请您在百忙中抽点时间看完我这封求职信以及随信惠寄的个人简历。到敝校求职，是我长久以来的凤愿。我想我能胜任教学工作，并将在工作中回报您以惊喜。

（3）谨以最诚挚的心情，应聘贵公司的会计一职，希望得到贵公司的尊重、信任和录用。

（4）贵公司的×××总经理先生要我直接写信给您，×××部长也很关心我的求职问题，特让我写信给您，请多关照。

（5）现已有多家公司欲聘我了，请贵公司在 6 月 4 日之前给予答复。

（6）我来自一个偏僻的地方，贫穷的家庭给了我诚实守信、吃苦耐劳、正直善良的优秀品质。最关键的是，我在大学 4 年里学会了做人的道理，学会了用一种人文关怀去关注这个世界，这是我个人思想的升华，也是人生的感悟，最重要的是，我的确为老百姓做了不少实事。

2. 以下求职信在格式和内容上存在不少问题，请修改。

求　职　信

尊敬的经理：

　　您好！

　　我从××报上看到贵公司的招聘启事，这给我提供了一个极好的施展才华的机会。现将我的简要情况告诉您。

　　我今年 21 岁，广州人，现在××学院中文系公关文秘专业学习，今年 7 月即将毕业。四年学习中，我的各门成绩均在 85 分以上，毕业论文被评为优秀并在《公关》杂志上发表。我在××广告公司实习，也深受经理器重。

　　虽然我在公关文秘方面积累了一些经验，但坦率地说，我还比较缺乏这方面的实际工作经验。但我热爱这项工作，深知这项工作的重要意义。四年学习又为我打下了扎实的专业基础，我觉得我有信心胜任贵公司的公关文秘工作。如能被录用，我将竭尽全力做好工作。贵公司如果同意接受我，请来函与我院中文系学生部联系。

　　此致

敬礼

求职人：×××

××××年××月××日

电话：××××××××

知识拓展

个人简历的制作

个人简历是对个人学历、经历、特长、爱好及其他有关情况所做的简明扼要的书面介绍。个人简历是个人形象,包括资历与能力的书面表述,对于求职者而言,是必不可少的一种应用文。

个人简历的作用有如下几点:可根据招聘信息,单独寄出或与求职信配套寄出,应聘自己感兴趣的职位;可以争取更多的录用机会;能为介绍自己提供基本素材,又能供面试者详细阅读。在人才竞争激烈的时代,个人简历具有其他方式不可替代的功能与作用。作为一种自我宣传与自我推销的媒介,其功用也日益为人们所重视。

1. 个人简历的格式和写法

个人简历可以是表格的形式,也可以是其他形式。个人简历一般应包括以下几个方面的内容。

(1) 个人基本信息,如姓名、性别、出生年月、家庭地址、政治面貌、婚姻状况,身体状况,兴趣、爱好、性格等。

(2) 与学业有关的内容,如就读学校、所学专业、学位、外语及计算机掌握程度等。

(3) 本人主要经历,如入学以来的简单经历,主要是担任社会工作或加入党、团等方面的情况。

(4) 所获荣誉,如三好学生、优秀团员、优秀学生干部、奖学金等。

(5) 本人特长,如计算机、外语、驾驶、文艺体育等。

2. 个人简历写作注意事项

(1) 要突出过去的成绩。过去的成绩是你能力的最有力的证据,会有说服力。

(2) 内容必须用事实说话。

(3) 要突出重点,不要写对所申请职位无用的东西。

(4) 避免字词句错误,不宜写得太长。

任务八　商务信函的写作

案例导入

某商厦钟表部为扩大经营规模,欲采购一批全钢防水手表,商厦经理室要求你代其给某手表生产商写一份商务信函。

知识要点

一、商务信函的定义

商务信函是指在日常的商务往来中用以传递信息、处理商务事宜以及联络和沟通关系的信函、电信文书,属于商务礼仪文书范畴。

商务信函的主要作用是在商务活动中建立经贸关系、传递商务信息、联系商务事宜、沟通和洽商产销;询问和答复问题、处理具体交易事项。其种类包括联系函、推销函、订购函、确认函、索赔函等多种。

商务信函是商务活动中重要的沟通媒介之一。在商务活动中,从联系业务、协商谈判、签订合同到履行合同、处理投诉、理赔索赔,每一个环节都需要信函来传递信息以实现有效的商务沟通,达到预期的商务活动目的。因此,商业往来有求于人的一方,一定要很好地利用这种手段来进行交流与沟通,加速建立信誉,加快生意的进程。

二、商务信函的特点和种类

(一)商务信函的特点

1. 灵活性强,便于选择

客户可以根据不同的目标顾客选择不同的商务信函内容,增强宣传的灵活性和针对性,可以提高宣传的效果,同时客户可以自己选择投递的时间和数量。

2. 针对性强,收效大

客户可以根据自身的需要,有针对性地选择具体的目标对象范围,避免盲目宣传。

3. 内容单一,结构简单

商务信函以商品交易为目的,以交易磋商为内容。它不涉及与商品交易无关的事情,要一文一事,即一份商函只涉及某一项交易,而不能涉及多项交易。同时,商务信函段落较少,篇幅较短,整体结构比较简单,看上去一目了然,便于对方阅读和把握。

4. 语言简练,直奔主题

商务信函以说明为主,或者介绍业务范围,或者报知商品品种和价格,或者提出购买品种与数量,或者要求支付货款,或者通知货物发运和到达的日期,直截了当,言简意赅。

(二)商务信函的种类

商务信函的内容大致有以下几种:请求开展业务,同意或拒绝开展业务;要求报价,报价或拒绝报价;请求订货,同意、辞退或取消订货;推销产品;关于汇款;有关信用证事宜;各种修改事项;发货或到货通知等。按其在商务活动中的功用,可分为两大类:交易磋商函和争议索赔函。

(1)交易磋商函。主要用于商贸活动的交易磋商,常见的交易磋商函有以下几种。

① 推销函。主要用于介绍推销产品和服务。

② 咨询函。主要用于向对方询问有关商品的信息和情况:是否有货、有什么样的货(规格型号、质量标准等)、价格是多少、怎样提货、售后服务等事宜。

③ 报价函。主要针对需方价格等方面的询问给予回复,为需方提供有关商品价格等方面的信息。

④ 订购函。主要用于订购商品。订购商品前,交易双方多通过当面洽谈或电话洽谈,达成购买意向,订购函则是白纸黑字,将订购意向变成书面函件。

(2)争议索赔函。主要用于贸易纠纷、合同违约等情形,常见的争议索赔函有以下几种。

① 催款函。主要用于催收欠款。

② 索赔函。主要用于协商解决合同违约、商务纠纷的问题。

③ 投诉函。主要用于催促对方改进产品或者服务质量。

三、商务信函的写作结构

商务信函一般包括事由、字号、发函对象、正文、落款、附件六个部分，如表 4-9 所示。

表 4-9　商业信函的写作结构

项　目		要　点
事由		函件主旨，交代函件主要内容，类似函件标题
字号		发函单位的代称和发函单位的函件顺序
发函对象		信函的收受者
正文	发函缘由	简要说明发函意图、缘由
	发函事项	详细陈述需告知对方的具体事项
	结语	敬语表达对对方单位的希望和要求
落款		署发函单位的名称或负责人姓名、日期、联系方式等
附件		对附在商函之后的相关材料进行说明

1. 事由

事由即函件的主旨，写在信笺第一行中间，让对方一看就知道信的主要内容，它好似函件的标题。因此，事由部分的语言既要能够明确地概括全信的主旨，又要语言简洁。在繁忙的商务活动中，写明事由，可以节省许多时间，提高工作效率，充分发挥商函的作用，如"关于日产 5～10 吨卫生纸成套设备的报价"等。

2. 字号

字号中的"字"是发函单位的代称，"号"是发函单位的函件顺序。"字号"写在信笺的右上角，一般略高于事由。字的前面一般要写年度，年度应加上括号，如"（2004）中石油字第 054 号"。写字号的目的是归档存放时便于按接收、发函单位进行分类、查询、管理。

3. 发函对象

发函对象是信函的收受者，必须写清发函对象单位的名称，放置在"事由"之下的第一行左边，顶格书写，后面加冒号。准确无误地写清行文对象，不仅能发挥商函的作用，而且是礼貌的表示。"发函对象"可看作商函的开头，有时还可加上表示尊敬的附加成分。

4. 正文

正文是商函的主体。行文应简明扼要，直截了当。语言必须文明礼貌，态度必须鲜明，感情必须诚挚。应写在发函对象下一行，行首空两格，表示商函内容叙述的开始。一般由发函缘由、主体（发函事项）、结语组成。

（1）发函缘由。在商务信函正文的起始部分，要根据不同情况，确定不同的写作方法。开头语贵在直截了当，一般有三种写法：一是直截了当说明发函的意图，使主旨明确；二是对新的商户作自我介绍，以便让对方了解本企业的业务经营范围及特点；三是说明收到信函的日期及来函所需讨论的问题。

（2）主体（发函事项）。主体部分阐明发函者的意见。在提出解决问题的办法时,必须摆事实讲道理,实事求是地说明情况,以使对方信服和接受,因此,应做到观点正确,叙述简洁,条理清楚。

（3）结语。结语部分比较简单,往往用一两句话表示希望对方回复,或提出其他要求。结语是点睛之笔,有突出主旨的作用,也是全文自然的结束语。可用"顺颂商祺""顺颂夏祺"等。

5. 落款

落款包括两项内容:一是写上发函单位的名称,并加盖印章;二是主要负责人的签名,不能以打字取代。

6. 附件

如有附件(商品目录、订货单、发货单、价格表等资料),应在落款之下注明附件的名称和件数。

四、商务信函的写作要求

（1）准确。商务信函的内容多与双方的利益有直接的利害关系,因而要完整、精确地表达意思,甚至标点符号都要准确无误,以免造成不必要的麻烦。

（2）简洁。在做到准确、周到的前提下,应用最少的文字表达真实的意思,不能拖沓冗长。

（3）具体。信函所要交代的事项必须具体明确,尤其要注意需要对方答复或会对双方关系产生影响的内容,绝不能语焉不详。

（4）礼貌。要使用礼貌、得体的文字表达方式,以有利于双方保持良好的关系。

（5）体谅。要学会换位思考,能够站在对方的立场上思考问题。这样容易获得对方的认同,有利于双方达成有效的沟通。

例文解析

例文 1　咨询函

咨　询　函

商务部产业司:

我公司拟于 2018 年 3 月 1 日向阿联酋出口一批白磷,合同号为 13AB34,数量为 1000 吨,报关口岸为天津海关。海关要求我公司向商务部申请两用物项和技术出口许可证或不属于两用物项和技术出口管制范围的证明。现请示贵司该项出口是否需要办理两用物项和技术出口许可证。(**注**:正文直接提出问题,语言明确,目的清楚)

我公司联系方式如下:

联系人:×××　　　　　　　　　　　　　手机:×××××××××××

电话:×××-××××××××

传真:×××-××××××××

地址:××××××　　　邮编:××××××

特提供如下附件,供贵公司审定:

(1) 敏感物项和技术出口许可申请表。

(2) 合同、协议书或意向书的副本。

(3) 白磷的技术说明。

大连大化进出口公司

××××年××月××日

评析:这是一篇咨询函,格式规范、结构简单、目的明确、语言简练。咨询函可由卖方发出(如寄送价目单)。其形式可以是口头形式(如电话),也可以是书面形式,如书信、电报、电传、传真、电子邮件等,有时也采用询价单方式。目前,国际贸易业务中采用传真和电子邮件形式的询问函较为普遍。随着信息网络技术的发展,利用电子邮件和商务网络进行询问已成趋势。

例文2　交易磋商函

交易磋商函

××公司:

××月××日来信收悉。对你公司要求与我公司建立业务关系的愿望,我们表示欢迎。从来信中获悉你方对中国真丝绢花很感兴趣,并希望了解该商品的有关情况及我方的贸易做法。(**注**:开端语。表明收到对方信函,并表达己方的基本态度,接着引出己方就某些交易条件的要求)现将我公司销售绢花的一般交易条款介绍如下。

(**注**:详细列明己方的交易条件,如品质规格、数量、包装、付款、保险、交易地点、不可抗力、违约责任、仲裁等相关条款)

(1) 品质规格。真丝绢花以绫、绸、绢、缎等高级丝绸为原料,品种有月季、寒冬菊、杜鹃、凤尾兰等千余种,式样有瓶插花、盆景、花篮等。质地轻盈,不褪色,耐温耐压。具体规格请参阅全套彩色样本。

(2) 包装。纸箱装。大花每箱装20盒,每盒装1打;小花每箱装30、40或80打不等,根据货号决定。纸箱内衬托蜡纸,外捆塑料打包带。每箱体积长×厘米,宽×厘米,高×厘米。每箱毛重×千克,净重×千克。

(3) 数量。为便于安排装运,卖方有权多交或少交5%的货物,其多交、少交部分按合同价格结算。

(4) 付款。买方应通过卖方所接受的银行开具全部货款,不可撤销的,准许转船准许分期装运的即期信用证,信用证必须于装运月份前15天送达卖方。其中装船货物的数量和金额允许增减5%,信用证有效期应规定在最后装运日期后15天在中国到期。

(5) 保险。如按CIF价格条件成交,卖方按发票金额110%投保综合险,以中国人民保险公司的有关海洋运输货物保险条款为准。

(6) 人力不可抗拒。如因战争、地震、严重的风灾、雪灾、水灾以及其他人力不可抗因素故而致延期交货或无法交货时,卖方不负任何责任。

（7）索赔。凡有对装运货物质量提出索赔者,必须在货到目的港后 30 日内提出。货物质地、重量、尺寸、花型、颜色均允许有合理差异,对在合理差异范围内提出的索赔,卖方概不受理。

（8）仲裁。凡因执行合同所发生的或与合同有关的一切事宜,双方应通过友好协商解决。如协商不能解决,应提交北京中国国际贸易促进会对外贸易仲裁委员会根据该会仲裁程序暂行规则进行仲裁,仲裁裁决是终局的,对双方都有约束力。

以上一般交易条款已为×国其他进口商所接受,相信这些条款也将为贵公司所接受。如有任何疑问,请向我们提出。

近来各地对中国真丝绢花需求甚殷,如你方有意购买,请即询价。我们相信,在双方良好的配合下,首笔交易必将能很快达成。等候佳音。（**注**：结束语,展望合作前景并期盼对方回复）

××公司

××××年××月××日

评析：这是一封答复对方来函的交易磋商函,全文格式规范,分条列项将各条款罗列,使对方一目了然。交易磋商函是交易双方就某项商品买卖的各种具体交易条件反复磋商,所涉及事项往往较为广泛,它不仅包括本次交易的具体条件,往往还涉及交易后的许多法律问题,如不可抗力、索赔、仲裁等交易后事项。

例文 3　询价函

询 价 函

尊敬的×××先生：

我方对贵公司生产的光源产品有浓厚的兴趣,需订购××节能灯管。品质：一级。规格：每箱 25 只。望尽快就下列条件报价。（**注**：简明扼要地列出条款进行询问）

（1）单价；

（2）交货期限；

（3）结算方式；

（4）质量保证方式。

如贵方价格合理,且能给予优惠,我公司将考虑大量进货。

××发展有限公司

××××年××月××日

评析：这是一封询价函,简明扼要地列出条款向对方进行询问。询价的目的是请对方报出商品价格和相关交易条件,询价对交易双方都没有法律上的约束力。

例文 4　报价函

报 价 函

××副食品公司：

贵方××月××日××询价函收悉,谢谢。(**注**:引述对方来函的日期、事由)

兹就贵方要求,报价详述如下。(**注**:针对来函内容进行一一回复)

商品:君山银针茶

品质:一级

规格:每包 100 克

单价:每包×元(含包装费)

结算方式:汇票

交货日期:收到订单 10 日内发货

我方报价极具竞争力,如果贵方订货量在 1000 包以上,我方可按 90% 的折扣收款。

如贵方认为我们的报价符合贵公司的要求,请早日订购。

恭候佳音。

××茶叶厂

××××年××月××日

评析:这是一封报价函,是商务活动中作为卖方在接到客户的询价函后发出的回复性信函。正文引述对方来函的日期、事由,并向对方直截了当提供了相应信息,回复及时,用语确切周到。

例文 5 索赔函

索 赔 函

北京××货运有限责任公司:

××××年××月××日,我公司委托贵公司将回流焊设备一台,通过公路运输至深圳,交付给收货人刘×(以下简称收货人)。在深圳收货人验收时发现设备已经破损而拒绝接收。设备于××××年××月××日退回我公司,经贵公司和我公司双方查验,由于贵公司运输、装卸不当,造成设备和包装破损。(**注**:缘起,提出引起争议的原因)

此次事件,不但使我公司设备损坏,遭受二次紧急调运设备的运费损失,而且使我公司对客户逾期交货,信誉受损并要承担逾期交货的违约责任。(**注**:索赔理由)我公司向贵公司郑重要求立即赔偿以下设备修理费用和运输费损失。

上罩:两合页部分螺丝穿孔,严重掉漆 1300.00 元

温室:合页部分及四个边角破裂 1900.00 元

……

修理设备运输费 400.00 元

设备修理人工费 1200.00 元

费用合计 6100.00 元

以上是我公司的最低要求,请贵公司于 7 日内支付上述赔偿金额,或者贵公司将设备送去经我公司认可、有相应技术能力和修理设施、设备完善的修理厂修理,贵公司承担全部修理费用。7 日后如果贵公司不支付赔偿金,又不将损坏设备送去修理、恢复设备完好,我公司将自行委托修理厂修理,并通过法律途径追偿全部损失,不再通知。(**注**:索赔的要求和意见)

顺祝商祺！（**注：结束语**）

北京××有限责任公司

××××年××月××日

评析：这是一封索赔函，全文格式规范，值得借鉴。正文是索赔函的主体，首先陈述事实（介绍背景），说明索赔的事由和证据，然后提出具体的索赔要求。

实训活动

1. 思考题：商务信函与其他信函相比有哪些明显不同的特点？常用的商务信函有哪些？

2. 以下商务信函有哪些不妥之处？请指出并修改。

×××：

从东京商工会议所获悉贵公司台号，知贵公司拟在本市场与我们进行交易。我公司从事商品进出口业务已多年，在商界赢得众多顾客和朋友们的赞誉。兹随函附寄价格表一份，请参考。虽然此表已过时数周，其价格也可能不适于当今市场，但我之所以寄上此表是为了使贵公司能了解一下我公司所经营的项目。由于时间和篇幅所限，我不能将所有可提供的商品全部列入表中。若贵公司对表中未列项目感兴趣，也请发函询盘。如能收到贵方对我商品提出的详细要求，将不胜感激，确信你我双方定能圆满地达成交易。若贵方对我表中所列报价无兴趣，也请转告对此感兴趣的朋友或公司为盼。

顺致最良好的祝愿

此致

敬礼

英国贸易公司经理×××

3. 根据以下材料，拟写一份商务信函。

你所在的单位要采购××品牌计算机30台，请你向××销售公司××分公司发出询价函，要注明你所采购的计算机型号、到货时间、包装、运输费用等信息，部分内容可虚构。

知识拓展

公文函和商务信函的区别

商务信函是企业用于联系业务、商洽交易事项的信函。公文函适用于不相隶属机关之间商洽工作，询问和答复问题，请求批准和答复审批事项。两者主要有以下区别。

（1）使用主体不同。函的使用主体是国家机关、社会团体和企事业单位；商务信函的使用主体是企业或企业的代表人。

（2）格式要求不同。函要执行公文格式的规定；商务信函按照惯例来制作。

（3）适用范围不同。公文函范围比较宽泛，可用于不相隶属机关的一切公文往来；商务信函仅限于交易磋商使用。

项目五 财经报告类文书

任务一 市场调查报告的写作

案例导入

随着我国经济的高速成长，财富化、城市化历程的加速，以及经济结构和社会结构的调整，文化消费也日益成为人们日常的主要开支，我国城镇居民教育培训方面的支出占消费支出的比重逐渐提高。2014—2017年，我国人均教育支出占家庭支出比重逐年上升，2017年达到11.4%。

教育作为有关国计民生的重大公共性事业，关系着国家中长期的发展方向。《国家中长期教育改革和发展规划纲要》提出，2020年要实现教育财政性经费支出占国内生产总值4%的目标，而2012年已经提前达到该水平，可见国家对教育产业发展的重视。中国教育经费总投入、教育固定资产投资、教育信息化投入均不断加大。

近年来，校外培训机构日渐火爆。据中国教育学会数据显示，2016年我国中小学课外辅导行业市场规模超过8000亿元，参加学生规模超过1037亿人次。

2018年，教育部部长陈宝生在全国教育工作会议上说："大力规范校外教育培训机构，这件事迟早要做，迟做不如早做，小修不如大修……使其成为学校教育的有益补充者，而不是教育秩序的干扰者。"

我国中小学教育辅导培训机构数量众多。根据教育部数据，截至2018年10月24日，全国校外培训机构超过40万所，其中中小学教育辅导培训机构占比超过30%。

不过从近年来培训机构数量的变化来看，我国教育培训行业机构总量逐年平稳下降。主要原因有三个：①随着整个行业的成熟，一些质量较差的机构在市场竞争中被淘汰；②消费者趋于理性，教育培训行业的暴利时期已经结束，投资者对进入这一行业也持谨慎态度；③受整体经济形势的影响，教育培训行业的增速也在放缓。此外，近年来受到适龄教育人口数量减少影响，教育培训机构也受到冲击。

参考以上资料，结合实际，对当前教育培训市场做一调查，并形成初步报告。

知识要点

一、市场调查报告的定义

市场调研是指运用科学的方法,对经济活动中的商品、顾客、竞争者等情况进行全面或局部的收集、整理、分析和研究,摸清市场的历史和现状,把握市场变化的规律,做出恰当的结论,提供采取行动的合理建议,为制定政策、进行预测、做出决策、制订计划提供重要依据,以促进市场营销的信息性工作。

市场调查报告是调查报告的一种,是运用科学的方法,系统地对市场有关情况进行深入调查后,对所取得的资料进行加工整理、分析研究,得出能够反映事实的调查结果,并提出作者的看法和意见的书面报告。一份完整的市场调查报告,既应当包括调查的事实,又应具备对事实进行的分析,以及取得的相应结论和建议。

二、市场调查报告的作用

市场调查是市场预测的基础,而市场预测又是经营决策的基础,经营决策离不开市场预测,所以市场预测又是经营决策的基础。市场调查报告在战略管理方面起到了非常重要的参考作用,有利于企业提高决策的科学性,有利于企业生产适销对路产品,有利于企业制定有效的广告策略,有利于企业提高竞争力。它主要具备以下三个方面的作用。

（1）获取经济预测的信息。市场调查报告所掌握的市场的历史、现状及其发展变化的轨迹,能为企业进行经济预测提供可靠信息。

（2）提供企业决策依据。市场调查报告所提供的准确的市场动态信息,可直接为企业决策提供依据,从而使产销需求对路,避免部分市场风险。

（3）推动企业改善经营管理。市场调查报告有助于企业正确认识市场,推动企业改善经营管理;遵循经济规律,提高经济计划的制订水平。

三、市场调查报告的特点

1. 针对性

针对性是市场调查报告的核心特征。第一,市场调查报告无论是调查对象还是调查内容都应具有明确的针对性,它总是针对市场活动中的某一事件或某一问题展开立项。第二,写市场调查报告首先要明确读者群,针对不同的读者群,撰写上的侧重点也不一样。因此,市场调查报告要有的放矢,目标明确,选题要把握热点、焦点,研究问题应当集中而有深度。针对性越强,报告的存在越有指导意义和现实意义。

2. 真实性

市场调查报告应在前期调研的基础上写作,调研收集到的材料包括历史的、现实的、数据的、事例的,以叙述的方式描述客观真实的事物,写法上注重用事实说话。绝对真实,不弄虚作假是写好市场调查报告的基础;否则,据以做出的结论或预测就会失去意义,调查报告也就失去了可信度。

3. 客观性

调查报告的客观性主要体现在它运用的一切材料必须是经过调查获得的,是客观真实的。调查的目的就在于获得真实可靠的材料去揭示事件的真相,揭示问题产生的原因。调查的内容如果不真实、客观,不仅会带来信息的误导,而且会给领导决策和解决问题造成失误。

4. 时效性

市场形势瞬息万变,信息时代对"快"的要求越来越迫切,企业在生产经营活动中必须掌握准确、及时、系统的经济资料,对市场变化迅速做出反应,才能在竞争中立于不败之地。因此,市场调查报告必须要及时反馈市场信息,做出的结论应具有超前性,要抓住市场活动的新动向、新问题、新趋势,提出新观点,这样才能使企业经营决策跟上市场形势的发展变化。

四、市场调查报告的分类

(1) 按商品销售的目的,可以分为消费者市场调查报告和生产者市场调查报告。消费者市场是指为了满足个人生活需要所形成的市场,而生产者市场则是指为了满足加工制造等生产性需要所形成的市场。

(2) 按商品的种类,可以分为工业品、农产品等市场调查报告。再细分还可以分为服装、百货、五金、食品等商品或产品市场调查报告。

(3) 按市场因素,可以分为市场状况、市场商品、市场服务、市场购买力等调查报告。还可以进一步细分,如市场情况调查可以分为市场供求情况调查报告,市场经营情况调查报告,市场成分、市场管理、市场环境调查报告等。

(4) 按调查的目的,可以分为探索性、描述性、预测性和因果关系市场调查报告。探索性调查报告的目的是发现问题,以便进一步深入研究;描述性调查报告的目的是寻找答案,了解消费者需要购买什么,什么时候购买以及怎样购买等问题;预测性市场调查报告的目的是根据目前的市场状况来推测未来市场的发展变化,以便掌握市场变化的规律,抓住机会,制定相应的对策,积极主动地参与市场竞争;因果关系调查报告的目的是揭示市场各变量之间的因果关系,为研究市场运行中出现的种种现象提供资料。

(5) 按市场的性质,可以分为商品市场、金融市场、证券市场、劳动力市场等调查报告。

(6) 按市场的范围,可以分为国际性、全国性和区域性的市场调查报告;还可以分为城市、乡镇和农村的市场调查报告;也可以分为发达地区、欠发达地区等市场调查报告。

(7) 按调查的时间,可以分为经常性、定期、阶段性和临时性的市场调查报告。

(8) 按调查内容,可以分为典型市场调查报告、综合性和专题性的市场调查报告。

典型的市场调查报告带有某种目的,对工作中出现的事件进行调查研究,揭示事件的本质和工作的规律,以起到宣传教育意义。

五、撰写市场调查报告的步骤

1. 明确目标

首先要明确调查的目标,也就是通过调查解决什么问题。基于这种目的,确定调查内容和范围,了解相应的市场情况。盲目行动会使调查陷入无意义的信息收集,如果不明确调查目标,调查成本会超出想象,变得事倍功半。

2. 明确对象

确定调查主题后,应当围绕主题确认调查对象。调查对象的选择应有典型意义,在当前及未来一段时间具有代表性。选择合适的调查对象,这将使所撰写的报告具有更广泛的参考价值。

3. 深入调查,收集资料

资料的收集围绕调查主题和调查对象展开,既要兼顾历史性的资料,也要有当前现状的数据。调查的内容不但要有价值,还需要与主题"对口"。这样会减少调查的盲目性,提高工作效率。

一般来说,市场调查的内容主要涉及以下四个方面。

(1)社会环境调查。社会环境包括政治、法律、经济、科技、社会文化、地理、气候环境。这些社会环境因素是企业生存和发展的不可控制因素,只有适应社会环境,与之相协调,才有可能在市场竞争中争取主动。

(2)市场需求调查。在市场经济条件下,市场需求是指以货币为媒介,表现为有支付能力的需求,即通常所称的购买力。购买力是决定市场容量的主要因素,是市场需求的核心。此外,对消费者状况的调查能够对当前消费需求和消费构成有所把握,帮助企业开拓新的发展领域。

(3)市场供给调查。市场供给是指全社会在一定时期内对市场提供的可交换商品和服务的总量。它与购买力相对应,是市场需求得以实现的物质保证。企业在生产经营过程中除了要掌握市场需求情况外,还必须了解整个市场的货源状况,包括货源总量、构成、质量、价格和供应时间等一系列情况。必须对本企业的供应能力和供应范围了如指掌,只有这样,才能及时生产和组织到适销对路的商品,避免积压和脱销。

(4)市场营销活动调查。现代市场营销不再是简单的、彼此分割的营销活动,而是包括商品、定价、分销渠道和促销在内的营销组合活动。因此,市场营销活动要围绕这些组合活动展开,其主要内容包括商品实体、包装、价格、销售渠道、广告、产品寿命周期和竞争对手状况等。

深入调查、收集资料是写作市场调查报告的重要阶段,俗话说"七分跑,三分写",说的就是调查报告的主要精力在于"调查"。信息的形式是多种多样的,想要获得丰富而深层的有效信息,就必须运用正确的调查方式和调查方法。首先要拟定调查提纲,这是为了避免调查过程中可能会出现的随意性和盲目性;其次应当采用科学的调查方法;最后对收集到的资料加以辨别和整理。

4. 分析资料

资料收集工作完成后,对资料应当进行综合性的分析、研究。比如,结合企业内部的统计、会计报表、业务往来函电，外部的上级文件、媒体的相关报道、用户的反馈意见等，综合这些资料，可以使报告的研究结论更加全面和深刻，帮助企业预测未来的发展趋势。

5. 撰写报告

市场调查的最后一步是撰写书面报告。一般而言，书面调查报告可分为两类：一类是针对行业专家和研究者所撰写的"专门性报告"，这类报告的读者专业性强，对整个调查的分析方法和数据统计更感兴趣；另一类是针对企业决策者和一般消费者所撰写的"通俗性报告"，他们更关心报告的结论和指导意见。

六、市场调查的方法

市场调查的方法很多，按选择的对象可分为普遍调查、抽样调查和典型调查等；按调查目的可分为探测法、描述法和因果关系法；按资料的来源可分为文献调查和实地调查；按调查所采取的具体形式可分为观察法、实验法、询问法。这些调查方法可以单独使用，也可以结合使用。使用什么样的调查方法，主要取决于调查的内容。以下介绍市场调查常用的方法。

1. 观察法

观察法是指在市场调研中，调查者直接或通过仪器在现场观察调查对象并记录其行为。这种调查方法的优点是研究人员可以直接了解消费者行为特征，缺点是只能观察到外部现象，无法了解调查对象的动机、意向及态度等内在因素，如调查者通过交通计数器了解商场的来往车流量情况，或在与消费者谈话时观察他们的微表情和身体语言等来判断顾客对于商品的好恶或购物习惯等。

2. 实验法

实验法的最大特点是设定特殊的实验条件和场所，将调查对象置于非自然的状态中开展调查。它是从影响调查问题的诸多因素中选出一个或两个因素，将它置于一定条件下，进行小规模实验，加以实际验证，调查分析，从而获得市场资料。其目的是查明实验因素与实验结果之间的关系，在市场调查中主要用于市场销售实验，进行一些商品推销的小规模试验，再分析该商品促销是否值得大范围推广。

常用的实验法主要有以下三种。

（1）实验前后对比。这种方法是指在同一个市场内，对比实验期前后分别采集的两组数据，了解实验变数的效果。

（2）实验单位与非实验单位对比。为了降低时间因素对实验数据的影响，可以采用这种方法。它是一种将需要实验的单位（企业、市场）与不参与实验的同类单位进行比较，从而获取市场信息。

（3）随机对比。随机对比是指按随机抽样法选定实验单位。当实验单位很多、市场情况十分复杂时，按主观的判断分析选定实验单位就比较困难，这时可以采用随机抽样法选定实验单位，从而保证实验结果的准确性。抽样有多种形式，如单纯随机抽样、分层随机抽样、分群随机抽样等。

3. 询问法

询问法是市场调查中最常见的一种方法，主要可以用下列几种方式进行。

（1）面谈调查。调查者直接向被调查对象当面询问,优点是回答率高,能深入了解情况,可以直接观察被调查者的反应等优点;缺点是调查的成本高、资料受调查者的影响大等。

（2）网络调查。通过网页或电子邮箱将设计好的问卷或表格发给被调查者,从而得到所需资料。该方法充分利用了因特网的互动性、实时性、方便性等特点,其优点是调查范围广、调查成本低;缺点是调查对象有限,不具有代表性、调查可能会失真等,有时调查者会采用报酬、奖金等刺激方式加以弥补。

（3）电话调查。电话调查是指通过电话和被调查者进行交谈以收集资料。这种方法的主要优点是收集资料快、成本低;缺点是只限于简单的问题而难以深入交谈,被调查人的年龄、收入、身份、家庭情况等不便询问,无法利用图片、视频等多媒体手段,容易被拒或引起被调查者的反感等。

七、市场调查报告的写作结构

市场调查报告一般包括标题、署名、正文、附录、落款五个部分,如表 5-1 所示。

表 5-1　市场调查报告的写作结构

项　目		要　点
标题		（1）公文式标题;（2）一般文章式标题;（3）正副标题
署名		个人或集体
正文	前言	概括介绍基本情况
	主体	内容概述、分析预测、措施建议
	结尾	总结、启示、意见建议、补充(也可省略)
附录		图表、文字说明、调查问卷、抽样方案、计算公式等
落款		××××年××月××日

1. 标题

常见的市场调查报告标题有以下三种形式。

（1）公文式标题。这类标题必须带有文种,即调查报告或调查。一般由发文机关、事由、文种构成或事由、文种构成,如《郑州市委宣传部关于加强社区党建工作的调查》《关于农村劳动力流失的调查报告》。

（2）一般文章式标题。这类标题与一般文章标题相似,不显示文种,用一行标题来揭示调查报告的内容,如《探索现代农业投资之道》《智能制造的困难与希望》。

（3）正副标题。这类标题形式往往由一个正标题和一个副标题构成,一般来讲,正标题揭示调查报告的主旨或内容,副标题用来说明调查的对象或范围,这类标题在调查报告中运用得十分普遍,如《青山绿水就是金山银山——关于开封市治理河流污染的调查》。

需要强调的是,尽管标题形式不一,标题中的调查区域、文种等可以省略,但调查对象必须体现。

2. 署名

市场调查报告的署名大多写在标题下面,正文上方居中,可以使用个人的名字,也可以是集体署名。特别是由调查组撰写的调查报告一般署名在标题下方,可用"××调查组"或"×××、×××联合调查组"。也有的署名标识在正文的右下方,日期上方。

3. 正文

正文包括前言、主体、结尾三部分。

1) 前言

前言又称导语或引言,是市场调查报告的开篇部分,主要概述课题的基本情况,按照市场调查课题的顺序将问题展开,并阐述对调查的原始资料进行选择、评价、做出结论、提出建议的原则等。其主要内容包括以下三个方面。

(1) 简要说明调查目的,即简要说明调查的由来和委托调查的原因。

(2) 简要介绍调查对象和调查内容,包括调查时间、地点、对象、范围、调查要点及所要解答的问题。

(3) 简要介绍调查研究的方法,有助于增强文章的可信度。因此对所用方法要进行简短叙述,并说明选用方法的原因。例如,是用抽样调查法还是用典型调查法,是用实地调查法还是文献调查法。具体的调查数据和分析都应体现在正文调查内容中,或者后附表格进行说明。

2) 主体

主体部分是市场调查报告的"核心"。这一部分要展示通过调查取得的资料、阐明问题的提出、分析研究问题的方法、论证问题的过程、得到的调查结论以及对未来市场发展趋势的预测,还应当有可供市场活动的决策者参考的调查结果和适当的建议。写作时应有逻辑地进行写作的组织安排。

从内容上看,报告的主体部分可划分为以下三部分。

(1) 内容概述部分。一般要用可靠的资料和翔实的数据实事求是地介绍基本情况。可以按照时间顺序进行表述,如 2014—2018 年,化妆品消费市场的消费热潮分别有哪些突出的特征;也可以按照问题的性质归纳成几类加以表述,如家用日化产品的市场占有分布情况、生产与消费情况、产品的质量与价格情况等。这部分的写作一般以文字说明为主,图、表数据为辅助。

(2) 分析预测部分。通过对以上情况进行研究,总结出一般规律性情况;或针对当前调查,得出结论性判断;或通过大量数据分析,预测今后市场发展变化的趋势。

(3) 措施建议部分。市场调查报告的写作不是一种目的,而是一种手段,它最重要的部分在于提出的措施建议,为决策者提供参考。这是写作市场调查报告的必备部分,不但要对市场的前景进行预测,还要针对预测提出相应的建议。

从结构来看,主体结构的常见形式有以下四种。

(1) 横式结构。横式结构是指根据调查研究中获悉的情况或得出的结论,紧紧围绕主题,对调查的内容加以综合分析,按照不同的类别分别归纳成几个问题来写,冠以小标题或序号组织结构、安排内容。横式结构一般应用于材料数据较多,反映的面也较广,需要划分为几个方面或几个部分进行阐述的问题。

如《文化旅游对城市经济协调发展的影响调查》一文中,从"文化旅游与城市经济协调发展的基础分析""文化旅游与城市经济协调发展的内在机制研究""文化旅游与城市经济协调发展水平评价""文化旅游与城市经济协调发展的实现方式"四个方面进行了结构安排。

(2)纵式结构。纵式结构通常适用于线索简单、内容集中的调查,是按事件发生、发展的时间顺序展开叙述的,或是按"问题提出→原因分析→调查过程→解决方法→措施建议"的逻辑关系进行材料安排。如《房地产跨界转行新风向》一文的主体部分,按照"实践案例探索→市场收益显著→打造新增长点"这样的实践发展顺序进行结构安排。

(3)纵横结合式结构。这种结构形式兼有上述两种结构形式的特点,在纵式结构中有横式结构,或是在横式结构中穿插纵式结构,或者纵式结构与横式结构随意交叉。采用这种方式,一般是在叙述和议论过程时采用纵式结构,而写收获、认识和经验教训时采用横式结构。

(4)对比式结构。对比式结构是指对两种或几种不同事物进行对比,对比相似条件下的不同结果或不同条件造成的不同影响。结构上的对比手段更容易揭示问题的本质,这种方法可以更深刻地让读者辨别某种现象的问题所在,也便于突出显示调查报告的主旨,突出优劣。如《中青年消费者消费习惯差异报告》即属于对比型调查报告。

3)结尾

结尾的具体内容视具体情况而定,可以有也可以省略。有时需要在结尾处对调查报告的情况和问题进行补充说明,也有的时候主体已经阐释完全,不需要结尾。

常见的结尾有以下四种形式。

(1)总结式结尾。概述全文,深化主题,以加深读者的认识。

(2)启示式结尾。提出新问题,指明未来方向,展望市场前景,引发读者进一步的思考。

(3)意见或建议式结尾。提出有关建议、意见、办法等,以利于问题的解决,供读者参考。

(4)补充说明式结尾。补充交代在主体部分未尽但又需要引起注意的有关情况和问题。

4. 附录

附录部分的作用是补充有关调查内容与调查工具。在主体部分中篇幅较长又很重要的图、表及文字说明等,调查中使用的问卷、抽样方案、计算公式、主要数据等,都可以作为附录附在调查报告之后。

5. 落款

落款部分包括未在标题下标注的作者署名和日期。

八、市场调查报告的写作要求

1. 深入调查研究,充分掌握材料

市场调查报告的关键在于占有大量的第一手材料,不能像议论文那样单纯依靠逻辑

进行辨析。这就要求我们面对现实，"要想知道梨子的滋味，就要亲口尝一尝"，不深入实际是写不好市场调查报告的。因此，写作的基础来自调查研究，依靠的是鲜活的事实，对于调查对象应当有充分的了解。要写出具有思想性和科学性的调查报告，就必须要有大量的详细材料作为写作的支撑。

2. 提炼深刻主题，避免材料堆砌

市场调查报告的选题应结合典型问题进行探讨，要发挥调查报告的现实指导作用，提炼有现实意义的主题，做到能切实为决策者提供有效的服务。同时要认真地核实和筛选有用的材料，由于价值和角度不同，得到的材料对主题的帮助作用也不相同。应当对原始资料进行筛选，做到去伪存真、去粗存精，认真审查鉴别，寻求对实际工作有针对性作用的材料，以利于得出正确的调查结论。

3. 分析要切合主旨，突出重点

主体部分在进行分析时，要根据主旨的需要进行布局谋篇，避免简单分析多、深入分析少的情况，不能单纯地罗列观点，而是要结合调查的中心和目的，避免面面俱到。分析过程应详略得当、切中要点，具有系统性的调查报告会更具有说服力和价值。如果调查涉及的问题较多，可以写多份专题式报告。每篇独立的市场调查报告应当一事一文。

4. 正确把握文体性质和表达方式

市场调查报告偏重以比较全面、完整、系统的事实为写作基础，包括具有说服力的数据材料，因此要以叙事为主，同时重视议论的作用。只有分析材料、揭示本质，才能得出规律性的结论。因此，写作市场调查报告时应采用叙议结合的表达方式。市场调查报告的语言应当准确、精练、朴实，注意叙议要有大量的事实为依据，这些事实具有相当的概括性。议论是从事实材料中引申出来的，适当的议论可以在报告中表明作者的看法和主张，使文章具有一定的深度。

例文解析

中国网络远程教育培训市场发展趋势研究报告
北京华经视点信息咨询有限公司

（**注**：文章式标题，一般由事由（调查内容）、文种构成；市场调查报告的署名大多写在标题下面，正文上方居中，可以使用个人的名字，也可以使用集体名称）

根据相关研究机构整理的数据，2016年教育培训行业市场规模近2万亿元。按照12%的自然增长，到2020年，教育培训市场将突破3万亿元，空间规模巨大。

一、职业培训行业定义

（**注**：前言简要介绍调查对象和调查内容。对调查对象作一区分和定义）

职业培训是一种按照不同职业岗位的要求，对接受培训的人员进行职业知识与实际技能培训和训练的职业教育。……

职业培训机构是指各级人民政府、企业事业单位、社会团体及个人开办的实施职业培训的组织实体。职业培训机构是开展职业培训的法人性中介实体，承担着职业技能培训的实际任务。职业培训机构包括：

......

二、职业培训的种类

根据教学方式和传播手段的不同，职业培训可以分为远程教育培训和非远程教育培训；而根据培训的目的差异，职业培训可以分为考前培训和非考前培训。

......

三、培训市场主要特征分析

（**注**：主体部分一般要用可靠的资料和翔实的数据实事求是地介绍基本情况，可以按照时间顺序进行表述）

1. 发展历程

中国职业教育培训的发展历程源远流长，以 19 世纪 60 年代的实业教育培训算起，中国的职业教育培训已经有 130 多年的历史。

......

2. 发展现状分析

中国现在的职业教育培训行业的现状可以用 16 个字来基本概括：市场广阔、发展迅猛、鱼龙混杂、有待提高。......

1）职业教育培训市场的发展趋势

......

2）职业教育培训市场的供需结构

......

3. 投资特点

从整个职业教育培训行业的规模及增长来看，职业教育培训呈现跳跃式的发展，各路资金都源源不断地汇入这个行业。一些培训企业的投融资成功案例激发了整个行业资金整合的浪潮，使本土企业纷纷跻身该行业，也吸引了大量的外资加入。

总的来说，中国职业教育培训行业有三个特点：起始投资不大、需持续投资；相对高的投资回报率；品牌吸引投资。

......

×××× 年 ×× 月 ×× 日

评析：文章主要使用横式结构，对调查的内容加以综合分析，中间穿插了纵式结构，在探讨"行业发展历程"时以时间线展开。

实训活动

1. 某学生调查小组根据对某学院 100 名大学生的抽样调查得出以下统计结果，请分析调查问卷的指标是否合理、全面，可以适当地进行调查内容的补充。

关于某大学财政经济学院学生图书馆利用状况调查

调查问卷统计(注：括号内的百分比为调查统计结果)

(1) 你的性别是＿＿＿＿＿。

　　A. 男(43％)　　　　　　　　　　B. 女(57％)

(2) 你是大＿＿＿＿＿的学生。

　　A. 一(30％)　　　　B. 二(50％)　　　C. 三(20％)

(3) 你阅读的图书以＿＿＿＿＿为主。

　　A. 期刊(30％)　　　　　　　　　　B. 小说、当红畅销书(70％)

(4) 你每天用于课外阅读的时间是＿＿＿＿＿。

　　A. 1 小时以下(45％)　　　　　　　B. 1～2 小时(53％)

　　C. 2 小时以上(2％)

(5) 你三个月内读过的书有＿＿＿＿＿。

　　A. 不到两本(77％)　　　　　　　　B. 两本(19％)

　　C. 两本以上(4％)

(6) 你经常在＿＿＿＿＿阅读。

　　A. 睡觉前(26％)　　　　　　　　　B. 课堂上(43％)

　　C. 图书馆(25％)　　　　　　　　　D. 书店(6％)

(7) 你的课外书的来源是＿＿＿＿＿。

　　A. 书店、报刊亭购买(32％)　　　　B. 图书馆借阅(63％)

　　C. 向同学借阅(5％)

(8) 你每学期购买图书的费用是＿＿＿＿＿。

　　A. 30 元以下(51％)　　　　　　　　B. 30～60 元(29％)

　　C. 60 元以上(20％)

(9) 促使你阅读的原因是＿＿＿＿＿。

　　A. 丰富知识(38％)　　　　　　　　B. 娱乐消遣(25％)

　　C. 对书的内容感兴趣(35％)　　　　D. 专业技能指导(2％)

(10) 课余时间你＿＿＿＿＿阅读自己的专业课本。

　　A. 经常(21％)　　　B. 偶尔(68％)　　　C. 从不主动阅读(11％)

(11) 你平均一本书会看＿＿＿＿＿遍。

　　A. 一(38％)　　　　　　　　　　　B. 两(53％)

　　C. 三(6％)　　　　　　　　　　　D. 多于三(3％)

(12) 影响你的读书量的原因是＿＿＿＿＿。

　　A. 学习压力大,空余时间少(46％)　　B. 缺乏兴趣(30％)

　　C. 其他(24％)

(13) 你＿＿＿＿＿坚持读完一本人文类的图书。

　　A. 能(26％)　　　　　　　　　　　B. 不能(74％)

（14）你在读书过程中的困惑_____。

  A. 不知道读什么书（10%）   B. 不知道为什么要读书（38%）

  C. 不知道怎么读书（29%）   D. 读完后没什么收获（23%）

（15）你在读书时，_____。

  A. 会在书上勾画（50%）   B. 会写读书心得（20%）

  C. 其他什么也不做（30%）

（16）请你谈谈对什么是"好书"的理解。此题答案众多，主要有：畅销的流行书、包装精美的书、经典著作、名人推荐的书、有利于专业学习的书等。

2. 根据以下选题，选择其中一个拟写一份市场调研报告。

（1）自己所在班级学生使用手机进行娱乐消费的情况。

（2）自己所在学校周边的餐饮市场情况。

（3）自己所在学校学生的课余娱乐消费情况。

知识拓展

调查报告与总结的区别

调查报告与工作总结比较相近，但两者也有较明显的区别。

1. 反映对象和范围不同

总结反映的对象和范围，往往限于本地区、本部门的实践活动，而调查报告则既可写本地区、本部门的实践活动，也可以写外地区、外部门的实践活动。

2. 写作目的不同

总结的目的是回顾过去，总结过去的经验教训，作为未来工作的借鉴。调查报告则是由全局出发，以典型的经验指导全面工作。

3. 写作角度不同

总结由本单位、本人撰写行文，用第一人称，内容是自我分析、自我评价。调查报告往往由上级机关或其他部门，有目的地进行调查研究，以第三者（第三人称）的立场进行分析评价。

4. 写作手法不同

总结叙述怎样从实践中引出规律，它有较多的分析，对情况、过程常用概括的方式表达。调查报告以陈述事实为主，引用的具体材料较多，要求归纳客观规律和寻求事物的本质。

5. 写作意义不同

总结是各单位、部门工作中的一个正常程序和环节，是例行需要完成的工作任务和必不可少的步骤。调查报告一般由上级机构或其他单位在必需的情况下临时组织人员完成，情况紧急而又必要，并且要求按时完成。

任务二　市场预测报告的写作

案例导入

5G(5th-Generation)即第五代移动电话行动通信标准,也称第五代移动通信技术,是4G之后的延伸。5G关键能力之一是能为大规模移动用户提供在热点区域1Gb/s的数据的传输速率。

在2020—2035年,IHS Markit预测,全球实际GDP将以2.9%的年平均增长率增长,其中5G将贡献0.2%。2020—2035年,5G为年度GDP创造的年度净值贡献达2.1万亿美元,这个数字相当于印度目前的GDP——印度目前是全球第七大经济体。

根据中国信息通信研究院研究数据,按照2020年5G正式商用算起,预计当年将带动约4840亿元的直接产出,2025年、2030年将分别增长到3.3万亿元、6.3万亿元,十年间的年均复合增长率为29%。在间接产出方面,2020年、2025年和2030年,5G将分别带动1.2万亿元、6.3万亿元和10.6万亿元的间接经济产出,年均复合增长率达到24%。此外,预计2030年5G将带动超过800万人就业,主要来自于电信运营和互联网服务企业创造的就业机会。

5G产业的应用之首是物联网,还将开辟许多新的应用领域,以前的移动数据传输标准对这些领域来说还不够快。5G网络极快的速度和较低的延时首次满足了远程呈现乃至远程手术的要求;提高工业AR/VR的交互体验;在智能工厂中,提升工厂设备远程运维能力等。

参考以上资料,结合实际调查,对5G的应用及市场发展进行了解和分析。

知识要点

一、市场预测报告的定义

市场预测报告是指依据已掌握的有关市场的信息和资料,运用科学的理论、方法和手段,对客观经济活动的变化及未来发展趋势进行分析的一种预见性报告。它是在充分的经济活动和市场调查基础上,以经济理论及规律为指导,对未来市场的供求情况及价格变动等进行预测活动,从而为有关部门和企业提供信息,以改善经营管理,促使产销对路,提高经济效益。

二、市场预测报告的作用

1. 为经济决策和制订计划提供依据

经济决策和计划是以科学的市场调研作为前提和基础的,企业需要以市场为导向进行下一阶段行动方案的制订,而市场预测是指运用科学的方法对未来的经济发展趋势进行把握,并以此为依据的决策和计划可以帮助企业尽力减少决策失误的可能性,为企业赢得生产经营的主动权。

2. 提高企业经营管理能力

企业的经营管理工作需要顺应市场发展的要求,市场预测能及时反映市场和经济的变化状况和发展趋势,帮助企业把握未来,调整产品或服务,制定经营策略。市场预测报告体现出的市场需求变化、市场份额变化、产品销售趋势等内容,可优化企业生产,适应市场需求,从而使企业提升管理能力,争得先机。

3. 降低投资风险,减少投资失误

市场预测既包括从国家宏观经济管理部门角度进行的宏观市场预测,又包括从企业角度进行的微观市场预测,包括市场需求预测、商品资源预测、供求动态预测、价格变化预测、商品生命周期预测、商品销售预测等方面。无论是对国家层面还是企业经营,依据科学手段进行预测后编制计划、制定决策可以提高经济效益,减少决策失误的概率,避免盲目上马、重复引进带来的经济损失。

4. 为消费者提供消费指导

市场预测报告同时具有市场预见、生产导航、消费指导等作用。作为一种信息载体,它有利于引导公众参考消费。企业也可通过与各类促销手段的配合,有意识地影响公众的消费心理。

三、市场预测报告的特点

1. 预见性

预见性是市场预测报告的基本特点。市场预测报告的性质就是立足于深入分析市场的历史和现状后,对未来发展趋势进行判断,因此预见性是它的价值和意义所在。虽然市场预测报告要建立在过去和现在的经济现状和材料上,但重点在对未来的预测上,目的是将市场需求的不确定性极小化,因此报告的预测结果必须反映预测对象的客观规律和发展趋势。

2. 科学性

市场预测报告必须具有科学性,其分析应以大量真实准确的数据为基础,通过运用科学的理论进行科学的定性分析和定量分析,得到一种符合市场发展变化的规律,最终能够反映客观经济规律。因此调查数据需要真实,同时在分析市场现象时,要遵循科学理论和分析方法,其结论应以突出预见的规律性来指导人们的实践。

3. 时效性

市场变化带来的竞争日趋激烈,市场预测需要及时地反映这种瞬息万变的变化,因此具有很强的时效性。市场预测报告要迅速捕捉有效信息,准确做出判断,及时反映市场的需求与变化,才能帮助企业抢占市场先机,为决策提供有效的信息。

四、市场预测报告的种类

1. 按预测的范围划分

按预测的范围可分为宏观市场预测报告和微观市场预测报告。

（1）宏观市场预测报告是对范围或整体现象的未来所做的综合预测，常指有关国民经济乃至世界范围内的全局的、整体性的、综合性经济问题的预测报告。它可以是一个国家、一个地区的经济发展情况，也可以是科学技术的研究情况、市场总购买力的变动情况。

（2）微观市场预测报告是一个部门或一个经济实体对特定市场商品供需变化情况、新产品开发前景等分析研究的预测报告，内容一般包括市场需求量及发展趋势、商品生命周期等。其任务是协调经济关系、确定企业经营方向、合理安排生产，以满足消费者的需要，如《××产品市场需求量预测报告》《××商品销售预测报告》《××产品成本预测报告》《××生产线投资预测报告》等。

2. 按预测的时间划分

按预测的时间可分为短期、中期、长期预测报告。

（1）短期市场预测报告的预测时间一般在 1 年左右，短期预测报告主要预测季节性产品、产销变化大的产品。

（2）中期市场预测报告的预测时间为 2～5 年，主要预测较为耐用、使用周期较长的产品，如家电、数码产品等。

（3）长期市场预测报告的预测时间为 5 年以上，主要用于预测生产周期和使用周期都比较长的产品，如建材、房地产等。

3. 按预测的方法划分

按预测的方法可以分为定性预测报告和定量预测报告。

（1）定性预测是运用经济学理论、原理对调查掌握的经济信息资料以及各种相关因素进行分析、论证，对未来经济走向做出的判断。这种预测方法适用于数据不够充分、经济状况不稳定以及各种因素干扰巨大的预测对象。它也称专家调查法，其局限性在于易受到预测者的主观因素影响而形成预测的倾向性。定性预测报告是指对影响需求量的各种因素，如质量、价格、消费者、销售点等进行调查、分析、研究，在此基础上预测市场需求量而写成的报告。

（2）定量预测是依据资料和数据，通过数学、统计等方法，收集客观现实中的信息资料，加以统计和分析，寻求量的变化规律，从而对市场的未来发展变动情况所做的预测。这种方法建立在具体数据上，特点是比较客观，但对于影响市场的政治因素、社会因素等不易量化，因此有一定的局限性。定量预测报告包括数字预测法预测报告和经济计量法预测报告。数字预测法预测报告是采用对某一产品已有的大量数据进行分析研究，用统计数字表达，从中划出产品的发展趋势而写成的报告。经济计量法预测报告是根据各种因素的制约关系，用数学方法加以预测而写成的报告。

4. 按预测内容划分

按预测内容可以分为材料供应情况预测、生产预测、产品（商品）销售情况预测等。

五、市场预测报告的写作结构

市场预测报告的结构一般包括标题、正文和落款三个部分，如表 5-2 所示。

表 5-2　市场预测报告的写作结构

项　目		要　点
标题		（1）公文式标题；（2）一般文章式标题；（3）正副式标题
正文	前言	概括介绍基本情况，可省略
	主体	现状概述、预测情况、建议措施
落款		单位名称（公章），××××年××月××日

1. 标题

（1）公文式标题。公文式标题一般由预测期限、预测范围、预测对象和文种组成，如《2020 年华北手机消费市场预测》。其中文种有时可用"发展趋势""回顾与展望"等词语来代替。

也有些公文式标题省略了预测时限、预测范围，直接由预测对象和文种组成，如《热水器市场预测》。

（2）一般文章式标题。有些标题和一般文章的标题一样，不提示文种，而是直接展现文章的结论或观点，如《新能源汽车需求即将快速增长》。

（3）正副式标题。这类标题一般由一个正标题和一个副标题构成，正标题一般揭示预测报告的主旨或结果，副标题用来说明预测的范围或对象，如《稳字当头——2019 年房地产市场走势展望》。

市场预测报告的标题同其他市场调查类文章标题一样，形式灵活多样，但无论哪种形式，都必须符合经济文书报告体标题写作的基本要求，不能省略其预测对象。

2. 正文

1）前言

前言位于市场预测报告的正文开端，简要说明调研的目的、对象、预测方法等，概述调查的经过和主要发现，或指出预测活动的主要意义、影响等。

前言有时可以省略，融入主体中去体现。它存在的目的是强调预测的核心观点，让人们快速了解预测报告的整体情况，引起关注，产生阅读兴趣。

2）主体

市场预测报告的主体是市场预测报告的主体部分，一般包括现状概述、预测情况、建议措施三个部分。

（1）现状概述。用叙述和说明的方法，首先从收集的材料中选取有代表性的资料和数据来概括经济活动的历史和现状，以此作为下文进行预测分析的依据，如当前的政策导向、经济状况、市场需求、产品情况、竞争对手概况等，要抓住重点，做到客观、全面。

（2）预测情况。预测分析是预测报告的核心部分，根据调查所获得的各种资料、数据，运用科学的分析、预测方法进行讨论，揭示其发展变化的规律，结合各项因素的影响，预测经济活动的未来趋势,最终提出预测结果,这是市场预测报告的意义所在。这部分内容由分析论证和结论预测两部分构成。

（3）建议措施。这是针对上文的预测情况提出的对策或建议。建议应当具体可行,真正能为解决未来发展趋势中出现的问题指明方向、提供办法。市场预测报告是为决策和管理提供参考和依据的,因此建议措施要服务于未来的发展变化才具有价值。

"现状""预测"和"建议"三个方面的内容紧密联系,有着清晰的逻辑关系。报告需要大量的数字及图、表进行佐证,其结构安排根据内容可以灵活掌握,既可以使用一般文章的直述式结构安排,也可以使用条款式结构,使内容庞杂的预测报告分析的条理更为清晰。

3. 落款

在正文的右下方写明作者姓名和报告时间,如果署名在报告标题下方,落款处只署报告时间。

六、市场预测报告的写作要求

1. 要有明确的预测目的

写作前首先需要明确,进行市场预测的目的是解决什么问题。围绕这一问题,划定调查范围,收集必要的资料,在对市场的历史现状等相关问题进行深入了解后,抓住核心问题进行分析,有针对性地做出判断和建议。好的预测报告应当重点突出,详略得当,而绝非面面俱到。

2. 使用真实的调查数据和科学的预测方法

"用事实说话"是一切市场调查的出发点。市场预测的前提是获取大量真实有效的市场数据,确保其真实、准确才可能得出可信度高的分析结果。预测具有不确定性,市场的瞬息万变使预测值与实际值必然会产生一定的误差,这就要求在进行预测时,要全面掌握真实的数据,同时,采用科学的方法在数据分析的过程中也具有决定性的影响。单凭材料的堆砌无法得出对事物本质的认识,定性预测和定量预测等方法的运用可以使数据分析的结果更有说服力。周密的论证与分析才能尽力减小计算与表述的误差,增强预测的准确性。

3. 写作讲求时效性

时效性是市场预测报告存在的前提,唯有迅速、及时地反映市场的变化和趋势,才能充分发挥其应有的作用;反之,所进行的调查和预测就是一纸空谈,甚至会产生负面效应。所以在保证调查和预测质量的同时,要讲究时效性。

4. 建议要切实可行

建议部分是市场预测报告根据对预测对象未来前景估计提出的应变措施,这部分的写作要从实际出发,要避免笼统,这样才可能更好地服务于企业,真正为企业发展提供切实可行的参考,为其科学决策提供保障。

例文解析

2019 年中国特色小镇发展重点及趋势预测

（注：标题一般由预测期限、预测范围、预测对象和文种组成）

近年来，特色小镇建设在我国发展得如火如荼、遍地开花。住房和城乡建设部发布的数据显示，截至 2018 年 2 月，全国特色小镇试点 403 个，加上地方创建的省级特色小镇，数量超过 2000 个，这其中，绝大多数都是由政企合作发展的特色小镇。如今，迈入 2019 年，已经火了三年多的特色小镇在新的一年将如何发展？（注：前言位于正文开端，简要指出预测活动的主要意义、影响等）

特色小镇的总体发展方向是小规模、产业化、集约化、差异化，具体到 2019 年，我们预测特色小镇将会有以下六个发展趋势。

（注：用叙述和说明的方法，概括经济活动的历史和现状，以此作为下文进行预测分析的依据，如当前的政策导向、经济状况、市场需求、产品情况、竞争对手概况等，抓住重点）

趋势一　长效机制建立，政策引导特色小镇高质量发展

……

趋势二　PPP 合作模式呈上升趋势

……

趋势三　健康产业成为热门方向

……

趋势四　文旅小镇热度持续

……

趋势五　工业文化特色小镇迎来新机遇

……

趋势六　借力冬奥会发展冰雪小镇

……

最近有关特色小镇有一些负面报道，也引起了社会的关注。国家发改委为规范特色小镇的发展也采取了一系列的措施，包括开展部门间的协调、与地方政府会谈和大规模研修培训等，如何看待这个问题？国家发改委于 2018 年 12 月 14 日给出了明确的答复。

一是要正确认识。……

二是要正视问题。……

三是要及时纠偏。……

下一步，我们将会同国务院有关部门，切实强化对特色小镇的统筹指导、统一行动，抓紧健全特色小镇高质量发展长效机制。

一方面，统一规范地方创建工作。……

另一方面,统一优化部门创建工作。……

××产业研究院

××××年××月××日

评析:文章对于如当前的政策导向、经济状况、市场需求、产品情况、竞争对手概况等进行了调查后,预测了市场未来的发展趋势,并提出了合理的建议及对策。结构完整,调查全面,逻辑清晰。

实训活动

结合市场预测报告的结构和写法,完善下文。

华东地区未来三年的行业发展预测报告

近年来,华东地区产业发展格局已出现明显变化,一方面电子通信产业等高新技术产业增长速度一直稳居各行业首位,成为经济增长的主要带动力量;另一方面产业增长的均衡程度明显提高,说明经济增长的内在动力正在形成。

在今后三年内,以下行业的发展更应引起我们的关注和重视。

第一仍然是电子通信产业。目前,国家已经将推进国民经济和社会信息化作为未来5~10年的中心任务之一,这将为信息产业的高速发展带来巨大的机会。预计今后3年中,电子及通信产品制造业增长速度仍将保持在24%以上的水平,其中投资产品(通信设备、计算机等)年均增长速度要达到40%以上,配套电子元器件平均增长速度达到22%,手机、笔记本电脑等消费类产品平均增长速度达到18%。

第二是汽车工业。从需求角度看,一方面随着经济的发展,社会对交通运输业提出了更高的要求,客货汽车以及轿车的需求量增加,家庭消费对于轿车的需求转向新能源型后,市场需求将会持续增长。预计今后3年,华东地区汽车工业的增长速度将保持在28%以上的较高水平,并形成以××集团、××公司为核心的汽车生产营销基地。

第三是建筑与房地产业。一方面以××新区为代表的一大批国家和地区的重点骨干工程的兴建,对建筑业在数量和质量上都提出了新的要求,这将继续拉动建筑业快速增长;另一方面随着人民生活水平的提高,消费热点将转到改善居住条件上,××××年要实现城镇人均20平方米居住面积(或人均30平方米使用面积)的目标,华东地区将兴建约50000万平方米的城镇住宅和25000万平方米的农村住宅,改造8000万平方米城镇住宅和农村住宅。这些都将形成对房地产业的巨大需求。预计今后3年中,华东地区的房地产业增长速度会持续保持在5%以上。

第四是电信服务业。该行业增长的根本动因与电子及通信产品制造业基本相似。今后3年,电信服务业仍会以高于20%的速度增长,并成为第三产业增长的主要带动力量。预计××××年,电信业业务总量将达96000万元,电信业务总收入达55亿元。市场规模预计会比目前翻一番,固定电话网和移动电话网的规模容量将双双跃居全国第一。

第五是机械工业。机械工业是国民经济的装备工业,是为国民经济各部门提供现代生产手段的唯一部门,国民经济各部门的扩张和发展都要求机械工业提供相应的设备作为中间投入,并要求机械工业在一定程度上超前发展。预计今后3年华东地区机械工业发展速度将明显提高,增长速度将以每年约3%的速度提高。

第六是旅游业。首先是旅游市场潜力巨大,一方面居民收入水平的提高会推动国内旅游需求以更高的速度增长;另一方面随着世界经济贸易的进一步回升,国际客源进一步增长。华东地区具有得天独厚的旅游资源,开发潜力很大。预计今后3年中,旅游业增长速度将保持在18%以上,旅游业将成为华东地区新的经济增长点。

同以上行业相比,有色金属、钢铁、石化工业、电力等能源工业和基础工业将保持相对平稳的增长态势。其中石化行业受国际原油价格的不稳定性和全球经济形势的影响,预计今后3年的发展速度将不会高于目前。化学工业将以生产和产品结构调整为主,精细化工和为支柱产业配套的产品增长速度将有所加快。电力行业××××年以来的高速增长带有较强的恢复性质,预计今后增长速度将与经济增长速度保持0.7~0.8的比例关系,实现适度快速增长。钢铁行业和有色金属行业的增长前景不容乐观。

上海市××咨询有限公司
××××年××月××日

知识拓展

市场调查报告与市场预测报告的区别

市场调查报告和市场预测报告都是依据市场实际情况所做出的报告,不同之处如下。

第一,市场调查报告的资料取得一定要通过实际调查,并对所得到的数据及资料进行系统、科学的分析;市场预测报告所需要的大量资料和数据的来源可以是通过实际调查得到的,也可使用他人调查所得到的书面材料作为研究基础。

第二,市场调查报告的写作重点在于调查数据和事实情况的阐述,并辅以相应的意见或建议;市场预测报告的重点在于告诉读者对于市场和经济所做的预测结果,同时针对这些预测提出写作者的建议和对策。

任务三　经济活动分析报告的写作

案例导入

阅读下文,了解经济活动分析包括哪些内容。

每月经济活动分析　严细把控成本管理

新闻来源:中国中铁四局集团

近日,中铁四局杭(州)绍(兴)台(州)铁路三分部(四公司)召开了全员参与的月度经济活动分析例会,对8月项目部经济运行状况及9月预期目标进行讨论。

自进场以来,该分部通过每月召开一次经济活动分析会,每日及时统计各项数据、物资集约化管理等多重手段,让全员查找和挖掘项目成本管控中存在的问题,强化项目部成本管控。每次的经济活动分析会,各业务部门详细汇报分部施工产值、成本和盈亏、资金流向、材料节超等情况,对成本和盈亏核算的数据逐个进行对比分析,找出存在的问题,并结合实际情况提出整改措施和建议,保障分部经济运行情况形成良性循环。

为加强对成本细节的控制,该分部在每天早上召开碰头会,各部门汇报前一天项目部办公、机械、材料消耗等各项支出数据。办公室将各项数据整理成台账,在每月的经济活动分析会上与上个月的数据进行对比。

该分部坚持物资管理集约化、精细化,出台了物资采购实施细则,规范了物资公开招标采购管理及采购程序。他们成立了物资采购评审小组,进行全面市场调查,并对调查情况列表写出单价分析对比,做好施工材料的摸底工作,降低了材料采购成本,规避了不合格原材料带来的施工风险。

知识要点

一、经济活动分析报告的定义

经济活动分析是指以科学的经济理论和经济政策为指导,以经济计划指标、统计资料、会计核算资料以及通过调查得到的相关经济材料为依据,对一个地区、一个行业、一个单位或部门的经济活动进行科学的分析与研究,从中总结成果或经验教训,从而正确指导经济管理工作,提高效率,做出决策,目的是更好地获得经济效益。

经济活动分析报告是指整理经济活动分析的结果并按照规范化格式写成的书面材料。经济活动分析报告是科学的经济管理的一种手段,是经济部门经常性的职能工作。经济活动分析报告对于评价经济活动业绩、衡量当前财务状况、预测经济发展趋势具有重要意义。

二、经济活动分析报告的特点

1. 分析性

经济活动分析报告要在经济数据准确、真实的基础上,进行定量、定性、定时的活动分析,找出其中存在的规律及相互间的关系。分析也是经济活动分析报告有别于其他调查报告的最重要特征。经济活动分析报告不但要从宏观和微观的不同角度进行分析,还要从问题的不同角度深入比较,才能综合性地反映出经济形势和经营活动情况。

2. 科学性

经济活动分析报告既要坚持实事求是态度,又要采用科学的分析方法,只有这样才能保证分析结果的准确性和可靠性,为管理部门和领导机关了解情况,制定科学、准确、有效的决策提供依据。

3. 时效性

经济活动具有十分明显的周期性,它的每一个环节都有严格的时间限制。经济活动分析报告要及时、准确地反映经济活动的状况，才能在瞬息万变的市场经济中发挥作用。

4. 指导性

经济活动分析报告通过对一定时期内区域经济活动或企业经济活动做出的评估分析，对特定阶段的经济活动成果、问题及经验教训进行总结，实现对今后经济发展的指导作用。对经济管理部门和企业来说，它是一种科学、专业的"经济活动总评"，目的是克服消极因素、改善经营管理、提高经济活动效益。

三、经济活动分析报告的种类

1. 按内容划分

按内容，经济活动分析报告可以分为全面分析报告、专题分析报告和简要分析报告。

（1）全面分析报告是指对某一地区、某一部门、某一单位在一定时期内的经济活动进行全面、系统的综合分析后形成的报告，具有涉及问题范围广、纵观经济工作全貌的特点。

（2）专题分析报告是指对当前的中心工作、经济活动中某个突出的专项问题或业务上的重大变化以及工作中的薄弱环节和关键问题等单独进行分析后所写出的书面报告。

（3）简要分析报告多用于基层单位，通常围绕几个财务指标、工作指标或抓住一两个经济方面进行重点分析，以观察经济活动的趋势和工作进程。

2. 按时间划分

按时间，经济活动分析报告可分为定期经济活动分析报告和不定期经济活动分析报告。

（1）定期经济活动分析报告是指对一定时间内的经济活动进行分析，如按月、季度、年度进行分析后所写出的书面报告。

（2）不定期经济活动分析报告是指根据需要对某一个时期所做的经济分析后所写出的书面报告。

3. 按性质和对象划分

按性质和对象，经济活动分析报告可分为生产分析报告、成本分析报告、财务分析报告等。

四、常用的分析方法

写经济活动分析报告的重点在于分析。经济现象是错综复杂的，要真正把握其演变的规律，就必须进行深入的分析。经济活动分析是建立在数据分析基础上的，对数据进行分析处理要依靠科学的方法，因此撰写经济活动分析报告需要采用一定的分析方法。

撰写经济活动分析报告的常用方法有比较分析法、因素分析法、动态分析法。

1. 比较分析法

比较分析法也叫对比分析法、指标分析法，它是把两种或以上的指标、时间、项目条件等客观因素放在一起进行对比以确定这些指标的差异，并根据对比的结果来研究经济活动的状况的一种方法。运用比较分析法来研究经济活动规律，一般从三个方面进行比较。

（1）比计划。以本期实际取得的数据指标与计划指标相对比，检查计划完成情况，分析主要存在的问题,找出存在问题的原因,提出解决问题的办法。

(2)比历史。以本期完成的实际指标与上期或上年同期完成的指标相比,或本企业历史上最高或最低水平相比,判断出企业经济活动的发展变化情况,找出经济指标的发展速度和增减程度等。

(3)比先进。将本时期、本单位的实际指标与同行业先进单位相比,通过比较找出存在差距的主客观因素,分析其中存在的问题,以寻求改进措施。

2. 因素分析法

因素分析法是指寻求和探索造成经济活动差异的各种条件,进一步找出产生差距的最本质原因的一种分析方法。因素分析法是对比分析法的补充说明。比较分析法侧重于通过数字和情况的比较找出差距、揭示矛盾,而因素分析法侧重于对事实的说明和剖析,通过因素分析找出产生问题的原因,把握多种矛盾中的主要矛盾及其成因。

3. 动态分析法

动态分析法是指结合各个时期社会经济活动的数量表和数量关系的发展,来研究某一经济现象发生变化的情况和发展趋势的一种分析方法,包括同一时期、环境条件下的企业发展速度、发展水平、增长的绝对值等。

此外,经济活动分析的方法还有很多种,需要特别指出的是,在一篇文章中,既可以单独使用一种分析法,也可以根据需要使用多种方法,在写作中依据分析对象的具体情况进行选择。

五、经济活动分析报告的写作结构

经济活动分析报告的写作没有固定格式,结构安排也相对比较灵活,由经济活动分析的目的和内容安排决定。常见的经济活动分析报告由标题、正文、结尾和落款四部分组成,如表 5-3 所示。

表 5-3　经济活动分析报告的写作结构

项　目		要　点
标题		(1)公文式标题;(2)文章式标题
正文	前言	概括介绍基本情况
	主体	基本情况、原因分析、对策建议
结尾		总结、展望、补充。可省略
落款		单位名称(公章),××××年××月××日

1. 标题

经济活动分析报告的标题格式比较灵活,经常使用的主要有以下两种形式。

(1)公文式标题。公文式标题又称完整式标题,主要用于全面分析报告和简要分析报告。使用这类标题的分析报告往往带有汇报性质,即下属单位向主管或指导部门汇报情况,有特定的行文关系。标题常与行政公文中"报告"的标题格式类似,由经济活动分析单位的名称、时间、分析对象和文种四部分组成。如《大运公司 2019 年上半年经济运行状况分析报告》。有时文种也可以写作"说明""情况"等，如《2018 年度 3 月新华超市部门财务情况》《山西技术学校 2019 年财务决算说明》。

（2）文章式标题。文章式标题常用于专题分析报告中。这类标题与论文的标题相似，常用于报刊上发表的分析报告。它常常采用一个观点鲜明的判断句，用以分析报告的主要内容，或提出建议和倾向性意见，如《经济下行压力增大需要引起关注》《本年度预计基建投资力度将加大》。另一种文章式标题采取正副标题形式，用副标题对正标题的内容进行补充，如《子公司股权分散，增收难增利——××企业集团陷入财务泥潭》。

2. 正文

正文一般由两部分组成。

（1）前言。这部分一般是概述基本情况，说明经济活动的背景、时间、过程等，提出问题或概括分析本报告的写作目的和意义。前言应当简明扼要、开门见山地叙述主要情况，为正文的分析做铺垫；也可以对将要分析的内容提出问题或进行评价，引起人们对报告所关注问题的思考。

（2）主体。主体部分的目的是集中反映经济活动的分析过程及其结果，是经济活动分析报告的核心部分。主要阐释经济活动中的"怎么样""为什么这样"及"应该怎么办"的问题，也就是"基本情况""原因分析""对策建议"三个部分的内容。

① 基本情况。对被分析对象的基本经济活动情况进行概述，既要有文字说明，也要能够反映其经济活动的真实数据和经济技术指标。

② 原因分析。根据收集到的计划、统计、财务会计、预算以及调查研究获得的历史上、现实中的各种材料和数据，运用科学的方法进行对比分析。要求从分析的目的出发，紧扣主题，运用数据和资料，进行具体的分析，并注意对重点指标进行重点分析，得出明确的结论。对任务完成较好的数据指标，分析其原因，肯定成绩；对任务完成较差的指标，找出原因，总结教训。由于分析的目的和要求不同，分析应有不同侧重，或重在总结经验，或重在分析问题。在综合、比较和分析的基础上，提出结论，应包含经济活动的主要成绩、差距和存在的主要问题等。

③ 对策建议。根据分析结果和评价，提出有针对性的改进措施和建议。对策和建议应当结合实际，以确保切实可行。

3. 结尾

大多数经济活动分析报告都没有单独的结尾，正文分析结束便戛然而止。行文上显得干净利落。也有一些经济活动分析报告有独立的结尾部分，或者总结回顾以照应前言，或者预测前景以展望未来，或者补充说明使内容更为全面。

4. 落款

呈送上级的分析报告，一般在正文右下方写明单位的名称，并加盖单位公章，同时应写上年、月、日齐备的日期；在报纸期刊上发表的分析报告，一般在标题下方写明作者的单位和姓名。

六、经济活动分析报告的写作要求

1. 要有高度的政策观念

企业的经济活动是在国家的方针、政策指导下进行的。进行分析时,必须以党和国家的经济方针、政策为准则,分析说明经济活动中反映出来的种种问题。因而,要写好分析报告,必须深刻领会和把握有关的经济方针、政策。

2. 掌握材料要全面、准确

材料是写作经济活动分析报告的基础,占有大量真实的材料是写好经济活动分析报告的必要条件。在收集材料的过程中,应当坚持实事求是的基本原则。要深入实际、调查研究,掌握第一手的材料,这样才能保证经济活动分析真正反映客观现实,进而指导具体工作。

3. 分析评价要有深度

不论是综合性还是专题性的分析报告,撰写的关键在于分析。在分析过程中,要运用科学的分析方法揭示问题,不能只罗列现象、堆砌数字。要注意数据与因素分析相结合,只有通过对各种数据的分析计算,才能使分析论证精确化,使分析评价具有一定的力度,能够真正反映经济活动的本质。

例文解析

××市农村信用合作联社××××年度财务分析报告

(注:标题由经济活动分析单位的名称、时间、分析对象和文种组成)

　　××××年是我市农村信用合作联社改革步伐更快、经营机制更活、管理更规范、经营效果更显著的一年。一年来,市农村信用合作社以深化改革、强化管理、规范操作、提高效益为中心,进一步强化了会计基础工作,规范了财务行为,严格了成本控制,减少了非生息资金占用,使业务经营和财务工作迈上了新台阶,全面完成了各项经营目标,取得了前所未有的好成绩。现将一年来的财务活动情况分析报告如下。**(注:前言概述基本情况,说明经济活动的背景、时间、过程等,概括分析本报告的写作目的)**

　　一、基本情况

　　(注:基本情况包含对基本经济活动情况进行概述,既要有文字说明,也要能够反映其经济活动的真实数据和经济技术指标)

　　我市农村信用合作联社是一个统一法人社的独立核算单位,附属会计核算单位有1个营业部、14个信用社、6个信用分社,共有21个营业网点,员工共有168人,比去年增加12人;年末资产总额为89389.2万元,比去年增加12000万元,增长15.51%;负债总额为79934.8万元,比去年增加11539万元,增长16.87%;资产负债比例89.42%;所有者权益总额为9454.4万元,比去年增加461万元,增长5.13%。

　　二、业务经营情况及分析

　　(注:不但有情况概述,还有原因分析。对任务完成较好的数据指标,分析原因,肯定

成绩;对任务完成较差的指标,找出原因,总结教训)

我市联社全年业务经营情况总体表现为存、贷总量增长较快,农贷投量加大,不良贷款实现"双下降",效益提高,资金头寸宽余,现金支大于收,货币投放量增大。

(一)各项存款快速增长,存款规模迅速扩大

······

(二)各项贷款总量稳步增长,农贷投放力度增大

······

(三)不良贷款实现"双下降",资产质量有所提高

······

三、财务指标执行情况及分析

(**注**:经济活动分析报告常用比较分析法、因素分析法在此文中得到了切实合理的应用,各项数据均有与历史、与计划进行比较,表达效果突出)

(一)财务收入增加较快,经营效益明显提高

一是全年实现财务总收入 4634.4 万元,比去年增加 1291.2 万元,增长 38.62%。······

二是全年实现财务总支出 4372.8 万元,比去年增加 1287.6 万元,增长 40.66%。······

三是实现经营利润 811.2 万元,比上年增加 277.2 万元,增长 51.91%。······

四是资金头寸。截至 12 月底,全市库存现金及业务周转金余额为 3889.2 万元、存放中央银行款项 22839.6 万元、存放其他同业 3127.2 万元,去除法定准备金 12% 部分 9187.2 万元,资金头寸为 20670 万元,再去除拆借省联社资金 3600 万元等,可用资金还有 17070 万元。

五是其他财务指标执行情况。截至 12 月底,应付利息余额为 825.6 万元,应付利息备付率为 3.13%;呆账准备金余额为 1554 万元,呆账准备金占加权风险资产的比例为 5.46%;资产利润率为 1%,较去年上升 0.21 个百分点;资产费用率为 2.22%,比去年提高 0.83 个百分点;业务宣传费比例为 3.74‰;业务招待费比例为 4.95‰;固定资本比率为 78.97%,比去年上升 3.77 个百分点;收入费用率为 39.67%,比去年下降 3.58 个百分点;百元贷款收息率 8.46%,比去年上升 0.43 个百分点。

(二)······

从以上分析可以看出,本年度业务经营和财务情况比上年有明显好转,但在经营和财务方面也存在着一些不容忽视的问题。

四、存在的问题及影响因素

(**注**:经济活动分析重在分析,分析是整个报告中至关重要的部分)

(一)拨备提取不足,财务包袱较大······

(二)非生息资金占用较大,影响盈利水平提高

······

(三)固定资本比率不降反升

······

(四)往来收支减少

······

（五）存款利率调整的影响

……

（六）营业费用额增长较大

……

五、今后工作的思考

（**注**：根据分析结果和评价，提出有针对性的改进措施和建议，展望下一阶段的工作。对策和建议应当结合实际，以确保切实可行）

（一）增提拨备，消化包袱

……

（二）加强非信贷资产管理，减少非生息资金占用

……

（三）强化成本控制，严格费用开支

……

××市农村信用合作联社计划财务部

××××年××月××日

评析：文章针对全年的业务经营情况进行了分析，用数字说话，目的在于对于存在的问题加以分析，提出合理的改善建议。重点在于分析和建议部分。

实训活动

从以下这篇文章的写作目的入手，分析它在内容上的不足之处。

××市重工系统资金运行情况分析

去年，随着国家财政信贷紧缩力度的调整，启动生产各项措施的到位，××市重工系统的生产开始出现了生产稳增、销售回升、利税增加、亏损减少的良好势头。但是，资金占用偏高、周转速度缓慢的问题仍然十分突出。为此，我们对该系统 2018 年度的资金运行情况进行了分析，以寻找解决问题的良方。

1. 状况：喜忧参半

（1）产值的增长超过了销售收入的增长。2018 年以来，该系统累计完成工业产值 15545 万元，较上年同期增长 9.6%；实现销售收入 13213 万元，比上年同期增长 3.3%；销售收入增长幅度比产值的增长幅度低 6.3%。

（2）流动资金贷款增长幅度超过了产销增长幅度。2018 年以来，该系统在各金融机构的贷款达 10082 万元，较上年同期上升 12.5%，贷款增幅高于同期产值增幅 2.9 个百分点，高于同期销售增幅 9.2%。

（3）可比产品成本的增幅低于产值、利税的增幅。2018 年年末，可比产品成本达 9291 万元，较上年同期上升 1.4%，低于同期产值、利税的增长幅度。

（4）利税上升，为国家增添了财富。2018 年以来，该系统累计实现税利 1851 万元，较上年同期增长 6.1 个百分点。

（5）利润回升，亏损额减少，亏损面缩小，但潜亏现象严重。2018 年年末，14 个企业中有 13 个盈利，利润额为 1131 万元，较上年同期上升 4%；亏损单位由年初的 5 个减少

了 4 个,亏损额由上年同期的 22 万元下降到 15 万元。

(6)百元销售、百元贷款创利税上升。2018 年年末,实现每百元销售创利税 14 元,每百元贷款实现利税 18 元,分别较上年同期上升 1% 或 2%。

(7)结算拖欠问题积重难返,三项资金占用略有下降。2018 年年末,成品资金、发出商品、应收及预付货款三项资金之和仍高达 8711 万元,虽较年初下降 6.9%,但远没有完成压缩 15% 的挖潜任务。

(8)不合理资金占用偏高。据不完全统计,挤占挪用、超储积压、未弥补亏损、专用基金超支等不合理资金高达 2424 万元,占银行贷款的比重为 24%。

(9)资金周转速度缓慢,销售资金率过高,资金的运用效果不佳。2018 年年末,全部流动资金周转天数为 472 天,较上年减慢 90 天,每实现百元销售较同期多占用流动资金 12.9 元。

上述情况表明,依靠银行贷款仅仅可以促使企业生产回升,但难以促进销售的相应增加,难以带动企业经济效益同步提高,企业经济效益低下,严重影响着银行信贷资金的周转,而生产发展又强烈要求增加信贷投入。这个矛盾困扰着我市经济的发展。

2. 成因:纵横交错

(1)过分注重产值,没有处理好速度与效益的关系。

(2)产品质量总体水平较低,低档产品多,大路货产品多,陈旧型产品多。

(3)企业整体素质差,技术装备水平落后且粗放经营,重外延扩大再生产,忽视内涵扩大再生产,设备老化、超负荷运行,投入大、产出少等。

(4)原材料价格上涨,销售价格不断下降。"双重挤压"效应严重影响着以机械加工为主的重工系统,企业既要受主要原材料涨价的冲击,又要受产品销售价格不断下降的冲击。

(5)产品结构调整难度大。一方面,新产品开发、试制需要时间,同时也要担风险,在承包期较短的情况下,承包人不愿承担这种风险。另一方面,产品转产需要资金投入,而闲置的设备和劳动力目前又无法转让。这使企业在调整产品结构问题上心有余而力不足。

(6)由于客观因素影响,许多产品的单位生产费用大幅度上升,每个产品的成本中不仅要计入生产中所用设备的折旧,还要为那些闲置的设备分担成倍的折旧费用;不仅要计入资金正常周转的利息,还要为闲置的固定资金和积压产品分担利息和罚息。由于工资具有刚性,产量减少,效益下降,但工资却不能相应减少,因而同量产品中所分摊的工资增加。

知识拓展

市场调查报告与经济活动分析报告异同

1. 相同点

(1)以国家有关方针政策为指导。

(2)需要具有大量的资料。

（3）进行科学分析，揭示本质，找出规律，提出结论。

（4）都要为决策部门提供参考。

2. 不同点

市场调查报告时间性强，目的是及时发现新事物、新经验、新矛盾，内容涉及范围广，形式更灵活多样，强调用事实说话，并阐明一定的道理和观点。

经济活动分析报告时间性强，带有定期性；重在分析企业生产和流通过程中各项指标的执行情况，要提出解决问题的"对策"，一般与表格数据有关，较多地运用经济术语、专业术语。

市场预测报告与经济活动分析报告的异同

1. 相同点

（1）以调查分析为基础。

（2）要具有大量的数据资料。

2. 不同点

市场预测报告侧重于未来，对过去、当前的经济活动进行分析、综合和比较，目的是预测未来经济的趋势和前景。

经济活动分析报告侧重在过去、当前，目的是针对现在的结果提出改进建议。

任务四　可行性研究报告的写作

案例导入

当前，零售业增长陷入瓶颈，寻找新的零售增长点成为当务之急。线上和线下融合的"新零售"将是未来新方向。新零售，即企业以互联网为依托，通过运用大数据、人工智能等先进技术手段，对商品的生产、流通与销售过程进行升级改造，并对线上服务、线下体验以及现代物流进行深度融合的零售新模式。

2019年7月12日，互联网零食品牌××××正式登陆A股，在深交所创业板挂牌上市。××××创办于2012年，是一家纯互联网零食品牌，旗下产品覆盖坚果、干果、果干、花茶等多个品类，在年轻消费群体中具有较高知名度，其推出的"××××零食大礼包"在电商平台轻轻松松便可以达到月销百万级。同时，其线下的实体加盟店"××小店"也在全国范围突破100家。

面对当前信息爆发式增长，消费者的购买行为日趋复杂，预测难度大幅提升；消费者话语权由弱变强，买方市场属性明显；新需求显现，消费者追求更健康的生活方式。传统的消费者讲究性价比，而当前提倡"颜值即正义"，仅有性价比已经很难让一款商品大卖了。

如果你想对食品行业的新零售进行投资，应当首先进行哪些可行性调查研究呢？

知识要点

一、可行性研究报告的定义

可行性研究报告是根据国民经济长期规划和地区规划、行业规划的要求,对拟实施项目在技术、工程和经济上是否合理可行进行全面分析、论证,通过多种方案的比较,最后做出评估,为决策提供重要依据的一种经济文书。

可行性研究报告是 20 世纪初西方发达国家在项目投资管理方面采用和发展起来的一种工作方法和管理方式。可行性研究报告要求一个项目或一个重要经济活动在实施之前要进行深入细致的调查研究,对有关因素进行全面的技术论证和经济评估,选择和制订出一个最佳方案。西方国家的经验证明,可行性研究无论是对提高投资的经济效益还是促进国民经济的健康发展都有好处。

20 世纪 80 年代初,可行性研究被引入我国。随着市场经济的蓬勃发展,可行性研究报告成了经济写作中新兴的文体。经过多年的写作实践,如今这种文体已逐渐成熟,并被推广到非经济领域,成为国家行政机关、企事业单位及群众团体广泛应用的一种必需文书。

二、可行性研究报告的种类

可行性研究报告的种类,根据不同的标准,有不同的分类。

按内容可分为政策性可行性研究报告和建设项目可行性研究报告;按范围可分为一般可行性研究报告和大中型项目可行性研究报告;按用途可分为用于企业融资、招商合作的可行性研究报告,用于建设立项、工商注册的可行性研究报告,用于资金支持的可行性研究报告。下面就对按用途划分的三种可行性研究报告做出具体阐述。

(1)企业融资、对外招商合作的可行性研究报告。这类研究报告通常要求市场分析准确、投资方案合理,并提供竞争分析、营销计划、管理模式、技术研发等实际运作方案。

(2)建设立项、工商注册的可行性研究报告。这类可行性研究报告通常作为大型建设项目和新产品研发的基础文件,建设立项的主管部门和工商管理部门根据建设项目、新产品研发注册的可行性研究报告进行批复或备案,决定该项目是否实施。

(3)资金支持的可行性研究报告。这类可行性研究报告通常有两种:一是商业银行在贷款前进行风险评估时,需要项目方出具详细的可行性研究报告;二是申请国家的相关政策支持资金往往也需要提交此类可行性研究报告。

三、可行性研究报告的特点

可行性研究报告致力于分析论证准备实施项目的必要性、技术上的可行性和经济上的合理性,它关系到宏观调控与投资决策的成败。因此,要写好可行性研究报告,首先必须认识它的主要特点。可行性研究报告的特点主要表现在以下四个方面。

1. 客观性

可行性研究是一种科学的方法,撰写可行性研究报告时,应该始终站在客观公正的立场,坚持实事求是的态度。在调查研究的基础上,要做多种方案的比较,按照客观实际情况进行论证、评价。切不可把可行性研究当作一种目的,为了"可行"而"研究",作为争投资、上项目、列计划的"通行证"。只有这样,才能保证可行性研究的科学性和严肃性。

2. 全面性

可行性研究报告的全面性包括两个方面。一是可行性研究报告的内容涉及面广,它不仅要对建设项目的市场前景、技术方案、建设规模等进行多方案的技术论证与经济评价,还要对建设项目的社会效益、生态效益等进行全面的研究与评价;二是报告结果的取得需要多方面人员的全面协作,绝不是个人的"思维结晶"。

3. 系统性

可行性研究报告运用系统的方法对建设项目这个"系统工程"进行系统的研究。每个建设项目都是一个相对独立的系统,可行性研究就是探求这个系统内在的各个部分之间及与外在各因素之间的种种联系与影响,进一步从静态到动态、从定性到定量、从宏观到微观进行全面系统的分析论证,从而确定项目是否可行。这种"系统性"也体现在可行性研究报告的内容、形式与写法上。

4. 可操作性

可行性研究报告是一种实践性很强的经济文书,报告研究的结果必须能直接应用于具体的实践活动。可行性研究报告应该把具有技术上的可行性、经济上的合理性、时间上的可操作性的最佳方案提供给投资者,使可行性研究报告不只是纸上谈兵,而应具有一定的可操作性。

四、可行性研究方法

可行性研究方法本身是相关方法的集成,主要包括战略分析、调查研究、预测技术、系统分析、模型方法和智囊技术等。分段的实施方法有以下几个阶段。

1. 第一阶段:初期工作

(1) 收集资料。包括业主的要求,业主已经完成的研究成果,从市场、所属区位、设施、环境、劳动力来源、资金来源、税务、设备材料价格、物价上涨率等有关资料。

(2) 现场考察。考察所有可利用的内容和状况,与业主方技术人员初步商讨设计资料、设计原则和工艺技术方案。

(3) 数据评估。认真检查所有数据及其来源,分析项目潜在的致命缺陷和设计难点,审查并确认可以提高效率、降低成本的工艺技术方案。

(4) 初步报告。扼要总结初期工作,列出所收集的设计基础资料,分析项目潜在的致命缺陷,确定参与方案比较的工艺方案。初步报告提交业主,在得到业主的确认后方可进行第二阶段的研究工作。如业主认为项目确实存在不可逆转的致命缺陷,则可及时终止研究工作。

2. 第二阶段:可选方案评价

(1) 制定设计原则。以现有资料为基础来确定设计原则,该原则必须满足技术方案和产量的要求,当进一步获得资料后,可对原则进行补充和修订。

(2) 技术方案比较。对选择的各专业工艺技术方案从技术上和经济上进行比较,提出最后的入选方案。

（3）初步估算基建投资和生产成本。为确定初步的工程现金流量，将对基建投资和生产成本进行初步估算，通过比较，可以判定规模经济及分段生产效果。

（4）中期报告。确定项目的组成，对可选方案进行技术经济比较，提出推荐方案。中期报告提交业主，在得到业主的确认后方可进行第三阶段的研究工作。如业主对推荐方案有疑义，则可对方案比较进行补充和修改；如业主认为项目规模经济确实较差，则可及时终止研究工作。

3. 第三阶段：推荐方案研究

（1）具体问题研究。对推荐方案的具体问题作进一步的分析研究，包括工艺流程、物料平衡、生产进度计划、设备选型等。

（2）基建投资及生产成本估算。估算项目所需的总投资，确定投资逐年分配计划，合理确定筹资方案；确定成本估算的原则和计算条件，进行成本计算和分析。

（3）技术经济评价。分析确定产品售价，进行财务评价，包括技术经济指标计算、清偿能力分析和不确定性分析，进而进行国家收益分析和社会效益评价。

（4）最终报告。根据本阶段研究结论，按照可行性研究内容和深度的规定编制可行性研究最终报告。最终报告提交业主，在得到业主的确认后，研究工作即告结束。如业主对最终报告有疑义，则可进一步对最终报告进行补充和修改。

五、可行性研究报告的写作结构

可行性研究报告关系到项目是否能够成功立项和顺利实施。各部委有关各类工程项目上马前编写可行性研究报告的相关规定，如《土地整治重大项目可行性研究报告编制规程》《固定资产投资工程项目可行性研究及初步设计节水篇（章）编写通则》《铁路建设项目预可行性研究、可行性研究和设计文件编制办法》等。同时有些地区根据本地的实际情况也提出了编制正文的主要内容和要求。可行性研究报告的格式一般由标题、正文、结论和附件四个部分组成，如表5-4所示。

表5-4 可行性研究报告的写作结构

项　目		要　点
标题		名称＋项目名称＋文种
正文	项目摘要	概括介绍基本情况
	项目的必要性、可行性	建设背景及基础等
	项目分析内容	项目市场分析、建设单位情况、项目地点选择分析、工艺技术方案、建设方案及内容、投资估算和资金筹措、建设期限和实施进度安排、土地规划和环保、项目的组织与管理、效益分析与风险评价、有关证明材料等
结论		对于项目是否可行得出的综合性评述意见
附件		补充相关表格

1. 标题

标题常与行政公文中"报告"的标题格式类似,由项目编制单位的名称、项目名称和文种三部分组成,如《乐天公司关于在华中地区组建销售网络的可行性研究报告》;也可省略编制单位,如《××市城市轻轨建设工程可行性研究报告》。

2. 正文

(1) 项目摘要。这部分通常是概述基本情况,如项目概况(项目名称、性质、建设地点、建设单位等)、项目建设目标(建成一个什么样的基地或者园区)、项目建设规模及内容(占地、主体、辅助工程、配套工程、设备)、项目投资估算与资金筹措(总投资,包括资金来源)、项目效益(经济效益、社会效益、生态效益)、编制依据及范围(法律法规、政策标准)、主要技术经济指标、结论及建议。

(2) 项目建设的必要性、可行性。

① 必要性:包括建设背景、政策要求、经济需要、发展需求、市场要求。

② 可行性:包括符合政策、产业基础、市场前景、经济基础。

(3) 市场分析。这部分包括对项目的国内外需求、供给的预测,产品竞争对手的能力、销售方向的分析,产品投产后6~10年的产品销售量的预测。

(4) 建设单位情况。阐述合作社、企业、相关企业等基本情况,从经济基础、产业基础、人员基础阐述项目建设的优势。

(5) 项目地点选择分析。包括项目的地点介绍、交通优势、政策优势、市场优势等。

(6) 工艺技术方案。着重阐述项目关于栽培、加工、检测等技术能力。

(7) 建设方案。包括建设的目标、布局、规模、布局的原则等。

(8) 建设内容。关于建设的具体内容有时可与"建设方案"合写,包括主体工程、配套工程、辅助工程、设备等。

(9) 投资估算和资金筹措。这部分包括投资估算依据、资金的估算、资金筹措的方式等。项目的投资估算主要依据项目建设方案确定的建设任务及其工程量的建设投资和设备配置的投资。

(10) 建设期限和实施进度安排。阐述本项目建设期为几年,从哪一年几月到哪一年几月,主要包括项目前期工作,相关项目工程设施建设等。

(11) 土地规划和环保。包括土地来源、政策,项目与政府规划,建设的环境保护等。

(12) 项目组织与管理。为了保证项目建设及运行的正常开展,需要成立项目领导小组,形成政府和各有关部门"齐抓共管"的格局。领导小组的主要职能是负责项目的规划审定、宏观管理、制定政策、协调各部门的关系,协调做好相关工作。项目领导小组下设项目管理办公室,负责项目建设的行政管理和具体协调工作。

(13) 效益分析与风险评价。包括经济效益、社会效益、生态效益,资金风险、政策风险、土地风险、市场风险等,以及应对风险的机制及策略。

(14) 有关证明材料。包括营业执照、土地批复、合作协议等。

3. 结论

完成以上各个部分的分析后,对整个项目是否可行、是否需要改进以及未来前景如何已经有了综合性的评述意见。在这部分需要明确指出该项目是否可行,有何优缺点,或者提出建议、意见以及相关问题，以供有关部门参考后决策。

4. 附件

这部分需要补充可以佐证正文阐述内容的相关表格，包括财务评价指标汇总表、建设投资表、流动资金估算表、资金使用计划与筹措、营业收入、营业税金及附加和增值税估算表、总成本费用估算表、固定资产折旧费用估算表、资金摊销估算表、外购原材料估算表、燃料动力费表等。

六、可行性研究报告的写作要求

（1）材料要真实准确。可行性研究报告论证的结论是是否能进行投资的重要依据，也是未来项目建设的依据，所以要保证资料来源真实可靠、全面准确。资料的来源有国家有关文件、历史档案、市场调查和专家意见等。

（2）论证应全面深入。可行性研究报告是企业向上一级管理机关报批的资料，也是企业为项目筹集资金的依据，所以分析应当有理有据、证据确凿，应该论证的问题不能出现遗漏、疏忽等问题，主要问题的论证一定要有深度。

（3）深入调查研究，科学分析预测。编写人员要具有较高的业务素质，从而使报告的内容真实、完整、准确，报告的结论应当严谨、客观、科学。

（4）要遵守国家有关规定。对各方面因素的分析论证要周详完备，符合国家对于资金、项目等相关的政策法规，语言表达要精练准确，格式应符合相关规范要求，专业术语、图表、数据等要真实准确。

例文解析

××产业研究院关于大健康体育产业园区
项目可行性研究报告

（注：标题由项目编制单位的名称、项目名称和文种三部分组成）

一、项目基本情况

（注：概述项目的基本情况，对项目的总体情况进行说明，包括项目背景、项目内容、经济效益和现实意义等）

项目名称：大健康体育产业园区项目

经营期限：项目不设经营期限

二、项目发展背景

"健康中国"首次上升为国家战略，意味着我国居民身体素质亟待加强。与发达国家相比，……

三、项目内容

……

四、项目总投资及来源

……

五、项目建设必要性与可行性分析

（**注**：对项目建设的可行性和必要性，需求预测和拟建规模，市场分析和预测，设计方案，环境保护，劳动组织，实施进度，投资估算和资金筹措，经济效果评价等方面进行了全方位的阐述）……

1. 发展方向

……

2. 发展目标

……

3. 经济效益

……

4. 社会效益

……

六、大健康体育产业园区项目可行性研究报告主要内容（略）

实训活动

1. 阅读下面关于创业可行性分析的文章，结合当前大学生创业的政策和现状，从自身实际出发拟一份自主创业的可行性分析报告。

创业与可行性分析

从事任何行业，如在创业之前能设想周到、做得巧，而且对计划的执行又能控制得好，那么，日后经营的业绩一定会有良好的成效。

问题是怎样才能"设想"周到。如果以现代企业经营的观念，就是先做好"可行性"的研究。对创业，不论是制造业还是贩卖业、服务业，在创业之前都须从较深的层面去探讨建厂、设店、市场的问题。为了深入探讨问题，就必须分门别类进行细节的分析。

对创业的"可行性"，在研判的分类上，至少要有"市""品""财""人"四大项。

市，就是即将来临的市场需求情况，产品的需求曲线通常是一条平滑的曲线，但也可能是阶梯式分时段的。倘若某种产品的需求曲线为平滑的，则制造产品的工厂的设备的增添很难配合。关于这一点，就要调度各目标市场的需求，甚至以增减外销数量并调整，避免产量剩余或不足。

品，就是产品，或服务的品质。产品的种类或功能在市场行销研究方面，通常就已经决定了。关于产品的制造技术，创业者一定要把握一个重点，就是明了事业本身的技术水准，一时不必好高骛远，在选择制作方法时，最好不要选择尚在试验阶段的方法。选择生产设备时，也不要选用刚上市的"第一代"机械设备，尤其是重大而精密的机件，由于技术不成熟，风险自然难免。

财，就是财务融资方面的可行性。倘若一个即将创办的事业，在财务方面不具有可行性，那么这个创业计划就无须付诸实施。关于资金的筹措、借贷及其办理手续与债务偿还的方式，都必须一一调查清楚。年度利润计划与投资报酬率的预估则涉及对营业收入和费用支出的预测，故又与"市""品"两项有关联。财务可行性的最终目标，是要做一套可行的计划，在一定的期限内将股东投入的股本资金收回，其中还要包括应计利息。

人,就是在创业之初,对志同道合的创业人才延揽的可行性,以及对"人力资源"的有效运用,还有在公司成立开始经营时对员工要做有计划的培训,最好能有"团队受训"效果。凡有志创业者,必须凭借各种人才由衷的相助,方能成为成功的创业者。用人的可行性研究,在于"知人善任",以及如何做好对员工的培训。

2. 经过一段时间的考察,某同学想在学校附近开一家 30 平方米的奶茶店,但苦于资金不足,故想找人合伙。拟一份可行性研究报告给这位同学的合伙人,注意要全面客观。

知识拓展

可行性研究报告与经济活动分析报告的区别

(1) 在时间上,经济活动分析报告可以对进行完毕、正在进行和尚未进行的某一项经济活动进行分析,但可行性研究报告必须在事前对于未进行的经济活动方案进行论证。

(2) 在内容上,经济活动分析报告可以是对经济活动进行的专题分析,也可以是全面的分析,而可行性研究报告则必须将影响某一经济活动的各种因素进行全面、系统的综合分析。

(3) 在目的上,经济活动分析报告是为使相关部门在经济活动中的目标得以实现而提供的指导性的参考意见,而可行性研究报告则是为了提出可行的建议方案,请求上级审核、批准。

项目六 财经契约类文书

任务一 招标书和投标书的写作

案例导入

××大学对新校区学生公寓物业管理权进行公开招标,选定物业管理单位对新校区学生公寓物业进行管理。凡达到本市物业管理三级以上资质的物业管理公司均可参加投标。叶上秋物业管理公司经营物业管理、水电维修、家政服务等,看到该大学的招标公告后,经慎重考虑和研究,决定参加投标,请为叶上秋物业管理公司拟写一份投标书。

知识要点

一、招投标概述

(一)招标、投标的定义

招标是指招标人对货物、工程和服务事先公布采购的条件和要求邀请投标人参加投标,招标人按照规定的程序确定中标人的行为。

投标是指投标人按照招标人提出的要求和条件参加投标竞争的行为。

从合同法意义上讲,招标是指招标人采取招标公告或者投标邀请书的形式向法人或者其他组织发出要约邀请,以吸引其投标的意思表示。投标是一种法律上的要约行为,是指投标人按照招标人提出的要求和条件,在规定的期限内向投标人发出的包括合同主要条款的意思表示。

招标人是依照《中华人民共和国招标投标法》规定提出招标项目、进行招标的法人或者其他组织。招标人应当有进行招标项目的相应资金或者资金来源已经落实。

投标人是响应招标、参加投标竞争的法人或者其他组织。要参加投标,投标人必须具备一定的圆满履行合同的能力和条件,包括与招标文件要求相适应的人力、物力和财力,以及招标文件要求的资质、工作经验与业绩等。

(二)招标、投标的作用

招标投标制度是为合理分配招标、投标双方的权利、义务和责任建立的管理制度,加强招标、投标制度的建设是市场经济的要求。

（1）有利于提高经济效益和社会效益。我国社会主义市场经济的基本特点是要充分发挥竞争机制作用,使市场主体在平等条件下公平竞争,优胜劣汰,从而实现资源的优化配置。招标、投标是市场竞争的一种重要方式,其最大的优点就是能够充分体现"公开、公平、公正"的市场竞争原则。通过招标采购,让众多投标人进行公平竞争,以最低或较低的价格获得最优的货物、工程或服务,从而达到提高经济效益和社会效益、提高招标项目的质量、提高资金使用效率、推动投融资管理体制和各行业管理体制的改革的目的。

（2）有利于提升企业竞争力,促进企业转变经营机制,提高企业的创新活力,积极引进先进技术和管理,提高企业生产、服务的质量和效率,不断提升企业市场信誉和竞争力。

（3）通过招标、投标可以健全市场经济体系维护和规范市场竞争秩序,保护当事人的合法权益,提高市场交易的公平、满意和可信度,促进社会和企业的法治、信用建设,促进政府转变职能,提高行政效率,建立健全现代市场经济体系。

（4）有利于保护国家和社会公共利益,保障合理、有效使用国有资金和其他公共资金,防止其浪费和流失,构建从源头预防腐败交易的社会监督制约体系。

（三）招标、投标应当遵循的原则

《中华人民共和国招标投标法》第五条规定："招标投标活动应当遵循公开、公平、公正和诚实信用的原则。"

1. 公开原则

公开原则即要求招标投标活动必须保证充分的透明度,招标投标程序、投标人的资格条件、评标标准和方法、评标和中标结果等信息要公开,保证每个投标人能够获得相同的信息,公平参与投标竞争并依法维护自身的合法权益。招标投标活动的公开透明也为当事人、行政和社会监督提供了条件。公开是公平、公正的基础和前提。

2. 公平原则

公平原则即要求招标人在招标投标各环节中一视同仁地给予潜在投标人或者投标人平等竞争的机会,并使其享有同等的权利和义务。例如,招标人不得在资格预审文件和招标文件中含有倾向性内容或者以不合理的条件限制和排斥潜在投标人;不得对潜在投标人或者投标人采取不同的资格审查或者评标标准,依法必须进行招标的项目不得以特定行政区域或者特定行业的业绩、奖项作为评标加分条件或者中标条件等。公平原则主要体现在两个方面:一方面,机会均等,即潜在投标人具有均等的投标竞争机会;另一方面,各方权利和义务平等,即招标人和所有投标人之间权利和义务均衡并合理承担民事责任。

3. 公正原则

公正原则即要求招标人必须依法设定科学、合理和统一的程序、方法和标准,并严格据此接受和客观评审投标文件,真正择优确定中标人,不倾向、不歧视、不排斥,保证各投标人的合法平等权益。为此,招标投标法及其配套规定对招标、投标、开标、评标、中标、签订合同等作了相关规定,以保证招标投标的程序、方法、标准、权益及其实体结果的公正。例如,评标委员会必须按照招标文件事先确定并公开的评标标准和方法客观评审投标文件和推荐中标候选人,并明确否决投标的法定情形等。

4. 诚实信用原则

诚实信用原则即要求招标投标各方当事人在招标投标活动和履行合同中应当以守法、诚实、守信、善意的意识和态度行使权利和履行义务,不得故意隐瞒真相或者弄虚作假,不得串标、围标和恶意竞争,不能言而无信甚至背信弃义,在追求自己合法利益的同时不得损害他人的合法利益和社会利益,依法维护双方利益以及与社会利益的平衡。诚实信用是市场经济的基石和民事活动的基本原则。

(四)招投标方式

《中华人民共和国招标投标法》明确规定招标分为公开招标和邀请招标两种方式。

公开招标又称无限竞争性竞争招标,是指招标人以招标公告的方式邀请不特定的法人或者其他组织投标。凡国有资金(含企事业单位)投资或国有资金投资占控股或者占主导地位的建设项目必须公开招标。

邀请招标又称有限竞争性招标,是指招标人以投标邀请书的方式邀请特定的法人或其他组织投标。非国有资金(含民营、私营、外商投资)投资或非国有资金投资占控股或占主导地位且关系社会公共利益、公众安全的建设项目可以邀请招标,但招标人要求公开招标的可以公开招标。

二、招标书的概念和写作结构

(一)招标书的概念

在进行招标过程中所使用的书面文件称为招标书。招标书实际上是一个广义的概念,是指招标方在进行招标活动中使用的一系列文书。①招标申请书是招标单位在发出招标公告前,向上级有关主管部门递送招标申请文件。②招标公告(通告)或招标邀请函。招标有两种方式:一是公开招标,使用招标公告(通告),一般刊登在媒体上;二是邀请招标,即由招标单位邀请有关对象参加投标,使用招标邀请函招标通知书。③招标内部文件,它由招标单位编制,包括招标章程、投标企业须知、技术质量要求、中标合同等。上述各类文书根据不同招标情况可以相应合并或分开。在招标书中,用得最多的是招标公告和招标通知书,文中所称的招标书也多指招标公告、招标通告。

(二)招标书的特点

1. 公开性

招标书是一种告示性文书,它像广告一样,借助大众传媒手段进行公开,从而利用和吸收全国各地乃至各国的优势,以达提高经济效益的目的。

2. 竞争性

招标书充分利用了竞争机制,它以竞标的方式吸引投标加入,通过激烈的竞争实现优胜劣汰,从而实现业主优选的目的。

3. 紧迫性

招标书要求在短时间内获得结果,因此具有时间的紧迫性。

(三)招标书的种类

招标书可以从不同的角度进行分类。按招标的方式划分,有公开招标、邀请招标。按时间划分,有长期招标书和短期招标书。按内容及性质划分,有企业承包招标书、工程招标书、大宗商品交易招标书。按招标范围划分,有国际招标书和国内招标书等。

(四)招标书的写作结构

招标书一般由标题、正文、落款三部分组成,如表 6-1 所示。

表 6-1　招标书的写作结构

项　目		要　　点
标题		招标单位名称＋招标事由＋文种
正文	引言	简要写明招标目的、依据以及招标项目的名称
	主体	核心部分,详细写明招标的内容、要求及有关事项
	结尾	招标单位名称、地址、电话、电报、邮政编码等
落款		招标单位全称和标书制发日期

1. 标题

标题可以由招标单位名称、招标项目名称和文种三部分构成,如《××大学修建图书馆楼的招标通告》;也可由招标单位名称和招标文种构成,如《××集团招标公告》;或者只写招标文种,如《招标公告》《招标书》。

2. 正文

正文由引言、主体、结尾三部分组成,一般用条文式,有的也可用表格格式。

(1)引言。引言应写明招标目的、依据以及招标项目的名称,如《××里住宅小区建筑安装工程施工招标通告》:"本公司负责组织建设的××里住宅小区工程的施工任务,经××市城乡建设委员会批准,实行公开招标,择优选定承包单位,现将招标有关事项通告如下"。

(2)主体。主体是招标公告的核心,要详细写明招标的内容、要求及有关事项。一般采用横式并列结构,将有关要求逐项说明,有的还需要列表。具体包括以下几个方面。

① 招标内容,如标明工程名称、建筑面积、设计要求、承包方式、交工日期等,如《××里住宅小区建筑安装工程施工招标通告》:"工程名称和地址:××里住宅小区,坐落于××市东城区内城东北角。工程主要内容:总建筑面积 10.7 万平方米,其中 14～18 层大模外挂板住宅楼 7 栋,计 7.85 万平方米,砖混结构 6 层住宅楼 5 栋,计 2.25 万平方米,其余为配套附属建筑,也是砖混结构。工程质量要求应符合国家施工验收规范。承包方式:全部包工包料(建设单位提供三材指标)。"

② 招标范围,即投标单位资格及应提交的文件,如:"凡持有一二级建筑安装企业营业执照的单位皆可报名参加投标。报名时应提交下列文件:投标单位概况表;技术等级证书(复制件);工商营业执照(复制件);外地建筑企业在本市参加投标许可证。"

③ 招标程序,包括报名及资格审查;领取招标文件;招标交底会(交代要求及有关说明);接受标书;开标;交招标文件押金或购买招标文件。

④ 招投标双方的权利和义务、双方签订合同的原则、组织领导以及其他事项等。

(3)结尾。招标书的结尾应写明招标单位名称、地址、电话、电报、邮政编码等,以便投标者参与。

3. 落款

落款写明招标单位全称和标书制发日期。

(五)招标书的写作要求

(1)周密严谨。招标书不但是一种"广告",而且是签订合同的依据。因此,它是一种具有法律效力的文件。这里的周密与严谨,一是内容,二是措辞。

(2)简洁清晰。招标书没有必要长篇大论,只要把所要讲的内容简要介绍,突出重点即可,切忌没完没了地胡乱罗列、堆砌。

(3)注意礼貌。因为涉及的是交易贸易活动,因此要遵守平等、诚恳的原则,切忌盛气凌人,也不能低声下气。

三、投标书的写作

(一)投标书的概念

投标书是指投标单位按照招标书的条件和要求,向招标单位提交的报价并填具标单的文书。它要求密封后邮寄或派专人送到招标单位,故又称标函。它是投标单位在充分领会招标文件进行现场实地考察和调查的基础上编制的文书,是对招标公告提出的要求的响应和承诺,并同时提出具体的标价及有关事项。

(二)投标书的特点

投标书最突出的一个特征就是它的针对性。从其定义就可以清楚地看到,投标者为达到自己承包或承购的目的,一定要以招标单位提出的各项要求为依据,展示自己的实力和优势;同时应严格按照招标书中的内容条款,有针对性地安排投标的内容,不可漫无边际地随意去写。

投标书同样具有竞争性。投标人均以竞标成功作为自己最终的目的,而招标单位只能选择其一,投标人只有充分展示自己的实力和优势,才能在竞争中脱颖而出。

投标书还具有严格的法律约束力。投标书和招标书一样,均为日后签订合同提供原始依据,它本身必须在法律许可范围内。它的条款一经写入投标书,就具备了严格意义上的法律约束力,投标人必须完全按照其拟定的各项经济指标进行工作。

（三）投标书的写作结构

按招标的标的物，投标可分为货物招投标、工程招投标、服务招投标。根据具体标的物的不同还可以进一步细分，因此标书在写作时差异较大。但一般由标题、送达单位名称、正文、结尾和附件五个部分组成，如表 6-2 所示，要按招标文件的要求认真编制和翔实填写。

表 6-2　投标书的写作结构

项　目		要　　点
标题		投标单位名称＋投标项目名称＋文种
送达单位名称		招标单位全称
正文	开头	投标人的基本情况和投标意愿
	主体	核心部分，包括投标项目的具体指标、完成指标任务的具体措施等
结尾		投标单位名称和投标书发出日期，投标人的联系方式等
附件		投标书中注明的具体材料

1. 标题

标题的组成大致有三种情况：一是直接写文种名称"投标书（函）"；二是由投标项目名称和文种名称两部分组成；三是由投标人名称和文种名称两部分组成。

2. 送达单位名称

对国内招标时的投标书，可在标题下顶格写上招标单位全称。

3. 正文

正文由开头和主体两部分组成。

（1）开头要写明投标书所应对的招标项目的名称、招标号，投标人正式授权的签字人的姓名、职务，签字人所代表的企业及投标人的名称和地址。

（2）主体一般包括两方面内容：一是所提交的投标文件；二是投标人表明态度即表明承诺的内容。不同的招标项目，投标人要提供的文件也不一样，应视招标文件规定和招标投标具体情况确定，并注明提交文件的正本、副本的份数。

4. 结尾

结尾要写明投标单位名称和投标书发出日期，须加盖投标单位印章，并由授权代表签名（盖章）；同时还须写明投标人的地址、电话、电报、传真、邮政编码等内容，以便联系。

5. 附件

投标书有无附件可根据实际情况而定，情况不同，附件的具体材料也不相同。

（四）投标书的写作要求

（1）必须认真研究招标文件，积极发挥内部优势和利用外部力量，紧紧围绕招标事项提出有针对性的切实可行的措施。

（2）投标书的内容要具体清晰，投标书应严格按照招投标文件的要求编制，并按规定格式填写,内容齐全,格式规范,表达简明具体。

(3) 撰写之后要认真检查,防止疏漏。

例文解析

例文 1　招标申请书
建筑安装工程招标申请书

(**注**:标题为"招标项目＋文种")

为了提高建筑安装工程的建设速度,提高经济效益,经(建设主管部门)批准(建设单位)对建筑安装工程的全部工程(或单位工程,专业工程)进行招标(公开招标由建设单位在地区或全国性报纸上刊登招标广告,邀请招标由建设单位向有能力承担该项工程的若干施工单位发出招标书,指定招标由建设项目主管部门或提请基本建设主管部门向本地区所属的几个施工企业发出指令性招标书)。(**注**:正文前言部分包括招标的缘由和根据、招标项目的资金来源及招标的范围等)

(**注**:主体部分写出招标项目的全面信息,一般包括招标的名称、型号、数量、规格、价格、质量及工期等)

一、招标工程的准备条件。

1. 本工程已列入国家(或部委,或省、市、自治区)年度计划。

2. 已有经国家批准的设计单位出的施工图和概算。

3. 建设用地已经征用,障碍物全部拆迁;现场施工的水、电路和通信条件已经落实。

4. 资金、材料、设备分配计划和协作配套条件均已分别落实,能够保证供应,使拟建工程能在预定的建设工期内,连续施工。

5. 已有当地建设主管部门颁发的建筑许可证。

6. 本工程的标底已报建设主管部门和建设银行复核。

二、工程内容、范围、工程量、工期、地质勘查单位和工程设计单位:……

三、工程可供使用的场地、水、电、道路等情况:……

四、工程质量等级、技术要求、对工程材料和投标单位的特殊要求,工程验收标准:……

五、工程供料方式和主要材料价格,工程价款结算办法:……

六、组织投标单位进行工程现场勘察、说明和招标文件交底的时间、地点:……

七、报名日期、投标期限,招标文件发送方式:……

八、开标日期、评标结束日期及方式,中标依据和通知。

(**注**:对招标工作做出具体安排)

1. 开标日期:(发出招标文件至开标日期一般不得超过×个月)。

2. 评标结束日期:(从开标之日起至评标结束,一般不得超过×个月)。

3. 开标、评标方式:建设单位邀请建设主管部门,××银行和公证处(或工商行政管理部门)参加公开开标,审查证书,采取集体评议方式进行评标,定标工作。

4. 中标依据及通知:本工程评定中标单位的依据是工程质量优良,工期适当,标价合理,社会信誉好,最低标价的投报单位不一定中标。所有投标企业的标价都高于标底时,如属标底计算错误,应据实予以调整;如标底无误,通过评标剔除不合理的部分,确定合理标价和中标企业。评定结束后五日内,招标单位通过邮寄(或专人送达)方式将中标通知书送发给中标单位,并在一月(最多不超过两月)内与中标单位签订建筑安装工程承包合同。

九、其他。

本招标方承诺,本招标书一经发出,不得改变原定招标文件内容,否则将赔偿由此给投标单位造成的损失。投标单位按照招标文件的要求自费参加投标准备工作和投标,投标书(即标函)应按规定的格式书写,必须加盖单位和代表人的印鉴。投标书必须密封,不得逾期寄达。投标书一经发出,不得以任何理由要求收回或更改。

在招标过程中发生争议,如双方自行协商不成,由负责招标管理工作的部门调解仲裁,对仲裁不服,可诉诸法院。

建设单位(即招标单位):××××

地址:××××××

联系人:×××

电话:×××-××××××××

(注:落款要写明具体承办招标事宜的单位名称、地址、电话号码、联系人等)

××招标办公室

20××年××月××日

评析:这是一份规范的招标申请书模板,是准备进行招标的单位向招标、投标办事机构递交的申请,进行招标活动的呈批性文书。招标申请经主管部门审查、认定及批准后,招标的单位才可以进行招标。招标申请书主要具有招标项目的说明性和申报招标的呈批性特点。

例文 2　招标公告

××大学综合教学楼 A 座配套改造工程招标公告

(注:标题由单位名称、招标项目名称和文种三部分组成)

招标代理公司受业主单位委托,于 2017 年 11 月 13 日在采购与招标网发布××大学综合教学楼 A 座配套改造工程招标公告。现邀请全国供应商参与投标,有意向的单位请及时联系项目联系人参与投标。

(注:正文部分将投标人资格、施工地点、质量要求等逐条列出,简明扼要)

1. 招标条件

本招标项目已由中华人民共和国教育部批准建设,招标人为××大学,建设资金来自国拨资金,项目出资比例为×％。项目已具备招标条件,现对该项目的施工进行公开招标。

2. 招标项目概况与招标范围

2.1 项目:……

2.2 项目的建设规模：……

2.3 项目的计划工期：×天

2.4 招标范围图纸及清单范围内的所有内容,具体详见……

2.5 其他：……

3. 投标人资格要求

……

4. 投标报名

凡有意参加投标者,请于××××年××月××日至××××年××月××日,每日上午××时至××时,下午××时至××时报名。

报名时须携带：

(1) 企业营业执照副本原件及加盖公章的复印件；

……

5. 招标文件的获取

5.1 凡通过上述报名者,计划于××××年××月××日至××××年××月××日,每日上午××—××时,下午××—××时C座5层,持单位介绍信或授权委托书、经办人身份证购买招标文件。

5.2 招标文件每套售价×元,售后不退。图纸押金×元,在退还图纸时退还(不计利息)。

6. 投标文件的递交

6.1 投标文件递交的截止时间(投标截止时间,下同)为××××年××月××日××时D座××会议室（详细地址）。

6.2 逾期送达的投标文件,招标人不予受理。

7. 发布公告的媒介

本次招标公告仅在中国采购与招标网上发布。

评析：本招标公告的标题采用完整式标题；正文为条文式,并标有序码,这些条款对招标项目概况、招标方式、投标方的资质、招标时间及地点都做了明确要求；并在文中注明招标单位名称、联系人、联系电话等,符合招标书的格式和写作要求。

例文3　招标邀请书

招标邀请书

(**注**：标题为简明模式)

××(单位名称)：

(**注**：正文采用邀请函的方式,语言注重礼节,告知内容清楚明了)

××工程是我省××××年重点计划安排的项目。经请示××同意采用招标的办法进行发包。

你单位多年来从事××工程建设,施工任务完成得很好。对此,我们表示赞赏。

随函邮寄"××工程施工招标书"一份。如同意,望于××××年××月××日到××月××日光临××招待所×楼×号房间领取"投标文件",并请按规定日期参加工程投标。

（**注**：结尾写明招标单位名称、联系人、联系电话等,便于投标者报送投标书）

招标单位：……

地址：……

联系人：×××

电话：×××-×××××××

邮编：××××××

××省××厅××处招标办

××××年××月××日

评析：招标邀请书是招标单位在采用选择招标方式时,向有关单位发出邀请其参加投标的一种文书。这是一份规范的工程建设招标邀请函,全文采用邀请函的方式写作,用语规范礼貌,内容言简意赅。

例文4　投标申请书

网络项目投标申请书

××项目选型工作小组：

我方收到贵方的××项目选型文件。经研究,决定参选。

我方参选的法人授权代表为××,身份证号码……,身份证复印件附后。

所递交的参选文件为×份正本、×份副本、×份电子副本(刻录光盘)。正本包括以下四项内容,副本包括其中第二项内容。

(1) 参选函部分。

(2) 技术部分。

(3) 参选报价部分(已单独密封并放入选型文件正本内)。

(4) 业绩部分。

我方已完全明白《××文件》所有条款要求,并重申以下几点。

(1) 我方完全同意并认可贵公司的评选办法。

(2) 我方同意应贵方之要求提供与参选有关的一切数据或资料,并理解贵方不一定接受最低报价的参选,或其他任何参选。

(3) 若我单位中选,我方将保证履行《××文件》《××答疑函》和《××修改文件》中的要求,以及《××文件》和《××澄清文件》中的承诺,按《××通知书》要求签订合同,并严格按照合同履行责任。

(4) 与本次选型有关的一切正式往来通信请寄：

参选方名称(盖章)：……

地址：……

邮编：××××××

电话号话：×××-×××××××

传真号码：×××-×××××××

参选单位(盖章)：……

法人代表(签字)：×××

日期：××××年××月××日

评析：这是一篇规范的投标申请书，是投标者在招标公告或招标通知书规定的时限内递交的申请参加投标的文书。它是投标程序中使用的第一个书面材料，是供招标者审定投标资格的，只有当它获准之后，投标者才能写投标函参加投标。投标书的写作要求实事求是、具体清晰、准确准时。

例文 5　中标通知书

中标通知书

编号：××

××计算机科技有限公司：

　　××市计算机、服务器政府采购协议供应商资格(招标编号：××)的招标工作已圆满结束，经过评标委员会的评审和推荐，由采购人最终确定你单位在本项目的投标中标。

　　中标标的：台式计算机协议供应商资格(品目××)

　　　　　　服务器协议供应商资格(品目××)

　　请务必于《中标通知书》发出之日起××天内带齐有关文件到××市政府采购管理办公室商议签订合同，并依投标文件中的承诺向××省机电设备招标中心交纳中标服务费。

××省机电设备招标中心
××××年××月××日

评析：这是一则中标通知，是招标人在确定中标人后向中标人发出的通知其中标的书面凭证。文章内容简明扼要，告知招标项目已经由其中标，并确定签订合同的时间、地点，对所有未中标的投标人也应当同时给予通知。

例文 6　投标书

工程投标书

××市城市建设发展公司：

　　在认真研究了××城北路地下停车库工程全部招标文件、(包括图纸)参加了招标技术说明与招标答疑，并考察了工程现场后，我公司(××省××建筑工程公司)愿意以人民币××万元的总价，按招标文件的要求承担该工程的全部施工任务。现我公司正式授权签字人×××(一级项目经理)、×××(一级项目经理)、×××(施工员)代表我公司向贵方提交投标函正本一份、副本一份。

　　本投标函由下列文件组成：

　　1. 综合说明书(略)

　　2. 总报价书(略)

　　3. 费率投标报价书(略)

　　4. ××省××建筑工程公司建筑工程土建预算书(略)

　　5. ××市××城北路地下停车库工程施工组织设计(略)

6.××市××城北路地下停车库施工进度网络计划表(略)

我公司宣布并同意下列各点:

一、如果贵方接受我方投标,我方保证在接到工程师开工令后,在招标文件规定的期限内开工,在投标文件规定的×日内完成并交付合同规定的全部工程。

二、如果贵方接受我方投标,我方将按照招标文件规定的金额,在合同签订后×日内提交履行合同保证金保函。

三、我方同意在从规定递交投标函之日起×日历天内遵守本投标。在该期限期满之前,本投标书对我方始终有约束力,可随时被贵方所接受。

四、如果贵方接受我方投标并将中标通知书送达我方,在正式合同签订之前,本投标函与中标通知书应成为约束贵我双方的合同。

五、我方随同本投标函交纳投标保证金人民币×元整。如果我方在规定的递交投标函之日起×日历天内撤回投标函,或接到中标通知书后×日历天内因我方原因贵我双方未签订合同,或贵我双方合同签订后×日历天内我方未向贵方提交履行合同保证金保函,贵方有权没收这笔投标保证金。

六、我方理解,贵方不一定接受最低标价的投标或其他任何可能收到的投标;同时我方也理解,贵方不负担我方的任何投标费用。

七、有关本投标的正式通信应致:

地址:……

邮政编码:××××××

电话:

传真:

投标单位:(盖章)

法人代表:(盖章)

投标日期:20××年××月××日

评析:这是一篇工程建设项目投标书。正文对招标书做出了明确回答,是招标单位评标、决标的依据,是一份写得较完整、规范的投标书。

实训活动

1. 思考题:招标书和投标书一般由哪几部分构成?写作时应注意哪些问题?

2. 分析下面招标公告中存在的问题并加以修改。

××政府采购中心招标公告

根据《中华人民共和国政府采购法》等有关规定,××政府采购中心受××职业技术学院委托,就电教设备项目进行国内公开招标,邀请有兴趣的合格投标人参加投标。

招标编号:2012050

采购组织类型:政府集中采购

招标名称及数量:投影仪20台,电动银幕20张,计算机20台

交货时间:所购设备合同签订后15日内交付

购买标书时间:××××年7月9日至××××年7月29日

购买标书地点：××大厦 5 楼

投标截止及开标时间：××××年 8 月 30 日上午 10 点

投标保证金：1000 元

交付方式：银行转账

开户银行：××银行××支行

账号：×××××××××××××××

联系方式：有关此次招标事宜，可按下列联系方式向招标机构查询

地址：××市××区××路××号

电话：×××××××××

传真：×××××××××

网址：www.××××××.gov.cn

联系人：李先生

××政府采购中心
××××年××月××日

3．根据下面的材料，拟写一份招标公告。

××学院拟做 800 套课桌椅，自备有材料，投标单位包工。××学院对课桌椅的规格及质量要求已提出了书面材料。××××年 4 月 30 日—5 月 15 日为工程招标的起止时间，××××年 5 月 20 日在××学院中心会议室公开开标。交货时间为××××年 8 月 30 日。××学院地址在××市××路××号。电话：×××××××××。联系人：×××。

知识拓展

招标和投标的基本程序

一般来说，招标投标须经过编制招标文件、招标、投标、开标、评标与中标等程序。

（1）编制招标文件。这是开展招标、投标活动的基础工作，通常由专业人员组成小组来进行。招标文件必须对招标程序做出明确规定，阐明需要采购货物或工程的性质，通报招标程序将依据的规则和程序，告知订立合同的条件。招标文件既是投标商编制投标文件的依据，又是采购人与中标商签订合同的基础。招标人应高度重视编制招标文件的工作，并本着公平互利的原则，使招标文件严密、周到、细致、正确。

（2）发布招标公告。根据《招标投标法》第十条的规定，我国的招标方式分为公开招标与邀请招标两种。公开招标一般通过国家指定的报刊、信息网络或其他媒介发布招标公告；而邀请招标则是直接向三个以上具备承担招标项目能力的、资信良好的特定的法人或者其他组织发出投标邀请书。招标人在规定时间内向投标人发售招标文件。

（3）投标。投标人购买招标文件后，建立由专人组成的投标小组，对招标文件进行认真研究，并展开一定的工作，最终确定投标报价，编制好投标文件，密封后按时送达招标人指定的接收地点。投标人可以撤回、补充或者修改已提交的投标文件。但是，应当在提交投标文件截止日之前，书面通知招标人或者招标投标中介机构。

（4）开标。招标人按照招标文件中规定的日期、地点公开开启标函。开标应当按照招标文件规定的时间、地点和程序以公开方式进行。开标由招标人或者招标投标中介机构主持，邀请评标委员会成员、投标人代表和有关单位代表参加。投标人检查投标文件的密封情况，确认无误后，由有关工作人员当众拆封、验证投标资格，并宣读投标人名称、投标价格及其他主要内容。

（5）评标。由专门人员对所有的投标文件按照文件确定的评标标准和方法，从标价上、技术上以及其他交易条件等方面进行比较和评价，从而确定中标人的行为。

（6）中标。中标人确定后，招标人应当向中标人发出中标通知书，并同时将中标结果通知所有未中标的投标人。投标人提交投标保证金的，招标人还应退还这些投标人的投标保证金。

任务二　经济合同的写作

案例导入

北京华贸公司欲从河北某服装厂购买 40 万元的羽绒服，请代为拟写一份羽绒服的买卖合同，并思考要写好合同应做好哪些准备，注意什么问题。

知识要点

一、经济合同的定义

经济合同是指两个或两个以上平等主体的自然人、法人、其他组织之间为了实现某种经济目的而明确相互权利、义务关系的协议。经济合同的当事人主要是法人，其次是有完全民事行为能力的自然人。

1. 法人

法人是法律用语，是指具有民事权利能力和民事行为能力，依法独立享有民事权利和承担义务的组织。也就是说，法人与自然人是对称的，是具备法定条件的社会组织。这是国内外通用的法律术语。凡以生产或经营活动为目的的社会组织，在经济上均为经济法人。

构成法人资格，必须具备以下条件。

（1）具有一定的组织和机构。

（2）依照法定程序成立（经国家法定程序及国家机关的审查、批准、登记、发证，即国家认可的组织才具有法人资格）。

（3）具有能够独立支配本组织财产的能力。法人的财产是指实行独立预算、核算的国家机关、企事业单位、集体单位和社会团体所拥有的财产。法人享有所有权或经营、管理权，能根据自己的意志独立支配财产。

（4）能以自己的名义进行民事活动。法人能独立地负起民事责任，享有民事权利、承担民事责任。

不具备上述四个条件又没有法人资格的组织,如工厂、企业内部的处、室,厂校内部的系、部等,不能作为经济合同的当事人。没有经法定程序成立的企业、单位也不具备法人资格,订立的合同视为无效合同。

2. 自然人

合同的当事人包括个体经营户、工人、农民等有民事行为能力的自然人。

3. 法人代表

法人代表是能够代表法人进行民事活动,承担主要义务的人。

二、经济合同的特点和订立合同的原则

1. 经济合同的特点

(1)经济合同的当事人具有确定性。经济合同的当事人是平等主体的法人、其他经济组织、个体工商户农村承包经营户,他们都能够独立地进行经济活动,享有权利,承担义务。

(2)经济合同是当事人意思表示的一致。只有当事人之间经过充分协商,各自内在的意思和外在表示都一致后,才能产生相互的合同关系。订立合同时,任何一方当事人都不得将自己的意志强加给他方当事人。

(3)经济合同一旦依法订立,就具有法律约束力。当事人必须按照合同约定,正确地行使权力,履行义务;否则,将被视为违法行为,当事人必须承担由此引起的法律责任。

(4)经济合同中,当事人的权利和义务是相互的,订立合同的当事人彼此的法律地位是平等的,因而决定了权利和义务也是相互的。一方当事人取得权利,是以承担义务为条件的;他方当事人承担义务,也应该享受相应的权利。

2. 订立合同的原则

(1)合同当事人的法律地位平等,一方不得将自己的意志强加给另一方。

(2)当事人依法享有自愿订立合同的权利,任何单位和个人不得非法干预。

(3)当事人应当遵守公平原则确定各方的权利和义务。

(4)当事人行使权利、履行义务应当遵循诚实信用原则。

(5)当事人订立、履行合同,应当遵守法律及行政法规、尊重社会公德,不得扰乱社会秩序、损害社会公共利益。

(6)依法成立的合同,对当事人具有法律约束力。当事人应当按照约定履行自己的义务,不得擅自变更或者解除合同。依法成立的合同,受法律的保护。

(7)当事人(法人、自然人)必须是具有法律行为能力的自然人或法人。

三、合同的种类

合同名目繁多,可基于一定的标准将合同划分为不同的类型。在大陆法系国家,根据法律是否明文规定了合同的名称,可以将合同分为有名合同与无名合同。

有名合同又称典型合同,是指由法律赋予其特定名称及具体规则的合同。如《中华人民共和国合同法》规定的 15 类合同是买卖合同,供用电、水、气热力合同,赠与合同,借款

合同,租赁合同,融资租赁合同,承揽合同,建设工程合同,运输合同,技术合同,保管合同,仓储合同,委托合同,行纪合同和居间合同,都属于有名合同。除《中华人民共和国合同法》规定之外,一些单行法律也规定了一些合同关系,如《中华人民共和国担保法》中规定的保证合同、抵押合同和质押合同,《中华人民共和国保险法》中规定的保险合同,《中华人民共和国城市房地产法》规定的土地使用权出让和转让合同等。劳务合同也是常用到合同。它是劳动者与用人单位确立劳务关系,明确双方权利和义务的合同。

无名合同又称非典型合同,是指法律上尚未确定一定的名称与规则的合同。根据合同自由原则,合同当事人可以自由决定合同的内容,因此即使当事人订立的合同不属于有名合同的范围,只要不违背法律的禁止性规定和社会公共利益,仍然是有效的。

这里主要讲一下从内容上划分《中华人民共和国合同法》中所规定的15类合同。

(1) 买卖合同是指出卖人转移标的物的所有权于买受人,买受人支付价款的合同。

(2) 供电、水、气、热力合同是指供电人向用电人供电,用电、水、气、热力人支付电费的合同。

(3) 赠与合同是指赠与人将自己的财产无偿给予受赠人,受赠人表示接受赠与的合同。

(4) 借款合同是指借款人向贷款人借款,到期返还借款并支付利息的合同。

(5) 租赁合同是指出租人将租赁物交付承租人使用、收益,承租人支付租金的合同。

(6) 融资租赁合同是指出租人根据承租人对出卖人、租赁物的选择,向出卖人购买租赁物,提供给承租人使用,承租人支付租金的合同。

(7) 承揽合同是指承揽人按照定做人的要求完成工作,交付工作成果,定做人给付报酬的合同。

(8) 建设工程合同是指承包人进行工程建设,发包人支付价款的合同,建设工程合同包括工程勘察、设计、施工合同。

(9) 运输合同是指承运人将旅客或者货物从起运地点运输到约定地点,旅客、托运人或者收货人支付票款或者运输费用的合同,包括客运合同、货运合同、多式联运合同。

(10) 技术合同是指当事人就技术开发、转让、咨询或者服务订立的确立相互之间权利和义务的合同。

(11) 保管合同是指保管人保管寄存人交付的保管物,并返还该物的合同。

(12) 仓储合同是指保管人储存存货人交付的仓储物,存货人交付仓储费的合同。

(13) 委托合同是指委托人和受托人约定,由受托人处理委托人事务的合同。

(14) 行纪合同是指行纪人以自己的名义为委托人从事贸易活动,委托人支付报酬的合同。

(15) 居间合同是指居间人向委托人报告订立合同的机会或者提供订立合同的媒介服务,委托人支付报酬的合同。

此外,合同还可以按其他标准划分。按合同的成立是否需要交付标的物,可将合同分为诺成合同和实践合同。按法律对合同的形式是否有特定要求,可将合同分为要式合同与不要式合同。按合同相互间的主从关系,可以将合同分为主合同与从合同。按写作形式,可将合同分为条款式合同、表格式合同、条款与表格结合式合同、票据式合同。按时间,可将合同分为短期合同、中期合同、远期合同。

四、经济合同的作用

1. 有利于商品经济活动走上法治轨道

社会主义市场经济既是商品经济也是法制经济。订立经济合同,正是以法律形式运用各种经济杠杆,把国有、集体、个体各种经济成分的生产经营活动纳入市场需求的有序发展中。

2. 有利于加强和改善企业的经营管理

在经济活动中,任何企业和个人都要通过加强和改善经营管理追求经济效益,追求利益最大化。经济合同的签订,就能够保证经济活动按照原来已经考虑和设想好的途径进行,从法律上保障企业的经济利益,保证企业经营管理活动的顺利进行。

3. 有利于促进生产经营的专业化

签订经济合同,是高度发达的商品经济时代组织专业化生产经营、组织协作关系的有效方式。

4. 有利于商品经济活动中的诚信建设

经济合同是在平等互利的基础上,依靠各方的诚信,以法律承认的形式固定下来的。

五、经济合同的写作结构

合同的格式通常有以下三种形式。

(1)条款式。用文字说明的方式,把当事人双方协商一致的内容,逐条表述清楚。非常规性的业务活动大多采用这种形式订立合同。

(2)表格式。把合同必不可少的有关内容设计、印制成一种表格,当事人签订合同时,只须把达成协议的各项内容填入表格中。常规性的业务活动多采用这种形式订立合同。

(3)条款表格式。这里既有文字说明,又有表格的合同形式。签订合同的双方或多方把协商一致的内容用条款和表格两种方式写入合同中,把标的、数量、金额等内容以表格形式列出,其余内容如双方的责任、注意事项等用条款形式记载。这种格式使用频率较高,既醒目方便又灵活自由。

经济合同一般由首部、正文、尾部和附件四部分组成,如表6-3所示。

1. 首部

首部包括以下内容。

1)合同标题

合同标题即为合同的名称,在合同文本中居于合同首页中间的位置。主要有以下几种写法。

(1)合同种类充当合同名称,如《供用电合同》《保管合同》《建设工程合同》。

(2)合同标的加合同种类,如《计算机显示终端承揽合同》《农副产品买卖合同》《建筑施工物资租赁合同》。

表 6-3　经济合同的写作结构

项　目		要　点
首部	合同标题	××合同
	合同约首	合同的基本信息：当事人名称、合同编号、签约时间、地点、邮编、电话等
正文	合同前言	签订合同的目的、依据、过程、范围等
	合同事项	基本条款（主体）、专用条款、特约条款
尾部		当事人签章、鉴定机关签章、签约时间等
附件		对合同条款的有关说明性材料及相关证明材料

（3）合同有效期加合同种类，如《2018 年第一季度买卖合同》《2018 年运输合同》。

（4）单位名称加合同种类，如《××市××公司买卖合同》《××港务局水路货物运输合同》。

（5）前述四种写法的混合运用，如《××市××公司 2018 年纺织品买卖合同》《××港务局 2018 年第一季度钢材水路货物运输合同》。

2）合同约首

合同约首位于合同正文之前，写明合同的基本信息，如合同当事人名称、合同编号、时间、地点、邮编、电话等。

在合同约首分行并列写明签订合同当事人双方的单位名称及法定代表人姓名或自然人姓名，并在名称或姓名后面用括号注明"甲方"和"乙方"，或以不同性质的合同专用称谓注明，如"借方""需方""承租方""出租方"等，不能称"我方""你方""他方"。如果是表格式合同，可以直接在设定的位置填写合同当事人名称。

编写合同编号便于登记和管理，也可根据情况不写编号。

2. 正文

正文是合同的具体内容和条款。一般包括合同前言和合同事项（主体）两大部分。

1）合同前言

合同前言主要写明当事人签订合同的依据或目的，常用"根据式"开头或"目的式"开头，例如，"根据《中华人民共和国合同法》和《建筑安装工程承包合同条例》的有关规定，结合本工程具体情况，经双方协商一致，签订本合同"，"为了发展旅游事业，经甲乙双方充分协商，订立本合同，以便共同遵守"。

2）合同事项（主体）

合同的主体是具体内容所在，要写明合同当事人签订的各项条款，即双方承担的义务和应享受的权利。这是决定合同是否合法有效的条件，是要求双方履行合同、承担法律责任的依据。

合同的种类不同，主体部分的内容也不尽相同。但不论哪一种合同，都应当具备以下基本条款，这是合同的核心部分。

（1）标的。标的是合同双方当事人的权利和义务指向的共同对象，是合同的中心内容。合同的标的多指货物、劳务、工程项目，也可以是货币、智力成果。例如，借款合同中的标的是货币,赠与合同中的标的是财产。标的是合同双方当事人所要达到的目的,没有标的或标的不明确,双方当事人的权利、义务、责任便无法确定,合同也就无法履行。合同标的的提出,必须有利于当事人权利义务的具体实现,所以,应有明确、具体的标准。如借款合同,必须把借款的种类、币种、用途、数额、利率、期限、还款方式等一一写明。标的的表达不能使用含混不清、带有歧义的词语,以免留下引发经济纠纷的隐患。

(2)数量。数量是衡量标的的尺度,是确定双方权利义务大小的标准,是标的的计量。没有一定的数量,权利与义务的大小就很难确定。因此,合同必须明确规定标的的数量及其计量单位和计量方法。数量通常以重量、体积、长度、面积、个数等作为计量单位。数量可用基本计量单位计算,如米、千克、只等,也可用包装单位计算,如箱、包等,但必须注明每个包装单位内含有多少基本单位。必要时有些产品还应在合同上写明交货数量的正负尾差或合理磅差、自然减量或增量的单位以及换算方法。

(3)质量。质量是标的的内在素质(包括物理的、机械的、化学的、生物的)和外观形态的综合,是标的的性质和特征,反映了作为标的的产品或劳务的优劣程度。质量标准必须具体,有国家标准、部颁标准、省(市)标准的,要按标准约定;没有规定标准的,则由当事人协商确定标准。技术要求、验收标准也应规定清楚,并封样备验。

(4)价款或者报酬。价款或者报酬是指取得对方的产品或劳务等成果时所支付的代价。以实物为标的的称为"价款",以劳务为标的的称为"报酬"或"酬金"。例如,价款在买卖合同中是指产品的价格款,在租赁合同中是指租金,在借款合同中是指利息;报酬在承揽合同中是指加工费,在保管合同中是指保管费,在运输合同中是指运输费。价款或者报酬均以货币数量来表示,是合同当事人等价有偿交换的经济关系的标志,都属于得到标的的一方向对方支付的代价。在有的合同中,既有价款又有报酬,如承揽合同,如果定做方提出项目、技术要求,并请承揽方包工包料即请承揽方代购原料并进行加工,那么,就有代购材料的价款和加工的报酬,这需要在合同的条款中分别写清。

价款或者报酬条款,一般包括产品的价格组成、作价办法、作价标准、调价处理办法等。产品价格应按国家规定的价格及作价办法作价,国家没有规定价格的商品,当事人双方可以议价商定。

(5)履行期限、地点和方式。履行期限是指履行合同的时间要求,首先是指享有标的的一方要求对方履行合同义务的时间规定。一切经济活动都是有期限的,一方违背了期限要求,必然会给对方造成经济损失。因此,期限必须在合同中写明。例如,在买卖合同中,期限是指交付货物的时间;建设工程合同中,期限是指完成劳务,交付工作成果的时间。期限除享有标的的一方要求对方如期完成合同标的外,同时,期限也指提供标的的一方要求对方付给价款或者报酬的时间规定。合同可以一次性履行,也可以分期履行。无论怎样履行,都不应逾期。逾期履行也即延迟履行,提供标的的一方要向享有标的的一方按照违约责任的条款交付违约金。

履行地点是指履行合同的具体地点,即交付、提取标的的地点,这是分清当事人责任的重要条款之一。例如,建设工程合同的履行地点就是建筑工程所在地,买卖合同的履行地点则取决于当事人约定的产品交货方式。如果是提货,那么提货地点就是履行地点;如果是代办托运,那么托运地点就是履行地点;如果是送货,那么接货地点就是履行地点。

地点不明确，势必会给合同的履行造成一定的困难。

履行方式是指采取什么方法来实现合同所规定的当事人双方的权利和义务。一般来说，包括标的的交付、提取方式和价款或者报酬的结算方式。当事人在订立合同时，必须确定一种履行方式。

履行期限、履行地点和履行方式是合同最容易引起纠纷的地方。因此，当事人双方在签订合同时，对此应做出十分具体、明确的规定。

（6）违约责任。违约责任是对不按合同规定履行义务一方的制裁措施，核心是责任问题。明确违约责任，对维护合同的法律效力及督促当事人履行合同义务具有重要意义。承担违约责任的主要方式，是支付违约金和偿付赔偿金。《中华人民共和国合同法》第一百零七条规定："当事人一方不履行合同义务或者履行合同义务不符合规定的，应当承担继续履行、采取补救措施或者赔偿损失等违约责任。"违约责任的具体内容，可由当事人根据具体情况商定，凡有关合同条例或细则对违约金有规定的，合同当事人必须依照执行。在写违约责任时，要具体写明不履行或不完全履行合同时应承担的经济责任和法律责任，如应支付的违约金、赔偿金的数额，是按总金额的比例还是按未履行部分金额的比例支付等。

（7）解决争议的方法。《中华人民共和国合同法》明确将"解决争议的方法"写入合同的主要条款。解决争议的方法是指当事人在履行合同过程中发生了争议，为解决矛盾纠纷所采取的方法。其具体内容由当事人约定，如由当事人协商解决或由人民法院解决等。因种种原因，合同履行过程中出现矛盾在所难免，确定这项条款可以为尽快解决矛盾提供直接依据，提高办事效率。

除上述条款外，根据法律规定或合同性质必须具备的条款，如各种合同一般都有各自的专用条款，如买卖合同中的"包装要求"，借款合同中的"借款用途""保证条款"等，以及当事人一方为了保障合同的顺利履行，避免、减少纠纷，要求在合同中规定某项条款，经双方协商同意规定的这些特约条款都是合同的主要条款，构成合同的重要内容。需要注意的是，当事人自行选择除法律、法规或条例规定之外的条款，是当事人的权利。但是，当事人不得滥用这些权利，不得在合同中约定与法律、法规相抵触或有损社会公益，以及侵犯他人利益的条款。在本部分的最后几个条款，还要写明解决纠纷的方式、合同的有效期限、合同的份数及保存方式和其他未尽事宜。

3. 尾部

尾部一般包括当事人签章、鉴定机关签章签约日期等内容。

当事人签章包括合同当事人双方单位的名称、地址、法定代表人姓名、委托代理人姓名或自然人姓名及其电话、电报挂号、开户银行、账户、邮政编码等。单位应加盖公章，法定代表人、委托代理人或自然人均应签字盖章。

须经有关机关见证或公证的合同，要将有关部门的鉴证、公证意见写在审核机关的下方，并签署有关部门的全称，加盖公章。

合同最后写明签订合同的具体日期，也可写在标题的右下方。

4. 附件

合同有特殊要求或有附件时，需要在合同中注明。通常是在合同正文"其他条款"之后注明："合同附件、附表均为本合同的组成部分,且有同等的法律效力。"如工程承包合同要在"附件"中列出工程项目表、工程进度表、工程图纸等。这些附件、附表均标注在合同落款的最下方。

六、经济合同的写作要求

1. 准备要充分

一份合同能否成立、有效,能否全面履行,必须满足基本的有效条件。这些条件包括当事人要有合法资格,订立合同必须遵守国家法律,贯彻平等互利、协商一致、等价有偿的原则,履行法定的手段。要做到这些,必须在写作前做好充分的调查研究。首先要调查对方属于何种身份,其次要调查对方履行合同的能力。可以通过检阅证件文件、当事洽谈、现场考察等多种途径了解,避免不法分子利用合同买空卖空,或由于条件设备等原因无法履行合同造成损失。最后要调查本单位履约的能力。签订合同还必须从己方实际出发,才能保证全面履行合同,否则就会招致违约而负违约责任。此外,签订合同前还要对社会、市场进行调查,多掌握一些情况,尽可能使合同订得切合实际,以确保质量。

2. 条款要具体、完备

合同条款越具体、明确、周密,就越有利于合同的履行。合同中应该有的项目都应该列上,不能缺漏,不能含混不清;否则履行过程中就可能发生争执,甚至最终难以执行。

3. 用词要准确、简洁

合同的文字表达要准确、简洁,要精心琢磨,字斟句酌,把可能出现的偏差、争议都要考虑到,以防止合同履行时出现文字理解上的歧义。甚至连标点符号都要仔细推敲,马虎不得。

4. 文面整洁,不得随意修改

合同一旦成文就不得随意涂改,如有必要修改,须征得对方同意,并在修改处加盖双方印章。如要添加条款,应该作为合同附件备案。未经对方同意并加盖印章,擅自涂改过的合同是无效的,不受法律保护。

例文解析

例文 1　购销合同

××商品购销合同

(**注**:标题由"标的物＋合同的性质＋文种"构成,首部要素齐全,双方当事人全称,且用甲方、乙方注明,便于正文使用)

合同编号:_____

签订地点:_____

签订时间:_____

立合同双方:_____(甲方)

　　　　　　_____(乙方)

为了促进商品流通,繁荣经济,改善经营管理,提高产品质量,明确经济责任,根据《经济合同法》,甲乙双方本着平等互利、协商一致的原则,签订本合同,以资双方信守执行。
(**注**:前言简单明了,过渡语句引出合同正文)

(**注**:合同正文条款包括标的、数量、规格、价款、包装、交货地点和方式、违约责任、解决争议的方法。结构完整,条款齐全,无歧义,能够避免合同纠纷)

第一条　商品名称、种类、规格、单位、数量。

品名:＿＿＿＿＿＿＿＿＿

种类:＿＿＿＿＿＿＿＿＿

规格:＿＿＿＿＿＿＿＿＿

单位:＿＿＿＿＿＿＿＿＿

数量:＿＿＿＿＿＿＿＿＿

备注:＿＿＿＿＿＿＿＿＿＿＿＿＿

第二条　商品质量标准。

商品质量标准可选择下列第(　　　)项作标准:

1. 附商品样本,作为合同附件。……

第三条　商品单价及合同总金额。……

第四条　包装方式及包装品处理。……

第五条　交货方式。……

第六条　验收方法。……

第七条　预付货款……

第八条　付款日期及结算方式。……

第九条　运输及保险。……

第十条　运输费用负担。……

第十一条　违约责任。……

第十二条　不可抗力的情况,可以全部或部分免除对方的责任。……

第十三条　本合同在执行中发生纠纷,签订合同双方不能协商解决时,可于3个月内申请仲裁裁决,或向人民法院提出诉讼。

第十四条　合同执行期间,如因故不能履行或需修改,必须经双方同意,并互相换文或另订合同,方为有效。

(**注**:合同尾部甲方、乙方分列两行,清晰明了,整齐美观)

甲方＿＿＿＿＿(盖章)　　　乙方＿＿＿＿＿(盖章)

代表人＿＿＿＿(盖章)　　　代表人＿＿＿＿(盖章)

开户银行及账号＿＿＿＿　　开户银行及账号＿＿＿＿

电话＿＿＿＿　　　　　　　电话＿＿＿＿

地址＿＿＿＿　　　　　　　地址＿＿＿＿

＿＿＿＿年＿＿月＿＿日　　＿＿＿＿年＿＿月＿＿日

评析：这是一份商品购销合同，由首部、正文、尾部三部分组成。题目采用完整式标题，由"标的物＋合同的性质＋文种"构成。正文主体部分的写作采用条款式的结构，明确规定了标的的数量、质量、价款、交货及验收的方法等。同时规定了当事人（甲方、乙方）的违约责任以及出现纠纷时的解决办法。合同文字简洁，表述清楚，为当事人双方执行权利义务、更好地履行合同提供了法律保障。

例文2 承揽合同

工程承揽合同

甲方：

乙方：

经甲乙双方友好协商，甲方同意将＿＿＿＿＿＿＿工程的＿＿＿＿＿＿施工项目交由乙方负责施工。根据《中华人民共和国合同法》和《建筑安装工程承包合同条例》的规定，结合本工程具体情况，双方达成以下协议。

一、工程概况。

1. 工程名称：＿＿＿＿＿＿＿＿＿＿。

2. 工程地点：＿＿＿＿＿＿＿＿＿＿。

3. 承包范围：＿＿＿＿＿＿＿＿＿。

4. 承包方式：包工、包料、包费用。

5. 工期：按照甲方书面通知乙方开工进场之日起＿＿＿＿＿＿＿个日历日。

6. 工程质量：本工程为合格工程。

二、合同单价和付款方式。

1. 合同单价：＿＿＿＿＿＿＿＿＿＿。

2. 实际结算价款以甲乙双方签字确认的工程量乘以单价为准。以上价格为含税价，包括材料及其运输费、人工费、装卸费、设备费等一切费用。合同价款一经确定，不作任何调整。

3. 施工完毕经甲方和监理公司验收合格后付至合同价款的＿＿＿％；工程竣工验收合格后付至合同价款的＿＿＿％；工程竣工验收合格后＿＿＿日内，付至结算价款的＿＿＿％；剩余＿＿＿％作为质保金在竣工验收合格后＿＿＿日内一次性无息付清。

4. 该项目合同约定的款项由有限公司按照本合同约定支付，项目的发票及合格证开具给有限公司。乙方应向甲方提供税务部门认可的正规票据，如乙方提供假票据则应赔偿甲方所有损失及承担一切法律责任。

三、技术要求和质量标准。

……

四、违约责任和安全责任。

1. 因乙方原因逾期竣工，每逾期一天，乙方支付给甲方合同价款＿＿＿％的违约金。乙方质量标准达不到甲方要求则乙方承担合同价款的＿＿＿％的违约金支付给甲方，并承担由此对甲方造成的一切经济损失。

……

五、争议或纠纷处理。

......

六、保修。

......

七、本合同未尽事宜,甲乙双方协商解决。本合同经双方签字和盖章后生效。本合同一式四份,甲方执_____份,乙方执_____份。

甲方:　　　　　　　　乙方:

签字　　　　　　　　　签字

电话:　　　　　　　　电话:

甲方驻工地代表:　　　电话:

_____年___月___日　　_____年___月___日

评析:这是一份工程承揽合同。承揽合同是日常生活中除买卖合同外常见和普遍的合同。根据《中华人民共和国合同法》第十五章第二百五十一条第一款对承揽合同所下定义为:"承揽人按照定做人的要求完成工作,交付工作成果,定做人给付报酬的合同。"标题给出合同性质。立合同的双方分别写明定做人(甲方)和承揽人(乙方),然后分条列项标出合同的内容,最后由签订合同负责人签字并印章,同时注明定作方驻工地的代表及联系方式,便于协调沟通。

例文3　委托合同

委托加工合同

委托方:_____(以下简称甲方)

被委托方:_____(以下简称乙方)

签订日期:_____　　编号:_____

甲方委托乙方加工_____产品,为维护甲乙双方的利益,经双方协商,就有关代加工事宜达成如下协议,以供双方共同遵守。

品名	规格	计量单位	数量	单价	金额	交提货日期
合同金额(大、小写)						
质量标准						
加工供料规定、单耗						
验收方法						
包装及费用承担						

交货方法、地点及运输负担	
货款结算方法	
违约责任	
附则	
说明	1. 本委托加工合同期限为＿＿＿＿个月,自＿＿＿＿年＿＿月＿＿日至＿＿＿＿年＿＿月＿＿日止。 2. 合同如遇争议,甲、乙双方可协商解决,达不成协议的可向××市仲裁委员会申请仲裁。 3. 本合同正本一式两份,经双方当地代表签字盖章后生效。 4. 其他未尽事宜另行订立。

委托单位: 代表人: 地址: 电话: 开户银行: 账号:	加工单位: 代表人: 地址: 电话: 开户银行: 账号:	
委托单位主管部门 审核 日期:	加工单位主管部门 审核 日期:	签证机关: 签证日期:

评析:这是一份委托加工合同,属于表格式合同。委托合同是指一方委托他方处理事务,他方允诺处理事务的合同。委托他方处理事务的为委托人,允诺为他方处理事务的为受托人。通过对表格中内容的设置体现合同的条款。这种处理方法使内容更加简单、清楚、一目了然,便于合同当事人双方对合同的理解和执行。

例文 4 劳动合同

劳动合同书

甲方(用人单位):＿＿＿＿＿＿＿＿＿＿＿

乙方(劳动者):＿＿＿＿＿＿＿＿＿＿＿

性别:＿＿＿＿＿＿＿＿＿＿＿＿＿＿＿

身份证号:＿＿＿＿＿＿＿＿＿＿＿＿＿＿

根据《中华人民共和国劳动法》《××省劳动合同条例》,经双方平等协商,自愿签订本合同。

一、甲方义务

(一)遵守国家及省、市的法律、法规和政策,保障乙方的合法权益;

……

二、乙方义务

……

三、本合同期限、工时制度、工作内容、工资给付

......

四、劳动合同的终止、解除和续订

......

五、解除劳动合同的有关补偿

......

六、医疗期及待遇

......

七、违约责任及其他约定事项

......

八、附则

......

（**注**：合同双方应在了解本合同内容后，再决定是否签名。一经签订，须严格履行。本合同的乙方必须由本人签名，不得代签；甲方必须加盖法人印章并由法定代表人或其委托代理人签名盖章）

甲方：_____（盖章）

乙方：_____（签名）

签订时间：_____年____月____日

鉴证人：_____（盖章）

鉴证机关：_____（盖章）

鉴证时间：_____年____月____日

评析：这是一篇较为规范的用人单位劳动合同，其条款主要包括用人单位的名称、法定代表人或主要负责人、劳动者的姓名、住址和居民身份证或其他有效身份证件号，劳动合同期限、工作内容和工作地点、工作时间和休息休假、劳动报酬、社会保险，劳动保护、劳动条件和职业危害防护，以及法律法规规定应当纳入劳动合同的其他事项。合同内容完备，格式规范，同时强调订立和变更劳动合同，应当遵循平等自愿、协商一致的原则，不得违反法律法规。

例文5　租赁合同

<h1 style="text-align:center">租赁合同</h1>

甲方：　　　　　　　　　　乙方：

地址：　　　　　　　　　　地址：

邮编：　　　　　　　　　　邮编：

法定代理人：　　　　　　　法定代理人：

甲乙双方为携手合作、促进发展、满足利益、明确责任，依据中华人民共和国有关法律之规定，本着诚实信用、互惠互利的原则，结合双方实际，协商一致。特签订本合同，以求共同遵守。

第一条　财产及附件的名称、数量、质量及用途。

第二条　租赁期限。

……

第三条　租金和租金的交纳期限。

第四条　租赁期间租赁财产的维修保养。

第五条　出租人与承租人的变更。

……

第六条　违约责任。

……

第七条　争议的解决方式。

……

第八条　其他约定事项。

……

本合同未尽事宜，一律按《中华人民共和国合同法》的有关规定，经合同双方共同协商，做出补充规定。补充规定与本合同具有同等效力。

本合同一式两份，合同双方各执一份；合同副本份，送单位备案。

甲方签约　　　　　乙方签约

签约日期　　　　　签约日期

评析：该合同是形式比较固定的租赁合同，租赁双方的权利和义务关系十分明确，并且具体规定了解决争议的方法，各项条款规定得都比较详细。

实训活动

1. 思考题。

（1）什么是合同？它有哪些种类和特点？

（2）一份完整的合同文本应具备哪些条款？

（3）撰写经济合同要注意哪些事项？

2. 分析下面合同中存在的问题并加以修改。

订货合同

甲方：××贸易公司

乙方：××有限公司

甲、乙双方本着互利互惠，实现双赢的基础上订此合同。

乙方向甲方订购玻璃蜂蜜瓶一万只。甲方负责于今年9月前将全部货品一次性交付，并保证质量。乙方应向甲方支付货款人民币7800元，货到立付。

如订立合同的任何一方未履行协议，根据本合同规定并经双方同意，违约一方应向对方支付违约金。每日违约金按货款总额的千分之三支付。

本合同一式两份，双方各执一份。

甲方（签名）：×××助理　　　　　　　　　乙方（签名）：×××科长

3. 根据经济合同对内容和格式的要求,对下面一则合同进行分析并重新撰写。

建筑工程合同

××第二建筑公司生产科(乙方)

××食品公司第四车间(甲方)

甲方委托乙方建造厂房一座,为使工程顺利完成,经双方协议,订立本合同。

一、工程名称:第四车间厂房。

二、由乙方全面负责建造。

三、甲方委托乙方建造东厂房一座。全部建造费用共计855000元。

四、甲方在订立合同后先交一部分建造费用。

五、其余在厂房建成后抓紧归还所欠部分。

六、工期待乙方筹备就绪后立即开始。

七、力争三月中旬开工。

八、力争在11月前后完工。

九、建筑材料由乙方全面负责筹备。

十、本合同一式四份,双方各执一份,各自上级单位备案一份。

立合同人:××食品公司第四车间(公章)　　　　　主任:×××(私章)

　　　　　××第二建筑公司生产科(公章)　　　　　科长:×××(私章)

4. 根据下述内容,拟写一份买卖合同。

上海飞达果品公司的代表张三先生,于2018年9月25日与烟台宏大果园的代表赵四小姐订了一份合同。双方在协商中提到:飞达果品公司购买宏大果园出产的水蜜桃4000千克、鸭梨5000千克和苹果7500千克。要求每种水果在八成熟采摘后,一星期内分三批交货,由光明园艺场负责以柳筐包装并及时运到大丰果品商店;其包装费和运输费均由大丰果品商店负担。各类水果的价格视质量好坏,按国家规定当地收购牌价折算,货款在每批水果交货当日通过银行托付。如因突发自然灾害不能如数交货,宏大果园应及时通知飞达果品公司,并互相协商修订合同。在正常情况下,如果飞达果品公司拒绝收购,应处以拒收部分价款20%的违约金;宏大果园交货量不足,应处以不足部分价款30%的违约金。该合同一式四份,双方各执一份,各自上级单位备案一份。

提示:

(1) 购买各类水果,可按表6-4所示列出明细。

表6-4　购买产品明细样表

产品名称	品种规格	计量单位	数量	单价	总额	备注

合计人民币金额(大小写):

（2）本合同各条款顺序为：一、产品名称、品种规格、数量；二、交货日期；三、质量要求；四、验收办法；五、交货方法、包装运输方式和费用负担；六、结算方式和期限；七、违约规定；八、解决争议的办法；九、其他约定事项。

知识拓展

合同的起源及发展

现代社会，作为法律文书的合同使用极为广泛。公司、企业每天都要和合同打交道，合同与个人的生活也是息息相关的。大到买房、买车，小到办卡，办理各种水、电、气、暖的业务，都会接触到合同。不过，合同并不是现代社会的产物，合同的起源历史悠久。

先秦时期，契约如借债的债券，就是在竹简或者木简上书写相关的文书，侧面刻上特殊的花纹作为记号，将竹简或者木简一剖为二，契约的双方各执一半作为证据。收债的时候，债权人和债务人的两半要拿到一起，合二为一，"合而相同"，才算验明无误。之后由于纸张的发明，人们订立契约不再用竹简、木简，而是用毛笔书写在纸张上，但仍然采用一式两份，并且沿袭早期的在竹简、木简上刻画记号的做法，将两张契纸并拢，骑缝上画上各自独有的记号，也有在骑缝写上"合同大吉"或者"合同"字样，便于将来双方合对，以验证确属原件。唐宋时期，朝廷规定，凡是典当契约必须为"合同契"一式两份，骑缝做好记号或者盖章，当事双方各保留一份。明清时，凡是商业交易一概都使用"合同契"。

当经济发展到资本主义社会、商品生产和交换关系越来越多，内容更加丰富。随着法人制度的确立，契约当事人必须是法人，契约内容也不断扩大，因而，需要明确双方当事人的权利义务，并需要订立条款，制定书面契约。为了防止遗忘、共同遵守，以在发生纠纷时作为处理依据，具有法律上的效力，于是出现了"合同"一词。

《中华人民共和国合同法》称合同为平等主体的自然人、法人、其他组织之间设立、变更、终止民事权利义务关系的协议。由此可见，合同是为实现一定的经济目的，明确相互权利义务关系的协议。

任务三　协议书的写作

案例导入

由于城市规划的需要，张大爷家的住房需要拆迁，因此需要租住李大爷家的房子两年。请你为张大爷写一份租房的协议书。

知识要点

一、协议书的定义

协议书有广义和狭义之分。广义的协议书是指社会集团或个人处理各种社会关系、事务时常用的"契约"类文书,包括合同、议定书、条约、公约、联合宣言、联合声明、条据等。狭义的协议书是指国家、政党、企业、团体或个人就某个问题经过谈判或共同协商,取得一致意见后,订立的一种具有经济或其他关系的契约性文书。协议书是当事人双方(或多方)为了解决或预防纠纷,或确立某种法律关系,实现一定的共同利益、愿望,经过协商而达成一致后,签署的具有法律效力的记录性应用文。

二、协议书的特点

1. 合法性

虽然协议书的规范程度比合同低,但是其内容、形式、程序也必须遵守国家的法律,符合国家的政策,这样才能得到认可和保护。如果违反了国家的政策法规并由此给社会公共利益造成了一定的损害,当事人必须承担一定的法律责任。

2. 约束性

协议书订立后,一旦经过公证部门的公证,就具备了法律约束力。当事人都必须履行协议书中的规定,信守协议书中的条款。

3. 平等性

签订协议书必须遵循平等互利、协商一致、等价有偿的原则。平等协商、自愿互利是签订协议的前提和基础。订立协议的双方或多方当事人在各方面也许存在着差别,甚至可能是上下级关系,但在签订协议时,彼此的地位是完全平等的,应该充分尊重对方,任何一方不得以自己的意志强加于对方,任何单位和个人也不得从中干预。协议书的平等性还同时体现在双方或多方的权利和义务是对等的,当事人都必须平等信守协议。

三、协议书的写作结构

协议书的拟写格式与合同相同,有条文式、表格式和综合式;它的结构也与合同类似,由标题、立约人、正文、签署四部分组成,如表 6-5 所示。

表 6-5　协议书的写作结构

项　目		要　　点
标题		协议书
立约人		甲方:　　　　乙方:
正文	开头	订立协议的依据和目的
	协议条款	当事人协商确定好的事项
	结尾	未尽事宜的补充
签署		署名、印章、日期

1. 标题

协议书的标题可以有以下三种写法。

(1) 直接用文种作标题,在第一行居中写"协议书"三个字,这是协议书常用的标题形式。

（2）用"事由＋文种"组成标题，表明协议的内容和性质，如"赔偿协议书""委托协议书"等。

（3）公文式标题，即由"当事人名称＋事由＋文种"组成标题，如《中国××进出口公司与法国××贸易公司合资经营电子产品协议书》。

2. 立约人

在标题下面写上协议当事人（立约人）各方的名称，有时还要写上代表人或代理人姓名。为使正文行文方便，可在当事人名称后面注明"甲方""乙方""丙方"等代称。

3. 正文

正文一般包括开头、协议条款和结尾三部分。

（1）开头一般比较简洁，主要写明订立协议的依据和目的，以引起下文。

（2）协议条款是协议书最重要的部分，一般分条列项将当事人协商确定好的事项写出来。不同性质的协议书所包括的条款也不一样。因此，协议书正文中具体应写明哪些条款，要视协议书的性质和各方协商的结果而定。一般情况下，协议书的内容不像意向书那样粗线条地概括，但是也不如合同那样具体、细致。

（3）结尾写明本协议一式几份，如何保存，还要注明协议的附件、有效期限等。

4. 签署

一般包括署名、印章和日期。

（1）署名：要写明当事人的全称，并签署法定代表人或代理人的姓名。

（2）印章：在署名上加盖公章。

（3）日期：写明签订协议书的具体年、月、日。

例文解析

例文 1 合作协议书

华育国际—首府人才市场战略合作协议书

甲方：

乙方：

鉴于甲乙双方彼此长期友好的战略合作伙伴关系，现就双方进一步合作事宜本着平等互利、共同发展的原则，经过甲、乙双方协商，达成如下协议。

第一条 声明和保证

1.1 甲方是微软、H3C 等国际著名厂商认证考试培训中心及考点。

1.2 乙方拥有具备签署本协议所需要的相应权利。

第二条 合作内容

……

第三条 甲方的权利和义务

……

第四条 乙方的权利和义务

......

第五条 费用条款

......

第六条 违约责任

......

第七条 保密

......

第八条 免责条款

......

第九条 争议的解决

......

第十条 通知

......

第十一条 协议期限

......

第十二条 附则

......

甲方(公章):　　　　　乙方(公章):

法人代表:　　　　　　　法人代表:

(或授权代表):　　　　　(或授权代表):

通信地址:　　　　　　　通信地址:

联系人:　　　　　　　　联系人:

联系电话:　　　　　　　联系电话:

传真:　　　　　　　　　传真:

签署日期:　　　　　　　签署日期:

评析:这是一份战略合作协议书,标题由事由和文种组成,引言写明签订协议书的目的依据,并用过渡句承前启后导出正文各项条款,落款的签署规范合法。全文结构合理,层次清楚,文字表达简练,措辞得当。

例文2　购房协议书

购房协议书

卖房方(甲方):　　　　　身份证号码:

购房方(乙方):　　　　　身份证号码:

关于乙方向甲方购房事宜,双方经协商,达成协议如下:

一、甲方将其拥有独立产权的位于北京市的房屋(房屋所有权证编号:＿＿＿＿＿＿＿,建筑面积＿＿＿＿＿＿＿平方米)以人民币＿＿＿＿＿＿＿元整出售给乙方。乙方愿意以上述价格向甲方认购该房,并以购得的上述房屋向银行申请购房抵押贷款,以支付甲方应收的房款。

二、甲方承诺。

......

三、乙方承诺。

......

四、本协议以乙方向贷款银行申请购房抵押贷款获得批准为正式生效条件。如果贷款银行认为乙方的借款申请不符合条件而不予批准,则甲、乙双方可以解除本协议,甲方若向乙方收取定金,应如数退还给乙方。

五、如果贷款银行批准的贷款金额不足申请贷款额70%,则乙方有权解除本协议、否则,乙方应履行本协议的有关规定。

六、违约责任。

......

七、本协议的订立,履行,接触,变更和争议的解决适用中华人民共和国法律。

八、本协议自双方签字或盖章之日起生效。

九、本协议壹式肆份,双方各执壹份。由乙方交贷款银行或其认可的机构壹份。

十、特别约定:

......

甲方:(签字盖章)   乙方:(签字盖章)
      年 月 日   年 月 日

评析:这是一份购房协议书,标题交代了协议的内容和性质,协议条款考虑周详,具体细节做了详细解释,避免产生歧义,发生纠纷。全文结构严谨,条理清楚。

实训活动

1. 协议书与合同有哪些区别?如何选择合适的文种进行写作?
2. 根据案例导入给出的背景材料完成写作。

知识拓展

协议书与合同的区别

协议书与合同有很多相似之处,它的写法、作用和合同基本相似,所以往往有人将它们混为一谈。其实,合同与协议书之间存在许多明显的差别,在实际使用时要把两者区别开。

1. 使用范围不同

合同是双方或多方之间为实现一定经济目的而订立的,主要用于调整生产经营领域的水平交换关系,如购销、基建、借贷、储运等在《合同法》中列明的合同为主。协议书可以使用在合同范围以外的所有其他领域。相比之下,协议书的使用范围更具有开放性和延伸性。

2. 宽严不同

合同正文中每一条内容,必须具体、明确、完善。尤其是"违约责任",要订得非常严格、准确,以免发生争议纠纷。协议书的不少条款则可订得宽泛一些,允许有一定的机动性。

任务四　意向书的写作

案例导入

中国香港某服装有限公司(以下简称甲方)与苏州某丝绸公司(以下简称乙方)于2017年5月20日在苏州协商后决定在中国香港开办合资公司,经友好协商,达成一致意向,即将签署意向书。请你代为起草这份意向书。

知识要点

一、意向书的定义

意向书是表示缔结协议的意向,并经另一方同意的文书。这种文书旨在表明一种意向,并不是正式的协议。意向书的签署通常有两种方式:一是单独签署,只由出具意向书的一方签署,但文件一式两份,由合作的另一方在其副本上签章认可并交还,就算签署完成;二是联合签署。

虽然意向书只是一种意向的表达,但形式上仍然保持协议的形式,也就是在书面上出具合作双方的职衔及代表人姓名,由双方分别签署,各执一份为凭。

在当事人双方或多方彼此并不非常了解而需做进一步调查时,往往会出现当事人一方对合作时效或者其他问题尚未进行充分的调查研究或调查研究后尚未取得一致意见的情况,在中断谈判再做研究之前先就达成共识的问题签署意向书,既能够保持谈判的延续性,又能保证审慎决策、科学决策。如过急签订协议书或合同,将来可能无法履行,导致利益受损。意向书体现了前期的谈判成果,对合作项目进一步的实质性谈判起促进作用,为谈判最终签订协议书或合同做准备。

二、意向书的特点

1. 协商性

意向书内容宽泛,它只表明合作的意向,没有具体的合作细节的要求,即使已经签署,也可以继续修改。

2. 临时性

意向书只是协商过程中表达谈判的初步结果,一旦达成共识,最终要明确合作双方的权利义务关系时,就要签订正式的协议或合同,意向书的使命也就完成了。

3. 无法律约束力

事实上,法律并没有对意向书的效力做出规定,通常的意向书内容中都含有导致其丧失约束力的条款。如在意向书中列有"本意向书不具有法律约束力""双方的权利义务具体由正式的合同确定"等条款,意向书中这些条款通常都表明双方不希望受到有关内容的约束。因此,通常来说,意向书不具有和合同一样的法律效力。

然而在某些情况下,意向书也会具有一定的法律效力。根据《中华人民共和国合同法》的相关规定:"采用合同书形式订立合同,在签字或者盖章之前,当事人一方已经履行主要义务,对方接受的,该合同成立。"如果意向书已经具备了一份合同的主要条款,如买卖双方约定了买卖价格、买卖标的物、交付时间、交付方式、违约条款等,而且当事人没有明确排除其约束力,且一方已经开始履行了该意向书所载明的部分义务,对方也接受了,虽然此时没有订立合同,通常应认为该意向书具备了法律约束力,也可以视为一份"合同"了。

三、意向书的种类

按内容,意向书可分为合作意向书、投资意向书、购房意向书、招股意向书、就业意向书等。

按签署方式,意向书可分为单签式意向书、联签式意向书和换文式意向书(以交换信件的方式表达合作的意向)。

四、意向书的写作结构

意向书一般包括标题、正文、落款三个部分,如表 6-6 所示。

表 6-6　意向书的写作结构

项　　目		要　　　点
标题		××意向书
正文	引言	签订意向书的缘由、目的、依据
	主体	合作各方达成的具体意向
落款		各方当事人签署,签订日期

1. 标题

在文种"意向书"前面写明协作的内容,如《成立中国××有限公司意向书》;在协作内容前写明协作各方名称,如《中美合资扩建××意向书》;也可以直接写"意向书"三字。

2. 正文

正文包括引言和主体两部分。

1) 引言

引言写明签订意向书的缘由、目的、依据。在引言部分,还要交代清楚签订意向书各方的名称,并在名称后加括号注明"简称甲方""简称乙方"等,以便行文简洁方便。也可以在引言部分说明双方谈判磋商的大致情况,如谈判磋商的时间、地点、议题以及考察经过等,篇幅相对较长。意向书引言部分的表述比合同、协议书相对灵活。

2)主体

表述合作各方达成的具体意向,可以参照协议书或者合同的主体部分。主体部分还应写明未尽事宜的解决方式,即还有哪些问题需要进一步洽谈、洽谈日程的大致安排、预计达成协议最终需要的时间等。在主体部分最后应写明意向书的文本数量及保存者。意向书主体部分的写作应注意语言相对比较平和。意向书内容不像合同、协议书那样带有鲜明的规定性和强制性,而是具有相互协商的性质。因此,行文中多用商量的语气,较少使用"必须""应该""否则"等词语。同时,因为意向书不具备按约履行的法律约束力,所以在主体部分不写违反约定应该承担什么责任的条款,也不规定意向书的有效期限。

3. 落款

落款包括签订意向书各方当事人的法定名称、谈判代表人的签字、签署意向书的日期等内容。

例文解析

例文 1　合作意向书
合作意向书范本

甲方:××投资策划有限公司

乙方:××

为发挥各自优势,搞好招商引资工作,根据乙方申请,甲方初步考察论证,本着自愿、平等、诚实、互利的原则,在友好协商的基础上签订如下合作意向,共同严格履行。

一、合作项目:……

二、合作方式:投资策划,直接投资或代理联系第三方投资。

三、实施步骤:

1. 乙方根据甲方要求,……

2. 甲方依据投资分析报告,……

四、甲方到乙方专题考察,……

五、合作期限:×个月。自乙方上交费用之日起生效。未尽事项,另行协商解决。

甲方(签字/盖章)　　　　乙方(签字/盖章)

　　年　月　日　　　　　　年　月　日

评析:这是一份合作意向书,标题由事由和文种构成,引言用承上启下的惯用语导出意向书的各项具体事项,分项排列。例文结构合理清晰,层次段落清楚,文字表达简练,关键性措辞处理得当。

例文2 通用意向书

意 向 书

中国山东省青岛市××厂(以下简称甲方)、××国××贸易公司(以下简称乙方)与中国××进出口公司山东分公司(以下简称丙方)本着平等互利的原则,经友好协商,就××商品进行合作经营以及今后采用其他形式继续合作达成如下意向。

一、甲方是一个具有较长生产历史的××化工厂,为进一步扩大三方间贸易往来,三方一致同意利用甲方现有的部分生产基础设施……

二、合作的目标:主要生产××、××、××,并主销国际市场。

三、上述项目目标初步拟定分两步实施。

第一步,采用合作经营的方式……

第二步,在此基础上,再采用合资经营的方式……

四、在本意向书签订后……

五、乙方在收到上述资料后……

……

十、本意向书经各方签字后,均应按意向书之规定,严格履行自己的责任和义务。

甲方:中国山东省青岛市××厂

地址:中国青岛市××路××号

电传:

电报:

电话:

法人代表(签字):

乙方:××国××贸易公司

地址:

电传:

电报:

电话:

法人代表(签字):

丙方:中国××进出口公司山东分公司

地址:

电传:

电报:

电话:

法人代表(签字):

评析:这是一份通用意向书,全文条例清楚,结构严谨,文字表述简洁明了,条款对具体问题不涉及具体细节,在关键问题上留有余地,文中措辞与协议书、合同存在差别。

实训活动

1. 意向书的特点是什么？意向书、合同和协议书有何异同？

2. 下面的意向书是一篇病文，试分析并改正。

共建合资企业意向书

一、甲、乙两方愿以合资或合作的形式建立合资企业，定名称为××有限公司，地址在中国××市××街××号。建设期为×年，即从××××年至××××年全部建成。双方签订意向书后，即向各有关上级申请批准，批准的时限为×个月，即××××年××月至××××年××月完成。然后办理合资企业开业申请。

二、合资公司经营范国：合资公司从事××产品的生产、研究和开发。新产品在中国国内外市场销售，并进行销售后的技术服务。

合资公司的生产规模：生产初期年产×吨；正常生产期年产×吨。

三、合资公司为有限责任公司。合资各方按其在注册资本中的出资额比例分配利润、分担亏损和承担风险。

总投资为×万元，其中注册资本为×万元，贷款为×万元。

甲方投资×万元（以工厂现有厂房、水电设施现有设备等折款投入），占注册资本的百分之×；乙方投资×万元（以折美元投入，购买设备），占注册资本的百分之×。

四、合资公司所需要的机械设备、原材料等物资，应首先在中国购买，如果中国不能满足供应的，可以在国外购买。

五、合资企业自营出口或委托有关进出口公司代理出口，价格由合资企业定。

六、合资年限为×年，即××××年××月至××××年××月。

七、合资企业其他事宜按《中外合资企业法》有关规定执行。

八、双方在各方上级批准后，再具体协商有关合资事宜。

九、本意向书生效后，甲、乙双方应认真遵守本意向书的规定。任何一方因不执行本意向书规定的义务，对方有向违约一方索取赔偿经济损失的权利。

十、本意向书用中文和××文写成，两种文本具有同等法律效力。

××厂（甲方）	××公司（乙方）
代表：	代表：
××××年××月××日	××××年××月××日

知识拓展

意向书、协议书及合同的区别

意向书、协议书、合同在经济文书中都属于契约类文书，它们在性质、作用、结构、写法上都有相似之处，但它们之间也有着明显的差别。

意向书通常是协议书、合同的先导，它主要表达和记载当事人在初次洽谈后彼此认可的若干原则性意见或今后进一步合作的意愿及设想，作为初步协商一致的凭证，意向书本身不具有法律约束力。

协议书在性质、作用等方面与合同更为相似，也具有法律约束力，有的协议书实际上就是合同；但从总体上讲，协议书的使用范围要比合同广泛得多，内容要比合同宽泛得多，写法上也灵活得多。有的协议书是对意向书的深化，是介于意向书和合同之间的一个阶段性成果，是正式签订合同的"前奏"。

合同是协议文书中最重要的一种，有关合同的定义、类型、内容、结构等，《中华人民共和国合同法》都有明确的规定。作为一种法律行为，合同的订立和履行始终受到法律的保护和监督。

项目七　财经信息传播类文书

任务一　财经消息的写作

案例导入

2018 年 7 月，全国政协召开八场片区座谈会，听取 31 个省区市政协开展习近平总书记关于加强和改进人民政协工作的重要思想学习研讨活动情况汇报，了解主要成果、典型经验、存在的问题及建议，着力推动学习研讨活动在全国政协系统走向深入、取得实效。

全国政协副主席张庆黎、刘奇葆、卢展工、王正伟、马飚、夏宝龙、李斌、汪永清分别主持片区座谈会并讲话。会议强调，学习贯彻习近平总书记关于加强和改进人民政协工作的重要思想是一项长期任务，要聚焦"加强和改进"，切实抓好下一阶段学习研讨活动。要进一步深入查摆问题、认真整改落实，总结前期经验，加强人民政协重大理论问题研究，确保学习研讨活动取得更多思想认识成果、工作实践成果、制度机制成果，为今年 9 月全国政协召开理论研讨会做好准备。

各省区市和副省级市、有关地级市、县级政协负责同志在会上分别做了汇报交流。在前期学习研讨活动中，各级政协高度重视，切实加强领导，精心部署实施，确保活动有序开展；采取集中培训、专题辅导、座谈研讨、主题宣讲等多种方式，推进全面系统深入学习；坚持问题导向，对表对标查找短板和不足，明确努力方向和工作重点；调动政协各参加单位和委员积极性，营造浓厚的学习研讨氛围。

阅读以上信息，分析财经消息的要素。

知识要点

一、财经消息的定义

财经消息又称经济消息，是以简明扼要的文字概括报道新近发生的具有新闻价值的经济活动或经济工作事实。财经消息从反映的范围来说，是有关经济领域中的各种事情；从内容上来说，是有关经济领域中的各种有价值的事情，否则即使是刚发生的事也难以成为信息；从时间上来说，是指新近发生的事情,要求迅速及时;从篇幅上来说,不能长篇大论,要求篇幅短小,简明扼要。

财经消息是财经新闻中最基本和使用量最大的文体,此外,财经新闻还包括财经通讯、财经短评、财经社论等。

二、财经消息的特点

1. 真

报道的内容必须是真实的。真实是新闻的生命,失真是新闻的大忌。财经消息所报道的人物、事件、地点、时间及引述的数据都要反复核对;否则就失去了新闻的价值。

2. 新

财经消息讲究时效性,报道要迅速及时。作者要在最短的时间内把涉及经济领域中的事情报道出来,内容要新,主题要新,观点要新,这样才能充分体现财经消息的价值。

3. 快

快即迅速快捷地反映现实。"当天的新闻是金子,隔日的新闻是银子。"当前新闻媒体日新月异地发展,只有求快才能保证新闻作品的时效性,越快就越具有价值。

4. 短

短是财经消息的突出特点,财经消息对内容只做概括简要的报道,而不做详尽的分析,用最精简的文字创造最高的新闻价值,即使是述评财经消息,也只是提纲挈领地加以评论。

三、财经消息的类型

财经消息是对经济动态领域里已经发生、正在发生或将要发生的重大事件或经济工作中的新风貌、新成就、新经验、新问题、新动向的报道。动态财经消息集中、突出地介绍某一事件的过程,用事实来体现作者的观点,有时也采用连续报道的形式。这是一种最常见的财经消息形式。

依据报道的内容和写作特点,财经消息一般可分为以下几类。

(1)综合财经消息。综合财经消息是围绕一个主题综合反映某一领域、行业、地区带有全局性的经济情况、问题、成就而写的消息。综合财经消息实质上也是动态消息,但其报道的往往是带有全局性的问题,涵盖面较广、综合性很强。

(2)经验财经消息。经验财经消息是用来报道经济建设中的新典型、新经验的消息,用典型推动一般,具有借鉴意义。它不概括经验规律,而是用具体的事实反映经验,是对成功经济活动的具体做法的介绍。

(3)述评财经消息。述评财经消息是其就某一经济问题进行评述,以夹叙夹议、边述边评的方式进行报道,说明其价值和意义,对人们关注的经济问题,及时地分析情况,总结经验,揭示本质,指明方向,促使经济活动沿着正确的方向发展。这是一种介于消息和评论之间的新闻体裁。

四、财经消息写作结构

财经消息的构成模式为"标题＋导语＋主体＋背景＋结尾",如表 7-1 所示。

表 7-1　财经消息的写作结构

结构	要　　点
标题	单行标题、双行或三行标题
导语	突出重点、突出特点、突出新意和突出受众关注
主体	纵向结构、横向结构、纵横向结构
背景	注释性材料、说明性材料和对比性材料等
结尾	小结式、展望式、评论式和号召式

1. 标题

财经消息的标题有三种写作形式。

(1) 单行式标题。用一句话概括消息的主要内容,具有高度的概括力,能反映出经济消息的主题,要求鲜明、醒目、简洁、生动,如《我国第一季度国际收支保持双顺差》。

(2) 双行式标题。由"引题加正题"或由"正题加副题"组成两行文字的标题。引题位于正题之前,起交代背景、烘托气氛或点明意义等作用,引出正题。副题排在正题之后,通常用于补充交代消息的次重要事实,可起补充说明的作用,能够扩大效果。

例如:

　　第三方调查显示,企业对改革后办理许可证便利化满意度达 92%　　　　（引题）

　　　　　　市场主体"一照一码"走天下　　　　（正题）

再如:

　　　　栗战书主持部分全国人大代表座谈会强调　　　　（引题）

　　　　更好发挥人大代表作用 履行宪法法律赋予职责　　　　（正题）

(3) 三行式标题,一般由引题、正题、副题三行文字组成,例如:

　　　　　　一人创业可带动多人就业　　　　（引题）

　　　　我国积极鼓励大学生"创业促就业"　　　　（正题）

　　　　大学生创业优惠政策仍需进一步完善　　　　（副题）

2. 导语

导语是财经消息的第一自然段或第一句话。它是一则消息里最具有新闻价值的内容的概述。导语要用简明、生动的语言,把消息中最重要、最精粹、最新鲜的事实及其意义提炼出来,展示在消息的正文开头,以便引起读者的关注。导语的设计要做到四个突出:突出重点、突出特点、突出新意和突出受众关注点。

常见的导语写法有以下六种。

(1) 概述式。用概述的方法,提纲挈领地概括出财经消息的主要事实,它是最常见的导语写法。

（2）描写式。对消息的主要事实或事实的某一方面进行简洁、形象的描写。描写时应简洁而传神，避免过分雕饰。根据描写对象的不同，一般可以分为人物描写式、事物描写式、现场描写式。

（3）评论式。用夹叙夹议的方法对消息所报道的事实进行精要的评论，或评价其做法，或指出其原因，或说明其意义。

（4）对比式。运用对比或衬托的方法把消息的主要事实或中心问题凸显出来，通过前后对比或此事物与彼事物对比，来揭示主题或突出消息事实。

（5）引语式。引述消息中有关的言论，借以点出消息的中心内容。

（6）设问式。以设问开始，把消息中的主要事实展现在读者面前，引起读者关注，增强论辩色彩，再加以简要的解释、解答。

3. 主体

主体又称"消息躯干"或"消息主干"，是对消息内容的具体叙述。它要用具体、典型的材料来展开导语，使导语的内容得到阐释、补充乃至深化。主体的结构方式有三种。

（1）纵式结构。按照时间顺序安排材料。

（2）横式结构。安排材料不受时间限制，而是根据内容的并列关系、因果关系、主次关系来安排层次，这种结构最常见。

（3）纵横式结构。同时运用纵式和横式两种结构安排材料。需要指出的是：消息篇幅较短小，一般不必用这种结构；如果使用混合结构，绝不是两种结构的交叉混合，而是在大层次之间与大层次内部分别用两种结构。如大层次是并列，某一个层次内部可以按时间顺序安排，但要注意在安排材料时绝对不能出现逻辑混乱。它一般适用于内容比较复杂的综合消息的写作。

4. 背景

背景又称背景材料，即对财经消息中有关事实的历史、环境和原因等进行解释说明的材料。任何经济事实都不是孤立的，都有它产生、发展、变化的原因，都要与其周围的事物发生内在或外在的联系。财经消息中的背景材料，可使所报道的事实表现得更加准确和全面，更利于揭示主题。背景并不是每一篇经济消息必备的，也不是消息结构中的独立部分，背景的文字不宜过长。

常用的背景材料有注释性材料、说明性材料和对比性材料等。

（1）注释性材料是指用文字去解释字句，是为了帮助人们看懂新闻内容而组织的增长知识和见闻的背景材料。

（2）说明性材料是指用来说明和解释新闻事实产生的原因、条件、环境以及人物特点的事实材料。

（3）对比性材料是指用来和新闻事实作对比的事实材料，可古今比、中外比、正误比、前后比等。

5. 结尾

结尾是消息的结束用语。并非所有的消息都有结尾，是否写结尾应根据实际需要决定。常用的消息结尾有小结式、展望式、评论式和号召式。

例文解析

例文 1

乡村振兴战略提出一年来
——"三农"领域释放强大发展动能

（注：标题为双行标题，由正题加副题组成）

10 月 18 日是乡村振兴战略提出一周年的日子。一年前，党中央着眼党和国家事业全局，提出实施乡村振兴战略，对"三农"工作做出重大决策部署，为农业农村现代化描绘了美好蓝图。一年来，乡村振兴战略理念落地、开局良好，农业丰产、农民增收、农村和谐，"三农"事业迎来前所未有的发展机遇。（**注**：从乡村、农业、农村三部分分别介绍乡村振兴战略提出一周年来，"三农"事业迎来前所未有的发展机遇）

一、乡村成为投资热土

……

二、农业生产加快转型

……

三、农村改革向纵深发展

……

当前，农村承包地确权登记颁证进入收尾阶段，新型农业经营主体不断壮大，数量超过 300 万个。农垦改革稳步推进，52.3% 的农场完成了办社会职能改革任务，土地确权发证率达到 40.7%。各地进一步完善设施农用地政策，探索利用农村闲置建设用地发展农村新产业新业态。一系列关乎农业农村发展的重大改革已经取得初步成果。（**注**：评论式结尾，进一步深化主题）

……

评析：这是一篇财经综合消息，围绕乡村振兴，对一年来的"三农"改革进行了全面的介绍，最后得出新时代在乡村振兴战略下，城乡关系中的乡村地位和作用发生了微妙变化和调整，成为城乡发展的新主角、经济发展的新引擎。做到有理有据、为行业发展提供经济发展动态信息。

例文 2

大连：开放扬起东北振兴龙头
本报记者　苏大鹏

"大连生于国际化、成长于国际化、壮大于国际化，开放是大连最大的优势、最大的潜力、最大的特色。"9 月下旬的一天，一场以纪念改革开放 40 周年为主题的座谈会在大连市委举行，与会者无论作为改革开放 40 年的亲历者还是见证者，都认为开放对大连经济社会发展的重要作用不可替代。

改革开放 40 年，大连的发展堪称一部以开放带发展、以开放促改革、以开放谋振兴的历史。时至今日，开放仍是大连实现经济社会高质量发展的重要命题。（**注**：第一、二段

以大连为东北振兴的龙头做总的介绍）

（注：以"开放"为重要命题分三段介绍大连发展的经验）

一、开放引领高速增长

······

二、开放促进深化改革

······

三、开放带动东北振兴

······

开放，不仅推动大连经济高质量发展，更让大连成为东北振兴的龙头。2017年，大连完成外贸进出口总额4132.2亿元，占辽宁省的61.1%、东北三省的44.6%。从东北振兴国家战略实施，到新一轮"老工业基地全面振兴"工作部署，大连成为东北振兴的核心和龙头地带。（**注**：最后以数据说话，有力地说明开放给大连经济发展带来的变化）

······

评析：这是一篇经验财经消息。以大连市委一场以纪念改革开放40周年为主题的座谈会为切入点，以改革开放40年的亲历者及见证者的眼光指出：开放对大连经济社会发展的重要作用不可替代。改革开放40年，大连的发展堪称一部以开放带发展、以开放促改革、以开放谋振兴的历史。时至今日，开放仍是大连实现经济社会高质量发展的重要命题。该文用典型推动一般，具有借鉴意义。

例文3

鼓励外商持续扩大在华投资
境外投资者递延纳税扩大至所有非禁止领域

（**注**：标题为双行标题，由引题＋正题组成）

本报北京9月30日讯 记者曾金华报道：9月30日，财政部、国家税务总局等四部门联合发布通知，明确扩大境外投资者以分配利润直接投资暂不征收预提所得税政策适用范围，由外商投资鼓励类项目扩大至所有非禁止外商投资的项目和领域，自2018年1月1日起执行。（**注**：第一段标明四部门联合发布通知的情况）

······

根据四部门通知，境外投资者以分得利润进行的直接投资，包括境外投资者以分得利润进行的增资、新建、股权收购等权益性投资行为，但不包括新增、转增、收购上市公司股份（符合条件的战略投资除外）。（**注**：重点介绍鼓励外商在华投资的利好消息）

······

评析：这是一篇述评类财经消息，通过发布通知，明确政策适用范围，有利于进一步鼓励境外投资者持续扩大在华投资。

实训活动

1. 根据下面这则财经消息的导语分别拟制单行标题、双行标题和三行标题。

新华网青海玉树4月25日电（记者吕雪莉 党文伯） 玉树抗震救灾已进入重建阶

段,据青海省卫生厅副厅长王晓勤介绍,对此次地震中的伤员仍将免费治疗直至出院。

2.根据下面的材料,写一则财经消息。要求:将材料有机地组合起来,重要的是写好标题和导语。

5月18日,国家统计局公布了4月全国70个大中城市的住宅销售价格变动情况。数据显示:新建商品住宅价格与上月相比,价格下降的城市有8个,比上月增加4个;持平的城市有18个,比上月增加8个;价格上涨的城市从上月的56个减少为44个。环比价格变动中,最高涨幅为0.4%,比上月最高(0.6%)收窄了0.2%;最低为下降0.7%,比上月最低(0.2%)增加了0.5%。

二手房方面,根据国家统计局统计,与上月相比,70个大中城市中价格下降的城市有22个,比上月增加8个;持平的城市有13个,比上月减少1个;价格上涨的城市从上月的42个减少为35个。环比价格变动中,最高涨幅为0.7%,比上月最高(1.1%)收窄了0.4%,最低为下降0.8%。

知识拓展

信息的写作技巧

一篇好的信息,要用精练的文字将其表达出来,表述清楚,主题突出,信息价值才能体现出来,信息作用才能发挥出来。信息写作有其自身的特点和规律,在实际工作中,要多细心体会,用心积累,才能运笔自如。

1. 把握总体规律和要求

写好信息关键在于实践,在实际工作中要多练、多体会。在总体把握上,要力求做到以下三点。

(1) 吃透上情,摸清下情。宣传工作有一句行话:"紧跟上头,摸清下头,握紧拳头,快打快收。"信息工作与宣传工作有类似之处,吃透上情,摸清下情,是做好信息工作更是搞好信息写作的前提和基础。信息是写给领导和领导机关看的,作为信息写作人员就要把领导的需要作为第一信号、第一选择,深刻学习和领会上级部门重要文件和会议精神,熟知上级部门的年度工作安排以及上级部门刊发的各种信息载体和特点等。了解上情的方式有很多。你可以打电话、从公文处理中查询上级发文,还可以通过看电视新闻、报纸杂志新闻等方式来了解上情等。

比如,2008年全国开展奥运前30天出版物市场集中整治活动,以及"我为奥运做贡献,文明经营我争先",及时收集整理上报了多篇信息,都被新闻出版总署、中国新闻出版报和省新闻出版局采用。上面需要什么,你就要报什么,这样你上报信息的采用率就比较高。

同时,写信息也要反映基层贯彻落实上级部门工作整体部署情况、反映基层呼声的过程等,如果不注意了解基层的情况,写信息时就会"手中无粮,心里发慌",或"失之毫厘,差之千里",这一点相当重要。

总之,吃不透两头,就是找不到本工作领域的热点、难点、敏感点等问题,就写不好信息,会给工作带来被动。此外,信息写作人员还要经常学习政治理论,认真学习上级部门的重要文件,不断提高自己的理论水平和政策水平。同时要注意利用各种机会和形式深入基层了解掌握情况。只有这样,才能扩大自己的知识储备量,提升自己运用知识的技巧和能力,才能写出对领导决策有用的信息。

(2)实事求是,尊重客观规律。信息是为领导决策和指导工作服务的。因此,编写信息时一定要真实、准确,尊重客观事实,实事求是。对一些关系重大的信息素材,还要经过核实,数字要准确无误,结论要符合实际,办法要切实可行,在这里虚假不行,模棱两可、似是而非也不行。比如,数字在上报时尤其要仔细核对,不要随意变动。上报信息的校对把关很重要,它直接影响着信息能否被采用。现在很多地方的信息基本上没有经过严格把关就报上来了,这样,信息可能失真,同时质量很低。

(3)文字讲究,条理清楚。信息的编写要中心突出,有主有次,言简意赅,语言文字要规范。实际写作时,要尽量避免和克服可能出现的一些通病,具体来说,就是要做到"八忌"。

一忌面面俱到。不要总担心说得不够全面,把摊子铺得太大,在大问题里套小问题,小问题里还套小问题,十分烦琐。

二忌语言不够精练。编写信息要"惜墨如金",凡与表现主题无关的话以及不必要的重复和解释应该坚决删除。

例如,《江西九江市印刷行业协会成立》:2008年7月22日,江西省九江市印刷行业协会成立,91家成员单位成为该协会会员。九江地处江西北大门,近年来九江市印刷产业越来越显示出强大的生命力和稳健的发展势头。目前,全市印刷企业138家,打字复印社258家,年销售收入2.1亿元,利税超过千万元。该市印刷行业协会的成立,为广大企业搭建了一个沟通交流的平台。该信息语言很精练(110字),短小精悍。因为领导没有那么多的时间来阅读长篇大论。

三忌入题太慢。信息写作应该直截了当,开门见山地把事实写清楚,切不可文字拖沓,空话、套话、废话连篇。

例如,《南昌市"五个环节"稳步推进企业软件正版化工作》:根据南昌市企业正版化工作领导小组制定的《关于进一步推进全市企业使用正版软件的工作方案》和全市推进企业使用正版软件工作会议要求,为确保顺利开展工作,领导小组把各项工作具体化,主要分为五个环节:一是企业自查;二是制定目录;三是软件核查;四是正版化培训;五是更换和验收。

四忌缺乏必要的背景交代。有些信息需要交代背景,否则有时会使读者搞不清楚信息的实际价值。

五忌结构不合理。一般情况下,信息是把主要事实放在前边写,然后再写过程或原因、提出建议等,以适应领导工作的需要,否则把原因和结果混在一起写,原因中有结果,结果中有原因,就会使人读后理不出头绪,不知所云。

六忌详简不当,内容空洞或啰唆。信息需要简练,但在表达上哪些需要简述、哪些需要详谈,要根据信息所要表达的主题来把握。把握不好,就有可能详简不当,空洞无物,影响原意的表达。这个要根据具体的信息,才能具体处理好。例如,"加强领导、组织到位"等这样的就很空洞,乏味。

七忌使用语言和标点符号不准确。编写信息时,要用词恰当,符合语法,逻辑严谨。切忌生造名词,乱加形容词。同时还要注意正确使用标点符号。标点符号使用不当,也会影响信息的准确性,贻误工作。

八忌技术规格不够规范。在编写信息时,引用人名、地名等名称时不要随意简化;所用字体、统计数字、计量单位等也要规范。

2. 掌握信息的逻辑结构

一篇好的信息,就其总体结构而言,应包括标题、导语、主体、背景、结尾等基本构件。这里需要指出的是,并不是每一篇信息都必须具有所有构件,有的可能有,有的可能只有其中的若干件。

1) 标题

书有书名,文有文题。信息标题就是表明信息内容的短语。标题是信息的眼睛,在一篇信息中占据首要位置。一篇信息是否有分量,价值是大还是小,读者首先是从标题上做出估量。

(1) 标题的重要作用

① 表现主题。一般来说,标题是信息内容和主题的集中与概括,标题直接揭示主题。如《××市,做活了宣传的大文章》——从标题就可以了解文章的中心思想。

② 给信息命名。标题就是信息的名字。如《××局建立税务稽查工作四项制度》——这一标题就是这篇信息的名字。

③ 领导阅读信息的向导。标题可以帮助领导理解信息、扩大信息量。

(2) 标题的主要类型

① 内容直述型。这是信息最常见、占比例最大的类型。例如,《江西九江拉网式清剿非法出版物》《江西九江建立目标执法责任制》,一般的信息就是这种类型。

② 总括归纳型。例如,《江西九江对印刷复制企业开展"四查四看"》《新闻出版执法责任制存在三难》等。

③ 评论劝谏型。例如,《乡镇干部走读现象亟待管理》《基层年轻公务员出现断档现象不容忽视》《农家书屋要因村藏书》等。

④ 趋向预测型。例如,《九江市部分居民因拆迁不公有集体上访苗头》等。

⑤ 题文承接型。就用信息的第一句话作标题,例如,《九江市三个结合密织出版物市场监管网》,正文开门见山,直接承接标题。

(3) 写好信息标题的注意事项

① 观点要鲜明。信息是好是坏,是喜是忧,从标题上直接反映出来,切勿模棱两可。例如,《农业产业化鼓起农民钱袋子》《九江错时执法清理游商成效明显》等。相反,信息标题《情真意切送温暖》,就看不懂,不知道什么意思。

② 与信息内容吻合,准确地体现信息。

③ 醒目、新颖,使人耳目一新。例如,《一抢劫团伙在××市周边连续作案100余起》《纽约傻了,华盛顿呆了》《水上生命接力》等标题,就很醒目、新颖,使人看了标题就有读下去的兴趣。

④ 简洁干脆,高度概括。例如,《九江干群齐心奋战风雪第一线》等标题就比较简洁,

给人的印象也深刻。当然,标题简洁,不能仅从字数上看,更重要的还在于确切地点明信息内容。

2) 导语

导语就是信息的开头。导语不是信息的必须要素,如题文承接型信息就没有导语。但不能说导语在信息中就没有用。事实上,有些信息的导语以精练的笔墨反映信息的要点和轮廓,可以使读者得到信息主题的总概念,有利于读者理解信息主题。导语还具有提示主题、引出信息主题等作用。

常用的导语有以下几种。

(1) 叙述式导语。例如,《某县国税局发生一起增值税专用发票盗窃案》的开头部分是:"某月某日某时许,某县国税局发生一起增值税专用发票盗窃案……"这是一种典型的导语,其后应是具体经过、发生原因以及采取的应对措施等内容。

(2) 议论式导语。例如,《部分地区拖欠教师工资问题严重》:"某市反映,现在拖欠教师工资的情况仍然很普遍,这不仅影响了教师的正常收入,更会对当地的教育质量产生不良影响"这是一种议论式导语,重在议,它能起到突出信息主题、强化信息内容的作用。

(3) 概括式导语。例如,"中共十七大的顺利召开在江西农村引起强烈反响"等,强烈反响、亟待解决等都是概括式导语,起到强调主题的作用。

(4) 设问式导语。即在导语中有"问"。例如,"中央出台农村税费改革以后农民在想什么?"。

3) 主体

主体是信息中叙述和展开事实的主干部分,也是决定信息质量和价值的关键部分。主体是信息的中间部分或称主要部分,它在导语之后,用充分的事实材料和典型事例把导语中所概括的内容、提出的问题或得出的结论加以展开阐述。

主体的构成方法主要有三种。

(1) 顺理成章法。即在整体布局上沿着一条线索一气写下去,气势流畅,中间没有线索的间断,这种结构显得畅达,眉目清楚。

(2) 并列表现法。即将反映一个事物的不同侧面或几件事并列起来表现一个主题思想。这种方法能够把一些表面看来互不联系的事物、现象联系在一起,在一个主题思想的统帅下,多方面、多层次地表现客观事物,增大信息的容量。这种方法对综合信息、组合信息尤为适合。

(3) 逐层排列法。具体方法是,先从丰富的信息事实中提炼出总观点,这就是一篇信息的主题思想;然后按总观点再设立若干分观点,使总观点和分观点之间具有较为紧密的从属关系;接着再按分观点的轻重排列次序,形成一个有机的整体;最后选择最典型的信息事实叙述各个分观点,使材料充分体现观点。

主体是信息中叙述和展开事实的主干部分,也是决定信息质量和价值的关键部分。

从主体各部分反映的内容看,信息有以下几种基本类型。

(1) 动态信息。如下级贯彻落实上级某一重要指示精神的情况,机关的重要活动、重大部署、工作动态、敌情、社情、灾情、突发事件等,其主体部分的基本结构形式是:"做法……效果"或"情况……处理结果"。

（2）经验信息。即介绍可资借鉴、有推广价值的工作经验的信息，其主体部分的基本结构形式是"成果……做法……经验"或"做法……经验……成果"。也可把"经验"和"做法"糅在一起，使主体成为"成果……做法（经验）"，或是把"成果"写进导语中，主体就是"经验"或"做法"介绍。

（3）问题信息。即反映领导机关需要关注或加以解决的各种问题的信息，其主体部分的基本结构形式是"问题……原因……建议（意见）"，或"问题……原因"，或"问题……建议（意见）"。

（4）意见信息。即某地（单位）或某人对某些事情的看法和见解的信息，其主体部分的基本结构形式是"意见……理由"或"事由……意见"等。这里要强调的是，不论以上哪种信息，都力求短小精悍，要在几百字中把一个问题讲具体、讲透彻、讲准确。要做到能几百字表达清楚的，不用一千字，能用一千字说明问题的绝不用一千几百字。也就是我们常说的多一字不要，少一字不行。

4）背景

信息不一定都要交代背景，背景为主题服务，突出主题，起衬托作用。所谓背景，就是一件事情的来龙去脉，一个事物和周围事物的联系。有些信息，通过交代背景，确实可以起到增加信息深度和力度的作用。

在信息中交代背景要注意以下四点。

（1）背景一定要为主题服务。它应该是和信息事实直接有关的材料，目的是更好地说明和衬托主题，不要为交代背景而交代背景。

（2）交代背景要适当。一篇信息要写的材料很多，不需要也不可能处处都交代背景。一定要在关键问题上交代背景，不能事无巨细、东拉西扯写上许多背景材料，以致喧宾夺主，淹没了信息的主体。

（3）不是任何一篇信息都要写出背景。即使交代背景，其在信息中的位置也并不固定，在什么地方交代背景，可以根据需要自由掌握，可以在导语之后一次性交代，也可以穿插在几个地方交代。

（4）交代背景时，一定要考虑读者的实际需要。信息是写给领导看的，信息工作人员要善于设身处地为领导的需要着想，不要以为自己了解的东西，领导就一定了解；自己不了解的，领导也一定不了解。要善于处处、时时、事事从领导的实际需要出发，使用和安排背景材料。

5）结尾的形式以及要求

结尾也不是信息必需的构件。一些信息因要表现事实的完整性和逻辑的严密性，会安排一个结尾。有些信息的结尾是小结性的，对全文加以概括、总结，起到画龙点睛加深读者印象的作用。

信息结尾要力避以下三点。

（1）头重脚轻。在信息中只摆问题，不作分析，不提建议，不表态度，把什么都推给领导去解决，这类信息虽不能说一点价值也没有，但因为上级领导一时吃不准问题的性质，难以做出判断，信息的效用会明显降低。

（2）意尽而言不止。画蛇添足，把信息结尾写得重复、拖沓、冗长，白白耽误了领导的时间,造成了信息干扰。

（3）老套路。在信息结尾时,说一些公式化、概念化或不疼不痒的套话、空话,千篇一律;或者结尾故弄玄虚,含混模糊。

3. 掌握信息的形式结构

1）金字塔结构

金字塔结构是一种完全自然地按事实发生发展的时间顺序组织材料的写作方法。事实的发生就是信息的开头,结束就是信息的结尾。适用于动态信息的写作。

例如,《全市农家书屋建设座谈会召开》就是金字塔式结构。金字塔结构的显著特征是,随着表述的深入,获得的信息会增加,读完信息全部内容,才能了解信息的全貌。

2）倒金字塔结构

倒金字塔结构是一种按照信息重要性递减的顺序安排信息事实的写作方法。把最重要、最精彩、最有吸引力的事实放在文章的最前头,其他再按先重后轻、先主后次的顺序来安排。其显著特点是,不论信息分多少层次,都可以从文章的结尾往前删,剩下的仍然可以是一条完整的信息,甚至剩下一个标题,也仍然是一条信息。

例如,对信息《江西九江农家书屋成农民致富点金石》每多读一层,就多一份对导语内容的了解。这种结构具有倒金字塔结构的特征。

3）并列式结构

并列式是指信息的各部分内容并行平等,形式上按条块安排材料。这是信息的常用形式。其特点是:常以一、二、三、四分条并列,无所谓孰轻孰重,次序排列上也无所谓哪先哪后,可以自由调动,例如,《江西九江对印刷企业开展四查四看》。

4）自由式结构

自由式是指根据有利于表达信息内容的原则,采取灵活的写作方式进行写作。如用倒金字塔式作导语,用金字塔式的时间顺序叙述,或用边叙边议、对话问答式结构等,例如,《江西九江县:读书节引发捐书潮》。

4. 信息主题的提炼及语言风格的把握

信息的主题、语言、文风是撰写信息中需要很好把握的三个方面,把握好才能写出好信息;否则再有价值的信息题材也不会发挥出好的作用。

1）精心提炼,使信息主题深刻鲜明

主题需要写作者根据写作目的进行精心提炼,努力做到主题深刻鲜明。提炼主题,不能停留在事物的表面,要深入分析研究,揭示事物的本质。跳出错综复杂的材料圈子,根据各个时期的中心工作,对领导最关心的问题,从最新的角度,确定信息所要表达的主题,然后紧紧围绕这个主题,取舍材料,删繁就简,去粗存精。提炼主题,还要从小见大。把一件事情放在整个环境中去反复衡量比较,判定它的意义所在,善于从一件看来司空见惯的小事情挖掘出它的重大意义,如《九江市建立干部公开考选任用机制》。

2）把握特点,使信息语言准确、精练、活泼

信息的语言文字有自己的特点。信息写作中多用叙述、说明的语体,基本不用抒情和描写的语体。在用词上,用实词多,用虚词少;叙述多,描写和修辞少。信息的语言文字一定要精练。在一定的篇幅内,精练的语言文字可使信息量增大。由于信息着重反映情况

和问题,因此要多用结构简单的短句,少用或不用关系复杂的长句。一句话能说清楚的坚决不要拉成两句来说,如"不但……而且""为了……因此""虽然……但是"之类的复杂句式,都要尽可能避免。一些多余的陈言套话,如"在……领导下""在……关怀下"等,尽量不要使用。

要想把信息写短、写精,首先,要对所写的事物有真切的了解,抓住关键。其次,要刻苦锤炼语言,下一番功夫把信息的语言文字锤炼得干净利索。例如,一些时效性不是很强的信息,今天报送与明天报送或后天报送都差不多,建议你多修改、多提炼,力求简练,效果会更好。

（节选自：章学彭在九江市新闻出版局学习例会上的讲课提纲）

任务二 广告的写作

案例导入

孔府家酒,让人想家

人头马一开,好事自然来

喝孔府宴酒,作天下文章

金利来,男人的世界

这些是世界影视广告精品中国首映问卷调查中的几个优秀广告语。音节简洁上口、易读;词语以众星捧月之势,衬托突出品牌。

知识要点

一、广告的定义和分类

广告,顾名思义,就是广而告之,即向社会广大公众告知某件事物。广告就其含义来说,有广义和狭义之分。广义广告是指不以营利为目的的广告,如政府公告,政党、宗教、教育、文化、市政、社会团体等方面的启事、声明等。狭义广告是指以营利为目的的广告,通常是指商业广告,或称经济广告,它是工商企业为推销商品或提供服务,以付费方式,通过媒体向消费者或用户传播商品或服务信息的手段。商品广告就是这样的经济广告。

广告是商品经济的产物。世界上最古老的广告出现在埃及古城亚伯斯遗址上写在羊皮纸上的告示,已有 3000 多年的历史,其内容是悬赏一个金币,缉拿一名叫谢姆的逃奴。这则告示被认为是迄今为止人类所发现的最早的文字广告。而中国最古老的广告在奴隶社会已经出现,人们造牛车,驾车载货,在部落间做买卖,陈列和叫卖是最原始的广告形式。

1. 古代的广告形式

（1）口头广告。叫卖,是最原始、最简单、最常见的广告形式。

（2）实物广告。它靠陈列商品样式来招揽顾客。

（3）音响广告。它以叫喊为主发展为以金属、实物撞击的声响宣传。

（4）旗帜广告。宋代出现的幌子广告运用领域非常广泛，如用于酒肆茶馆之地。

（5）悬物广告。门前悬挂与其经营特征有关的物品（如山货野味）或习惯性标志（如灯笼）作为广告。

（6）招牌广告。招牌悬挂在店门前，能起广告的作用。招牌有横额、竖牌和挂板之分，一般用文字写出店名，也有图文并用的。

（7）彩楼广告。古代商店已有彩楼，它的实质是商店的门面装潢，使商店的装饰门面别具一格，便于人们识别，起到招牌广告的作用。

（8）印刷广告。济南刘家针铺广告铜板是早期的工商业印刷广告，内容包括作坊名称、标志及广告文字。

2. 现代广告形式

1）报纸广告

在 17 世纪的欧洲，第一次工业革命的兴起，英国最早的报纸《伦敦周报》在 1622 年开始发行，三年后开始刊出广告。报刊是印刷媒介的主流，其主要特点是通过平面语言进行广告传播。报刊语言一般篇幅较长、词汇丰富、字词含义明确，同音字词不易产生歧义，利用其传递广告信息可以在广告中体现书面语言的各种特点。

（1）优点

① 报纸广告的版面相当宽裕，使广告信息的刊载量大大增加，也能对产品和服务进行较详尽的解释和说明。

② 报纸广告的宣传覆盖面广，遍及社会各个阶层。

③ 文案的诉求目标明确，能针对消费者特殊需要和兴趣制定不同的写作策略，使传播具有极强的指向性、针对性、层次性。每种报纸都有稳定的读者群，发行对象十分明确。许多地方性报纸有一定的发行范围，这种明显的区域划分使广告主有较强的选择性，便于确定目标消费群体，从而避免广告费用的浪费，增强广告效果。

④ 报纸一般截稿期较晚，即便在开始前一两个小时送达，也能较方便地编排、换稿或改稿，并保证准时印出。同时，多数报纸广告制作简单，加上现代印刷技术的革新，广告的制作和编排都十分迅速，对广告主来说最能赢得时间，有利于广告文案写作的精雕细琢。

⑤ 报纸特殊的新闻性使其有很高的可信度。报纸的声誉也会在无形中提升广告的形象。报纸广告文案可以借鉴新闻写作经验，在形式和内容上坚持信息诉求，使受众感到报纸广告其实是报纸宣传工作的一部分，以提高可信度。

⑥ 充分利用报纸独特的版面语言如空间位置、构图、文符、线条、色彩等来加强广告的视觉效果，使报纸广告文案独具特色。此外，印刷精美的报纸尤其是彩印能对读者形成很强的吸引力，这种报纸广告更能增强其宣传效果。

（2）局限性

由于报纸本身的局限性，报纸广告文案写作也受到一定的限制。

① 标题的制作要求高。报纸广告受其新闻信息影响只有一天甚至半天的广告效果，很快就失去了价值。大多数稳定读者每天只有半小时到一小时的阅读时间，且阅读的报纸种类多、范围广、内容杂，广告在其中所占比例就微乎其微。对此，报纸广告文案写作对标题的制作有较高的要求，对标题的依赖性强，而文案的标题信息含量是非常有限的。

② 版面位置的局限。由于报纸始终以传播新闻为主,一般情况下,广告不会占很突出的位置,所占版面也有限制。各国均对广告在报纸中所占的篇幅有相关规定,以保证新闻信息的传播。这不仅限制了广告的数量,也限制了文案对广告内容的展开。同时,由于同一版面广告拥挤会影响读者的注意力,文案所包含的特有的语言内涵无法借助视觉冲击力表现出来。

③ 表达效果不理想。由于报纸往往是急就之章,因此报纸广告中与文案相配合的版面、图画在艺术表现等方面难以达到令人满意的效果,也削弱了语言表达的效果。

④ 诉求目标的文化要求限制。由于报纸要求读者具有一定的文化水平和阅读能力,就使一部分教育程度较低、无阅读能力的目标消费者无法成为报纸广告文案的信息接收者。另外,报纸广告文案为迎合普通消费者的阅读趣味,往往以大众化和通俗化为语言表现手段,降低了文案的文化品位,而对文案作者来说,没有两全其美的方法。

2) 杂志广告

杂志广告最早出现于 19 世纪中叶的美国,随着美国的经济开始走向繁荣,它才逐步被读者所接纳。

（1）优点

① 读者集中。杂志广告文案读者集中,诉求对象明确。各种杂志都有固定的读者。如青年杂志的读者主要是青年;妇女杂志的读者主要是妇女;财经杂志的读者主要是经济界人士。杂志的这一特征使杂志广告文案的写作更具有对象的指向性,可根据不同读者群的阅读趣味选择相应的文案表达方式。

② 易被仔细阅读。杂志广告文案容易被仔细地阅读,而且这种阅读是一种深度的阅读。可对广告文案进行精雕细琢,以加强人们理解的深度,从而收到较好的效果。

③ 传播范围较大。由于多数杂志具有全国性影响,因此,运用杂志刊登那些适宜于大范围宣传的广告,效果显著。

④ 可以利用的篇幅较多。杂志可以在封面、内页、插页和封底等处刊登广告,位置可以根据实际需要安排。现代杂志广告越来越多地施展广告技巧,利用折页、插页、连页、变形和加卡等来吸引读者的注意。这给文案的写作提供了更为宽裕的实体空间,使文案创作具有艺术性。

⑤ 文字与画面相得益彰。由于杂志的印刷精美、图文并茂,写作杂志广告文案时可以充分考虑与图形、画面的配合,使文案的形象性、说明性较强,从而达到良好的效果。许多杂志还采用立体卡通的形式来表现广告产品形象,如果文案写得生动、形象、鲜明,则效果显著。

⑥ 独居版面、效果显著。杂志广告文案可以独居整个版面,不需要与其他非广告信息混在一处,能让读者细细品味。如果辅以引人注目的标题、口号,则更能增强广告效果。

⑦ 受阅时间大大增加。报纸被读者一次阅读完毕通常就失去效用,杂志则不但携带方便,而且由于比报纸更具有保存价值,从而使杂志广告的受阅时间大大增加,同时,也增加了读者面,从而使广告达到了加倍的效果。杂志广告文案更适宜对信息作详尽解释,对读者作理性诉求,使文案在广告中的作用得到明显实现。

（2）局限性

① 灵活性较差。杂志的出版周期通常比较长，不能刊载即效性广告和对时间要求较高的广告。杂志广告传播缓慢，文案创作因人而异、因时而异的灵活性差。

② 普遍性较差。杂志的对象受到的限制较大，对象范围相对狭窄，因此，广告效果的普遍性较差。由于杂志广告无阅读的时限，读者对广告文案的反应情况通常不能及时反馈。杂志广告的这一特点不易促使消费者在阅读广告文案后即产生购买冲动。

3）广播广告

1922 年美国创建了第一座商业无线电台，正式开展商业广告。1924 年美国人埃尔创建了第一个无线电联播网，开展大规模商业广告活动。我国 1922 年开始创办电台，开展广告活动则是在 1927 年。广播出现以来，一直是重要的广告媒介。虽然电视出现后，广播受到了一定冲击，但是由于其传播快捷、收听方便、设备便宜，仍旧拥有相当多的听众，并且仍旧是重要的广告媒体。近年来，随着我国私家车、公交车和出租车的迅速增加，交通台的广播广告量也猛增。

广播中广告信息的特点在传播上是靠声音来表现的，这与报刊媒体中的文稿用图文形态来传递形成了强烈的对比。也就是说，广播广告的文稿是以时间性的形态存在的，报纸和杂志的广告是以空间性的形态存在的，这是二者的最大差异。广播广告比其他任何媒体，更能突出其语言的优势。报刊媒体的设计和电视的视觉性活动，须结合文稿才能领会广告的含义。在广播广告中，虽然音乐效果起很大作用，但成为其中心的是语言。因此广播的广告文案写作必须全部从这一特点出发。

广播广告的特点首先在于以声音为主的个体性的诉求。因此，有人说广播广告必须要有会话。的确，在我们的社会中，会话是交流与沟通的最理想的形式。广播广告就具有这样的特点。但是，广播广告绝不是会话本身。虽然二者都是靠声音传递的，但会话是互相交换意见的途径，这是会话与广播广告的最大差异。在会话过程中，常常要根据对方的态度来改变谈话的方式，用适合特定气氛的形式来进行交流。

"街头听到一段对话，不经意地听来的一句话，有时竟会是你梦寐以求想说的话，就一定要把它立刻记录下来。在他人说的生动语言中，隐藏着极优秀的创意的种子。"这是广告大师李奥·贝纳的经验之谈。所以在会话中发现有用的构思，对广告文案创作者来说是非常重要的。

具体来说，广播广告文案的独特性表现在以下几个方面。

（1）适应收听要求。广播是纯粹的听觉媒体，这是广播与其他媒体最根本的差异，这种特性给广播带来了形象性差的欠缺。但是，综合运用人声、音乐和音响也使广播能够做到声情并茂，感染力强于平面媒体。有声语言传播的特性要求文案尽量用容易理解的口语，不能使用过于书面化的语言，避免使用过长的、复杂的句子，生硬的字词，以及容易引起歧义的同音多义字词。广播广告只能以声音激发听众的想象，因此文案必须生动形象，能够让听众通过想象在头脑中形成画面。枯燥、乏味、呆板、没有"表情"的语言无法与听众沟通，而丰富的语气和情感，则能够将听众带进广告所营造的情境和氛围中。

（2）力求即时理解。广播是一种非持久性媒介，传播内容稍纵即逝，不留痕迹。因此广告必须将信息一次传达到位，让听众马上就能理解，并形成印象。这要求文案集中于重要信息,突出品牌和主要利益点,并做富有吸引力的传达。

(3)信息语言的简明化。信息无法保存的特点也决定了广播广告不适合传达复杂的解说性信息,不适合做深度诉求。广播广告文案应选择单纯明确、只须简单说明而无须深入解释的信息,比如只突出品牌、只告知产品的一个容易理解的鲜明特性,或者承诺一个明确的利益。

(4)吸引不专注的听众。收听广播仅需要使用听觉,听众有时是一边从事其他活动一边收听广播。在收听同一频道时,听众无法像读报纸那样自主选择内容,但可以随时调整投注在广播上的注意力,一遇到感兴趣的内容,注意力就会比较集中。这减弱了听众对广告的抵触,但也增加了广告到达诉求对象的难度。因此,广播广告必须运用音乐、音响、语气、语调、情境、情感等一切可能的手段,增加趣味性和吸引力,广播广告文案的第一句话还要起到抓住听众注意力的作用。

(5)娱乐性和私密性。广告文案对广播媒体环境和听众特性的配合,有几点需要特别注意。广播是一种偏重娱乐的媒介。听众收听广播的主要目的是娱乐和满足个人兴趣、爱好,广播内容总体上趋向于轻松、娱乐,广播广告也应该尽量轻松、有趣。为了吸引稳定的听众群体,大部分广播节目都针对特定对象,每期编辑特定内容,并且有鲜明的风格。如流行音乐节目主要面向年轻听众,风格时尚、活泼;健康节目主要面向中老年听众,风格比较朴素。选择不同节目播出的广告,应该配合节目的不同风格,以满足不同听众的收听需求,不致招来反感。广播是一种个人化的、私密性比较强的媒介。广播有时以家庭共同收听为主,有时则以个人收听为主,这使广播广告更适合感性的诉求手法。

(6)有效地配合音乐、音响。广播广告可以采用人的声音、音乐、音响三种听觉符号。音乐和音响可以为人声提供背景,避免广告单调乏味;可以增加广告的现场感,帮助营造广告所需要的氛围、情境、风格及体现品牌个性,从而增强对听众的感染力;可以推进广告信息的展开,帮助突出重要信息;还可以有效促进听众的想象活动。

(7)适当的篇幅。如果不考虑背景音乐和音响,按照每分钟150字的普通速度,30秒广播广告最多可容纳75个字的文案;5秒广告可容纳15个字。这仅是基本规律,写作文案时还应该考虑品牌个性和具体表现形式的要求,有些品牌要求舒缓、优美的广告,有些则希望以快节奏显示品牌的动感个性。在表现形式方面,要考虑播出时要求的语气语速、音乐和音响的使用方式,有的要求广告保持比较快的节奏,如对话式;有的则需要比较慢的语速,如内心独白式。那种由播音员急匆匆地从头读到尾,不给听众留一点反应时间的广告,很容易引起听众的反感,也就难以达到好的广告效果。

(8)文案的脚本。广播文案完成后,要根据对作品的整体构思,加上音乐和音响效果、进行角色分配、语气语调要求形成完整的"广播广告脚本",提供给制作部门作为录制广告的根本依据。脚本通常也由文案人员完成,所以文案人员还应该对广播广告制作技术有一定的了解。

广播广告脚本有分栏和不分栏两种形式。分栏式脚本将音乐、音响效果、角色分配、语气语调要求按照出现的时间顺序列在左侧,将文案正式内容列在右侧,与左侧标明的时间顺序和表现要求相对应;不分栏的脚本按照时间顺序列出表现要求和文案内容。

4）电视广告

最早的电视台于 1929 年在英国试播，1936 年正式开播。美国在 1941 年开始播放商业广告。我国于 1958 年建成第一座电视台，1973 年开始试播彩色电视节目，1979 年 12 月开播商品广告。电视早已成了家庭必备的电器，成为广大人民群众获取信息的主要渠道之一。资料显示，纯粹的听觉广告只能吸引引人们 20% 的注意力，纯粹的视觉广告也只能吸引人们 40% 的注意力，而电视广告由于视听兼备，因此能吸引人们 100% 的注意力。可以毫不夸张地说，电视已成为当今更具魅力的广告媒体。

（1）电视广告文案的结构和特征

在多数电视广告文案中，都没有独立的广告标题，而是将标题与广告口号合二为一。电视广告文案包括画外音、台词和字幕三种形式。

① 画外音，也叫解说、旁白、背景语言，是随着广告画面的展现而作的讲解，用以增加观众对画面的理解。解说要简明扼要，言辞优美，与画面有机配合。例如，以下是可丽舒面纸电视广告文案。

【画外音】　纸张柔不柔，声音可以告诉您。

这是普通纸张，这是比较柔软的纸，猫还是听得见。

但是现在有更柔的，柔得静悄悄的。

美国可丽舒面纸是好面纸。

② 台词，包括对话和独白两类。

对话是指广告片中人物之间的对话，用以表现商品个性，引人进入现实环境。这种形式显得自然，感染力强。

独白以第一人称出现，或使产品拟人化，以进行自我介绍；或人物以谈个人体会的口吻推荐产品。独白不同于画外音之处在于：独白必须是地道的自言自语，出现在广告片情节戏剧化的场合。拟人的产品说话，会使整个节目带有一种幽默的情调；人物独白能把观众带到面对面拉家常般的环境中。

③ 字幕。在屏幕上打出文字，以加深印象，增强记忆。字幕也是表现电视广告文案的一种常用的方式，尤其是某些以"无声"来创造特殊传播效果的广告，更是经常使用字幕这种方式。

当然，电视广告文案并非只能使用这三种表现方式中的一种，或者一段文案必须连续地使用同一种方式。电视广告文案的表现方式也可以灵活多变。

（2）电视广告文案写作要点

电视虽然可以运用诉诸视听的多种符号，但电视是一种视觉媒体，受众在收看电视时，是以"看"为主，以"听"为辅的。电视广告虽然以图像为基础，但绝不能只重视图像而忽视声音。电视的长处是视听结合，必须边看边听，视觉与听觉同时起作用，才能收到声情并茂、视听兼备的良好效果。所以对电视中语言的运用，也应予以充分重视。英国的电视专家阿尔金说过："做一个简单的试验，如果在某个晚上你看电视时把声音关掉，那么，就会出现三种明显的情况。第一，尽管有'看一张图片胜于听 1000 字'的古老格言，但任何电视节目的大多数内容都是由声音来表现的。第二，当你听不到伴随图像的声音时，大多数图像就会失去现实性和感染力。第三,除非你能同时听到与图像多少有点关联的声音,否则即使看的图像大多数是直观素材,你也无法稍长时间地集中精力去看它。"

因此,在写作电视广告文案时,应该正确把握"视"与"听"的关系,正确把握文案与画面的关系。具体来说,要注意以下几点。

① 明确语言对画面的作用。有声语言是电视广告的重要组成部分,是电视广告不可缺少的重要表现手段。虽然它在电视广告中处于"配角"的地位,但它对担任"主角"的画面有重要的辅助作用。电视广告画面的直观性也带来内容表达的局限性,这就需要通过语言来弥补。

② 注意"声画对位"。"声画对位"是写作电视广告文案的基本要求。换句话说,电视广告的文案要与画面保持基本一致,并且其内容出现的节奏要与画面相同。画面说此而文案言彼、两者毫无关系是电视广告的大忌:画面已经进展到下一步,文案却还在对前面的画面作喋喋不休的解释;或是画面还没有进展到这一步,而文案却提前将画面的内容说出,都会使画面和文案显得极不协调。

③ 文案与画面的比例要适当。有些画面本身已经将广告信息传达得非常明确,而文字和语言还在进行烦琐的解释,会使受众觉得广告文案在画蛇添足;反过来,有些画面本身传达的内容并不确定,如果文案没有对画面进行必要的解释,受众难免会不知所云。因此,文字和语言应该在画面最为需要时出现。过多或过少的文字、语言都会影响受众对广告的注意和理解。

在撰写电视广告文案时,广告创作人员如果头脑中能够反映出电视广告创意所要求的画面,会使文案的撰写容易得多。头脑中有了活动的、连续的画面,文案的结构就会随着画面的发展自然而然地展现出来。这样,文案读稿人也更容易明了哪些信息可以通过画面来传达,哪些信息必须通过文字和语言来传达,哪些画面需要文字和语言做必要的解释,从而避免在文案中对画面进行不必要的解释或忽视了画面不能传达的信息。

④ 关注受众。电视广告的受众是在看电视的同时听到或看到文案的,因此他们不可能像阅读报纸广告文案那样专注地阅读电视广告的字幕,或者像广播广告的听众那样将注意力集中于听觉。所以,电视广告文案的撰稿人应该明确电视广告文案的受众是边看边听的"观众",而不是只需要听而不需要看的"听众",也不是仅仅需要阅读,而不需要运用听觉的"读者"。这就要求做到以下三点。

第一,要写容易听懂而不是仅能读懂的文案。有些文案通过书面阅读时非常清楚、明确,而一旦转化成有声语言,受众却未必能听得清楚。问题主要来自文案过于复杂的句式、过于冗长的句子、容易产生歧义的词汇和不容易听明白的数据、术语等。因此,在写作电视广告文案时要特别注意运用短句子、简单的句子和含义单一、明确的词语,对一些非说不可的数据和术语,也应该作尽量明确的解释。

第二,文案中要有合理的顺序。电视广告的文案一般只包含很少的句子,因此文案的简练是非常必要的。但是因为追求文案的简练而导致内容、概念、语气的转换过于突兀,则不但不会收到好的效果,反而会使受众对广告内容的理解发生困难。

第三,不追求字面连贯,而要考虑画面和文案的整体连贯。有些文案撰稿人在创作电视广告文案时也像写报纸广告文案那样追求语言本身的连贯性,而在电视广告中,这样做的结果会使广告文案过于冗长,以致充满了电视广告的每秒钟。在电视广告中,文案并不需要承担全部的信息传达任务,只要与画面充分配合。文案的语言有适当的跳跃和省略,不但是允许的,而且是必要的。

⑤ 应先声夺人。一条电视广告片能否吸引观众的注意力,最初的四五秒钟极为重要。因此,广告的开头要很有特色,要能够先声夺人,一下就吸引住观众。美国运通公司旅行支票的电视广告片,一出来就用"你将亲眼看见一宗罪行"这样的标题来抓住观众的注意力。观众看到的是一个小偷在摸别人的口袋。

这个宣传携带现金危险的广告,使运通公司的旅行支票增加了28%的销售额。

⑥ 让观众记住产品名称。有时,观众能回忆起某个广告的内容,却忘了这个广告宣传的是什么产品。有时还将这个广告宣传的产品与另一个品牌的产品混淆。这一点对于新产品的宣传是很不利的。因此,在电视广告中,要想办法突出产品的名称。人们一般对最初或最后得到的信息印象比较深,因而,要在广告的前10秒钟就出现产品的名称,同时要尽量做到形式新颖,使观众对产品名称留下深刻的印象。如"果味VC"广告:

VC、VC、果味VC,您要想让宝宝长得活泼健壮,请吃果味VC。

您要想使皮肤白嫩,防止衰老,请吃果味VC。

VC、VC、果味VC,又酸又甜,好像橘子,真好吃!

这则广告通过不断重复产品的名字,强化产品在消费者心中的印象,给消费者留下了难以抹去的记忆,不失为一则好的广告。

⑦ 重点突出与独辟蹊径。同报纸广告相比,电视广告的信息容量受到很大限制。一般电视广告片以30秒和15秒两种居多。由于时间有限,所以在电视广告中要重点突出一种信息,如果面面俱到,反而达不到应有的效果。

一种商品的诉求重点可能有多处,这时就要求广告文案撰稿人能够避开大家都能想到的东西,努力创新,给消费者以强烈的心理冲击。

⑧ 营造意境。电视广告若能在短短几十秒的画面和声响中营造某种意境,其感染力自不待言。营造意境就是把观众向往或者心中既存却未成形的某种精神追求和境界,用形象的情景展现出来。如大家都熟知的"南方牌黑芝麻糊"电视广告创意文案,一开始就把观众带向"我"记忆中的南方城镇,那南方特色的街道、叫卖声都烘托出特有的气氛,童年贪嘴的情形更让观众忍俊不禁。这一切都形成一个特有的童年美好的回忆。人人都有童年,许多人的童年都有美好的记忆,谁都有童年的贪嘴。"南方黑芝麻糊"电视广告营造的意境,就在于找到了与观众的共鸣点。

⑨ 多点儿人情味。现在有不少广告以为靠"三多"(美女多、露的多、明星多)就能吊起消费者的胃口。其实,老用这种"作料",消费者也会有厌倦的时候。实践证明,富于人情味的广告用语和干瘪、生硬的广告用语产生的社会效应迥然不同。比如孔府家酒的广告用语:"孔府家酒,让人想家。"虽然只有一句,可这句话却渗透着浓浓的亲情,对于远离家乡的人来说,这则广告用语牵动着他的思乡恋家之情,当然都想品尝,感受一下"回家"的感觉。

如果说爱情是文学作品永恒的主题,那么,可以说广告用语的人情味就是消费者总也吃不够的"作料"。

⑩ 注意字幕的作用。在丰富多彩的电视节目中,字幕在多数节目中只起着"强调、说明、注释"的作用。但在电视广告中,字幕却被赋予了四种重要的职责。其一,以字幕呈现商品的品牌名称,并加以强化,这是绝大多数广告片常用的手法。其二,标明生产厂家、经销单位的名称、地址。其三,在广告片中值得强调、解释和说明的地方,要不失时机地打出字幕。其四,参与画面构图。字幕的构图功能长期以来几乎被忽视和淡忘,这里还是一片未曾被开垦的处女地。

⑪ 语言要合常理,经得起推敲。电视广告是一种瞬间艺术,广告语虽短,却需面对亿万观众的百般挑剔,稍有漏洞,便会贻笑大方,甚至带来语言公害。

某烫伤药膏的广告语是这样的:"热铁不能摸,现在不同了,因为有了××烫伤膏。"这好像是说有了烫伤膏,就可以放心大胆地去摸热铁、抓烧红的煤球儿。

广告语应遵从大胆谨慎的原则,既要别出心裁、新颖独特,又要严丝合缝、缜密周到;否则,将起不到应有的宣传效果,甚至适得其反。

一则营养液广告将对象放在了高考生身上,称"天天苦读,年年高考"。这里的主语实际上已经换了,即"天天苦读"的与"年年高考"的不是同一个或同一部分人,"年年"表示至少两年,连年高考,年年落榜,不正说明营养液是无效的吗?

5)网络广告

网络广告发源于美国。1994 年 10 月 14 日,美国著名的 Wired 杂志推出了网络版 Hotwired,其主页上开始有 AT&T 等 14 个客户的广告 Banner,这是互联网广告里程碑式的一个标志。中国的第一个商业性的网络广告出现在 1997 年 3 月,传播网站是 Chinabyte,广告表现形式为 468 像素×60 像素的动画旗帜广告。

(1)互联网广告文案的特殊性

① 多媒体性与交互性。人们首先认同的还是互联网的多媒体特性。打开一张网页,可能看到的都是由文字、图像、声音共同组成的五彩斑斓的世界。这一点给广告人提供了广阔的创意空间。它意味着网络广告既可以选择印刷媒体所经常采用的说明性文字和图片,也可以通过动画设计如同电视媒体一样用生动的造型来吸引受众的眼光,还可以配合声音的传达将受众的听觉也积极调动起来。

"多媒体"更重要的一层含义在于,互联网是通过无数台个人计算机连接而成的。它突破了传统媒体只能进行大众传播或者进行小众传播的限制。将大众传播、小众传播和人际传播有机地结合在一起,因此创造出了众多独特的网上传播方式,为广告发布开辟了新的传播渠道,而这些渠道都是传统媒体所无法比拟的。

人际传播的存在,使广告主与网民之间可以进行一对一的交互式对话。广告主就能随时得到用户的反馈信息,建立完整的客户资料。网民也不再是被动地接受广告,而是可以及时地做出反馈。

② 高容量和即时销售性。对报纸、广播、电视等媒体来说,广告发布要受到版面与时间的限制。而在网上,轻点鼠标,人们就可以通过一个个链接窗口,在不同的网站和页面间自如切换。自由链接的特性,使互联网成了一个几乎没有边界限制的广告发布媒体。

比如人们在某一个网站主页上发现了一个感兴趣的新闻标题,点开它,就能进入这个具体的新闻页面。而每一个这样的页面,都可以成为独立的广告载体,提供网络空间给广告主体进行广告发布。

更为方便的是,广告主可以在页面上建立自己的网络链接,人们只要点开某一链接文字或窗口,就可以进入企业网站,看到详尽的产品或企业信息,甚至直接进行网上购物。互联网的自由链接特性将 POP 广告成功地移植到虚拟世界中。当然这也对广告的策划提出了新的要求,也就是说人们必须考虑什么样的语言才能吸引受众点开这些链接窗口。

③ 广告效果的可测性。传播学者在对受众看电视的行为进行调查之后发现,在节目中出现插播广告时,受众注意力会明显降低,一般会调换频道、休息走动等。至今,人们还无法准确地计算出某一节目的收视率与这一节目附带的广告到达率有怎样的比例关系。同样,人们也无法通过报纸发行量和广播收听率来准确测算这些媒介上的广告效果。路牌、灯箱、车载等户外媒体的广告受众人数更是难以估计。

但在网络媒体上,广告效果测算则简单得多。受众对某一条广告的点击率,以及在点击后有多少直接的询问或购买行为,还有受众查阅信息的时间和地域分布情况,在第三方服务器上都有据可查。广告主一般是按照点击率甚至是点击后的有效购买行动付给网络媒体相应的广告费用,避免了资金浪费。同时,网络广告首先要关注的就是如何获得点击。这一点也正是影响网络广告文案写作的最重要的因素。

④ 不受时空限制,但需技术支持。报纸发行和广播电视节目播放都受到时间和空间的限制。北京的市民不可能很快而方便地看到刊登在《羊城晚报》上的广告。企业主买下的如果是新闻联播后的黄金时段,那就不能指望人们在欣赏完一部精彩电视剧过后也能了解到本企业的广告信息。而在网络环境中,这些限制都不存在。它 24 小时活跃在人们的计算机屏幕上,无论何时何地,网络广告都能在受众面前出现。

当然,网络不受时空限制的前提是,受众有条件上网;否则,网络广告就只能是自说自话,不能形成传播效果。

⑤ 针对性强。目前商业网站主要由门户网站和专业网站构成。即便是前者,在内容编排上也采取板块式结构,比如新闻、游戏、医疗、科技、搜索、聊天等。这事实上反映了网络受众细分化程度高特点,因为每一个板块的受众都有其自身特点。比如BBS,能够聚集到同一 BBS 上的网民,一般来说都具有某种相似的兴趣爱好或者生活背景,对于广告的接受程度也相对类似。这样一来,不同的广告主就可以选择不同的 BBS 进行有针对性的广告发布,以提高广告的传播效率。而对于电子邮件广告,受众细分程度则已经达到了一对一,即每一个企业主都可以给每一个受众单独发送广告信息。当然从总体特征而言,网络受众与其他传统媒体相比还具有年轻化、知识程度较高、收入较高这些较为突出的特点。他们是整个市场中耐用消费品、不动产、旅游产品和精神消费品等的主要消费群。但随着时间的推移和网络的进一步发展,会有更多的中、高龄网民以及中、低收入网民加入网络传播。未来,网络受众的总体特征也会发生相应的变化。

(2)互联网广告文案的种类

1994 年 10 月 14 日,美国著名杂志 Wired 网络版 Hotwired 的网页上出现了 14 个形似条幅的广告,就是旗帜广告。

如今的网络广告，早已在旗帜广告的基础上形成了异彩纷呈的各种形式。

① 旗帜广告及其升级版本。1997 年，美国网络管理局规定了旗帜广告的尺寸：468 像素×60 像素。它允许客户用简练的语言和图片介绍企业的产品或宣传企业形象。随着网络广告日渐成熟，旗帜广告也不甘受到像素的限制，聪明地进行了自我升级。比如可伸展的旗帜广告，它可以在被客户点击后形成下拉的网络空间，把具体的产品、服务或企业信息呈现在网民面前。Flash 旗帜广告则以灵活多变的动画，取代了原来旗帜广告中最多不过 10 个画面的死板情景。

② 按钮广告及其升级版本。按钮广告就是网页上形似小按钮的广告，一般是一个链接着公司或机构的主页或站点的 Logo（公司标志），并经常有 Click me 的字样。它的规定尺寸比旗帜广告要小，为 120 像素×60 像素。按钮广告的升级版本同旗帜广告类似，也有可伸展的按钮广告，可以在被客户点击后形成下拉的网络空间。

③ 游动浮标和下拉游动浮标。游动浮标的尺寸没有具体限制。它是一种可以在网页上不断移动的广告形式。随着网民手中的光标下拉，网页也随之下降；光标向右移动，网页也随之向右运动。下拉游动浮标被网民点击之后，可以形成下拉网络空间的游动浮标广告。

④ 文字链接。这是一种纯文字形式的网络广告，往往通过有煽动性的文字吸引网民点击，进而链接到公司的站点或促销网页。

⑤ 画中画。这种广告形式面积较大，通常不占用商业网站的主页，而是出现在每篇具体文章中。这种广告针对性强，投入准确率高。

⑥ 弹出窗口。这是一种在网站主页或栏目出现之前或同时就弹出窗口的一种广告形式。它可以利用网民等待主页下载的时间，向他们传播关于产品和企业的信息。

⑦ 通栏。这种广告形似报纸中的通栏广告，横亘在整个网页中，面积较大，视觉冲击力强。全屏幕弹出广告，在网站主页出现之前就出现接近整个屏幕大小的广告画面。这种广告形式备受争议，人们认为这是强迫网民花费时间和金钱来浏览广告。

⑧ 电子邮件广告。这种广告是指利用网站电子刊物服务中的电子邮件列表，将广告加在每天读者所订阅的刊物中发放给相应的邮箱主人。

⑨ 墙纸式广告。这种广告是指把广告主所要表现的广告内容体现在墙纸上，并放在具有墙纸内容的网站上，供网民下载。

随着网络媒体的进一步发展，新的广告形式还会不断出现。除了以上所述，现代广告的形式还有橱窗广告、霓虹灯广告、路牌广告、交通广告、POP 售点广告、灯箱广告、空中广告等。

二、广告的作用

（1）确认及识别制造商和产品。广告可以以明示厂家和产品的方式提示消费者选择的范围，进而占领消费者的心理市场。

（2）传达有关产品信息。在现代广告活动中，广告将产品信息传递给受众，也就是将卖点明示给受众，以期影响和改变他们对该产品的态度，进而产生购买行为。

（3）引起新使用者对新产品的尝试，并通过目前使用者的建议促使购买。要想消除一部分消费者在选择中的疑惑,就必须借由广告来劝服这一部分消费者建立新的消费习惯或改变已有的消费习惯。

(4) 刺激某种产品的需求。广告就是根据消费者不同的需求和消费心理传播信息,以此激起目标受众的心理共鸣,从而产生对某种产品的消费欲求。

(5) 增加对产品的使用说明。广告若能恰到好处地介绍产品功能或款式在原有基础上的延伸,就有可能增加消费者对产品的使用。

(6) 增加对产品的偏好和忠诚度。如果广告为企业建立了良好的企业形象,广告受众也会将他们对企业的良好印象转移到这个企业所生产的产品上,最终增加对产品的购买和使用。

三、广告的结构和写法

广告从结构上看,一般由标题、正文、落款三部分组成。

1. 标题

标题是广告的主要组成部分,它用简练的语句标明广告的内容,起到吸引人们注意力、突出广告主题、诱发求购心理的作用。标题的写作一般有三种方法。

(1) 直接法。直接法是指以产品牌号或厂家名号做标题,如《国家商业部优质产品——故宫牌挂面》《昌图县东方服装裁剪班招生》。这类标题内容明确,一语道破,简明通懂。

(2) 间接法。它与直接法标题相反,不直接指明产品牌号或厂家名号,而用含蓄的语言吸引人们。例如,"欲穷千里目,更上一层楼"(售楼广告)等,这类标题内容含蓄,能产生诱人的魅力。

(3) 综合法。综合法是指将直接法和间接法合用,如"男人爱潇洒,女人爱漂亮,最潇洒、最漂亮的'五羊'男女变速自行车在沈阳展销"。这是沈阳市群星商业集团金华百货商店的广告标题,前两个短句抓住了当前人们的心理,含而不露,引人入胜,后一个长句陈述其主旨。这类标题既含蓄委婉,又主旨明确。又如:

中国名酒

杏花村

芳香可口,醇和甘甜,余味久长

再如,万科房地产的广告标题:

万科城市花园告诉您(引题)

不要把所有的鸡蛋都放在同一个篮子里(副题)

购买富有增值潜力的物业,您明智而深远的选择(主题)

2. 正文

正文是广告的核心,是标题的具体化。好的广告正文,必须满足人们的心理要求,诱发人们的求购欲望。因此,它通常包括商品或服务的性质、品种规格、功能、特点、用途、作用、产销情况及对用户的责任如何等。广告正文有多种写法,最常用的有陈述式、证明式、问答式、文艺式等。

(1) 陈述式。陈述式是指用平和直率的语言,简明扼要地介绍商品的名称、用途、规格、价格等。如上海日用化学品四厂生产的"施美"系列化妆品,在《新民晚报》上刊登的一则广告,正文只用了十六个字——"高档商品,中档售价,馈赠亲友,价廉物美"。这则广告着重宣传了物美价廉这个特点,加深了人们的印象。

(2)证明式。证明式是指把产品获奖或得到权威机关评定的情况引证在文里,有较强的说服力。例如,下面是沈阳新化器厂生产的雷达式预选电视天线的广告正文。

产品荣获省科技进步二等奖,1989 年通过省级认定。1991 年推出第三代雷达式预选式天线,1989 年 5 月 26 日、1990 年 7 月 30 日中央电视台两次推荐产品。

(3)问答式。问答式又称对话式,是指用一问一答的形式宣传广告的内容。这类广告多在广播、电视中使用,其语言富有吸引力,以激发人们的好奇心和求购欲,如江中制药厂"草珊瑚含片"的电视广告就是用对话的形式给人们留下较深的印象。

(4)文艺式。文艺式是指用诗歌、相声、小品、配乐广播或其他文艺形式宣传商品或服务,这类广告形式新颖、生动、有趣,效果较好。此外,还有新闻式、格式式、幽默式、描绘式等,在此不一一陈述。

例如:

男:正抗旱,停了电

女:农民急得团团转

男:夜校自习停了电

女:校长摇头把气叹

男:医院手术停了电

女:病人生命多危险

男:不要急,莫慌乱,鲁城牌发电机组来供电

女:柴油做燃料,物美价又廉

男:能孵蛋,能磨面,能充电,能抗旱

女:带着电机溜转,帮你致富把钱赚

男:鲁城牌发电机组何处买?

女:请到山东曲阜电机厂

这篇广告文案采用口头韵文的形式表现广告内容,句子全用口语,长短不等,读来抑扬顿挫,很顺口。

3. 落款

广告宣传的目的是让人们来购买商品或利用服务等,所以在结尾要写出广告单位的名称、地址、邮编、电话、邮箱及联系人等内容,项目可多可少,视具体情况而定。

四、广告的写作要求

1. 思想健康,内容真实

国务院发布的《广告管理条例》第三条规定:"广告内容必须真实、健康、清晰、明白,不得以任何形式欺骗用户和消费者。"真实是广告的生命,如果内容虚伪,空话连篇,耸人

听闻,哗众取宠,势必招致消费者的逆反心理,降低广告的价值。为此,广告的语言文字、图像画面要与销售的商品和实行的服务完全一致;商品和服务的优点要与商品和服务的实际情况完全一致;广告中使用的推荐用语和形式,必须经过认真研究,必要时还要有证明文件;不得使用模糊语言和不实之词,如"畅销全国""誉满全球"等。广告宣传必须注重社会效益,不得违反国家法律法规,要维护消费者利益、国家利益和社会公益,不允许有反动、淫秽、丑恶、迷信等不健康内容。

2.主题鲜明,特点突出

广告宣传要有鼓动性,使人们产生购买欲望。因此,广告的制作要巧妙构思,使主题鲜明,特点突出。要标新立异,独出心裁,具有吸引力。

3.研究心理,因人而异

广告的内容要根据不同地区、不同习俗、不同年龄、不同文化修养水平的人们心理选择不同的语言风格和表现形式。如老年人对商品和服务一般讲求适用、方便、舒适和实惠,而青年人讲究款式、色彩、风度、气势、新潮,写广告时应各有侧重。

4.语言简洁,形式新颖

广告是一种"短平快"的应用艺术,切忌写得繁杂冗长。语言应简洁明快、幽默风趣;形式应活泼新颖,特色鲜明。可以配合使用图像、音响、实物等,使广告成为诗、画、音完美结合的艺术精品。

例文解析

例文 1　江西婺源旅游广告

美丽家乡,梦里老家——江西婺源

(注:间接性标题)

在皖、浙、赣三省交界处,有一个奇妙的地方——婺源。……

婺源县城面积 2947 平方千米,人口 34.1 万,辖 10 镇 6 乡,景点散布在全县不同的乡镇。目前,婺源旅游已形成东、西、北 3 条精品线路:**(注:正文介绍婺源旅游产业的基本情况,旅游线路等)**

……

婺源××旅游咨询电话:××××××××

(注:结尾交代广告主的联系方式,让游客一目了然)

评析:这是一则旅游广告,旅游广告是指旅游部门或旅游企业通过一定形式的媒介,公开而广泛地向旅游者介绍旅游产品、提升旅游品牌的一种宣传活动。它能广泛地宣传和推广旅游产品,有效地推动旅游产品的销售,从而帮助旅游企业获得经济利益以及品牌价值。

例文 2　《减肥指南》杂志宣传广告

女:对不起,请问您是最后一个从奥马哈来的飞机下来的吗?

男：当然是啦,我下机之后就剩下飞行员了。

女：那就奇怪了,我丈夫也是搭这趟班机回来的,可我怎么没有看见他呢?

男：他是怎么个长相?

……

男：你可真是苗条多喽!

女：你也完全变样啦!

男：我也不敢认你了。

女：别一本正经了。真逗,安德鲁呵!

评析：这是一个生动的小品式广告文案,通过一对一答式的对话描述夫妻二人体重减轻、形象改变,以至于双方相互没认出来的夸张效果,为《减肥指南》杂志做了一次很好的宣传广告。

例文3 《消息报》征订广告

亲爱的读者：(**注**：采用书信的格式书写的广告,拉近与读者的距离)

从9月1日起开始征订《消息报》。

……

《消息报》一年的订费可以用来：在莫斯科的市场上购买924克猪肉;或在圣彼得堡购买1102克牛肉……这样的"或者"还可以写上许多,但任何一种"或者"只有一次享用。而您选择《消息报》——将全年享用。(**注**：摆事实、讲道理,把选择权交给读者)事情就是这样,亲爱的读者。

评析：这是俄罗斯《消息报》的征订广告。文案采用给读者写信的形式并把事实清晰地展现在读者面前,使读者对报纸涨价不过于敏感。

例文4 肥城桃广告

我叫肥城桃

我叫肥城桃,这次来香港,还是生平第一次。所以也难怪各位看见我就直叫"啊呀"了,谁叫我生得大得惊人呢。在俺们家乡山东,我可是早与莱阳梨、烟台苹果齐名了。人们只要一提起山东水果的三绝,总不会忘记提到我的"小名"。(**注**：采用拟人手法,让桃子开口说话)

我之所以迟迟不出"闺门"一步,并不是因为我架子大……就是比香甜吧,我也不比它们两位差。讲内在呢,在某些方面,我还比它们强得多,什么维生素A、维生素B、维生素……我都有,而且很丰富。只有一样,我始终没法跟它们比,那就是我生来身子单薄,而且越到好吃的时候,皮越薄,汁更多,谁只要把指儿一挑,我就完蛋了——汁就会流个涓滴不剩……(**注**：通过比较,阐述自身的优点)

评析：这是山东特产"肥城桃"在香港所做的广告。桃子说话了,足够特别、足够吸引人吧,所以它说完之后,叫人口水都流不停啦!这篇肥城桃的广告文案运用了拟人的手法,借桃子之口说出其种种优点,趣味性十足,让人印象深刻。

实训活动

1. 病文诊断。

无论怎么喝,总是不一般香浓! 这种不一般,你一喝便明显感到。××纯牛奶全乳固体含量高达12.2％以上,这意味着××纯牛奶更香浓美味,营养成分更高!

青青大草原自然好牛奶。

一天一包××纯牛奶,你的骨骼一辈子也不会发出这种声音。每1100毫升××纯牛奶中,含有高达130毫升的乳钙。别小看这个数字,从骨骼表现出来的会大大不同!

青青大草原自然好牛奶。

饮着清澈的溪水,听着悦耳的鸟鸣,吃着丰美的青草,呼吸新鲜的空气。如此自在舒适的环境,××乳牛产出的牛奶自然品质不凡,营养更好!

青青大草原自然好牛奶。

2. 根据以下资料,为某款汽车拟写一份促销广告。

2014年6月19日晚,全新××轿车上市。此次上市的××轿车共配备1.6L、1.8L两种排量,7个级别12款车型,价格区间为10.78万元至15.98万元,与预售价格保持一致。与旧款的价格区间相比,全新××轿车的最低价格下降了1.6万元。

外现方面,全新××轿车基于"先进质感"的设计概念,采用家族式Keen Look前脸设计;随着车身的加长,四轮的配置更趋向于四角;配备全系标配铝合金轮毂。内饰方面,××轿车整体上依旧充满居家风格。大量的钢琴烤漆面板、镀铬装饰,粗壮的三辐式方向盘以及非对称式的中控台设计等也进一步提升了内饰的精致度和新鲜感。空间尺寸方面,全新××轿车的长、宽、高分别为4630mm/1775mm/1480mm,轴距为2700m。后排空间为960mm,膝部空间为706mm。动力方面,全新××轿车将提供两款发动机,其中一款是1.6L发动机,最大功率为122马力,峰值扭矩为154牛·米。另一款是1.8L发动机,最大功率为140马力,峰值扭矩为173牛·米。与发动机匹配的将是一台手动变速箱和一台S-CVT变速箱。

在发布会上,××公司还公布了新一代××轿车的营销策略:凡在8月31日前置换购买新一代××轿车的用户,最高可享4000元补贴,进一步参与零首付融资方案更可享受1000元礼上礼;同时,用户选择"管家贷"融资购率,最高可享3年免费保养;并且,在8月31日前,经由××公司老客户介绍成功购车,介绍人可获赠2000元保养券,购车车主则可获赠2000元精品券。此外,8月31日前,购车的用户可获赠与所购车同色、同牌照的专属定制车模;同时,用户只要到店试驾,便可获赠××礼品,先到先得。最后,在8月31日前成功订车的用户将有机会携家人免费入住精品酒店××套房。××公司还率先在全新一代××轿车上执行售后服务新标准,将新车定期保养间隔延长至1万千米或6个月。

3. 利用所学广告知识,为你的学校或所学专业拟一则广告口号。

知识拓展

互联网广告文案的写作

网络广告面对的是一群相对年轻的消费者,他们肯花大量的时间和金钱泡在网上看新闻、聊天、找资料、玩游戏和交易,但并不代表他们会花大量的时间来看广告。而点击率又是网络广告的生命,怎样创作网络广告文案才能吸引受众呢?

1. 与所在栏目的内容相混合

比如,在新闻类栏目中设置一个颇具新闻性的文字标题,用不同的颜色把它同正式的新闻信息区别开。内容不涉及具体的广告信息,但文字上充满煽动性,旨在调动人们的好奇心。

2. 突破传统结构模式

互联网连接了整个世界,但任何一个网站一次性呈现给受众的页面只有计算机屏幕那么大的面积。其主角是各类非广告信息和各种服务项目,留给广告文案写作的空间其实并不大。尤其是按钮广告,就算没有画面因素的加入,如果想让受众一眼就能看清广告中的文字,120 像素×60 像素的面积中最多只放得下 6~8 个字,否则就会显得如蝇头小楷,模糊不清。所以,网络广告对语言简洁的要求比任何一种媒体广告都高。长文案在网络广告中是不多见的。网络广告的标题和正文往往合二为一,用简短的几个词组甚至几个字起到吸引受众注意力和传达信息的作用。其他详细的内容则多放在链接中。

在网络广告中,常常会以没有来龙去脉的语言吸引网民进入。比如,"点开看清三重优惠",点开之后发现进入的是一个光碟促销专区,页面的主要信息是各光碟中的电影内容和光碟价格,所谓的三重优惠也只是三种不同价格的奖品。ELONG 主页上的一个游动浮标广告:"红酒计划",对这样一句没有上下文的话,好奇心会促使网民点开这一广告,但事实上这一浮标后面的链接仍然是 ELONG 页面。

网络广告必须比其他媒体的广告更注意直接承诺利益点。因为上网不仅需要时间,还需要付费,而网络广告又不像电视广告那样有强制受众接收的特点。因此网民在选择看与不看时,有很大的主动性。他们比较注意的往往是与自身需要和利益相关的广告信息。因此,直接在文案中向网民承诺利益点就显得特别重要。一些在杂志和电视广告中出现于附文中的促销信息,在网络广告中就成了正文。"财富尽拥,人才尽用,生活尽享,工作尽有。中华英才网。"中华英才网的广告文案用十六个字把现代社会人们注重的财富、人才、生活和工作"一网打尽",尽管用词较为夸张,但对那些希望找到工作,找到赚钱方式的人们来说,还是颇具吸引力的。一些日常消费品的广告则经常把单纯的价格因素作为吸引网民的不二法宝。像"虎口脱险,VCD,10 元"。只把影碟的电影名称和低价 10 元放在广告里,没有其他任何信息。这样的广告针对性极强,喜欢这部电影的网民自然会点开看一看。而吉百利巧克力在娱乐网站上所做的按钮广告,则用娱乐明星来招徕生意:"想亲密接触张信哲吗?吉百利。MIV-吉百利快乐行动。"它承诺的利益点是给网民接触自己喜欢的明星的机会。

3. 力求生动有趣

网民多为年轻人,很多学生在众多媒体中对网络情有独钟。网络在这些年轻人的推动下,甚至形成了自己的语言体系和图案体系。网络广告属于网络文化的一部分,自然也不能在这一环境中免俗。搜狐网"只约陌生人"栏目做的广告就充分利用了这两个特点。按钮广告文案是"只约陌生人,爱情裸奔。周周开奖,女士优先";通栏广告文案是"窥视爱情三点式,注册,搜友,约会。只约陌生人,大奖面前,女士优先"。参与交友和聊天栏目的网民一般不会反感在广告中出现性感和有趣的语句。而这一广告中所谓的性感因素事实上也只是一种比喻和夸张,所起的作用是烘托气氛,增加趣味性。从根本上说,它仍然属于健康广告的范畴。

网民年轻化的特点使其对趣味和幽默有着比其他媒体受众更大的需求。但在网上真正幽默有趣的文字并不多见。在任何媒体上,有趣文字的来源同样为精妙的创意和对语言规律的熟练掌握。"假日悠悠……假日忧长? 假日无忧——交友网钻石服务免费试用!"这是一则在学生暑假期间推出的广告。两个月的时间确实很长,该怎样度过呢? 悠长的假期也就有了"忧",ELONG 网的交友栏目利用两个同音字造成了一种颇有趣味的语言效果。

4. 语言简洁但不简陋

简陋在这里的含义是缺乏创意,缺乏有价值的广告信息。"发黄、传染、残缺。祛除灰指甲,从现在开始。"这一药品的弹出窗口广告相对而言就做到了简洁但不简陋。文案先用三个词准确地描述出了灰指甲的症状与危害,配合这三个词的分别是三幅画面。第一幅:一片顶部发黄的绿叶;第二幅:三片顶部发黄的绿叶;第三幅:一片残缺的绿叶。文字和图片在这里形成了合力,对那些有灰指甲症状的网民来说,极易引起他们的共鸣。而后面的"祛除灰指甲,从现在开始"就能够在这一基础上用"祛除灰指甲"这一利益点来吸引他们点击。

5. 增强文字的创造性

从把握受众好恶倾向这一角度讲,在网络广告文案中使用网上流行语是最好的选择。但是目前对俚语的利用还停留在较为简单的层次上。一般也就是采纳一些最高级形容词进入文案,但事实上网民在看待广告时的心态与其他媒体的受众没有根本上的区别,见不到真正有价值的广告信息他就不会轻易去点开广告。最高级形容词实际上并不能收到吸引网民注意的目的。比如:"最酷的交友网站"在吸引力上就不如"看你和 F4 速不速配"。前一则文案失之空洞,后一则文案利用"速配"这个网民不讨厌的动词和"F4"的偶像力量得到了网民的喜爱。除了使用网上流行语言外,增强文字的创造性在网络广告中同样重要。并不能要求网络广告语言也像印刷媒体广告那样长篇大论,在风格上就能形成与众不同的个性,网络广告应该在短而精上做文章。"总有人在这里等你,不变的真情,不变的诺言",搜狐校友录的旗帜广告,选择了感性诉求方式,用诗一样的语言,把校友录渲染成为校园感情的归宿。尽管没有对校友录的各种服务功能做出明确的介绍,却足以用煽情因素促使网民点击。

任务三　产品说明书的写作

案例导入

香雪牌抗病毒口服液使用说明书
（纯中药新药）

本品系以板蓝根、藿香、连翘、芦根、生地、郁金等中药为原料，用科学方法精心研制而成，是实施新药审批法以来通过的，第一个用于治疗病毒性疾患的纯中药新药。

本品经中山医科大学附属第一医院、第一军医大学南方医院和广州市第二人民医院等单位严格的临床验证，证明对治疗上呼吸道炎、支气管炎、流行性出血性结膜炎（红眼病）、腮腺炎等病毒性疾患有显著疗效，总有效率达 91.27%。其中，对流行性出血性结膜炎（红眼病）和经病毒分离阳性的上呼吸道炎疗效均为 100%，并有明显缩短病程的作用。

本品疗效确切，服用安全、方便，尤其适用于儿童患者，是治疗病毒性疾病的理想药物。

［性状］本品为棕红色液体，味辛，微苦。

［功能与主治］抗病毒药。功效清热祛湿，凉血解毒，用于治疗风热感冒、瘟病发热及上呼吸道感染、流感、腮腺炎等病毒感染疾患。

［用法与用量］口服，一次 10ml，一日 2～3 次，宜饭后服用，小儿酌减。

［注意事项］临床症状较重，病程较长或合并有细菌感染的患者应加服其他治疗药物。

［规格］每支 10ml。

［贮藏］置阴凉处保存。

这是一份产品说明书。最突出的优点是其对药品的介绍，用了名牌医科大学附属医院等单位的临床疗效以作证明，其次对消费者的需要和利益也考虑得比较周到。本文语言明晰、准确，很好地体现了产品说明书的说明性、实事求是性和指导性的特点。

知识要点

一、产品说明书的定义

产品说明书是对商品的性能、用途、使用和保养方法以及注意事项等作书面介绍的文书。产品说明书又叫商品说明书，其作用是帮助和指导消费者正确地认识商品、使用和保养商品，兼具宣传商品的作用。根据内容和用途，可将其分为民用产品说明书、专业产品说明书、技术说明书等；根据表达形式，可将其分为条款式说明书、文字图表说明书等；根据传播方式，可将其分为包装式——直接写在产品的外包装上、内装式——将产品说明书专门印制，甚至装订成册，装在包装箱（盒）内。

二、产品说明书的特点

1. 说明性

说明、介绍产品是其主要功能和目的。

2. 实事求是性

产品说明书必须客观、准确地反映产品。

3. 指导性

产品说明书必须包含指导消费者使用和维修产品的知识。

4. 形式多样性

产品说明书的表达形式可以是纯文字,也可以图文兼备。

三、产品说明书的种类

根据说明的对象可将其分为厂家介绍和产品说明。厂家介绍着重介绍厂家的历史、生产规模、产品的特点以及企业的文化、市场占有情况。产品说明书可分为产品使用说明书和技术说明书两类。技术说明书可分为技术知识说明书、技术转让说明书和技术服务说明书。

根据写作的方法,可将其分为条款式说明书、叙述式说明书、综合式说明书。叙述式说明书用于将有关事项的大致情况以短文的形式扼要地进行叙述,使全文上下衔接、一脉贯通,使读者对产品有一个完整的认识。

根据包装,可将其分为包装式和内包式。包装是指将说明书的文字、图示、条款直接印在商品的外包装上,常用于内容比较简单的说明书。内包是指将商品说明书单列,印刷成单页或多页,封装在商品的包装箱内,常用于内容比较复杂的说明书。

四、产品说明书的常见形式

一般的产品说明书包括家用电器类、日用生活品类、食品药物类、大型机器设备类、设计说明书。常见的形式如下。

1. 手册式说明书

手册式说明书以手册形式向用户提供从几页到几十页不等的文字说明材料,有些还带有照片和插图,能详细而全面地提供与商品有关的信息。许多家电产品的说明书(如电视机、洗衣机、冰箱、空调的使用说明书等)通常是一本手册。

2. 插页式说明书

一些产品的包装盒或袋里附带一页纸,纸上印着有关产品的信息,这页纸就是一份插页式说明书。药品说明书常以这种形式附在药盒里,提供有关该药品的成分、药理作用、适应证、剂量及其他注意事项等。

3. 标签式说明书

标签式说明书是指附在产品包装或直接附在产品上的纸或其他材料制成的标签。最常见的是成衣上的标签,上面标有衣物名称、面料成分、尺码、颜色和洗涤说明等。

4. 印在包装上的说明书

有些产品的文字说明直接印在其外包装(包装盒、包装罐、包装瓶等)上,例如许多食品和饮料的文字说明就属此类,其中包括产品名称、商标、成分、净重、贮存及保质期等。

五、产品说明书的写作结构

产品说明书由标题、正文和附文三部分构成,如表 7-2 所示。

表 7-2 产品说明书的写作结构

结构	要 点
标题	××××商品名称+说明书
正文	详细介绍产品的有关知识:产地、原料、功能、特点、原理、规格、使用方法、注意事项、维修保养等
附文	厂名、地址、电话、传真、联系人和生产日期等

1. 标题

标题一般由产品名称加上"说明书"三字构成,如《VCD 说明书》。有些说明书侧重介绍使用方法,称为使用说明书,如《吹风机使用说明》。

2. 正文

正文中通常详细介绍产品的有关知识:产地、原料、功能、特点、原理、规格、使用方法、注意事项、维修保养等知识。不同说明书的内容侧重点也有所不同。原则上说明书结构的安排主要有根据人们认识事物的先后顺序、根据事物特征的内在联系两种,具体写作方法如下。

(1)概说。商品说明书的开头部分常常用概说的方法简要地阐明其性质特点,有的甚至全文都用概说的方法。概说,就是抓住事物的主要特征或主要情况,进行简明扼要的交代和简要概括的说明。

(2)陈述。陈述是指按顺序有条理地说出来。叙述的目的不是表现过程,而是说明方法。陈述的写作必须立足于消费者一方,从方便顾客和使用安全等方面着想,尽可能考虑一些在使用过程可能发生的问题,并对其作比较详尽的介绍。过程的陈述需要达到什么程度,是根据商品的性质和消费者使用的具体情况决定的。如果所要说明的方法比较复杂,商品价值比较昂贵、危险性比较高,或者比较容易损坏等,消费者需要了解它们的操作或使用过程,就应该加以详尽的陈述,甚至加上图画、照片,使消费者一看便清楚。这种增强消费者信赖感和安全感的方法,其实也增强了产品的竞争能力。

(3)解说。解说作为商品说明的主要方法,是由商品说明书的特性所决定的。商品说明书是向读者引荐商品的媒介,就必须要解说,侧重于对事物的性质、特征、功用、方法等方面的讲解。

3. 附文

附文包括厂名、地址、电话、传真、联系人和生产日期等。

六、产品说明书的写作要求

产品说明书的写作要突出产品特点,同时要注意广告和说明书的区别。如"喝孔府家酒,做天下文章"可做广告语,写入产品说明书不合适。语言要求准确、通俗、简明,尽可能图文并重。

1. 真实

真实是撰写说明书必须严格遵守的基本原则,也是《中华人民共和国消费者权益保护法》对说明书的最起码要求。唯有真实才能提供准确可靠的信息,才能使这种指导性、说明性文字名副其实地教人以用,才不致对消费者产生误导。

商品说明书要做到真实就必须如实地介绍产品性能、作用、操作程序、使用禁忌等,不虚夸、不隐瞒。禁止把广告宣传用语写进说明书中。

2. 准确

说明书有极强的实用性,其表述语言是纯粹的说明文字。要把说明对象介绍清楚,就必须准确精当,不能含混不清。如电器说明书中"推到中高挡加温而开关推至最低挡预热,然后推到中高挡加温",而开关盒上只有"·""∴"两种标志。按常理推测,"·"应为最低挡,"∴"为最高挡,如果使用说明正好相反,岂不误人?某种白兰地酒,说明书称该酒"饮之有促进血液循环、舒筋、健脾、避瘟、驱疫等功效"。此处瘟疫指什么病?酒又如何避瘟驱疫?都让人无法明白。

3. 通俗

说明书随商品进入千家万户,面对文化差异极大的消费者,通俗至关重要。因为只有通俗才能易懂,否则再真实准确也无济于事。中药××的说明书介绍此药疗效为"补血益气、固本培元"。这样的说明恐怕没有多少人能懂。说到通俗,还应特别指出,随着社会工业化的进程与科学技术的进步,商品中的科技含量越来越高,有些商品如家用计算机、模糊控制全自动洗衣机等,这些高科技产品大多有严格的使用要求,而其使用方法又远远超出人们的常识,因此必须在说明书中就产品的性质特点、操作程序、使用条件、紧急事项、误操作或使用不当将会引起的后果等做出让普通消费者都能了解的详细说明。要求文字十分通俗简明,否则文字障碍将影响消费者对商品性能、使用方法的把握。

4. 规范

规范要求说明书符合一定的说明书标准及次序,包含必不可少的说明项目。《中华人民共和国消费者权益保护法》第八条规定,消费者有权了解"商品的价格产地、生产者、用途、性能、规格、等级、主要成分、生产日期、有效期限、使用方法、售后服务,或者服务的内容规格费用"等情况。这些应视为产品说明书撰拟规范的必备项目。随着我国法制建设日趋完善,对某些特殊产品已十分明细地提出其说明书内容规范。如《中华人民共和国药品管理法》就明确规定:"西药说明书必须详细完整地说明品名和结构式、性状、特殊药品的标志、药理作用、吸收发布排泄、适用症、用法用量、不良反应、禁忌证、注意事项、规格、储存、包装、有效期、批准文号、制造单位名称、参考文献。"这样明细的内容规定对说明书规范化有很大的促进作用。

说明书撰写规范化还应包括语言文字方面的要求。除了文字表述必须符合汉语的语法习惯外,还要求所有在中国境内销售的商品都必须具有中文对照或中文说明书。报载,北京市民白某在心脏中植入美国××公司生产的心脏起搏器,该起搏器起博时可能刺穿心脏或盘旋堵塞右心室。白某身体健康因此受到严重损害。该产品有英文说明书,提及导线断裂、心脏穿孔的可能性,却没有表达同样内容的中文说明书,使不懂英文的白某无法知晓这一性命攸关的重要内容。这样的进口商品说明书就很不规范,而其后果则可能害人性命。目前我国政府规定进口商品必须具备中文说明书,否则不允许进入我国市场销售。

例文解析

例文　商品说明书

喜乐牌吸风熨衣板商品说明书

欢迎您使用喜乐家用吸风熨衣板,它的特点是新、方便、实用、安全。它完全改变了原始功能单一之不足,适合于家庭、医院、幼儿园、集体宿舍及服装缝纫店使用。(**注**:说明书开门见山介绍熨衣板的特点和主要特征)

主要特征:……

特意设计的长方形台板,衣服可以穿在上面熨,由于台板宽度与衣背宽度相仿,使前襟、后背、肩均穿在上面,更方便熨烫。

(**注**:与老商品相比较,突出其优越性)

支架可以折叠,并可站立存放。

采用标准:QB/T 2322—80,专利 ZL01234567

生产厂:天地熨衣板厂

地址:北京市光明路 5 号

……

评析:这是一份商品说明书,侧重向消费者介绍商品的功能与特性,并与老商品相比较,突出其优越性。例文语言简练,通俗易懂。

实训活动

下面的商品说明书表达有无缺点？如何改正？

(1) 说明书1。

霞飞初乳营养霜 85g

本品采用初乳即女性分娩后三天内的乳汁,经高科技工艺提炼而成,是促进皮肤血液循环,细胞增生,皮下组织分泌新一代的生化珍品。

美艳美容和嫩白皮肤、防皱、抗衰具有明显神效。(印于包装盒左侧)

本品以初乳及胎盘水介液,蛋白水介液等高级天然营养物质组成的轻柔露剂配方,适用于各种肤色,在超然的感受中令您舒爽、滋润,获得白嫩光洁、姣美动人的健美肤色。(印于内装说明书上)

（2）说明书2。

白渡珍香牛肉干

本厂用优质鲜牛肉制成香干，形态美观、香醇可口、红润自然。经卫生部门检验合格符合卫生标准可保鲜三至四个月，是最理想的佳品。

知识拓展

产品说明书与广告的区别

1. 目的不同

广告的目的是宣传商品，推销商品，引导消费者购买；产品说明书的目的主要是说明产品各方面知识，帮助消费者正确地认识、使用产品。

2. 内容重点不同

广告侧重于宣传产品的优点和作用，对商品的性能、特点、用途等进行高度概括；产品说明书介绍这些知识则更为细致、具体、翔实。

任务四 财经评论的写作

案例导入

南宁业主为馒头注册"下岗"商标
人们对此见仁见智褒贬不一

本报讯 近日，广西南宁一家以经营包子、馒头为主业的私营企业，向工商部门提出注册"下岗"商标的所有权申请。

申请注册的私营老板名叫梁福彪，经营的"梁培记"包子、馒头在南宁小有名气。他坦言注册"下岗"商标是为了自己的产品更具知名度，以打开更大的市场。"下岗"是时下的敏感名词，能否拿来注册，人们对此见仁见智，褒贬不一。按照有关规定，"下岗"能否被批准注册必须经过国家商标局的审核，需要一年多的时间。"下岗"能否成为商标，人们仍在关注。

请依据这则消息写一篇短评。

知识要点

一、财经评论的定义

财经评论又称经济评论，是作者对经济领域中存在的现象或发生的问题进行评价或评议的一种文体。评论一般都是缘事而发，重分析、说理，其内容有很强的针对性。有关经济方面的社论、编者按、评论员文章、短评、述评、专论、纵横谈等都是常见的财经评论。

二、财经评论的特点

1. 新闻性

财经评论通常取材于财经新闻。和财经新闻一样,财经评论也非常注重当前经济领域中出现的新情况、新问题,有时候一些财经评论是和财经新闻同步播发的,特别是那些因重大经济新闻事件而发表的财经评论,其新闻性就表现得更加突出。

2. 倾向性

和报道客观事实的消息不同,评论是有主观倾向的。评论集中体现了新闻媒体的倾向性。

3. 指导性

财经评论的指导性是其倾向性的自然延伸。财经评论的意见往往不代表个人,有时甚至也不代表媒体,而是代表党和政府。尽管财经评论的字数不多,篇幅较小,但它容量大、理论性强,往往是从理论与实践相结合的高度进行评论,具有很强的理论意义和指导作用。

三、财经评论的分类

按照评论的形式来分,有社论、评论员文章、短评、按语、编后语和一些商务财经专栏评论等。按照发布评论的媒体来分,有报刊评论、广播评论、电视评论和网络评论。

按照评论的作用来分,有解释性评论、批评性评论、指导性评论、建议性评论、总结性评论等。

按照评论的属性来分,有立论性评论、驳论性评论、阐述性评论和提示性评论等。按照评论的对象及目的,可以分为商务财经形势评论、商务财经政策评论、商务财经动向评论、商务财经问题评论、商务财经综合评论。

按照评论的作者和文章内容,可以分为国家权威性商务财经评论、专业人员探讨性商务财经评论、生产与消费阶层的反馈性商务财经评论以及商务财经杂文等。

四、财经评论的写作结构

财经评论的构成模式为"标题＋开头＋主体＋结尾",如表 7-3 所示。

表 7-3　财经评论的写作结构

结构	要　　点
标题	突出自己的个性,体现出思辨性、倾向性、深刻性
开头	概述式开头、议论式开头、疑问式开头等
主体	以事实为依据展开分析和评论。以评为主,以论为辅
结尾	点睛式结尾、推论式结尾、规劝式结尾等

1. 标题

从结构上看,财经评论的标题通常只有一行主题,只有在极个别的情况下,才会有辅题(多为副题)出现,如《分歧加深,协调徒有虚名——西方各国财长和中央银行行长会议述评》。

财经评论的标题除了要遵循鲜明、简洁、独特等标题的基本准则外,还要突出自己的个性,体现出思辨性、倾向性、深刻性的特点,如《少数企业"死"不了,多数企业"活"不好》《完善它,还是废除它?》。

2. 开头

开头通常先对要评论的事件作一概述。通过叙述事实引出评论对象,提出全文要评论的问题。开头最好是开门见山,让读者迅速明白评论的是什么。常见写法有概述式、议论式、疑问式等。

3. 主体

主体是财经评论的核心部分,紧承开头叙述的事实,以事实为依据展开分析和评论。以评为主,以论为辅。由于财经评论篇幅短小,分析必须在要害处切入,还要简洁明快,以不多的文字把为什么"是"或为什么"非"的各种原因说透。

4. 结尾

结尾是对评论对象做出具体分析之后所得出的结论。常用的结尾方式有点睛式、推论式、规劝式等。

五、财经评论的写作要求

1. 围绕新闻热点

作为新闻的一种形态,财经评论必须具有新闻的基本特性:一是选题必须带有"经济"这一鲜明特点,符合最广大受众的共性需求,即所谓"公众关注度";二是所论之事为新近发生的事实。经过对这些含有新闻要素的事实从现象到本质的分析议论,挖掘出事实的内涵,以升华读者的认识,进而强化新闻的导向性和舆论监督作用。

2. 准确掌握政策

财经评论对经济问题和经济现象的分析有很强的导向性,这种导向应与国家宏观和微观的方针政策保持一致,要吻合。因此,财经评论的作者必须加强学习,熟知政策。

3. 注重行文的生动性

财经评论的读者对象极为广泛。行文生动是对作者的基本要求。写评论是要讲道理的,因此必须用逻辑推理。由于读者是各行各业的建设者,因而不能总是板起面孔来说话,动辄经济条文,就不能吸引广大读者。因此,写作者应努力在可读性上下功夫,形象而准确的比喻、幽默风趣的语言、灵活多变的形式、高谈阔论的文章风格等,都可增强评论的可读性。

例文解析

例文 1

中国制造的竞争力在哪里
周建斌

（注：问题式标题，开门见山，提出评论主题）

在中国，目前普通制造业的增值税是 17%，如果一个注册资本 200 万元的企业有 100 平方米的办公场地，一年的销售额是 1000 万元，它的生产原料可以抵扣的成本是 500 万元，不能抵扣的成本是 50 万元，那么它一年应该交给政府的营业税收是 $500 \times 17\% = 85$（万元）……（注：用数据说话，清楚明了，更有说服力）

这个模型的前提是人人都按规矩来，如果遇上要拿回扣的，估计企业一年剩不了 10 万元。还有，房子是公司的自有资产，如果要交房租，公司就没有利润可言。且个人（包括公司老板）的很多费用不能用于公司费用支出，招待费还不能太多，职工的福利也不能太多，否则都要额外交税，这样的税负环境，这样一个政府“无处不管”的生存环境，中国制造企业的竞争力在哪里？中国创造的源泉从何谈起？企业几乎没有积累，怎样留住人才？怎样开发新产品？……

……

中国制造的竞争力在于我们能解放思想，能发现问题，找到解决问题的方法。如果能给中国制造的企业松松绑，中国制造的企业如果能够轻装上阵，那么企业就能够逐步壮大，企业才能把更多的精力放在经营管理、产品研发设计上，那样更多的企业就能走向世界了。国家应该是鼓励发明创造，鼓励创业，建设一个和谐安宁的社会环境，一个高效廉洁精悍的政府足以“经营中国”。一个有发明创造的中国，有竞争力的中国才能在世界立足。

评析：这篇财经评论标题鲜明、简洁，点明了评论的主题。标题用设问引出话题。主体用大量数据逐步分析中国制造的竞争力当前的形势，最后得出如何提升中国制造的竞争力的结论，有理有据。

例文 2

提高效率、降低成本，为降低费率争取更大空间
——社保划转不会增加企业总体负担

自 2019 年 1 月 1 日起，各项社会保险费和先行划转的非税收入由税务部门统一征收。……

社会保险费为什么要交由税务部门统一征收？征收体制改革后，缴费负担会不会大幅增加？下一步是否会推动降低社保费率？就相关问题，记者采访了专家学者。

一、为推进全国统筹奠定基础

目前，我国社会保险费实行二元征收主体体制。根据 1999 年国务院发布的《社会保

险费征缴暂行条例》，社保费可以由税务部门征收，也可由社会保险经办机构征收。全国范围内形成了社保机构全责征收、税务机关全责征收、双部门征收等多种征收模式。

二、征收标准负担水平不变

……

三、社保名义费率仍偏高

……

"当前，我国人口老龄化形势严峻，必须深入推进养老保险制度改革，其中包括规范养老保险缴费政策。我国目前社保名义费率较高的重要原因之一是缴费基数、征收率较低。"刘昌平说。

……

专家建议，有关部门应及时启动社会保险费收入测算工作，摸清费基、费率和收入底数，测算收入变化情况，结合经济整体运行情况，妥善处理好征管力度与社会可承受程度的关系，把优化征管与减税降费统筹考虑。

评析：这篇评论先陈述事实，指出各项社会保险费和先行划转的非税收入由税务部门统一征收。再提出一系列问题：社会保险费为什么要交由税务部门统一征收？征收体制改革后，缴费负担会不会大幅增加？下一步是否会推动降低社保费率？然后针对相关问题，记者采访了专家学者，以专家学者的分析为依据，摆明观点，论证政策的合理性及存在的担忧。有理有据，事实清楚，论证有力。

实训活动

根据以下材料，以《佛事对我国文化产业发展的影响》为题，写一篇财经评论。

近年来，随着佛文化的广泛传播、进步与发展，世界各国佛文化交流日益频繁。为了更好地传播中国佛文化、推动文化产业发展，以"启迪智慧、佛博天下、祈福中华、平安你我"为主题的"2014中国·五台山国际佛文化博览会"于6月26日至7月6日在享有"东方佛都"美誉的五台山举行。自2009年成功列入世界遗产名录以后，五台山每年6月26日至7月26日都会举行为期一个月的旅游文化活动，集中展示五台山佛教文化魅力。而此次博览会正值五台山国际旅游文化月活动期间，在为文化交流和产业发展搭建平台的同时，也丰富了文化旅游内涵，提升了文化旅游品质。

知识拓展

财经评论：敢评而善评

如果把社会看作一台不停运转的机器，那么作为零部件之一的媒体相当于一个"稳压器"，应透过现象剖析本质，发挥正确积极的引导作用，舒缓公众情绪，保持社会机器的稳定性能。及时、真实地向公众报告与他们利益相关的信息，哪怕是令人不愉快的信息，尽管可能会暂时造成恐慌，但它也能够调动全体人民共同参与，克服危机。在利益多元化的今天，利益博弈无处不在，有些利益博弈涉及民众利益、国家利益和财经规则等原则问题，作为财经媒体自然不能超然物外,必须表明态度,拿出价值判断,引导经济生活。达到这种价值判断和干预的力度,评论是最有效、最简洁的方式。这就要求财经评论具有相当的公信力。判断媒介是否具有公信力,根据我国知名学者喻国明等人的研究,可以从新闻专业素质、社会关怀、媒介操守、新闻技巧、有用性、权威性 6 个维度 23 个项目进行。要在短时间内提升财经评论的公信力,一个有效做法就是紧跟经济生活中的热点及难点。

2013 年 8 月,中国股市发生了一件可以说有史以来极其罕见的乌龙事件:"光大乌龙指。"8 月 16 日早盘,中石油、中石化等权重股突然集体发飙,多家冲击涨停,导致上证指数一度直线拉升 5%,这对于低迷了几年的中国股市来说,委实是个异象。政策频出的敏感时期,加上新媒体提供的空前未有的传播便利,股市异动后,迅速出现了许多传言。其中有传言称将出重大利好,股民满心期待的是股市由熊转牛,亟待入场又怕一时冲动被套牢。这个人心惶惶的时刻,就是构建财经评论公信力的最佳时期。央视财经频道《交易时间》在第一时间请到了 4 位上海证券机构人士作为评论嘉宾,以他们的专业优势和对行业的熟悉度,融合了各方媒体的消息,逐一分析了众多传言的可信性。他们始终坚定地认为,可能性最大的是发生了"乌龙指"事件,同时奉劝慌乱中的股民按原有的思路,该怎么操作就怎么操作,不要忙中出错。最后事实证明,这个判断非常正确,因此给出的指导性意见不仅具有实用性,还起到了稳定市场、安抚广大股民情绪的良好作用。从这一事件来看,敢于并善于评论经济生活中的热点及难点,有助于财经评论抢占舆论制高点。那么如何做到敢评而善评?可以从以下几个方面来把握。

1. 在关键时刻发出正确的声音

在当今各路媒体的竞争中,一旦有突发事件发生,几乎所有媒体都会关注。时效性以及信息量是突发事件报道必争的高地。谁的信息最快、最全、最权威,谁就拥有最可依赖的信息渠道。在"乌龙指"事件中,央视财经频道《交易时间》几位嘉宾能迅速做出分析判断,基于报道组反应速度快,能够在短时间里汇总各方信息,为评论提供一个坚实的基础。当过了新闻事实本身这个第一落点之后,体现差异化的地方就在于对事件的解读。股市暴涨之后,以网络为代表的新媒体首先发布了对"光大乌龙指"的质疑,之后不久上海证券交易所和光大证券股份有限公司分别发布公告承认相关事实。随即央视财经频道进行了深度解析,从《光大乌龙,必有蹊跷》分析其背后的真相,并对光大证券股份有限公司试图撤销"乌龙"交易发表独家点评《光大,交易不是你想废,想废就能废!》一文。此文一经刊发就被网络纷纷转载,扩大了影响力。此后,关于"光大乌龙指"的报道被整合成微博、微信、客户端产品进行发布,播报线索缜密、来源权威可靠、观点独辟蹊径。经此一事,央视财经树立了财经新闻中新媒体的龙头标杆形象。

2. 突破常识,透过现象看本质

财经解读可以分解成 3 个层次:事实发现,事实解构,价值主张。价值主张是媒体的一种立场和态度,最直接最常见的表现方式就是评论。现在,受众都渴望在铺天盖地的报道中找到有独特见解的观点。评论精准独到,前提就是能够厘清事件脉络,从纷繁复杂的表象之下抓住本质,才能提炼出拨云见雾的指导性观点。拿关注度极高的房价问题来说,2013 年北京"新国五条"细则颁布后,曾出现学区房价高至 10 万元每平方米的令人咋舌的新闻,而房价也确有越调越涨的趋势。《央视财经评论》在 2013 年 7 月中下旬 1 周之内连做 3 期与房价有关的节目:《房价在和谁赛跑?》《房价会陡降? 该卖房了吗?》《击鼓传"房"谁是最后一棒?》。首先用数据说话,证明我们已经告别了住房短缺时代。其次,除了正常分析推高房价的一个重要原因是目前整个房地产政策制度建设不完备,而不是供需不平衡之外,重点分析了被房价搅动的各方人等的心态。提醒观众,我们正面临着一个思维的转变,一个大的变局的开始,不管是地方政府、银行,还是开发商,大家都在盼着这么一场盛宴,用各种各样的概念把这个市场烘托起来。明确指出,热闹的市场下面,喧嚣的房价背后,有着恐惧因素在里面,而感到恐惧的人们,不仅是普通民众,还包括开发商和政府。明确点出房价制作者系列链条的心态,有助公众辨明事理,冷静思考。

3. 从特有角度审视经济生活

经济生活错综复杂,往往多个经济事件串联在一起密不可分。因此,对于经济新闻的把握切不可停留在表面的一个经济事件上,还要关注其背后的理念是什么,是否还存在其他什么社会需求。换一个视角来重新审视经济生活,更能凸显独到见解。2013 年春季黄金价格震荡之时,曾出现一波黄金抢购潮,被媒体喻为中国大妈和华尔街的 PK。很多媒体都能完整地描述与金市有关的事实,以尽量多的专业视角交叉展示各方判断,帮助观众更多地了解金价震荡的内在逻辑和未来可能的趋势。5 月 2 日,《新闻 1+1》也播出了一期《大妈抢购的,不仅是"黄金"!》,这期节目并没有特别的事实发现,但它在解读上补充了一个很多媒体都缺失的重要角度——中国消费者之所以抢购黄金,是因为我们的投资渠道缺少,而投资渠道缺少,正反映出中国经济真正要打造升级版时存在的巨大隐患。这样,节目的价值观点就从单纯的一个行业面扩展到有纵度、有广度的经济大面上,对经济生活起到一个预警作用。

4. 以正面舆论压倒负面舆论

2013 年春天,外资将做空中国的声音甚嚣尘上,一时间不安情绪弥漫。央视财经频道迅速采访国内外证券基金业权威人物和经济学者,同时视频连线国外专业评论员,对唱空中国现象进行全方位多角度解读,反驳做空中国的言论。报道从分析外资做空中国的原因开始,梳理中国经济目前存在的一些不利因素,针对这些疑问,采访国内外证券基金界权威人士知名学者,并利用高盛等国际知名投资机构的数据,有理有据地说明中国长期经济走势依然乐观,对外资做空中国的动机和理由进行了全方位多角度的分析,雄辩地说明了一点——做空中国动机理由非常牵强。此举可谓是反击迅速,抢占高端财经话语权。

5. 及时切入,引领舆论潮流

好的财经评论往往对时事、经济问题的现实重要性或尖锐性有很好的敏感和把握。能够见微知著,"春江水暖鸭先知",从常见的经济现象中提炼出重要的经济问题或政策含义。2013 年 7 月,《经济信息联播》推出的系列报道《五评当前经济形势》就是一个典型的例子。这组节目以中国经济从高速发展期逐步过渡到稳健增长期这一广受关注的重要转折点为契机,结合当前经济热点,以记者调查和专家访谈相结合的形式,对一些重大经济主题直接亮明财经频道的观点。"五评"的内容分别为:产能过剩带来的经济转型升级问题;对上半年经济运行数据进行解读;银行流动性的问题;消费与外贸;主题转型升级与新兴产业。其中最受舆情关注的,是关于产能过剩是否较为严重的问题,关于金融政策和股市、房市的问题,网民观望情绪为主,对未来最为忧心的问题集中在担心经济政策的不确定性,担心经济下行的不可预期直接影响到收入和就业的稳定。"五评"专题节目回应的,恰是这些问题。而请来的几位主评人,李稻葵、姚景源、迟福林等,都是分别对应领域的专家,不仅熟知中国经济生活的大环境、新特点,还了解中央对经济的整体布局。专业的背景加上新锐的观点,给破解这些难题提供了新思维。尤其是在经济政策的解读上,努力借权威专家之口,说出让民众吃定心丸的话。节目播出后,被新浪、人民、新华、凤凰、腾讯、和讯、雅虎、搜狐等网站转载,在微博上也引发讨论。财经评论精准的预判,先行一步引导了舆论导向。

来自美国皮尤研究中心的研究报告显示:美国三大新闻频道不再靠消息制胜,而集体蜕变为"观点频道",福克斯一直以评论节目为核心武器,后来居上的 NBC(美国全国广播公司)新闻频道,观点及评论类节目所占比例高达 85%,就连垫底的 CNN(美国有线电视新闻网)也只给消息类新闻留了一半篇幅。这种在几年前根本无法想象的格局只能证明一点,评论已经真正成为各路媒体最看重的舆论制高点,在这个制高点上,财经评论只有立足于独家事实发现和专业逻辑分析的基础上,抓住经济生活中的热点和难点,把握评论的时机、站稳立场、找到切实的评论方法,做出最权威的反应,才能体现财经媒体的专业性、锐度和影响力。

(资料来源:林敏.财经评论:敢评而善评[J].新闻与写作,2013)

项目八 财经毕业论文

案例导入

毕业论文写作是相关专业学生毕业前的程序之一，是培养学生综合能力的有效途径，也是学生进行学术研究的一次有益尝试，为大家毕业后从事相关研究工作做必要准备。

由于学生多数是第一次面对专业论文写作，常常会面对以下一些问题。

（1）对毕业论文的写作内容不了解，不明白一篇论文应当如何选题、如何组织材料、论文的写作结构如何以及写作过程中需要注意的格式要求。

（2）对写作的时间安排不了解，不知道写作步骤有哪些，应该如何合理安排一篇论文的写作过程以及时间分配等。

（3）在写作语言方面缺乏学科特色，不清楚毕业论文的内容编排或者语言表述上的特点。

（4）缺乏个人见解，仅仅以参考甚至剽窃他人论文作为写作论文的办法，最终形成的文章不能称为"毕业论文"。

因此，在写作毕业论文的过程中，应重点解决以上问题，注重理论与实践的结合，选取典型的、具有代表性的案例，加入个人的思考。最后通过撰写毕业论文，在自己的专业领域中更好地开发创造性思维。

知识要点

撰写毕业论文是大学生顺利完成学业的一个重要环节。由于大部分学生是生平第一次撰写论文，因此会对其缺乏足够的认识。有些学生认为毕业论文"高深莫测"，因而"望而却步"；有的学生认为"天下文章一大抄"，对写作毕业论文缺乏应有的重视。这两种态度都是不可取的。

一、毕业论文的定义与特点

1. 毕业论文的定义

毕业论文是高等院校应届毕业生在教师的指导下，运用所学的基础理论、专业知识和基本技能，对本专业的某一课题进行独立研究后，为表述研究过程和研究成果而撰写的一种学术论文。

它是对学生掌握专业知识情况、分析和解决问题的基本能力的一次全面考核，也是对学生学习质量和学习水平的综合性检验。更重要的是，学生通过撰写毕业论文可以更好地开发其创造性思维，为将来走向社会、从事相关工作打下坚实的基础。

2. 毕业论文的特点

（1）理论性。理论性是指运用抽象思维的方法，对复杂的材料进行分析归纳，寻求事物的本质特征及规律，并加以阐释和论证。毕业论文的论点和论据不仅应当包括对现象的说明和描述，还应当包括对现象产生的原因的分析和研究，要有的放矢、实事求是。

（2）创新性。科学研究是对新知识的探求，创造性是科学研究的生命。学术论文的创造性在于作者要有自己独到的见解，能提出新的观点、新的理论。创新内容应有激动人心的效果并具有启发性。科学没有创造，就没有发展，不可能推倒以前旧的认识，制定新的理论，所以没有创造性，学术论文就没有科学价值。

（3）实践性。实践性是指毕业论文的选题、论点、论据等均应来自实践，毕业生应当结合社会实践活动进行思考，提出相关的论题，同时在研究和分析的过程中，使感性认识上升到理性认识，使论文可以指导实践。

（4）规范性。毕业论文在形式上属于议论文，具有一般议论文的要求和写法，但跟其他文章相比，毕业论文的格式要求更为严格，必须符合规范。论文包含的内容有几个部分，每个部分的标题如何撰写，具体到字体、行距等，都有固有的要求规范。

二、毕业论文的选题与材料收集

1. 毕业论文的选题

1）选题的意义

选题是指确定论文的研究方向或者研究范围。毕业论文的论题选择是至关重要的，从某种意义上说，选题是否恰当关系到论文的价值大小甚至写作的成败与否。毕业论文的价值兼有学术价值和实用价值，如果选题能够对学术发展有所推进，或对现实问题有指导意义，那么论文就写得有价值。

（1）毕业论文的理论价值是指该论文所阐述的内容，对本学科理论具有开拓性意义，或者使其理论更加丰富和完善。论文的写作形式与内容跟工作总结、调查报告等均有所区别，一般来说它由论点、论据、论证三大要素构成，文章以逻辑思维的方式作为展开的依据，在事实的基础上进行严谨的推理，重点着笔于探讨和研究事物的发展规律，阐述自己对这些规律的了解与认识，即论文的写作应当具有普遍性意义，从而由个别到一般，由具体到抽象。因此，选择选题时需要考虑论文是否具有一定的理论价值，而非纸上谈兵、脱离现实的自说自话。

（2）毕业论文的实用价值是指该论文所阐述的内容能够对实际工作起到指导和推动作用，进而使有关部门得到实际效益。选择毕业论文的选题，应当关心该论文是否与社会生活密切相关，尤其是探讨经济生活中为大众所关注或是亟待解决的问题，能够更加突出对于现实工作的指导意义。具有现实意义的题目大致有三个来源：一是国家经济建设中亟须回答的重大理论和实践问题，如国有企业改革、进出口贸易战略、房地产价格控制等；二是某一地区、某一部门、某一行业在工作实践中遇到的理论和现实问题，如教育培训机构整顿改革问题、某地区空气污染治理问题、"文化＋"战略实施问题等；三是毕业生本人在生活或工作实践中发现的理论或现实问题,如民营企业会计管理问题、中小企业社会责任感问题、新农村建设对大学生就业影响问题等。

（3）毕业论文选题的选择还将影响文章的整个写作过程。选题一经确定,材料的收集、整理、分析,论点的确立,提纲的编制,文献的选定,都要围绕它来进行。在围绕论题阐述道理、说明问题这一点上,不论哪种类型的论文都是一样的。所以选好、选准论题对写好毕业论文非常重要。

2）选题的原则

（1）针对性原则

经管类的毕业论文是有关经济管理理论和经济管理现象研究成果的表现形式,无论是研究经济问题还是管理问题,归根结底,都是为了更好地指导现实的经济管理活动。因此,在撰写经管类毕业论文时,必须考虑什么样的选题能与当前社会实际紧密联系,什么样的选题具有一定的前瞻性,怎样使自己的论文在经济管理工作中直接或间接地体现出实际效益,从而更好地为社会服务。为此,就要从以下两个方面来进行选择。

① 立足现实的热点问题。经济和管理学科中涉及的问题往往是社会关注度高的热点,这类问题可能事关国计民生,也可能是经济建设中亟待解决的问题。这类问题的研究可以直接体现出论文的实用价值,其研究成果能够为经济发展和百姓生活提供服务。

② 有新意的前瞻性问题。经济学科、管理学科都是既古老而又年轻的学科,论文选题应当利用经济理论知识解决现实问题,同时也要对于未来进行一些前瞻性的预测。这样可以为人们提供新的思路,用以规避可能会发生的风险,提供条件创造新的效益等。这样的论文能够推动社会经济的发展,更好地为现实服务。

（2）可行性原则

毕业论文的写作在主观上受到学生的知识和能力的限制,在客观上受到获取资料的渠道、写作的时间和精力的制约。可行性原则是指在选择课题时,要对自己的客观条件和主观能力进行分析,选择能力范围内可取得新的研究成果的课题。因此在选题时要注意以下两点。

① 要考虑自己的专业特长和兴趣。专业特长是取得研究成果的重要条件。在选择课题时要清楚自己的知识结构的优势和劣势,选取自己有优势的方向进行研究。同时,考虑到"兴趣是最好的老师",为了避免在艰苦的研究过程中半途而废,选择自己感兴趣的课题将会使论文写作过程得心应手,事半功倍。

② 要考虑研究的客观条件是否可以满足写作需要。选择课题时应当考虑论文写作的资料是否容易获取。比如,在涉及某企业的会计数据时,是否可以掌握客观翔实的一手资料,这是在写作前需要考虑到的问题。同时,应届毕业生面临着毕业实习和毕业论文的写作两件重要工作,有些人还有继续深造的愿望。通常情况下,毕业论文的写作时间为三四个月,需要有合适的精力安排和写作日程来完成论文。

2. 毕业论文的材料收集

1）必须掌握充分的材料

材料是论文理论的前提和基础,没有这个前提和基础,论文就无从下笔。论文的材料是指作者为了某一写作目的而收集、整理、积累、提取的有关情况、事实、理论和数据。材料是提炼文章主题、形成观点的基础。在收集了大量客观、真实的材料之后，加以概括和分析，才可能得出观点和思想。可见，材料对于毕业论文的写作有着举足轻重的作用。

2) 材料的来源

材料包括一手资料和二手资料。

（1）一手资料是指在与论题直接相关的专业实习、社会实践、社会调查等过程中获得的感性材料。它是论文提出论点、主张的基本依据。没有这些资料，毕业论文就会成为无根之源。收集一手资料要有科学的调查方法，在此不再赘述。

（2）二手资料包含的范围更为广阔，主要是有关研究领域的学术成果、背景资料、经典著作以及相关学科的材料。二手资料的来源有图书馆、网络、专业书籍期刊、政府机构和行业协会的相关资料以及其他来源，例如企业发布的信息资料、单位内部的专有数据库等。

3) 收集材料的原则和方法

（1）收集材料的原则

① 指向原则。选题是文章的"灵魂"和"统帅"，因此，收集材料应当紧紧围绕选题来进行，这就是所谓的"指向原则"。经济学科和管理学科的门类繁多，新门类及其分支还在不断涌现，其理论、历史文献、新信息等资料非常浩繁，可以想象，经济管理论文的撰写者如果不把收集的主要目标集中在选题的范围，就会在堆积如山的材料面前感到束手无策。

② 适应原则。适应原则是指收集的材料要与经济管理论文的目的、性质、特点相适应。比如有的同学想写国际贸易冲突方面的论文，就必须对国际贸易的起源、发展变化以及世界贸易组织制定的规则、处理贸易冲突的机制有全面的了解，并且要详细地拥有近年来我国遭遇国际贸易冲突案件的数据，这样写起来才会得心应手。

③ 求新原则。求新原则是指要求收集到的材料尽可能反映论题涉及的本学科研究领域的新动向、新信息。作为信息传递手段的学术论文，必须敏锐地反映新情况、新问题和新经验。这就要求论文作者在论证某一个问题时，不仅要有前人对这一问题的观点和看法，了解他们探索的足迹，而且要注意收集同时代人的研究成果，特别是近期研究的新成果，否则即使你所选的课题是新颖的，但最终会因材料的陈旧而影响论文的价值。

④ 价值原则。价值原则是指必须考虑材料对选题是否有比较实际的论证价值。一篇学术论文的选题能否成立，除了要看其理论阐述、逻辑推理是否正确之外，还要考察其作为论据的材料是否正确。这就要求论文作者在收集材料时，首先要辨别材料的真实可靠程度，材料对于论证论题是否具有价值。经济管理论文是指导经济、管理活动的，它们对材料的真实性要求是十分严格的，不论是实例还是数据，或是文献中论证的理论，都要求绝对准确。如果出现差错或谬误，就会引出一些与现实经济、管理活动相悖的结论。

（2）收集材料的方法

撰写毕业论文所需要的材料，主要靠查阅文献资料、调查研究和学习积累。

① 利用图书馆资源。图书馆的馆藏非常丰富，拥有大量的期刊、报纸、图书、论文等纸质及电子资源。这些资源中不乏学术前沿知识、重要的政策法律法规及可靠的数据材料等。这些资料的收集、整理和积累，对研究问题、撰写毕业论文具有重要的借鉴意义和

很高的参考价值。

　　② 利用网络资源。随着计算机网络技术的不断发展,通过网络收集资料也是不可缺少的一个重要环节。网络的专业数据库拥有大量的电子资源,包括电子图书、科技报告、统计数据等,搜索引擎、论坛和网站都可以帮助获取信息。

　　③ 调查研究。调查研究是获得第一手材料的重要方法,毕业论文的写作要拥有充分的材料,调查研究是收集材料的好方法。不论是学术论文还是毕业论文,都要通过调查收集有关材料,然后对调查得来的材料进行深入研究,搞清事实真相,摸清楚事物的规律,这样写出来的论文才能使人信服。

三、毕业论文的写作结构

　　毕业论文是按照论文外部组织形式进行内容组织和编写的。论文的外部组织形式直观地体现为论文的格式,包括题目、摘要、关键词、正文、参考文献、致谢等各板块间的空间安排,它是论文内部结构的外部显现。

(一)毕业论文的基本格式

1. 封面
　　封面是论文的外表,提供有关信息,并对毕业论文起保护作用。封面应当用与文稿一致大小的纸张,包括题名页的主要信息,如论文题名、论文作者、指导教师姓名、论文作者单位、成文日期等。

2. 摘要
　　摘要应具有独立性和自含性,即不阅读论文的全文,就能获得必要的信息。摘要的内容应包含与论文等同量的主要信息,供读者确定有无必要阅读全文,也可供二次文献采用。摘要一般应说明研究工作目的、方法、结果和结论等,重点是结果和结论。英文摘要不一定要重复中文摘要内容,表述内容可以不同,但同样须简明扼要。

3. 关键词
　　关键词是指在论文题目、摘要或正文中表达中心内容、具有实质性意义的词。每篇论文应选取 3~8 个关键词,用显著的字符另起一行,排在摘要的下方。关键词应体现论文特色,在论文中有明确的出处,并应尽量采用《汉语主题词表》或各专业主题词表提供的规范词;避免主观性,强调客观标准;所选词语须概念清楚、确切,避免多义性。

4. 目录
　　毕业论文必须有目录,另起一页。

5. 主体
　　主体部分应从另页单页码开始,每一章应另起页。主体由绪论、本论、结论构成,一般从引言(绪论)开始,以结论或讨论结束。

　　引言(绪论)应包括论文的研究目的、流程和方法等。

　　论文研究领域的历史回顾、文献回溯、理论分析等内容应独立成章,用足够的文字叙述。

　　主体部分由于涉及的学科、选题、研究方法、结果表达方式等有很大的差异,不能作统一的规定。但是，必须实事求是、客观真切、准备完备、合乎逻辑、层次分明、简练可读。

6. 引文与加注

如果引用了他人著作的内容，必须标出引文的出处，加注顺序编号并解释。

7. 参考文献表

参考文献表用于标出作者研究时参考的论文、专著和其他资料。其项目及格式应遵照国家标准 GB/T 7714—2015 的规定执行，所有被引用文献均要列入参考文献表中。

引文采用著者—出版年制标注时，参考文献表应按著者汉语拼音字顺和出版年排序。

8. 附录

附录作为主体部分的补充，并不是必需的。下列内容可以作为附录编于论文后。

（1）为了整篇论文材料的完整，但编入正文又有损于编排的条理性和逻辑性，这一材料包括比正文更为详尽的信息、研究方法和技术更深入的叙述，对了解正文内容有用的补充信息等。

（2）由于篇幅过大或取材于复制品而不便于编入正文的材料。

（3）对一般读者并非必要阅读，但对本专业同行有参考价值的资料。

（4）正文中未被引用但被阅读或具有补充信息的文献。

（5）某些重要的原始数据、数学推导、结构图、统计表、计算机打印输出件等。

（二）毕业论文的具体写法

1. 标题

用精练、明确、概括的文字把基本观点揭示出来，可以揭示论点，也可以揭示课题。要求准确得体、庄重精练、能够体现文种。

毕业论文的标题形式很多。可以采用单行标题和双行标题两种形式。

（1）单行标题。单行标题是用一个描述或说明性的句子概括全文的中心论点。如《河南上市公司的财务信息披露的问题与对策》《中小企业中"跳槽"现象的原因及举措分析》等。

（2）双行标题。双行标题由正标题和副标题组成。正标题一般概括中心论点，阐明内容和范围，副标题对正标题进行限定或补充，如《综合超市生鲜食品管理中的存在的主要问题与对策研究——以先锋超市为例》《自有品牌开发问题探讨——基于某电商和某连锁企业的营销数据对比研究》。

2. 主体

主体一般由绪论、本论、结论构成。结构上不必明显区别，但是行文逻辑上应能够区分。

（1）绪论

绪论又叫"引言"或"导论"，是论文的开头部分。绪论可以简要地说明研究的目的、原因、背景、希望解决什么问题，以及研究的特点和使用的方法等。这部分要写得简洁明快，而不能冗长、累赘。

（2）本论

本论是具体表述作者的研究成果、集中体现学术水平的关键部分,要突出作者提出的具有新意和独创性的观点。写作时,要逻辑清晰、富有条理、分析缜密、言之有理。

本论的写作要紧紧地围绕中心论点,从各个方面、各个角度确立若干个分论点,用分论点论证中心论点的正确性。具体的结构安排方式有三种。

① 并列式,围绕全文的中心论点,各分论点之间是并列关系,从不同的角度和方面完成对中心论点的论证。

② 推进式,各个层次间环环相扣、步步深入,各分论点之间按照一个逻辑线索,一步一步纵深推进,前一层内容是后一层的基础,后一层分析是前一层的发展。

③ 双重混合式,可以先用推进式将全文划分为几个大的层次,再在某个层次中运用并列式的方式进行分析;或者先用并列式,再从各个方面引出分论点,在分论点内用推进式的结构进行论证。这种结构形式适用于篇幅较长、内容较复杂的论文。毕业论文往往采用这种形式。

（3）结论

结论是全文的收束,是本论的必然结果。结论要有理论性、论辩性、独立性,常用的方法有四种:①总结性结论,在本论充分分析论证的基础上得出必然的结果;②探讨性结论,写出论证结果后,提出需要进一步探讨的问题,以及可能解决的途径,供他人研究参考;③预测性结论,即写出论证结论后,对所研究的问题再进行推理,预示未来研究的可能性;④交代性结论,得出论证结果后,再对研究的问题进行说明或交代,补充论证的不足,解除疑点。

例文解析

会计诚信问题的理性思考

××大学经济与管理学院会计专业　郑××

（注:学术论文的标题是对研究过程或结果的直接阐释,是论文内容的高度概括。标题应当准确、鲜明。文章署名是作者对研究成果拥有著作权和责任感的体现）

摘　要:诚信是市场经济稳定发展的重要保证,也是会计行业的内在本质。本文通过对会计诚信缺失的危害进行全面总结,并从开展相关培训活动、加强监管力度、构建民事赔偿机制以及强化会计管理制度等几方面,论述了完善现代社会会计诚信问题的具体措施,实现会计工作的透明化管理。

（注:摘要是提示研究对象和目的,提炼文章主要观点和成果的部分。主要是为了报道和检索）

关键词:会计诚信;理性思考;管理制度

（注:关键词的目的是给论文检索提供方便）

诚信不仅仅是道德问题,也是一种实践性问题。会计诚信往往代表着社会群众意识形态的产生,产生一套无形的法律规则。随着我国经济的迅速发展,会计诚信问题的理性思考显得尤为重要,近年来,由于会计从业人员缺乏职业道德,而且法律意识薄弱,对社会整体发展造成一定影响,如何建立会计诚信原则,加强会计诚信建设,是我国目前急需解决的重点问题。**(注:前言一般叙述研究背景、研究目的、研究范围、研究意义等)**

(注:正文可以按照事物的内在联系为序,本文以逻辑思维顺序安排布局,在研究中提炼观点,然后根据论点和典型材料,拟定小标题,分几个方面论证,最后得出结论)

1. 会计诚信缺失的现状

1.1 会计诚信在我国的发展情况

……

1.2 国内会计诚信缺失的现状

……

2. 诚信缺失的危害

2.1 弱化了企业管理工作

……

2.2 影响会计人员自身形象

……

3. 会计诚信缺失的原因

3.1 会计信息在时间上的不同步是会计失真的前提

……

3.2 会计人员职业道德素质偏低是会计诚信缺失的内部原因

……

3.3 法律不规范、不健全为会计失信提供条件

……

3.4 企业内部约束机制与监督机制没有发挥有效的作用

……

3.5 会计准则的制定与使用不及时

……

3.6 为谋取政治利益和经济利益

……

3.7 会计造假承担的成本低,惩罚力度不够

……

3.8 一些会计原则为虚假会计信息提供了操作的空间

……

4. 会计诚信建设的意义

4.1 加强会计诚信建设是市场经济秩序的客观要求

……

4.2 会计诚信是促进和谐社会市场经济健康发展的道德基石

……

4.3 会计诚信是企业的一项无形资产

……

4.4 对会计行业而言,诚信既是财富,又是财源

……

5. 重塑会计诚信的对策

……

5.1 开展相关培训教育活动

……

5.2 加强社会监督力度

……

5.3 完善民事赔偿机制

……

5.4 强化会计管理制度

……

5.5 建立合理的产权制度

……

5.6 提高会计人员职业道德水平

……

6. 结论

(**注**:结论是整个课题研究成果的总判断、总评价。措辞应当严谨,具有很强的逻辑关系)

会计诚信缺乏是我国经济高速发展中不和谐的因素,特别是近年来我国不断出现会计诚信缺失的案例。会计行业的发展必须要有会计诚信度作为支撑点,但现在这个支撑点出现动摇的风险,如何重塑会计诚信已经刻不容缓。

……

参考文献

(**注**:参考文献是论文的必要组成部分,论文中凡是引用他人的文章、观点、材料等,都应列表附在文章结论之后,以示对他人劳动成果的尊重。同时也反映了作者的科学态度和求实精神,便于读者对照原文,对研究做进一步了解)

[1] 郝冬梅. 我国会计诚信问题研究[D]. 长春理工大学,2006.

[2] 温艳. 打造会计诚信的新举措[J]. 财会通讯:理财版,2006(Z1):146.

[3] 蒙丽珍,韦善宁. 会计行为规则与案例[M]. 北京:中国财政经济出版社,2003.

评析:文章首先围绕选题,进行了现状和问题的分析,讨论了会计诚信建设的实际意义和具体对策,文章逻辑清晰,层次关系明确,需要在论述上加以进一步的具体分析。

参 考 文 献

[1] 周爱荣,游路湘. 财经应用文写作[M]. 北京:中国财政经济出版社,2015.

[2] 陈丽红,李衡,王丹丹. 经济应用文写作[M]. 北京:北京理工大学出版社,2013.

[3] 熊晓亮,刘鑫. 财经应用文写作[M]. 长沙:湖南师范大学出版社,2017.

[4] 吴名全. 财经应用文写作[M]. 武汉:武汉大学出版社,2013.

[5] 李延玲. 财经应用文写作[M]. 北京:中国财政经济出版社,2018.

[6] 章年卿. 应用文写作概论[M]. 北京:教育科学出版社,2016.

[7] 程玥. 财经应用写作[M]. 北京:中国人民大学出版社,2014.

[8] 陈清华,俞秀红. 应用文写作教程[M]. 南京:南京大学出版社,2015.

[9] 杨文丰. 实用经济文书写作[M]. 北京:中国人民大学出版社,2014.

[10] 刘春丹. 财经应用文写作[M]. 北京:北京大学出版社,2017.

[11] 邓红. 经济应用文写作[M]. 重庆:重庆大学出版社,2016.

[12] 付家柏. 财经应用文写作[M]. 北京:清华大学出版社,2019.

[13] 熊晓亮. 财经应用文写作[M]. 长沙:湖南师范大学出版社,2014.

[14] 夏晓鸣,张剑平. 应用文写作[M]. 北京:首都经济贸易出版社,2019.